Condenados a entendernos

Arun Mansukhani

Condenados a entendernos

La interdependencia o el arte de mantener relaciones sanas

Papel certificado por el Forest Stewardship Council®

MIXTO
Papel procedente de
fuentes responsables
FSC® C117695
www.fsc.org

Penguin
Random House
Grupo Editorial

Primera edición: mayo de 2023

© 2023, Arun Mansukhani
© 2023, Penguin Random House Grupo Editorial S. A. U.,
Travessera de Gràcia, 47-49. 08021 Barcelona
Imagen de la página 49: @ Jolygon / Shutterstock

Printed in Spain — Impreso en España

ISBN: 978-84-666-7523-9
Depósito legal: B-5.692-2023

Compuesto en Comptex & Ass., S.L.

Impreso en Rodesa
Villatuerta (Navarra)

BS 7 5 2 3 9

Índice

A Maya y Aradna. Y a Teresa

Prólogo
Una larga conversación

> Tanto el espíritu como el sentimiento se forman por las conversaciones.
>
> BLAISE PASCAL

Me encanta conversar, imagino que como a muchos de vosotros. Sentarme con amigos a tomar un café o un vino y charlar sobre cualquier tema. Durante la carrera, en época de exámenes, había tardes y noches en las que, en lugar de estudiar, nos dedicábamos a divagar largamente sobre cualquier asunto. Viéndolo desde la distancia, a lo mejor no era lo más sensato de cara al próximo examen, pero disfruté mucho de aquellas conversaciones. También aprendí mucho, tanto por lo que te aportan los demás como por el simple esfuerzo de ordenar las ideas para exponerlas ante otra persona. Pero nunca entendí del todo bien por qué nos gustaba tanto conversar hasta que, al final de la década de los noventa, me topé con un artículo del biólogo Robin Dunbar.

En aquel artículo, Dunbar comparaba los grupos sociales de los humanos con los de los chimpancés y los gorilas, nuestros primos más cercanos junto con los bonobos. Todas estas especies formamos parte de la familia de los homínidos, y somos animales sociales que vivimos en grupos. La vida con los otros, como sabemos todos por experiencia, genera tensiones, que tienen que resolverse para que los vínculos se mantengan. Tanto los chimpancés como los gorilas forman y mantienen los vínculos entre los miembros de su grupo mediante conductas de acicalamiento y desparasitación, que habréis visto muchas veces en documentales: se pasan horas quitándose bichos y peinándose unos a otros. Sabemos que lo hacen para mantener los vínculos porque el tiempo que dedican a ello es mucho mayor del necesario si atendemos solo a cuestiones de higiene. Además, dedican tanto más tiempo a estas conductas cuanto más grandes son sus grupos. Este tipo de comportamiento no solo les sirve para estrechar lazos; también para resolver conflictos. En algunas especies, cuando hay un combate entre dos machos, el macho ganador dedica luego más tiempo a desparasitar y peinar al perdedor; es una forma de reconciliarse y restablecer la armonía en el grupo. Casi todos los primates protagonizan este tipo de conductas, salvo los bonobos, que son más listos, pues usan además el sexo para vincularse y resolver disputas, lo cual hace, de hecho, que tengan menos conflictos que otras especies de primates. Los humanos no usamos la desparasitación ni tampoco, al menos que yo ande muy despistado, el sexo para vincularnos como grupo y resolver roces. ¿Cómo hacemos entonces los humanos? ¿Cómo reducimos las tensiones y resolvemos problemas? Eso mismo fue lo que se preguntó Dunbar. Se le ocurrió una manera de averiguarlo: si estos homínidos dedican aproximadamente el 20 por ciento del tiempo que permanecen despiertos a este tipo de actividades, ¿a qué dedicamos este tiempo los seres humanos? Y Dunbar encontró la respuesta: los humanos dedicamos el 20 por ciento del tiempo que estamos despiertos a... hablar.

Llevamos mucho tiempo haciéndolo, tenemos evidencias de que formas primitivas de comunicación oral ya se daban en nuestros ancestros hace tres millones de años. Hace tiempo que sustituimos acicalar por hablar, porque si nosotros tuviésemos que vincularnos de esa forma, con los grupos tan numerosos que formamos, no nos daría literalmente tiempo a hacer nada más en todo el día. A lo mejor no estaría mal probarlo una temporada, todo el día de masajes y cosas así. O la vía de los bonobos. O ambas. Pero, mientras tanto, es fundamental que cuidemos el lenguaje que utilizamos y cómo lo utilizamos.

La cuestión es que resolvemos conflictos y establecemos vínculos hablando, mediante la charla, el cotilleo, las ideas compartidas. Y estas ideas compartidas, copiadas, son las que nos han hecho progresar como especie. No solo compartimos ideas con personas cercanas, somos capaces de compartirlas con personas muy lejanas en el espacio, y también en el tiempo. Nuestra cultura es, a fin de cuentas, compartir y transmitir conocimientos, prácticas y formas de ver el mundo, por medios no genéticos. ¿Qué es un libro sino compartir ideas con personas a las que no conoceremos personalmente, charlar con ellas? Me puedo tomar un café y escuchar lo que tienen que decirme Hannah Arendt o Julio Cortázar. Puedo estar de acuerdo o en desacuerdo con ellas; puedo incluso enfadarme con ellas. Personas como yo, con las mismas inquietudes, pero que vivieron circunstancias muy distintas a la mía. Es una suerte poder oír lo que tienen que decirnos. Como le escuché en una conferencia al político francés Bruno Le Maire, nunca se está tan cerca de los demás como cuando se lee un libro.

Me encantaría que este libro fuese algo así como una larga conversación entre tú y yo, o entre varios de nosotros, como aquellas que tenía en la universidad, o las que aún mantengo con mis amigos cercanos o los miembros de mi equipo de trabajo. Y como en toda conversación, habrá veces que estés de acuerdo conmigo y otras en las que no. Habrá capítulos o temas que no te interesen o que te resulten tediosos. Espero que, en términos generales, el libro que tienes en las manos te resulte útil, tanto en sus aciertos como en sus errores, por los que te pido disculpas de antemano. Como en cualquier conversación, a mí me ha ayudado mucho el tener que ordenar mis ideas para escribirlo. Me ha obligado a leer y a releer muchos artículos y libros, la mayoría de tipo académico y especializado. Lo que pretendo también con estas páginas es compartir muchas de estas ideas que me han fascinado, y hacerlo de una manera menos técnica y más accesible. Por esa accesibilidad, no he incluido las referencias completas, pero he mantenido, siempre que he podido, los nombres de las autoras y los autores y algún otro dato, de manera que resulten fáciles de rastrear a quien le interese hacerlo. Me encantan los libros que me descubren a nuevos autores y pretendo que este sea igual para ti.

Sobre el autor

El libro que tienes en tus manos, como no podía ser de otro modo, no es una obra mía independiente; es una obra colectiva, interdependiente. Es fruto de todas esas conversaciones con todas esas personas, expertas y no expertas, con las que he tenido la posibilidad de hablar, a las que he escuchado en conferencias o a las que he leído. Una lista de agradecimientos a estas personas sería interminable; no lo voy siquiera a intentar.

Pero, por encima de todas esas ideas que he leído o escuchado, hay otras: aquellas a las que he llegado, a lo largo de estos casi treinta años, gracias a las conversaciones con mis pacientes. Soy una persona afortunada, tengo una profesión fascinante. He tenido la ocasión de acompañar diariamente a personas que estaban pasando por situaciones problemáticas y difíciles. He presenciado cómo muchas de ellas encontraban soluciones a esas dificultades, a veces a través de las charlas que manteníamos o de los ejercicios que hacíamos. Esto ha sido un regalo para mí: ver cómo las personas son capaces —somos capaces— de resolver nuestros problemas y encontrar nuevos recursos. Ver esto me ha hecho darme cuenta de que, muchas veces, podemos influir sobre la dirección de nuestro cambio. Y que la consciencia de ese cambio, el primer pequeño paso, se nos revela con frecuencia en una conversación con otro ser humano. Como dejó escrito Pascal, «tanto el espíritu como y el sentimiento se forman por las conversaciones».

Mucho de lo que hay en este libro son aspectos que me han descubierto mis pacientes o que hemos aprendido juntos, tanto de nuestros aciertos como de nuestros errores. Especialmente todo lo que he incluido en los últimos capítulos, los más enfocados a aspectos prácticos. Les estoy muy agradecido a cada uno de ellos. He hecho un intento de sistematizar todo lo que he visto que funcionaba y que daba lugar a que las personas creciesen y sanasen, personalmente y en sus relaciones. Espero que este libro pueda contribuir algo en ese proceso de construcción y crecimiento en el que andamos todos y que no termina nunca.

Sobre el libro

Este libro va sobre las relaciones, las sanas y las patológicas. Las relaciones son fluidas; una relación, aunque dure toda una vida, de alguna forma se recrea, cambia, cada día. En ocasiones, no nos damos cuenta de ello porque las recreamos de la misma forma o de una forma muy parecida. Los mismos problemas, las mismas soluciones, los mismos resultados. Y esto genera lo contrario a la fluidez: la inercia, que dificulta el cambio en las relaciones y nos hace ensayar hoy otra vez las mismas soluciones que no dieron resultado ayer. Y de esto quiere tratar este libro también: de las inercias que se establecen en las relaciones y de cómo cambiarlas. De cómo aprender, de cómo dirigir el cambio.

Tal y como yo lo veo, este libro está dividido en tres partes. La primera de ellas abarca los capítulos 1, 2 y 3. En ella intento sentar las bases teóricas que subyacen a nuestra capacidad de relacionarnos. Empiezo defendiendo que somos ante todo una especie interdependiente, en el capítulo 1, para pasar luego en los otros dos a hablar de aspectos de nuestro cerebro que tienen que ver con esta capacidad nuestra. Estos tres capítulos —soy consciente— son los más áridos y técnicos. Algunas de las personas que leyeron el manuscrito antes de la publicación del libro me recomendaron que los eliminase y que empezase directamente en el capítulo 4. Quizá tenían razón, pero a mí me gustan mucho esos capítulos. Si eres un poco friki como yo, supongo que también te gustarán. Si no te ocurre, puedes saltártelos y volver a leerlos después si te ha gustado el resto del libro. O hazte directamente un «Rayuela» y lee en el orden que te vaya pareciendo. Total, el libro ya es tuyo, úsalo como mejor te parezca.

La segunda parte está compuesta por los capítulos que van del 4 al 6. En ellos hablamos de las relaciones, comenzando por el apego en el capítulo 4, para luego distinguir las relaciones horizontales de las verticales y ya, en el capítulo 6, entrar de lleno en los patrones y dinámicas patológicas.

Y la tercera y última parte del libro la forman los capítulos que van del 7 al 10. En ellos, seguimos con las relaciones, pero ya desde un prisma mucho más práctico, enfocándonos en lo que podemos hacer para mejorarlas, tanto con los demás como con nosotros mismos. Este no es estrictamente un libro de autoayuda, pero yo soy psicólogo clínico y terapeuta. Espero que obtengáis algunas claves que os puedan ayudar en vuestro día a día.

La mirada de este libro

Todo lo que digo en estas páginas está basado fundamentalmente en mi experiencia como psicólogo clínico, tanto mía como de los miembros del equipo con el que trabajo o los cientos de profesionales a los que he supervisado durante estos años. Mi profesión me ha obligado al estudio y a la reflexión acerca del que creo que es el tema más fascinante y complejo que hay: el comportamiento humano. Como psicólogo, practico un oficio comprometido con la ciencia, pero, a su vez, como clínico, mi profesión está regida por la práctica. Los clínicos estamos obligados a actuar aquí y ahora. No podemos esperar a que la ciencia nos dé respuestas definitivas, si es que alguna vez las da, mientras tenemos delante a personas que sufren diariamente. Por eso improvisamos mucho, para desesperación de nuestros compañeros los investigadores. Trabajamos desde la ciencia, pero también muy a menudo desde la experiencia y la intuición. Esto se va a ver reflejado también en este libro: muchas de las cosas que escribo en él están basadas en investigaciones científicas, y otras, en la experiencia y la intuición clínica, tanto la mía como la de mis compañeras y compañeros de equipo y otros colegas. Estas intuiciones clínicas, aunque sean compartidas, no tienen la solidez de la evidencia científica, por la ley de pequeños números, por el sesgo de la muestra o por la falta de control de las variables. Pero gran parte de esta información clínica puede resultar muy útil, a la espera de que pueda ser corroborada o falsada por un estudio controlado.

Como soy psicólogo, este libro se centra en los aspectos, disculpad la redundancia, psicológicos y, por tanto, individuales del comportamiento. Pero eso es solo una parte de la explicación de esos comportamientos. Como dice el sociólogo Edgar Morin, «el mundo es un entramado» donde todo está interconectado. Pero nosotros tenemos una capacidad de comprensión limitada. No nos queda más remedio que «parcelar» la realidad, simplificarla, para poder estudiarla. Es la razón de que tengamos tantas disciplinas, como la psicología, la psiquiatría, la neurología, la biología, la sociología o la antropología, cada una dedicada al ser humano desde su óptica. Es inevitable que las teorías a las que llegamos desde cada una de ellas sean parciales e incompletas; sean fragmentos de la que debería ser la explicación total. Aunque esta forma de proceder nos ha permitido progresar, no podemos olvidar que, como nos avisaba el ingeniero y lingüista Alfred Korzybski, «el mapa no es el territorio», y las fronteras que dibujamos en los mapas no se dibujan en el territorio. Las realidades complejas —y el comportamiento humano es desde luego una de ellas— no se ajustan bien a estas parcelas, a los estrechos márgenes de cada una. Se cuelan, como nos dice Morin, «entre los hiatos que separan las disciplinas».

Me encantaría deciros que este libro no cae en eso. Pero no es así: voy a dar una visión parcial, sesgada, lo asumo de antemano. Estará fundamentalmente basada en la psicología, aunque siempre que pueda utilizaré datos o teorías de algunas de esas disciplinas con las que compartimos objeto de estudio. Ya sea por «abajo», como la neurología o la biología, o por «arriba», como la antropología o la sociología. No queda más remedio que hacerlo si se pretende dar una visión lo más amplia posible del hecho humano.

Por eso, para dar cuenta de esto, tendré que recurrir a diferentes niveles explicativos. Intentaré no quedarme solo en la clásica división herencia y ambiente, aunque ya veréis que me cuesta, por nuestra forma de procesar binaria. Esta visión es tan simplista que incluso da algo de pereza. Además, hay otros niveles explicativos que vamos siendo capaces de definir, como la epigenética o el microbioma, que influyen poderosamente sobre nosotros y nuestro comportamiento. Todos estos niveles no son independientes entre sí. Os pongo como ejemplo la investigación encabezada por Amrita Vijay en 2021. Partiendo del principio de que el ejercicio mejora la salud, ella y su equipo quisieron encontrar cómo ocurría esto. En concreto, se centraron en las enfermedades inflamatorias, que mejoran con la actividad física. Hay que recordar que la inflamación está relacionada con un buen número de enfermedades, algunas bastante benignas y otras no tanto. Lo que descubrieron fue que realizar ejercicio aumentaba la producción de endocannabinoides (sustancias que nuestro cuerpo produce y cuya composición se asemeja al cannabis). Esto, a su vez, modificaba la composición de la microbiota intestinal (el conjunto de microorganismos que viven en nuestro intestino), aumentando las cepas de bacterias que estaban asociadas a la salud intestinal. Este aumento hacía que se redujesen ciertas citoquinas, unas proteínas que produce nuestro cuerpo y que se relacionan con los procesos inflamatorios. Y esto provocaba que se redujese la inflamación, lo cual mejoraba el estado de salud del paciente. Como se ve, las cosas están mucho más enredadas de lo que parecen: cambios en el estilo de vida pueden modificar sustancias endógenas que alteran nuestra microbiota intestinal, reduciendo la producción de citoquinas y mejorando todos los procesos inflamatorios. La realidad es un entramado tan complejo que a lo mejor nunca llegamos a entender del todo. Como escribió el genetista Jack Haldane en una cita memorable: «Mi propia conjetura es que el universo no solo es más extraño de lo que imaginamos, sino que es más extraño de lo que podamos llegar a imaginar».

La investigación de Amrita Vijay es, además, un muy buen ejemplo de lo que llamamos «propiedades emergentes». Una realidad o un fenómeno es emergente cuando tiene una propiedad que ninguna de sus partes tiene de forma aislada. Como decían los psicólogos de la Gestalt del siglo pasado, cuando «el todo es más que la suma de sus partes». Como cualquier buen aficionado de fútbol sabe, a veces un pequeño cambio individual supone un gran cambio grupal. Viendo hace unos días un partido de fútbol, ocurrió lo siguiente: uno de los equipos hizo una pésima primera parte, con muchos fallos, falto de profundidad, etc. En el descanso, el entrenador sustituyó a un jugador, *un único jugador*. Y toda la dinámica del equipo, sorprendentemente, cambió: parecía otro equipo mucho mejor que el de la primera parte. El cambio además arrastró al otro equipo y a los aficionados, modificando el comportamiento de todos. Y ¿cómo puede un elemento transformar toda la dinámica? Porque todos los elementos están interrelacionados formando un sistema. Cambiar un solo elemento del sistema hace que el equilibrio se altere, obligando a todo el sistema a reajustarse. Un solo cambio, a veces pequeño, puede provocar grandes consecuencias. Los individuos, los grupos, las parejas, funcionamos como sistemas con propiedades emergentes.

Bueno, sin más, adentrémonos en el libro. Intentaremos entender estas realidades complejas y emergentes que somos los seres humanos y las relaciones que establecemos. Espero que os sume alguna idea para incorporar a vuestro *corpus teoricum* personal. Ya sea porque las aporte directamente o porque lleguéis a ellas rebatiendo cualquier dato o afirmación con la que no estéis de acuerdo. Seguro que encontramos algún momento para hablarlo, después de desparasitarnos, claro.

1
El animal relacional

Puede que estemos todos interconectados.

CHARLES DARWIN

Dependencia

Impartí mi primer curso sobre dependencia emocional hace aproximadamente veinte años. En este tiempo, me han pedido muchas veces seminarios o conferencias similares, con títulos como «Superar la dependencia emocional», «Aprende a ser independiente» o «Cómo dejar de depender de los demás». En casi todos los casos, las personas que me los pedían daban por hecho que amar y depender son cosas contrarias: o se ama o se depende. La dependencia es vista así como una patología, como una enfermedad que hay que «curar». Yo mismo, lo reconozco, enfocaba el tema al principio desde esa visión. Tardé un poco en empezar a darme cuenta de mi error.

La dependencia tiene muy mala prensa en los tiempos que corren. Vivimos en sociedades altamente competitivas e individualistas en las que, como dice el sociólogo Hartmut Rosa en su excelente libro *La resonancia*, «todo debe ser conocido, dominado, conquistado y aprovechado». Para ello, tenemos que ser más capaces, más fuertes, más resolutivos y… más independientes. El que no depende, es fuerte, aprovecha al máximo los recursos, domina y controla su entorno, coge sin pedir permiso. En un entorno competitivo, todo lo que suene a debilidad y vulnerabilidad es rechazado. Y la dependencia suena a ambas cosas.

Todo esto forma parte, no del todo consciente, del ideario de la mujer y el hombre contemporáneos, que sienten que están en una especie de carrera, en una especie de competición. Competimos, pero ¿contra quién? Contra el resto de las personas. Cada ser humano se convierte en un proyecto que se mide y compite con otros, como si fuésemos cebras perseguidas por un león en un documental de La 2: tengo que ser más rápido que el resto de las cebras para sobrevivir. Esto trastoca nuestra relación con los demás porque los consideramos rivales potenciales. Pero también trastoca nuestra relación con nosotros mismos, obligados a ser nuestra mejor versión, a aprovecharnos y sacarnos el máximo partido. Esta forma de relacionarnos con nosotros mismos nos hace vernos como un proyecto que se puede optimizar, un objeto que hay que mejorar: esas arrugas deben desaparecer, las abdominales se tienen que marcar, los niveles de triglicéridos han de bajar, el tamaño de los pechos (o del pene) tiene que aumentar. Y este tratarnos como un objeto, esta relación *instrumental* la establecemos no solo con nuestro cuerpo, sino también con nuestra mente y nuestro cerebro: tenemos que hablar más idiomas, tener más experiencias gratificantes, hacer meditación…

Esta idea de que cada cual se debe mejorar a sí mismo en el afán de superar a los demás es lo que conocemos como el «proyecto personal». Los padres y las madres andamos en esto también, buscando los mejores colegios, a ser posible bilingües, para que nuestros hijos e hijas puedan tener una ventaja competitiva en el futuro. Para la creación de su «proyecto personal», tienen que acumular capital; todos hemos de hacerlo. Y no me refiero aquí solo a capital económico; debemos tener capital personal, social e incluso, como defiende la socióloga Catherine Hakim, capital erótico. Hablar más idiomas, ir más al gimnasio, tener un mejor trabajo y también un ático, ser más feliz, tener mejor cuerpo, tener que… La lista no parece acabar nunca.

Pero no somos cebras

Hay una pequeña trampa: este ideario es mentira. Una persona puede aislarse más o menos de su entorno, pero no hacerse independiente de él. Somos absolutamente dependientes del entorno físico y social que nos rodea. No ser conscientes de esto está en la raíz de muchos de los graves problemas que padecemos, desde los problemas con nuestro planeta, al que tratamos de forma instrumental como si no dependiésemos de él, hasta los problemas con nuestras respectivas parejas. Nuestro bienestar, nuestra salud e incluso nuestra longevidad, como veremos, dependen de ello. Pero esta dependencia tiene otra consecuencia. Como nos dice Hartmut Rosa en otro de sus libros, *Lo indisponible*, «un mundo completamente conocido, planeado y dominado sería un mundo muerto». Exactamente lo mismo puede decirse de las relaciones íntimas.

Con respecto a que tengamos que competir entre nosotros como cebras que huyen del león, hace ya tiempo que los leones dejaron de perseguirnos, a pesar de que seamos mucho más débiles individualmente que ellos. De hecho, comparados con el resto de los depredadores, somos unos seres bastante debiluchos. No tenemos garras (en su lugar tenemos dedos finos y uñas blandas que nos permiten coger cosas con delicadeza) ni fauces (nuestros colmillos se han reducido posiblemente para disminuir la agresividad entre nosotros), y nuestros músculos no son nada comparados con los de un chimpancé o un gorila, por ejemplo. Sin embargo, ocupamos la cima de la cadena trófica, somos un superdepredador. Repartidos por el planeta Tierra somos aproximadamente ocho mil millones de seres humanos, frente a una población total de en torno a doscientos mil chimpancés o tan solo veinte mil leones, concentrados en pequeñas zonas de África y los zoológicos del mundo. Hay aproximadamente cuarenta mil humanos por cada chimpancé y cuatrocientos mil por cada león. ¿Cómo un animal débil y lento surgido en África ha conseguido en muy poco tiempo colonizar todo el planeta? Lo hemos conseguido porque, hace cientos de miles de años, aprendimos a cooperar y a ser, juntos, más fuertes. Somos más fuertes no porque seamos independientes, sino porque, fijaos qué ironía, somos seres dependientes. Nuestra fuerza nace precisamente de esa dependencia. Como dice el primatólogo Frans de Waal, «somos los últimos herederos de un larguísimo linaje de animales intensamente sociales, que dependen unos de otros, y establecen toda clase de vínculos entre sí». Estamos todos interconectados, como ya nos avisó Charles Darwin: la dependencia interpersonal es un rasgo esencial de nuestra naturaleza.

Yo, por no ir más lejos, tengo dos hijas que dependen en gran medida de mí y de su madre, y nadie, creo, diría que esta dependencia es patológica. Se podría objetar que es normal para el ser humano tener altos niveles de dependencia en la infancia, pero no en la edad adulta. Sin embargo, yo, adulto (cronológico al menos), también dependo emocionalmente de ellas, y mucho. De hecho, si viésemos a un padre o a una madre que no mostrase ningún signo de dependencia hacia sus hijos, nos alarmaríamos y nos parecería triste y seguramente peligroso. Esta dependencia mutua entre padres e hijos, si es sana, es beneficiosa y gratificante para todos los implicados. El mayor peligro para un niño es que su cuidadora o cuidador no dependan emocionalmente de él.

Pero la dependencia no está restringida a las relaciones entre adultos y niños, también es un rasgo esencial de las relaciones *entre* adultos. Si observamos a nuestro alrededor, vemos que las personas dependen unas de otras; hasta el punto de que, si encontrásemos a alguien absolutamente independiente, que no necesitase tener vínculos con nadie, consideraríamos a esa persona como enferma emocional y socialmente, ya fuera por los sentimientos de soledad, por la dificultad para conectar con los demás o por la falta de empatía. Esto es así porque la nuestra es una especie hipersocial. La dependencia mutua no solo no es perniciosa para nosotros, nos es beneficiosa.

Entonces, ¿la dependencia es sana?

La respuesta es que la dependencia es inevitable. Buena o mala, lo que es imposible es no depender de alguna forma. El filósofo André Comte-Sponville escribió que «vivir es depender». Si vivir es depender, amar también lo es. Si yo amo, si yo verdaderamente amo, parte de mi felicidad está vinculada a la persona a la que amo. Lo que esa persona haga, lo que opine o lo que a esa persona le ocurra me va a afectar. Si esa persona me es absolutamente indiferente, no hay duda: no la amo. Amor y dependencia no son dos cosas contrarias.

El que la dependencia sea un rasgo esencial de nuestra naturaleza, tanto en la infancia como en la edad adulta, no significa que sea igual en un periodo que en otro. Nuestra forma de depender cambia a lo largo de nuestra vida. Uno de los primeros psicólogos que se interesó por este tema fue el canadiense William Emet Blatz, quien anticipó algunas de las ideas que formarían luego parte de la teoría del apego. Blatz planteó que, para considerar que su desarrollo es sano, el ser humano debe progresar desde una dependencia *inmadura* en la infancia hasta una dependencia *madura* en la edad adulta. A esto, depender de una forma madura, es a lo que llamamos, casi cien años después de Blatz, la dependencia sana u horizontal: la interdependencia. Para pasar de una a otra, el propio Blatz concluyó que debíamos pasar por una fase de independencia. O sea, de la dependencia inmadura infantil, pasando por la independencia, hasta llegar a la dependencia madura adulta. Actualmente, manejamos conceptos muy semejantes a estos. Decimos que pasamos de una dependencia vertical en la infancia a una horizontal en la edad adulta gracias al desarrollo de nuestra autonomía.

Por tanto, dependencia e independencia (o autonomía, como preferimos llamarla ahora) no son polos opuestos. Más bien al contrario; como veremos un poco más adelante, nuestra autonomía nace de nuestra dependencia. Ambas, autonomía y dependencia (sana), son dos caras de la misma moneda. Los adultos autónomos son precisamente los que pueden depender de forma sana de otros adultos. Quienes no han podido desarrollar esta capacidad están abocados a tener relaciones que no serán sanas. A veces serán excesivamente dependientes y otras serán excesivamente contradependientes. Pero ambas son, en términos de Blatz, formas inmaduras de dependencia. Es decir, en las expresiones no sanas de dependencia adulta perviven aspectos de la dependencia infantil que no deberían estar presentes ya en las relaciones entre adultos. Estas relaciones no sanas entre adultos no son relaciones horizontales, concepto sobre el que volveré varias veces en el libro.

La disyuntiva, por tanto, no es depender o no depender. La disyuntiva es si podemos depender o no de forma sana, si tenemos la capacidad de tener y mantener relaciones saludables con los demás y con nosotros mismos. Porque la capacidad de desarrollar esta clase de relaciones va a condicionar mi vínculo con los demás, pero también condicionará la forma en que me relaciono conmigo mismo. Además, condicionará también mi capacidad de *terminar* las relaciones de una forma sana. Porque la mayoría de las relaciones, ya sean de pareja o amistad, la estadística aquí no engaña, no tienen por qué durar toda la vida.

La manera en la que gestionemos nuestra dependencia, por tanto, puede ser sana o no. Y, en ambos casos, tendrá profundos efectos sobre nuestro bienestar, nuestra salud, tanto física como mental, e incluso nuestra longevidad. La bioquímica y premio Nobel de Medicina Elizabeth Blackburn relaciona la longitud de los telómeros, las estructuras que conforman los extremos de los cromosomas, con el envejecimiento celular. Sin entrar en profundidades, sus estudios indican que cuando la longitud de estos telómeros se acorta, y esto se ha observado en personas que sufren un estrés psicológico crónico, el envejecimiento celular se acelera. O sea, el estrés guarda relación con la longevidad de las células y, por tanto, con la nuestra. Como veremos a lo largo del libro, la mayoría de los estresores que afectan a los seres humanos son de naturaleza interpersonal. Dicho de otro modo, la mayor parte del estrés que sufrimos tiene que ver con la calidad de nuestras relaciones. Por eso, el mejor antídoto contra el estrés es la capacidad de desarrollar relaciones sanas, con uno mismo y con los demás.

La investigación más larga llevada a cabo sobre la salud y el bienestar hasta la fecha es el estudio de Harvard sobre Desarrollo Adulto, que se inició en 1938 y que lleva analizados los datos de unas tres mil personas. Esta investigación pretendía responder a preguntas como ¿cuáles son los factores que influyen sobre la salud y la longevidad?, ¿podemos predecir qué personas serán octogenarias activas y saludables, y quiénes no?, y, sobre todo, ¿qué hace que tengamos una vida feliz y con sentido? Cuando hacemos esta última pregunta a *millennials* (personas nacidas entre los años 1980 y 2000), los dos factores que suelen aparecer en primer lugar son el dinero y el éxito, muy en consonancia con el modelo competitivo que he descrito antes. Pero el estudio de Harvard no encontró precisamente eso. «El hallazgo sorprendente es que nuestras relaciones y cuán felices somos en nuestras relaciones tienen una poderosa influencia en nuestra salud», nos dice Robert Waldinger, director del estudio y profesor de Psiquiatría en la Escuela de Medicina de Harvard. «Cuidar tu cuerpo es importante, pero cuidar tus relaciones también es una forma de autocuidado. Esa, creo, es la revelación». Tras analizar los datos de los participantes, declaraba: «Cuando reunimos todo lo que sabíamos sobre ellos a los cincuenta años, no fueron sus niveles de colesterol de mediana edad los que predijeron cómo iban a envejecer. Era lo satisfechos que estaban en sus relaciones. Las personas que estaban más satisfechas en sus relaciones a los cincuenta años eran las más saludables a los ochenta años». Añadía: «La soledad mata. Es tan poderosa como fumar o el alcoholismo». Y esto no es animaros a que os pongáis a fumar o a beber alcohol, que son indiscutiblemente muy malos para la salud, pero sí a que cuidéis las relaciones. Este estudio, como uno que os comentaré en breve, el estudio ACE, supusieron un gran cambio con respecto a cómo conceptualizábamos la salud, tanto física como mental. George Vaillant, psiquiatra que dirigió la investigación de Harvard desde 1972 hasta 2004, reconoció que inicialmente era escéptico por su formación biomédica, pero que los datos le hicieron cambiar de opinión. «Cuando comenzó el estudio, a nadie le importaba la empatía o el apego. Pero la clave para un envejecimiento saludable son las relaciones, las relaciones y las relaciones». Siendo justos, este estudio vino a confirmar algo sobre lo que otros autores, por ejemplo el psicólogo Martin Seligman, llevaban años insistiendo: las relaciones saludables son cruciales para nuestra salud y nuestro bienestar. Podéis encontrar el estudio aquí: adultdevelopmentstudy.org. También podéis ver la charla TED de Robert Waldinger en la que explica los resultados más relevantes de este estudio.

Por tanto, no estamos hablando de un tema menor. Desarrollar la capacidad de relacionarme de forma sana va a influir sobre mi bienestar, sobre mi salud e incluso sobre cuánto voy a vivir, del mismo modo que va a repercutir en el bienestar de las personas que me rodean. Por eso es importante que aprendamos a desarrollar relaciones sanas con los demás, a depender de forma sana, a interdepender. Asimismo, también es importante que aprendamos a elegir bien a las personas de las que nos rodeamos. Y aquí vuelve a desempeñar un papel nuestro nivel de dependencia y de autonomía. Porque, si tengo problemas de autonomía, será mucho más probable que elija iniciar o continuar relaciones que no van bien con tal de no estar solo.

Interdependencia

«La interdependencia debe ser tanto un ideal del ser humano como la autosuficiencia. El ser humano es un ser social». Esta frase, que es de Gandhi, creo que resume perfectamente la idea central de este capítulo: los humanos somos seres profundamente sociales. Somos seres autónomos, pero interdependientes. El rasgo distintivo de nuestra especie no es, de hecho, la independencia; es la interdependencia. Somos, ante todo, seres relacionales que nos necesitamos unos a otros para sobrevivir y para estar bien. Necesitamos cooperar, y la cooperación ha sido, desde siempre, la base de nuestra existencia. Y cuando digo desde siempre, realmente me refiero a, literalmente, desde siempre. Os voy a contar una pequeña historia.

La Tierra tiene aproximadamente 4.400 millones de años. La vida en la Tierra apareció hace unos 3.750 millones de años. Durante mucho tiempo, esa vida fue simple: los organismos unicelulares fueron los reyes del planeta. Pero, en algún lugar, hace unos dos mil millones de años, nadie sabe a ciencia cierta cómo, ocurrió una cosa fascinante: una bacteria se introdujo dentro de (o fue fagocitada por) una arquea y, en lugar de ser digerida, siguió viva dentro de ella. Las arqueas y las bacterias son dos tipos de organismos unicelulares. Ambas iniciaron entonces una relación simbiótica o de cooperación. Dos organismos hasta entonces independientes pasaron a ser, por primera vez en la historia del planeta, interdependientes. Y ocurrió lo que suele ocurrir con frecuencia con las interdependencias: a ambas, la arquea y la bacteria, les fue mejor juntas que separadas. La bacteria se vio favorecida por el entorno estable de la célula en la que se encontraba, mientras la arquea huésped se aprovechó de la energía que le procuraba la bacteria. Les fue tan bien a esta arquea y a esta bacteria que vivieron para siempre felices y comieron perdices. Juntas forman lo que conocemos como la «célula eucariota», que constituye la base de los organismos multicelulares y complejos. Nosotros estamos compuestos por células eucariotas. Las plantas y los animales, tal y como los conocemos, no existirían sin la célula eucariota; no existirían de no ser por esta primera relación de interdependencia. En todos los seres vivos complejos, incluyéndonos a los humanos, cada una de nuestras células es una descendiente de aquella primera pareja endosimbiótica. Los descendientes de esa bacteria son las estructuras que procuran energía a cada una de nuestras células: las mitocondrias. Quiero decir que en el interior de cada una de nuestras células sigue viviendo la descendiente de esa bacteria primitiva (aunque nos tranquilice más llamarla mitocondria), con su propio ADN (circular, por cierto), y sin la cual la vida compleja tal y como la conocemos resultaría imposible. En lo más profundo, en los ladrillos más básicos que forman la vida, somos seres nacidos de la interdependencia. Como escribió la bióloga Lynn Margulis, una pionera en la defensa de esta teoría, somos individuos compuestos desde el principio. La interdependencia no es la excepción, es la norma.

Pero ahí no acabó la interdependencia, más bien empezó. Desde entonces, la historia de la evolución es la historia de una dependencia cooperativa en aumento: de los organismos unicelulares a los organismos pluricelulares, de los pluricelulares a los complejos, de los individuos a los animales sociales, en grupos cada vez mayores y más sofisticados. La historia de la Vida, así, en mayúsculas, es la historia del aumento de la complejidad, de la interdependencia. No es de extrañar que los seres humanos seamos de las especies más interdependientes de la naturaleza.

El psicólogo social Stanley Milgram, influido por un trabajo previo del matemático Manfred Kochen y el politólogo Ithiel de Sola Pool, llevó a cabo, en 1967, un experimento conocido como «los seis grados de separación». Como curiosidad, los propios autores nunca utilizaron este término, sino que llamaron a la serie de investigaciones «los experimentos del mundo pequeño». Básicamente, lo que hicieron fue pedir a personas de distintas zonas de Estados Unidos que hicieran llegar un mensaje a una persona en concreto (no famosa) que vivía en Boston. Solo podían transmitir el mensaje de primera mano a personas que conociesen personalmente. La idea era medir por cuántas manos tenía que pasar el mensaje, cuál era la ruta social más corta, para llegar a su destinatario. La media estuvo entre 5,2 y 5,7 personas. Estaban todas interconectadas por menos de seis intermediarios. Casi treinta años después, Peter Dodds, al frente de un equipo de la Universidad de Columbia, replicó el estudio, esta vez con sesenta mil participantes de 166 países, que tenían que intentar conectar con dieciocho objetivos, en trece países. Los «objetivos» volvieron a ser personas no famosas, como un veterinario noruego, un policía australiano o un informático indio. Algunas cadenas no lograron completarse, pero las que se completaron lo hicieron aproximadamente en…, ¡tachán!…, seis pasos. Aunque seamos ocho mil millones de personas en el mundo, estamos todos conectados por menos de seis intermediarios, esto es, de los famosos tenemos seis grados de separación. Nuestras complejas estructuras sociales, compuestas por miles de individuos, siguen funcionando porque se basan en grupos mucho más pequeños y cercanos. Estas relaciones de mundo pequeño forman la red sobre la que se sustenta todo lo demás. Vivimos en un gran mundo, sí, pero interconectado por millones de pequeños mundos interdependientes.

Esta enorme capacidad de relacionarnos y de, en palabras del biólogo Edward Wilson, «conectar entre sí a muchos seres humanos» ha sido la clave de nuestro gran desarrollo como especie. Vale, creo que ahora ha llegado el momento de preguntarnos por el sentido de nuestra hipersociabilidad.

¿Por qué somos una especie hipersocial?

Pues se debe no a una, sino principalmente a tres razones: la reproducción sexual, nuestro largo periodo de crianza y el que seamos animales gregarios, tribales. Veamos cada una de ellas con un poco más de detalle.

La reproducción sexual

La reproducción sexual obliga a interactuar porque, para reproducirse, hacen falta al menos dos. Si fuésemos animales de reproducción asexual, si nos pudiésemos reproducir por fisión binaria, segmentación o partenogénesis, como le ocurre al diente de león, a las estrellas de mar o a algunos reptiles, no necesitaríamos relacionarnos. Yo mismo me reproduciría, dando lugar básicamente a un clon de mí mismo. Pero, como sabe cualquiera que esté buscando una pareja sexual, para tenerla hay que relacionarse, ya sea en un bar o en las redes sociales. Sabemos que las relaciones sexuales no requieren mantener vínculos a largo plazo; con contactos a corto plazo basta. Muchos animales de reproducción sexual (entre ellos el *Homo Tinder*), de hecho, mantienen este tipo de relaciones conocidas como «torneos sexuales», a corto plazo. Otros, sin embargo, funcionan con tácticas a largo plazo, generando parejas que, en algunas especies, pueden durar toda la vida. Pero, en este caso, la causa no es tanto la reproducción como una de sus posibles consecuencias: tener crías. Hablando de tácticas y estrategias: todo lo que tenga que ver con sexo lo tengo que repartir a lo largo del libro porque, si no, algunos os iríais directamente a ese capítulo y dejaríais sin leer los demás.

Tenemos crías inmaduras

Esta es la segunda razón de nuestra naturaleza vinculatoria, quizá la más importante. Somos lo que se conoce como una especie altricial. Las especies altriciales son aquellas que tienen crías que, debido a su inmadurez al nacer, son incapaces de cuidarse a sí mismas. Por oposición a las especies precociales son aquellas en las que las crías nacen con una madurez que les permite valerse por sí mismas. Nuestros bebés son incapaces de autocuidarse durante un largo tiempo. En nosotros, la etapa de lactancia es más corta que la del resto de los simios antropomorfos, pero nuestros periodos de dependencia se extienden más allá, en muchos casos hasta bien pasada la adolescencia. Estamos obligados a una larga etapa de crianza/aprendizaje que asegure la supervivencia de nuestras crías en condiciones óptimas. Esto requiere la formación de vínculos entre adultos e infantes, sin la existencia de los cuales abandonaríamos a esos pequeños y maravillosos parásitos a los que llamamos hijos. Y este vínculo, a diferencia del sexual, no puede ser a corto plazo; tiene que ser a largo plazo.

El primer objetivo de este vínculo es proteger a los niños de sus propios progenitores, evitando que estos les hagan daño o los abandonen. El segundo objetivo es que los progenitores cuidemos y protejamos a esos niños de potenciales peligros externos. De hecho, como veremos más adelante, cuando se producen disrupciones en este vínculo, que conocemos como «apego», los niños tienen más probabilidades de sufrir situaciones traumáticas, tanto dentro como fuera de casa.

Nuestro largo periodo de crianza es la base de la dependencia de nuestros jóvenes hacia sus cuidadores. Pero no solo eso, sino que también es parcialmente la base de los vínculos entre adultos: el que estas crías sean tan dependientes hace que una madre y su bebé solos, sin otros adultos que los asistan, tengan muchas dificultades para sobrevivir en entornos naturales. La necesidad de generar vínculos entre adultos e infantes ha hecho que, a lo largo de la evolución, se haya ido afinando una exquisita maquinaria bioquímica que, basada en la oxitocina y la vasopresina, y seguramente otros factores que aún desconocemos, da lugar a esos vínculos maternofiliales. Esta misma maquinaria es la que posibilita las relaciones a largo plazo entre los adultos. Como el sistema de apego es tan importante en nuestra especie, le dedico un capítulo entero en el libro. Vayamos ahora a la tercera razón de nuestra sociabilidad.

Somos seres gregarios, tribales

Estamos en la cima de la cadena trófica: somos superdepredadores. Sin embargo, no tenemos una gran fuerza muscular ni garras afiladas ni colmillos sobresalientes. Somos animales con «cuerpos débiles, grandes cerebros, sentido gregario y [...] grandes apetitos», como nos describe el antropólogo Scott Atran. ¿Cómo hemos logrado esta posición prominente si somos tan frágiles? Si eres débil, una gran estrategia es formar parte de un grupo que te defienda y te ayude a encontrar recursos. Así que nuestra fuerza reside en el grupo, en nuestra capacidad de cooperar. Nuestro espíritu gregario nace de nuestra indefensión. Charles Darwin, en su libro *El origen del hombre*, escribió que un animal que «poseyese gran tamaño, fuerza y ferocidad [...] probablemente no se hubiese vuelto social», y que eso hacía que, para los humanos, los grupos a los que pertenecían fuesen tan importantes como ellos mismos. Por ello, tenemos de forma innata una necesidad y una capacidad gregarias que nos hacen formar grandes clanes. De entre todas las especies de primates, somos los que mantenemos grupos más numerosos y dependemos en mayor medida de la tribu para nuestra supervivencia. Hemos hiperdesarrollado la estrategia que ha asegurado la supervivencia a los primates durante millones de años: la sociabilidad. Nuestra acusada sociabilidad ha sido «seleccionada» por la evolución. Capacidades como la empatía o la confianza tienen un valor de supervivencia. La conocida frase del naturalista Herbert Spencer, «la supervivencia del más apto», que Darwin utilizó como explicación de la selección natural, se suele entender con frecuencia como «la supervivencia del más fuerte». Incluso hay veces que la he visto traducida así. Pero, para una especie social, el más apto es el que es capaz de confiar, generar confianza e interdepender, no necesariamente el más fuerte.

La especie más social sobre el planeta

Supongo que ya queda más que claro por qué he titulado a este primer capítulo «El animal relacional»: somos el animal social por excelencia, la especie más social que existe sobre el planeta. De hecho, ese fue durante algún tiempo el título del libro mientras lo escribía, aunque decidimos cambiarlo por el que finalmente quedó. Tenemos un mayor nivel de sociabilidad que ningún otro primate, que ningún otro mamífero. Y también somos más sociales que las abejas o las hormigas, los conocidos como insectos eusociales. Además, nuestra sociabilidad se distingue de la de estas especies en tres aspectos que van a tener profundas implicaciones para nosotros: establecemos vínculos

con extraños genéticos, cooperamos para competir y nuestros vínculos se basan en la empatía.

Los extraños genéticos

Somos una especie que mantiene relaciones íntimas y estables en el
tiempo con lo que llamamos «extraños genéticos». Esta idea se la leí
por primera vez hace años al antropólogo Scott Atran, y me sigue pareciendo preciosa. Básicamente plantea que yo puedo sentir como
más cercanos a mi amigo Garri, nacido en Barcelona, o a mi amigo
Hans, que es alemán, que a mi primo Rajesh, que vive en la India y
con el que tengo una mayor cercanía genética, pero al que (que esto
quede, por favor, entre nosotros) no soporto... (Es broma; no tengo
ningún primo que se llame Rajesh).

Esta capacidad de formar vínculos estrechos con personas con las
que no estamos emparentados se ha documentado solo en un puñado
de especies, mientras que es casi universal en la especie humana. Esto,
además, no es nuevo en nuestra historia evolutiva. Según un estudio
de 2011 publicado en la revista *Science*, tras analizar el ADN de algunos enterramientos prehistóricos, se encontró que únicamente un
40 por ciento de las personas enterradas juntas estaban unidas por lazos de sangre. O sea, ¡el 60 por ciento de las personas en el mismo
enterramiento eran extraños genéticos! Esto es sumamente interesante, puesto que nuestro modo de vida como especie ha sido el de caza-
dor-recolector durante una parte mayoritaria de nuestra historia (de
hecho, un 99 por ciento de nuestra historia). Aunque no podemos
generalizar, pues también tenemos evidencias de sociedades muy en-
dogámicas, lo que es cierto es que el vínculo con los extraños genéticos y el altruismo recíproco son parte de nuestra historia desde el
principio o, técnicamente, incluso antes. Sabemos que nuestra especie,
el *Homo sapiens*, se ha mezclado con todas las especies *Homo* que se ha
encontrado a su paso en los últimos doscientos mil años. De hecho,
las personas de ascendencia euroasiática tenemos aproximadamente
un 2 por ciento de nuestro código genético procedente de los neandertales, con los que podíamos tener, y tuvimos, descendencia viable.

Lo siento por los puristas defensores de la raza (que, por cierto, no existe según la ciencia) o la cultura: somos una especie que ha nacido del mestizaje, del copiarnos, del mezclarnos.

Este mestizaje, esta apertura al otro, no solo cumple funciones de diversidad genética y ampliación del acervo o *pool* genético, sino que también cumple funciones de diversidad cultural y ampliación del patrimonio o *pool* cultural De hecho, somos unos grandes copiones: desde los exámenes hasta la apropiación cultural, en cuanto una idea nos resulta interesante, la hacemos nuestra. Incluso hay personas que olvidan de quién o dónde aprendieron esa idea y la presentan como propia. Si os ha pasado, sabéis lo irritante que puede resultar. Pero la clave es que nuestra mente está abierta a aprender de los demás, a copiar a los demás.

Esta capacidad de cooperar nos ha proporcionado grandes ventajas. Un solo individuo, por inteligente que hubiese sido, jamás habría llegado a crear un avión. Porque nosotros no solo cooperamos con los que están en el presente, de alguna manera cooperamos con las personas del pasado y del futuro. Gracias a eso, hemos podido progresar desde las primeras herramientas líticas hasta la construcción de aviones y naves espaciales, porque compartimos la tecnología y nos basamos en lo que han hecho o descubierto otros antes que nosotros. Creo que este es un momento ideal para volver a ver *2001: Una odisea del espacio* de Kubrick. Esta interdependencia a lo largo del tiempo es básicamente lo que llamamos «cultura», según el antropólogo Dan Sperber. Desde el hacha de sílex, pasando por la agricultura o la rueda, hasta la democracia, cualquier innovación cultural o tecnológica ha sido copiada rápidamente pasando de unos grupos a otros.

Ya en tiempos históricos, nuestras sociedades se han hecho todavía más complejas y están aún menos basadas en el parentesco y la cercanía genética, razón que ha llevado a llamarlas comunidades basadas en «parientes imaginarios» o «comunidades imaginarias». Estas grandes comunidades imaginarias son la base sobre las que se han construido y se construyen las grandes civilizaciones. Parece que la religión ha sido clave también en este desarrollo. Una prueba de esto lo constituyen las ruinas encontradas hace unos años de Göbekli Tepe, un templo (se cree) erigido hace once mil años, en la actual Turquía. Su construcción debió de exigir la participación de muchas personas, en una etapa anterior, creemos, al desarrollo de las grandes civilizaciones. Es decir, hemos sido capaces de cooperar en grandes grupos desde tiempos inmemoriales.

Nuestra sociabilidad está tan poco marcada por la cercanía genética que llegamos a vincularnos afectivamente incluso con individuos de otras especies. Hay personas que sienten profundos vínculos afectivos con sus mascotas, ya sean perros, gatos, caballos, o incluso hasta con tarántulas o serpientes. De hecho, conozco a unas cuantas personas que quieren más a sus perros que a sus hermanos. No es extraño, porque seguramente algunos perros son mejores que algunos hermanos. Bromas aparte, os hablé antes de la oxitocina, la hormona responsable de que nos vinculemos con nuestros hijos y también con otros adultos. Pues bien, es también la que se produce en el cerebro de una persona que observa la cara de su mascota. O sea, lo que mi cerebro empieza a bombear cuando miro la cara de mi hija es la misma sustancia que produce el cerebro de una persona que contempla la cara de su perro. Ambos sentimos cosas muy parecidas y nos vinculamos, en el caso de la mascota, con un absoluto «extraño genético». Por cierto, el cerebro de nuestras mascotas (el de los perros, al menos) también produce oxitocina cuando las miramos a los ojos. Qué bonito es el amor correspondido, ¿verdad?

Una última prueba de nuestra altísima sociabilidad es que muchos castigos históricos han tenido que ver con privarnos de la relación con los demás: el ostracismo o el destierro son buenos ejemplos de ello. En todos los tiempos, y en las cárceles contemporáneas también, casi el peor castigo que se le podía imponer a un reo era el aislamiento. Este tipo de conductas se han encontrado en otras especies sociales, como las abejas, que lo usan para fortalecer al grupo marginando a individuos para castigarlos por sus comportamientos poco sociales. Siempre me sorprende cuando leo artículos que relacionan nuestros comportamientos con especies tan distantes. Nos cuesta hacernos a la idea de que somos simplemente un tipo más de animal.

Cooperamos para competir: la confianza y la traición

Cooperamos, pero no como las abejas o las hormigas, mucho más colectivas en su comportamiento. Nosotros no somos colectivos: podemos ser altruistas, pero también muy egoístas. ¿Por qué ocurre esto? Ya hemos visto que no tenemos rival entre el resto de los grandes depredadores. Pero, a la vez, nos hemos convertido, en palabras de Darwin, en «nuestros peores depredadores». Las mayores amenazas para nosotros, físicas o emocionales, proceden de otros seres humanos. Para poder protegernos, nos dice el geógrafo Jared Diamond, «hemos aprendido a cooperar para competir». Por tanto, formamos grupos que rivalizan entre sí. Esto nos obliga a tener dos tipos de comportamiento bastante opuestos: ser muy cooperativos con los «nuestros» a la vez que serlo muy poco, o incluso ser despiadados, con «los otros». Ser especialmente duro con los otros puede ser visto, en algunos casos, como una señal de ser un buen miembro de nuestro grupo. Lo habéis podido comprobar en el comportamiento de numerosos colectivos, desde los partidos políticos hasta los equipos de fútbol. Generalmente, el futbolista más detestado por el equipo rival es el más aclamado por la afición local. De este rasgo tan nuestro nace una forma de procesar la información clave en nuestro cerebro: dividimos el mundo de forma binaria entre dos grupos: nosotros/ellos. Poniéndome un poco técnico, al «nosotros» lo llamamos *endogrupo* y al «ellos» lo llamamos *exogrupo*. A partir de esta distinción automática de nuestro cerebro, atribuimos características más positivas a los que consideramos «nuestros» que a los que consideramos «los otros», y podemos ser muy generosos y cooperativos con los miembros de nuestro propio grupo, pero, a la vez, muy competitivos y hasta crueles y psicopáticos con el exogrupo. Por cierto, ambos tipos de comportamiento están mediados por la misma hormona, la oxitocina. Que, por cierto, cabe recordar que la oxitocina no siempre es amor; también interviene en los comportamientos egoístas o incluso agresivos.

La generosidad y el comportamiento altruista con las personas de nuestro grupo se basan en la confianza de que, llegado el momento, la otra persona también se comportará igual con nosotros. De hecho, la confianza es esencial en cualquier relación a largo plazo. Pero nunca podemos estar seguros del todo: llegado el momento, el otro puede no comportarse de una forma altruista con nosotros. Puede mirar más por sus propios intereses que los míos, puede traicionarme.

Precisamente porque somos una especie social, en la que cooperar es muy importante pero no está asegurado, la traición es tan dolorosa para nosotros. Dante lo consideró el peor de los pecados: dañar a alguien que ha depositado en nosotros su confianza. Los que cometían este pecado estaban condenados, en su *Divina comedia*, a la peor parte del infierno, la que estaba más cerca de Lucifer: el noveno círculo, un lago gélido (no caliente y llameante, sino frío; me parece muy interesante esto) llamado Cocito, donde penaba Judas Iscariote.

La traición es posible porque el «yo» no se diluye y desaparece en el «nosotros». Mantenemos una fuerte consciencia del yo, pero, para formar ese «nosotros», nos tenemos que entender con el otro, que también tiene una fuerte consciencia del yo. Y esto genera tensiones entre lo que es bueno para mí, como ser individual y egoísta, y lo que es bueno para nosotros, como pareja o como colectivo. Puede haber cooperación, pero también desconfianza. Lo vemos en cualquier grupo de amigos, de trabajo o político. En casi cualquier contexto, las peores disputas tienen que ver con considerar que la otra persona se ha comportado de forma egoísta, ha mirado por sus intereses y no los nuestros o, lo peor, me (o nos) ha traicionado. Así, la traición es uno de los comportamientos que más malestar genera.

Al igual que ese «yo» no desaparece en las relaciones grupales, tampoco lo hace en la pareja o en los entornos más íntimos. La infidelidad, por ejemplo, se puede explicar en parte desde esta lucha entre ambas tendencias. Casi cualquiera que haya sufrido una infidelidad, y lo sepa, lo podrá corroborar. La parte más difícil de manejar suele ser la sensación de traición.

Este también es el fenómeno que se produce en algunos divorcios en los que el otro pasa de ser parte de ese «nosotros» a ser ahora alguien a quien consideramos egoísta y que solo mira por sus propios intereses. Este cambio lo sentimos como una traición y es la causa de que, muchas veces, las rupturas saquen lo peor de cada uno.

Por último, nuestra desconfianza también tiene que ver con esto. Para nosotros es esencial que distingamos al amigo del enemigo, el que va a cooperar, llegado el momento, del que no lo hará. Igual que yo puedo actuar de forma altruista o egoísta, al otro le puede pasar lo mismo. Como veremos en los próximos capítulos, según hayan sido mis vivencias seré más o menos confiado. Y esto va a tener una profunda influencia en mi capacidad de tener relaciones íntimas. Porque cualquier relación a largo plazo es casi imposible sin confianza.

Nuestro vínculo se establece desde lo emocional

Cuando sentimos que el otro es parte de ese «nosotros», cuando sentimos que no nos la va a jugar y confiamos, se establece un vínculo emocional que nos hace sentir bien. Pero, si he confiado y siento que el otro me la ha jugado, esto generará emociones muy intensas y negativas en mí. Estas emociones condicionarán mi comportamiento: si considero que el otro ha sido egoísta (o creo que lo puede ser), lo seré yo también; si considero que me ha tratado mal, yo lo trataré así también. De modo que se establece una relación circular: nuestras emociones hacia los demás condicionan nuestras relaciones y, a la vez, las relaciones con los demás condicionan nuestras emociones. Y este círculo puede ser vicioso o virtuoso. En gran medida, eso son las dinámicas que, una vez establecidas, generan tanta inercia y son tan difíciles de romper. Cuando entramos en un ciclo de desconfianza, es muy difícil romperlo y salir de él porque cargamos toda la culpa sobre la otra persona, y no somos conscientes de cómo nosotros estamos también contribuyendo al mantenimiento de esa dinámica.

La estrecha conexión entre lo relacional y lo emocional es lo que hace, además, que nos encontremos mal cuando nos sentimos solos. Como dice la psiquiatra Stephanie Cacioppo, de la Universidad de Chicago, «nuestras estructuras sociales evolucionaron mano a mano con cambios neurales, hormonales y genéticos que sustentaban estas estructuras sociales (parejas, tribus y comunidades) que nos ayudan a sobrevivir y a reproducirnos». De esta manera, la necesidad de relacionarnos se hizo tan básica para nosotros como el hambre o la sed. Eso explica por qué en las personas que se sienten solas se generan consecuencias para su salud y su longevidad. «El hambre y la sed protegen nuestro cuerpo físico, mientras que la sensación de soledad protege nuestro cuerpo social», afirma Cacioppo. La sensación de soledad, por tanto, también activa señales de que estamos en peligro y tenemos que hacer algo para evitarlo. No es de extrañar que las áreas cerebrales que procesan el dolor físico y las que procesan el dolor socioemocional, como el generado por la soledad, el abandono o el rechazo, tengan un amplio solapamiento. Nuestro cerebro ha evolucionado para sentir ambos tipos de dolor de forma muy parecida. El área cerebral que confiere «significado» al dolor físico, la corteza cingulada anterior, es la misma que confiere significado al dolor emocional. Este solapamiento podría dar explicación, parcial al menos, a diversas enfermedades crónicas cuya fisiopatología aún no se ha llegado a dilucidar, como es el caso de la fibromialgia. Sabemos también que medicamentos que se desarrollaron para el dolor físico, por ejemplo, el paracetamol, reducen asimismo el dolor emocional. Esta hipótesis fue avanzada por Jaak Panksepp y ha sido corroborada por varios investigadores posteriores. Esto nos reafirma lo que ya hablábamos en el prólogo: la división entre lo psicológico y lo físico no corresponde a la realidad, corresponde a nuestro modo de entender la realidad. Nos vendría bien recordar que lo psicológico es fisiológico y que lo fisiológico es psicológico, aunque nuestra primitiva mente binaria, y la ciencia que ha creado, necesite verlas como dos cosas distintas.

Relaciones y salud

Si lo psicológico y lo fisiológico son dos caras de la misma moneda, es normal que las relaciones tengan una influencia profunda sobre la salud. Ya he hablado de Elizabeth Blackburn y del estudio de Harvard. Pero también sabemos que sentir soledad empeora nuestra función inmunológica y hace que sea más fácil que enfermemos. Prácticamente cualquier patología empeora cuando nos sentimos solos, desde las cardiacas hasta el cáncer, pasando por el alzhéimer. En la misma línea, hay abundante literatura científica que relaciona la soledad con la muerte prematura. Naomi Eisenberger y Steve Cole, de la Escuela de

Medicina de la UCLA, han encontrado que la mortandad puede llegar a ser un 25 por ciento más alta en situaciones de soledad y aislamiento.

Relacionarnos y estar vinculados es mucho mejor para la salud que estar en soledad. Pero ¿vale cualquier tipo de relación? La respuesta es que no. Lo importante no es la cantidad de las relaciones, sino la calidad de esas relaciones. Las que solemos llamar «tóxicas», aquellas que nos generan elevados niveles de estrés, son perjudiciales para nuestra salud, dando la razón a aquello de «mejor solo que mal acompañado». Pero ¿por qué se produce esta influencia?, ¿cómo la soledad o las relaciones tóxicas afectan tanto a nuestra salud? En primer lugar, los cambios bioquímicos que se producen con el estrés afectan a todo nuestro cuerpo. Este fenómeno de la influencia de lo emocional sobre la salud es tan importante que ha acabado generando su propia área de estudio: la psiconeuroinmunología. La psiquiatra Rachel Yehuda fue una de las primeras en investigar la relación del cortisol con las enfermedades. El cortisol es una hormona cuya liberación está relacionada con el estrés. Inicialmente, el estrés provoca una elevación de sus niveles; pero, mantenido a lo largo del tiempo, suele generar el fenómeno inverso: desregula y disminuye los niveles de cortisol. Niveles desregulados de cortisol han sido encontrados en diferentes trastornos psicológicos, desde los trastornos de ansiedad hasta los del estado de ánimo, pasando por los trastornos por estrés postraumático. Los niveles bajos de cortisol, por otro lado, están relacionados con una alteración de la actividad de nuestro sistema inmunológico y de los procesos inflamatorios. La inflamación ocurre cuando células del sistema inmune, como los neutrófilos o los macrófagos, se reúnen cerca de una herida o de una infección. Esta respuesta ha sido y es esencial para nuestra supervivencia, sin ella pereceríamos. Pero si esta inflamación se produce de forma crónica, como ocurre en el estrés mantenido, se ve afectado el funcionamiento global del sistema inmune. Este mecanismo se ha relacionado con las conocidas enfermedades autoinmunes inflamatorias, que van de la tiroiditis de Hashimoto a patologías más complejas, como el lupus sistémico, y también influye, como acabamos de ver, sobre las enfermedades cardiacas y degenerativas. Y sabemos que la mayor parte del estrés es interpersonal. El psicólogo

John Gottman encontró, mientras estudiaba a parejas conflictivas, que el nivel de conflictos destructivos (hablaremos de ellos en el capítulo 9) que tenían estas parejas correlacionaba con el número de enfermedades infecciosas que padecían.

Esta influencia de las relaciones estresantes es especialmente importante cuando ocurre en la infancia. Gregory Miller, de la Universidad de Colombia, ha constatado que la exposición temprana a estresores hace que se sea más propenso a sufrir algunas de estas enfermedades en la edad adulta. Es lo que se conoce como el «fenotipo protoinflamatorio». Pero el conjunto de investigaciones más importantes que tenemos sobre el estrés en la infancia se debe al trabajo liderado por los médicos Vincent Felitti y Robert Anda. Estos estudios, llamados los estudios ACE, por las siglas en inglés de Adverse Childhood Experiences, se iniciaron de forma casi accidental en 1995. Lo que estas investigaciones han encontrado es que sufrir experiencias adversas en la infancia, o sea, situaciones altamente estresantes y traumáticas, correlaciona con casi todas las patologías físicas y mentales que conocemos. Así, desde la diabetes hasta el consumo de drogas, pasando por patologías coronarias, la depresión, la ansiedad o la enfermedad renal, por poner solo algunos ejemplos, aumentan su riesgo si hemos vivido estas experiencias. Estos estudios son muy importantes porque ponen de manifiesto, como dije antes, que salud física y la salud mental no son dos cosas distintas.

Por otro lado, las investigaciones con niñas y niños adoptados de Philip Fisher, de la Universidad de Oregón, nos dicen que estas experiencias no solo tienen que ser de maltrato o abuso, lo que llamamos «trauma de acción». Él ha relacionado los niveles desregulados de cortisol de estos niños con un patrón parental de cuidado insuficiente, de negligencia, lo que llamamos «trauma de omisión». Este tipo de trauma es sumamente importante, y hablaré más de él en el capítulo del apego. Por ahora, para dejaros con una buena noticia, sabemos que muchas veces estas consecuencias son reversibles si la situación mejora. El mismo Fisher constató que, si estos niños, que habían sufrido niveles altos de estrés en sus familias de origen, eran adoptados por familias que los cuidaban y lograban regularlos, sus niveles de cortisol volvían a los patrones normales. La clave era que los padres adoptivos fuesen buenos manejando su propio estrés. Como señala Fisher, «el cerebro con frecuencia se recupera, si se le permite».

No solo el cortisol, sino muchos otros neurotransmisores —como la oxitocina, la serotonina, la dopamina o la noradrenalina— se ven afectados por los aspectos relacionales. Pero lo que hemos empezado a saber en los últimos años es que las relaciones afectan también a la estructura cerebral. Así, en función de nuestras vivencias, estructuras cerebrales como el cuerpo calloso, la amígdala, el hipocampo o las áreas de la corteza prefrontal pueden variar en tamaño o en mielinización. O sea, que nuestro cerebro realmente se modifica por la experiencia. Aunque ahora parece una verdad de Perogrullo, no lo ha sido hasta hace poco.

Pero la calidad de nuestras relaciones nos influye también a otros niveles. Un buen ejemplo es la epigenética. El término fue acuñado por Conrad Hal Waddington, y significa, literalmente, «por encima de la genética». Son el conjunto de procesos que hacen que algunos genes se expresen o se silencien, sin alterar su secuencia. O sea, que son factores que «encienden» o «apagan» genes, como nos dice la antropóloga Helen Fisher. Muchas de las diferencias que atribuimos a los genes tienen mucho más que ver con estos factores que dependen del ambiente y que se transmiten a los hijos. Pueden afectar a casi cualquier aspecto de la salud y, como ya sabemos, a la longevidad. Hay muchos estudios que muestran cómo el estrés altera la expresión genética, y nuestro entorno, las personas con las que nos relacionamos, el nivel de trauma que hayamos tenido que soportar va a influir sobre qué genes se expresan y cuáles no. Uno de ellos, publicado en *Nature* en 2021, nos dice, además, que haber pasado situaciones traumáticas durante la infancia nos hace más susceptibles a sentir estrés a lo largo de la vida, precisamente por modificaciones epigenéticas. O sea, nuevamente el círculo vicioso: haber vivido situaciones de estrés en la infancia me hace más susceptible de padecerlo en momentos posteriores de mi vida. Además, estos cambios epigenéticos se pueden heredar. Es decir, hablamos de la heredabilidad de los caracteres adquiridos; de algunos, al menos: Lamarck vuelve.

Y no podemos olvidar en este pequeño recuento a la microbiota. Ya sabéis, esos pequeños bichitos que viven con nosotros, que *son* nosotros. Como ya habréis leído, somos un ecosistema andante. Tenemos bichos por todas partes, en nuestras axilas, piel o rostro. Por ejemplo, los *Demodex*, pequeñas criaturas que viven en los poros de nuestra cara y que salen de noche mientras dormimos para arrastrarse por ella y comer células muertas y grasa. Bueno, mejor no pienses en eso esta noche antes de dormir. Aunque he puesto el ejemplo de los *Demodex* porque me hacen mucha gracia, la mayor parte de estas criaturas microscópicas viven en nuestro intestino: consisten predominantemente en varias cepas de bacterias, virus y, en menor cantidad, hongos y protozoos. El número total de estos microbios es mayor al número total de células de nuestro cuerpo. O sea, tenemos más microorganismos viviendo simbióticamente en nuestro cuerpo que células: somos más bichos que humanos; y no me digáis que no llevabais ya un tiempo sospechándolo. Según algunos estudios, solo tenemos más células que microbios justo después de defecar, porque nos deshacemos de gran parte de los microbios del último tercio intestinal. Así que, si habéis sentido alguna vez que sois más personas después de ir al baño, probablemente tengáis razón.

A todos estos seres vivos que habitan nuestro cuerpo, bueno, realmente que forman parte del ecosistema que somos, se los conoce colectivamente como microbiota; a la suma de sus genes se le llama microbioma. Por lo que podríamos decir que tenemos tres grandes bloques de material genético: nuestro genoma nuclear, nuestro genoma mitocondrial (el de esa bacteria que os dije que seguía viviendo en cada una de nuestras células) y, ahora también, nuestro microbioma. Lo interesante para este libro es que, cuando convivimos con personas, compartimos la composición de nuestra microbiota con ellas. De hecho, podemos decir que transferimos genes horizontalmente. Quiero decir que, cuanto más tiempo pasamos con alguien, literalmente, más genes compartimos con esa persona, no de nuestro genoma, pero sí de nuestra microbioma. Genes, en cualquier caso, que influyen sobre nosotros y nuestro comportamiento. Así, la composición de la microbiota se ha relacionado con cosas tan diferentes como la propensión a la obesidad, los estados de ánimo, la ansiedad social, el nivel de miedo o el comportamiento social. Es tan importante esta influencia que hace años que venimos hablando del eje cerebrointestinal.

Y, una vez más, el estrés tiene una importancia capital: el nivel de estrés empeora la microbiota intestinal, la empobrece notablemente. Una vía más de influencia de lo social sobre nosotros.

Una especie condenada a entenderse

Toda la chapa que os llevo dada hasta ahora es para convenceros de que somos unos seres interdependientes y que la calidad de nuestras relaciones determina la calidad de nuestra vida. Estamos condenados a entendernos: seguramente, los momentos más bonitos que hayáis vivido en la vida tienen que ver con relaciones con personas cercanas. Pero también, y por la misma razón, los momentos más tristes, los más dolorosos que recordáis, tienen que ver con algún aspecto de relaciones con personas: discusiones, pérdidas, fallecimientos o traiciones. En la otra cara de la moneda, cuando nos encontramos emocionalmente mal, buscamos la relación con otra persona, porque nos alivia, nos regula, nos hace sentirnos más seguros. Esa es la importancia que tiene el vínculo para nosotros. Por eso es tan importante que aprendamos a crear y a mantener relaciones sanas. De eso va a depender nuestra seguridad o desamparo, nuestra felicidad o infelicidad, nuestra salud mental y física. Del tipo de relaciones que mantengamos, del tipo de personas que elijamos para compartir nuestra vida. Lo importante no es lo que hacemos, sino con quién lo hacemos. Para ilustrar este punto, con frecuencia en mis cursos hago una pregunta a los asistentes: ¿qué preferirías, cenar en el mejor restaurante de París con una persona que detestáis o comeros un simple bocadillo en un parking cualquiera con alguien a quien queréis y con quien disfrutáis? Si no sois del pequeño porcentaje de humanos psicópatas, habréis respondido que lo segundo. De hecho, las relaciones y las personas son tan importantes para nosotros que nos conectamos con el mundo y le damos sentido, resonamos con él, a través de nuestra relación con las personas.

Antes de seguir, una serie de avisos. Puede dar la sensación, por lo que llevamos de capítulo, dada la importancia que tiene para nosotros formar vínculos, que cuantas más relaciones se tengan, mejor. Esto sería confundir nuestra necesidad de intimidad con las habilidades sociales y la extraversión. Para nada son lo mismo: hay personas muy introvertidas que mantienen relaciones de intimidad satisfactorias. Por otro lado, hay personas extravertidas, muy sociables, que realmente tienen dificultades en la intimidad, a las que muchas veces la extraversión, precisamente, protege de tener que intimar de verdad. Además, los extravertidos no siempre caen bien o generan confianza. En una serie de seis estudios, el equipo de Francis J. Flynn, de la Universidad de Stanford, encontró que los extravertidos eran considerados por las personas que interactúan con ellos como personas que «escuchaban poco» y que eran muy buenas manipulando su imagen, lo cual hacía que fuesen menos fiables. Ya sabemos que confiar es esencial para poder mantener relaciones a largo plazo. Por tanto, capacidad de intimidad y extraversión no son lo mismo. En los últimos años se han publicado numerosas investigaciones sobre lo que se ha venido a llamar la «ultraintroversión». Se trata de personas que mantienen muy pocos contactos sociales. En las últimas décadas ha aumentado el número de personas con este tipo de comportamientos, sobre todo en los países desarrollados, que no superan en todo caso el 5 por ciento de la población. Recuerdo a una paciente que tuve en consulta: me comentaba que las relaciones sociales le resultaban agotadoras y que ella prefería casi siempre estar a solas. Sin embargo, era capaz de mantener relaciones de intimidad (de pareja) razonablemente satisfactorias, aunque a sus parejas les costaba mucho entenderla. Es lo mismo que nos dice la investigación: muchas de estas personas tienen muy pocas relaciones sociales, o casi ninguna, pero sí mantienen relaciones de intimidad, aunque sean muy seleccionadas.

Tampoco hay que confundir tener la necesidad de relacionarse de una forma *diferente* con no necesitar tener una relación. Pienso en personas con estrategias evitativas muy marcadas (volveremos a ellas en el capítulo dedicado al apego), y también en personas con rasgos neuroatípicos. Ambas pueden parecer no tener necesidad de contacto social. Esto, nuevamente, es un error. La mayoría sí tienen necesidades de intimidad y de contacto social. Lo que ocurre es que necesitan una forma *distinta* de relación con las personas. Suele ocurrir que, ante la dificultad de mantener el tipo de relaciones que necesitan, deciden no tenerlas.

Otro aviso: no debemos confundir la necesidad de intimidad con la obligación de tener pareja. La intimidad se puede tener con hijos, parientes, amigos e incluso, lo hemos visto, animales. Lo que quiero decir es que la intimidad, el vincularnos con personas significativas, constituye una necesidad humana, pero no el tener pareja.

La necesidad de vinculación es una necesidad básica, sí; pero los seres humanos somos capaces de satisfacer nuestras necesidades de formas muy distintas, incluso podemos trascender cualquier necesidad biológica. Por ejemplo, tenemos necesidad de comer y, además, que sea una dieta rica y variada. Sin embargo, conocemos personas veganas, personas incluso que hacen dietas más restrictivas, como algunos monjes budistas que toman prácticamente solo arroz, o algunos jainistas que comen aún menos. No tendría sentido plantear que estas personas tienen un trastorno de conducta alimentaria. Somos seres culturales, así que todo tiene que mirarse en un contexto cultural. Lo mismo podríamos decir de la necesidad de contacto social e intimidad. Es posible que haya personas que desarrollen una vida muy solitaria sin que eso suponga una patología. Ni siquiera nuestros rasgos universales son totalmente universales, siempre hay excepciones. Y las excepciones no tienen por qué ser patológicas, aunque a veces lo sean. Muchas personas renuncian a tener cierto tipo de relaciones precisamente por lo que han sufrido en ellas. Se debe, como ya hemos visto, a la enorme importancia que tienen para nosotros las relaciones sociales y la gran influencia que ejercen sobre nosotros. Y sobre nuestro cerebro.

2
Un órgano en construcción

> Sabemos cuáles son los componentes de la máquina, pero no cómo funciona.
>
> José Ramón Alonso

Este es el cerebro:

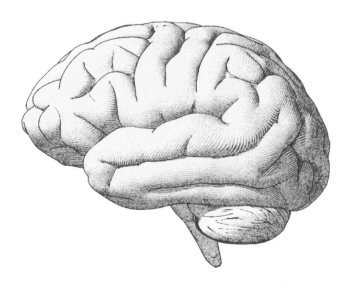

Poco menos de kilo y medio de carne, el aspecto externo de una nuez, de color gris rosáceo, la consistencia de entre el tofu y el champiñón. Aproximadamente noventa mil millones de neuronas, cada una conectada como media con otras diez mil neuronas, mediante 170.000 kilómetros de «cables» biológicos llamados «axones», además de una complejísima comunicación a través de agentes bioquímicos llamados «neurotransmisores». Como casi todos los que nos dedicamos a esto del comportamiento humano, siento fascinación por este órgano, que sigue siendo aún muy desconocido.

A pesar de lo difícil de estudiar este órgano, los especialistas en neurociencias nos están ayudando a empezar a desentrañar algunas de las particularidades que lo hacen tan especial.

Nuestro cerebro es «caro» y grande

El cerebro es un órgano que necesita mucha energía para funcionar: tiene aproximadamente el 2 por ciento de la masa del cuerpo y consume cerca del 20 por ciento de la energía que producimos, casi independientemente de la actividad que estemos realizando. Nuestras neuronas son unas células muy voraces: alimentarlas supone un enorme gasto y nos ha tenido que costar un gran esfuerzo evolutivo. Es lo que se conoce como la hipótesis del «tejido caro». En niños lo es aún más, pudiendo llegar a consumir en ellos hasta el 60 por ciento de la energía gastada, lo cual podría explicar por qué nuestros niños detestan las verduras y les encanta el azúcar. Tener un órgano con un consumo energético tan alto nos dice que debe tener una gran utilidad, que compense ese gasto extra. Y sabemos cuál es. En los últimos 230.000 años, el *Homo sapiens* ha salido de África y ha conquistado el planeta a una velocidad asombrosa. Hemos pasado de ser una especie bastante localizada, atada a un tipo de hábitat, como tantas otras especies, a ser una capaz de colonizar el planeta entero, con todos sus hábitats. Somos muy adaptables, lo cual quiere decir que somos capaces de dar respuestas nuevas a nuevos desafíos. Esto guarda relación con el tamaño de nuestro cerebro. Y ambas cosas, nuestra adaptabilidad y el tamaño de nuestro cerebro, tienen que ver también con —lo habéis adivinado— nuestra capacidad de cooperar y relacionarnos.

Los animales tenemos cerebro, a diferencia de las plantas, porque necesitamos mover un cuerpo. Por eso, en los animales en general, y en los mamíferos en particular, el tamaño del cerebro depende del tamaño del resto del cuerpo: cuanto más grande es el cuerpo, más grande es el cerebro. Sin embargo, esta relación no es directamente proporcional. El cerebro de un cachalote tiene unos nueve mil centímetros cúbicos, y el de un elefante, en torno a cinco mil. Nosotros estamos aproximadamente en 1.350 centímetros cúbicos. Para comparar cerebros de distintas especies de mamíferos, el psicólogo Harry Jerison propuso, en 1973, utilizar, en lugar del tamaño, el *índice de encefalización*, que es la relación entre el tamaño del cerebro y el del cuerpo. Si el tamaño del cerebro es el que cabe esperar según el tamaño del cuerpo, el índice es 1. Si ese índice es menor que 1, quiere decir que el cerebro es más pequeño de lo estimado para un animal de ese tamaño; si es mayor que 1, implica que el cerebro es proporcionalmente mayor de lo que cabría esperar. Las aves y los mamíferos, en general, tenemos un mayor grado de encefalización que los reptiles (además de mayor densidad neuronal). Los perros y los gatos, por ejemplo, tienen un índice de encefalización de 1; esto quiere decir que el tamaño de su cerebro es el esperable dado el tamaño de su cuerpo. Así, las ovejas tienen un índice de encefalización de 0,7. Muy listas no son. El chimpancé tiene un coeficiente algo por encima de 2, lo cual quiere decir que su cerebro es el doble de grande de lo que se estima por su tamaño. ¿Y los humanos? Bueno, pues estamos ligeramente por encima de 7: tenemos un cerebro siete veces y pico más grande de lo que sería de esperar según el tamaño de nuestro cuerpo, mucho mayor que el del resto de las especies animales. Tenemos un mayor índice de encefalización incluso que nuestros extinguidos hermanos de especie, los neandertales. De las especies no extinguidas, dos —el delfín nariz de botella, con un índice superior a 5, y el delfín pío, con un índice superior al 4— son las que más se nos acercan. Si os interesa, Jordi Agustí tiene un libro muy bueno sobre todo esto: *Genes, cerebros y símbolos*.

Una última curiosidad, este espectacular aumento del tamaño del cerebro en nuestra especie ha ocurrido, además, en un espacio de tiempo muy corto. Se ha desarrollado de esta forma en los últimos tres millones de años. Y lo ha hecho en un único lugar: África. Antes de ese periodo, ha habido primates en otras partes del planeta, pero no evolucionaron en la misma dirección. En Sudamérica, por ejemplo, los monos dieron lugar, básicamente, a otros monos. En Norteamérica fue peor: se extinguieron. La evolución humana se dio en África, y los cambios climáticos y de hábitat tuvieron bastante que ver. Este periodo, los últimos tres millones de años, ha coincidido con una etapa excepcionalmente inestable de las condiciones atmosféricas de nuestro planeta. Esto pudo contribuir a que un animal con un cerebro grande y un comportamiento más flexible haya prosperado tanto.

Para contener nuestro gran cerebro, necesitamos tener una cabeza grande. Esto plantea un problema. Platón describió a los seres humanos como «bípedos implumes». Efectivamente, somos los únicos primates que nos desplazamos sobre dos extremidades en lugar de sobre cuatro. Los chimpancés y los gorilas practican un tipo de locomoción que es cuasibípeda, apoyando los nudillos en el suelo. Nuestro linaje se separó del de los chimpancés hace aproximadamente siete millones de años, por lo que en algún momento posterior nos volvimos plenamente bípedos. Las primeras huellas bípedas fosilizadas son de hace 3,6 millones de años, y el esqueleto de una hembra *Australopithecus afarensis* (una especie posiblemente antecesora de la nuestra) conocida como Lucy, de hace 3,5 millones de años, es el de un animal plenamente bípedo. Sea por cambios en el hábitat o por nuestra conducta arbórea, el caso es que andamos a dos patas en lugar de a cuatro.

Esto nos ha traído muchas ventajas, como que podamos utilizar las manos para fines distintos que desplazarnos, por ejemplo, para escribir mensajes en nuestros teléfonos móviles. Pero también nos ha traído algunos inconvenientes, como una alta frecuencia de problemas de rodillas, caderas o espalda. Una de las consecuencias que más relevancia ha tenido es que, debido a la bipedestación, el canal del parto en nuestra especie se ha acortado y cambiado de posición. Además, nuestra pelvis se ha estrechado. Esto ha derivado en lo que se conoce técnicamente como el *conflicto pélvico-cerebral*: un bebé con una cabeza muy grande no cabría por el canal del parto y no podría, materialmente, nacer. Es la causa de que los partos humanos hayan sido tan arriesgados hasta hace bien poco, tanto para las madres como para los bebés, con tasas de fallecimiento muy altos en comparación con otras especies. ¿Cómo se «resolvió» este conflicto? ¿Cómo nacer con cabeza pequeñas, que quepan por el canal del parto, si necesitamos cerebros grandes? Fácil: nazcamos con un cerebro pequeño y que termine de crecer después de nacer. El cerebro de un bebé humano al nacer es aproximadamente de 340 centímetros cúbicos, el 25 por ciento del tamaño que tendrá cuando sea adulto. En comparación, los chimpancés nacen con un 40 por ciento del tamaño del cerebro adulto, y los macacos, con el 70 por ciento. Nacemos con un cerebro aún por hacer. Para alcanzar su tamaño adulto, deberá desarrollarse a lo largo de la vida. Y esto lo hará mientras el niño se relaciona con su ambiente, social y vincular. Lo que pudo haber sido una catástrofe evolutiva y llevarnos como especie a un callejón sin salida, acabó siendo una oportunidad: la mayor parte de nuestras características más peculiares como especie descansan sobre el hecho de que una parte importante de nuestro desarrollo cerebral sea posnatal.

Nacemos con un cerebro inmaduro

Nacemos con un riñón perfectamente funcional, con un corazón perfectamente funcional, pero con un cerebro que no ha terminado de desarrollarse. De hecho, el riñón o el corazón hacen básicamente lo mismo cuando nacemos que a lo largo de nuestra vida. El cerebro no del todo. El cerebro va a tardar mucho en madurar y en desarrollarse, va a funcionar de forma distinta con el tiempo. Ya habéis visto que los bebés no pueden hacer casi de nada: no pueden moverse, no pueden tener una conversación interesante. A los pocos meses de nacer mi segunda hija, le pregunté a mi hija mayor, que por entonces tenía dos años y pico, cómo estaba siendo su experiencia con una hermana. Lo sé, esto son tonterías que solo se le ocurren a un psicólogo. Yo esperaba una respuesta de esas que te hacen llorar, pero ella me dijo: «Aburrido, solo come, llora y hace caca. Papá, los bebés son muy aburridos, ¡yo quiero que juegue conmigo!». Para jugar son su hermana, mi hija pequeña tenía todavía que desarrollar su cerebro. Tenía que aprender.

¿Y cuánto dura este proceso de maduración? Mucho. Más que en ninguna otra especie conocida. Cuando se nos compara con especies cercanas como los chimpancés o los gorilas, no hay ninguna que tenga una maduración tan tardía como la nuestra. Una de las formas que tienen los paleontólogos de comparar las etapas por las que pasan las distintas especies es a través de su dentición. Así, asocian el momento en el que empiezan a salir los diferentes grupos de dientes con etapas vitales distintas. La edad adulta se suele relacionar con la erupción de los terceros molares, también conocidos como las «muelas del juicio». A diferencia de las especies homo ya extintas o los chimpancés y gorilas, los cuales desarrollan sus terceros molares antes de los siete años, en nosotros los terceros molares se desarrollan más tarde; de hecho, un porcentaje de adultos no llegan a tener estas muelas del juicio nunca.

¿Cuándo termina nuestro cerebro de madurar, entonces? Hasta hace poco, el consenso científico es que se podía considerar que el cerebro terminaba de madurar en torno a los veinte años. Bueno, es cierto que el cerebro alcanza su forma adulta un poco después de eso, en torno a los veinticinco años. Pero hace no mucho tiempo, un equipo dirigido por Sarah-Jayne Blakemore, del Instituto de Neurociencias de Londres, encontró que un área de nuestra corteza prefrontal, el área prefrontal dorsolateral, la última en mielinizarse, ¡termina de hacerlo entre los treinta y los cuarenta años! Cuando leí este artículo, me acordé de algo que estudié en el instituto: para los griegos clásicos la madurez llegaba en la séptima heptómada, que empieza a los cuarenta y dos años. En aquel momento, con mis dieciséis años, me pareció una estupidez. Como casi todos los adolescentes, pensaba que yo ya era un adulto maduro. Ahora me parece poco. ¡Pero si con cuarenta y dos años seguimos siendo unos chiquillos! Es posible no solo nuestro cerebro tarde en madurar, sino que seamos realmente una especie inmadura. Y no me refiero solo a esas personas que conoces a las que claramente les falta un hervor, me refiero a todos los *Homo sapiens*. Hay un mecanismo evolutivo, conocido como *neontenia*, que consiste en que una especie conserva rasgos juveniles de otra en su etapa adulta. Un ejemplo para entender esto serían los perros; algunos de sus rasgos, como la nariz chata de ciertas especies o su alta sociabilidad, son rasgos comunes de las crías de la especie de la que proceden: los lobos. Que nosotros hayamos evolucionado de una manera similar ha sido defendido por autores como el antropólogo Desmond Morris o el biólogo Stephen Jay Gould. Tanto algunos rasgos físicos (nuestra cara más pequeña, nuestro cráneo más redondeado o nuestro hocico achatado) como otros rasgos comportamentales (nuestra alta sociabilidad, nuestra necesidad de vincularnos a lo largo de toda la vida) son típicos de otros primates en sus etapas infantiles. Nosotros los hemos podido mantener por ese mecanismo evolutivo conocido como neontenia. Somos unos eternos adolescentes, quizá por eso a algunos no nos salen las muelas del juicio. Creo que ahora es un gran momento para darse una vuelta por los ochenta y escuchar *Forever Young* de Alphaville. No es la mejor canción de la década, pero ¡qué recuerdos!

Crece a medida que decrece

Aunque ya hemos visto que el cerebro del recién nacido tiene un 25 por ciento del volumen que tendrá de adulto, los bebés tienen comparativamente más neuronas. Un niño de dos años tiene, aproximadamente, doscientos mil millones de neuronas, más del doble que las de un adulto. Aunque ahora sabemos que seguimos generando neuronas, en algunas áreas, a lo largo de nuestra vida, perdemos más de las que generamos. O sea, que nuestro conocimiento no depende del número de neuronas. Si fuese así, un niño de dos años sabría muchas más cosas que un adulto. Si nuestra capacidad cognitiva no depende de cuántas neuronas tenemos, ¿de qué depende? Bueno, de la interconexión entre ellas.

Las neuronas son células sociales que, desde antes del nacimiento, empiezan a conectarse entre sí. A esas conexiones las llamamos «sinapsis». Cada neurona está conectada como promedio con otras diez mil. A la vez, una misma neurona puede formar parte de distintos «circuitos» de conexiones. El conjunto de estos circuitos de conexiones es lo que se conoce como «conectoma». Si consideramos que tenemos, *grosso modo*, 100.000 millones de neuronas y cada una establece, como media, unas 10.000 conexiones con otras neuronas, nuestro conectoma está compuesto por 10^{15} conexiones, o sea, 1.000.000.000.000.000 de sinapsis.

Las neuronas que no se conectan entre sí, que no se comunican, mueren. Es lo que se conoce como la teoría del darwinismo neural de Edelman: las conexiones menos usadas decaerán, en un proceso que se conoce como «poda sináptica», y las conexiones más usadas se fortalecerán, formando redes neurales, particularmente en el córtex cerebral y el hipocampo. De esta manera, se libera al cerebro y se vuelve más eficiente. Esto ocurre de forma especialmente intensa en la infancia, y también de nuevo en la pubertad, en una segunda oleada de sinaptogénesis y poda neural que tiene lugar sobre todo en las regiones de la corteza frontal. Pero hay áreas donde este proceso se extiende más allá de la adolescencia. Lo que hace que las conexiones decaigan o permanezcan es el aprendizaje. Es decir, el cerebro crece a medida que decrece; lo que funciona, lo que se usa, lo que se conecta, se queda; lo que no, decae y muere.

Además del número de conexiones, otra forma de desarrollo consiste en mejorar su eficacia. Las neuronas transmiten la información mediante impulsos eléctricos que viajan a través de unas terminaciones nerviosas que se llaman «axones». Estos axones son como «cables» que permiten la conexión con otras neuronas. Si esos axones están recubiertos de mielina, transmiten la información de forma más eficiente, haciéndola hasta cien veces más rápida. Es la misma razón por la que recubrimos los cables eléctricos, para aislarlos y que transmitan a mayor velocidad. Esta creación, fortalecimiento y mejora de la eficacia de las conexiones es un proceso que no está limitado por la edad, aunque, evidentemente, cambia con ella. Es la base de la plasticidad de nuestro cerebro.

Todo esto hace que nuestro cerebro sea muy complejo. Es, según la neurocientífica Marian Diamond, «la masa de protoplasma más compleja de este planeta y, quizá, de nuestra galaxia». Es, de hecho, un trozo de materia intentando comprenderse a sí mismo; el único, que sepamos, que se ha puesto nombre.

Su complejidad tiene su raíz en las células que lo componen: las neuronas y las células gliales. Las neuronas son muy longevas, pueden durar décadas y, a lo largo de este tiempo, acumulan mutaciones. Se estima que cada neurona puede acumular entre mil y mil quinientas mutaciones a lo largo de su vida. Mutaciones que no tiene la neurona vecina y que las hace únicas. Pero la verdadera complejidad reside en esas conexiones que las neuronas realizan entre sí, en su patrón de conectividad. Ese patrón de conectividad es más importante que la célula aislada. En un estudio reciente, científicos del MIT y la Universidad de Londres han encontrado que una neurona se puede sustituir por otra siempre y cuando el patrón se mantenga. Como una orquesta: puede cambiar un músico o un instrumento, pero siguen interpretando la misma pieza.

Estos patrones se configuran en redes tridimensionales, que son conjuntos de regiones cerebrales que muestran una alta conectividad funcional; esto es, áreas del cerebro que se comunican frecuentemente entre sí. Las llamamos «redes intrínsecas del cerebro» y realizan funciones específicas. Se han descrito varias de estas redes, habiendo bastante consenso en torno a siete, aunque en el futuro seguramente se identificarán más.

Lo que llamamos «mente» emerge de ese patrón de conectividad, que se puede localizar en todo el cerebro, pero, especialmente, en las redes fronto-parietales. Como todo proceso emergente —algo de esto hablé en el prólogo—, el todo es más que la suma de sus partes. En palabras del psicólogo Michael Gazzaniga, «Todo el sistema adquiere nuevas propiedades cualitativas que no pueden predecirse a partir de la simple adición de las propiedades de sus componentes individuales». Y esa mente, ese patrón de conectividad que emerge, es único, idiosincrásico. Los especialistas en neuroimagen pueden distinguir unas personas de otras en función de su patrón de activación cerebral, casi como si fuese una huella dactilar, como demostró el equipo liderado por Emily Finn de la Universidad de Yale. Estos patrones de conectividad se pueden percibir en todo el cerebro, pero, especialmente, en las redes frontoparietales. Cada cerebro es único, por eso, cada persona lo es.

De los casi ocho mil millones de seres humanos que pueblan el planeta, de los más de ciento diez mil millones de humanos modernos que se estima que han vivido en los últimos cincuenta mil años, tú eres único y distinto a todos los demás. Creo que aquí es mejor tomarse una pausa y dejar que se asiente esto que acabo de decir. Incluso, si tenéis YouTube o Spotify a mano, podéis aprovechar para escuchar, por ejemplo, *Ave Mundi Luminar* de Rodrigo Leão. Y, si sois frikis como yo, escuchad también *Etoile Polar* de Philip Glass, eso sí, en un equipo con buen sonido, por favor.

El cerebro es el gran órgano social

Si el cerebro tiene este largo periodo de maduración, ¿cómo lo hace?, ¿cómo se desarrolla y madura? La respuesta es que el cerebro es un gran órgano de comunicación, con el mundo y con los demás. Por lo que este se desarrolla en relación con su medio ambiente y, en especial, al medio ambiente *social* que le rodea. Durante la carrera hubo muchos autores que me impresionaron. Uno de ellos fue Vygotsky. Él fue uno de los primeros que defendió esta idea: que toda función superior (mental) empezaba siendo interpersonal. O sea, que nuestra mente y nuestro cerebro se desarrollan a partir de la relación con los demás. Vygotsky, que murió muy joven, fue un gran pionero de las teorías del desarrollo social de la mente y el cerebro. A esta misma idea llegó una cuantas décadas después, desde la biología, Robin Dunbar, de quien ya os hablé en el prólogo.

El desarrollo del cerebro humano sería inconcebible sin las relaciones sociales. El cerebro se desarrolla relacionándose con otros cerebros. Se regula y desregula en relación con otros cerebros, se sincroniza con otros cerebros, o no. De hecho, esta capacidad de sincronizar nuestras ondas cerebrales, como puso de manifiesto el trabajo de Suzanne Dikker, de la Universidad de Utrecht, es lo que hace que «conectemos» mejor con algunas personas que con otras. Es llamativo que el lenguaje popular capte esto de alguna forma: una frase típica de los ochenta era «estar en la misma onda». Con lo que sabemos ahora, podríamos decir que, si nos sentimos más cómodos y cercanos con ciertas personas, con las que *conectamos*, es porque «estamos en la misma onda *cerebral*». De hecho, Suzanne Dikker tiene una charla tipo TED (en este caso, de *Chicago Ideas*), disponible en YouTube, que se titula así: «On the same Wavelength». Como nos dice Dikker en este vídeo, la mirada es esencial para que se establezca esta «conexión» entre personas, conexión que es mucho mayor con personas más cercanas.

¿Para qué sirve una maduración tan lenta?

Morfológicamente, no hay nada en el área dorsolateral del córtex prefrontal (la que más tarda en mielinizarse) que requiera más tiempo que otras áreas para madurar. Es decir, que las neuronas de esta área son similares a las del resto de las áreas corticales. Esta maduración más lenta de nuestro cerebro debe, por tanto, cumplir alguna función evolutiva para haberse mantenido. Y, efectivamente, hemos identificado dos grandes ventajas evolutivas que nacen de esto: la enorme capacidad de vincularnos y nuestra gran plasticidad cerebral.

La capacidad de vincularnos

Al nacer con un cerebro inmaduro, nuestras crías también lo son y no pueden valerse por sí mismas, por lo que requieren grandes cuidados durante un largo periodo. Si pensamos en las gacelas de Thompson, por ejemplo (eran las estrellas de los documentales de La 2, después de los ñus), se ponen de pie tres minutos después de haber nacido y a los quince minutos ya pueden seguir la marcha de su manada. En comparación, nuestras crías necesitan muchos cuidados durante un largo tiempo. Esto ha favorecido la capacidad de vinculación entre adultos y bebés en nuestra especie.

Pero ahí no acaba la historia: como vimos en el capítulo anterior, una madre y una cría tan desvalida no pueden sobrevivir solas: necesitan la ayuda de otros adultos. A la vez que crecía la dependencia de nuestras crías, iba aumentando también la necesaria interdependencia entre adultos, favoreciendo el establecimiento de lazos entre géneros (la cocrianza de la prole), entre generaciones (las abuelas), con otros miembros de la familia, e incluso entre individuos sin parentesco directo. La base de nuestra vinculación con nuestras crías es también la base de nuestra vinculación con los demás adultos. El sistema innato del apego y la oxitocina, como vimos, se encargan de estimular en nosotros las conductas de cuidado de nuestros bebés, pero también son los responsables de que formemos vínculos de larga duración con otros adultos, y que seamos generosos y cooperativos con los que consideramos «nuestros» y todo lo contrario con los «otros». También era la razón, si recordáis, de que nos podamos vincular con perros, gatos, caballos, hámsteres y con casi cualquier cosita que se parezca a nuestras crías.

Esta capacidad de conectarnos, de cooperar, mantenida a lo largo de la vida, ha favorecido nuestra capacidad de adaptación y es clave para que nos hayamos convertido en una especie hipersocial.

La plasticidad cerebral

La segunda ventaja evolutiva de la maduración tardía del cerebro es que le confiere una enorme plasticidad. Tengo que citar aquí nuevamente a Marian Diamond, quien, en una época donde la visión dominante era la de un cerebro inmutable, defendió que este órgano tenía una gran plasticidad.

Podemos definir la plasticidad cerebral como la capacidad del cerebro de cambiar y modificarse en relación con el ambiente. Es la cualidad que nos permite aprender y dar respuestas nuevas y complejas, y que, a su vez, ese aprendizaje sea capaz de modificar nuestro cerebro. Sin esa plasticidad, no hubiésemos sido capaces de adaptarnos a hábitats tan distintos. Como dije antes, este desarrollo de nuestro cerebro ha coincidido con uno de los ciclos climáticamente más inestables de nuestro planeta, en el que se han alternado periodos muy fríos con otros cálidos, periodos húmedos con otros secos. Únicamente tenemos que pensar que el mayor desierto cálido del mundo, el Sahara, hace tan solo entre once mil y cinco mil años era verde y con grandes lagos. La variabilidad climática, y la consecuente diversidad de hábitats, debieron de contribuir al aumento de nuestra plasticidad neural y conductual. Una especie capaz de controlar el fuego, de fabricar herramientas y de cooperar en grupos seguramente se vio favorecida

La plasticidad de nuestro cerebro guarda relación con el enorme espacio que comparativamente ocupa en el neocórtex, entre el 75 y el 80 por ciento. El neocórtex es la capa más externa del cerebro. Podéis visualizarla como una gran masa de pizza, que se arruga y recubre las estructuras que hay debajo. El neocórtex se relaciona con todas las funciones superiores, desde el lenguaje hasta el pensamiento abstracto. En proporción, es el área que más ha crecido en el ser humano. A su vez, es interesante constatar que la mayor parte de los genes que han incrementado su expresión en nuestro cerebro están relacionados con la plasticidad sináptica. Esta enorme adaptabilidad cerebral nos proporciona una gran flexibilidad conductual. Aunque la plasticidad cerebral es mayor mientras somos jóvenes, nuestro cerebro sigue siendo plástico hasta el último día de nuestra vida. Se reorganiza constantemente con cada nuevo aprendizaje. Como afirma el neurólogo Álvaro Pascual-Leone, «con cada cosa que experimentas, tu cerebro cambia».

Ambas capacidades, nuestra plasticidad cerebral y nuestra capacidad de vincularnos, están interrelacionadas: nuestro cerebro es plástico porque dependemos de las personas que nos rodean; y estas personas con las que estamos vinculados son la base de nuestro aprendizaje.

Nuestro cerebro está orientado a lo social

No solo nuestro cerebro se desarrolla desde lo social, sigue estando orientado a lo relacional durante toda nuestra vida. Según algunas estimaciones podemos tener entre cuatro y ocho pensamientos por minuto, la mayoría de ellos espontáneos e involuntarios. Muchos de esos pensamientos se producen gracias a una de esas redes intrínsecas del cerebro, una que llamamos la «red por defecto». La investigación de esta red se inició en los años sesenta por Jerome Singer, aunque el nombre se lo dio Marcus Raichle unas décadas después. Esta red es responsable de cerca del 50 por ciento de nuestra actividad consciente. Se llama así porque se activa cada vez que no estamos concentrados en una tarea concreta, cada vez que estamos distraídos, con ensoñaciones, recordando el pasado o pensando en el futuro. Es la red que hace que vuestra mente divague cuando estáis intentando meditar o prestar atención en una clase. De hecho, en parte meditar o concentrarse es lograr calmar esta red por defecto. Un descubrimiento sorprendente fue que cuando esta red toma el mando, cuando las personas no están pensando en ninguna tarea concreta, su cerebro está más activo y consume más energía que cuando se focalizaban en algún ejercicio. O sea, realizar una tarea compleja, como, por ejemplo, resolver un problema de matemáticas o jugar al ajedrez, consume menos energía que estar divagando sin concentrarte en nada.

Una red que consume tanta energía y que está activa tanto tiempo debe tener alguna función importante. ¿Cuál puede ser esa función? Ya sabíamos, por los estudios de Marcus Raichle, que las áreas que se activan con esta red por defecto son las relacionadas con recuerdos del pasado o con los pensamientos sobre el futuro. Os suena, ¿no? Cuando estamos en Babia, solemos estar recordando algo que pasó o pensando en algo que va a ocurrir. Esto indica que esta red tiene que ver con el aprendizaje (pasado) y la planificación (futuro). Pero ¿aprendizaje y planificación de qué? Naomi Eisenberger y Matthew Lieberman han encontrado que la red por defecto coincide en su mayoría con las áreas que se activan cuando pensamos en cuestiones sociales o autorreferenciales. Temas como lo que aquel me dijo, lo que yo hice, lo que me hicieron, lo que me dijeron, lo que puede que me digan, lo que haré cuando… lo que significa para mí que… O sea, que nuestro cerebro sigue estando orientado la mayor parte del tiempo hacia lo social. Incluso cuando no pensamos en nada, nuestros contenidos mentales espontáneos e involuntarios se refieren, en un porcentaje alto, a temas sociales. Es algo que la mayoría de nosotros podemos constatar a partir de nuestra propia experiencia. Para Eisenberger y Lieberman, lo relacional es tan importante para nosotros que dedicamos mucho tiempo a ensayar mentalmente escenarios sociales. De hecho, esta capacidad, la de poder ensayar mentalmente respuestas, constituye el funcionamiento más elevado de nuestro cerebro, según el matemático de la Universidad de Stanford Keith Devlin.

Es interesante recordar aquí a un investigador del que hablé en el prólogo: Robin Dunbar. Encontró que cerca del 80 por ciento del tiempo que las personas hablamos está dedicado a hacerlo sobre temas sociales. Es decir, que somos unos grandes cotillas, interesados en lo que los demás han hecho o han dicho. Robin Dunbar fue un paso más allá y propuso que el habla, especialmente el cotilleo, constituye la base de nuestra vinculación. El tiempo que los humanos dedicamos a hablar y cotillear es el mismo tiempo que dedican otros simios a desparasitarse. En todo caso, el que seamos tan cotillas o que una parte importante de nuestros pensamientos espontáneos tengan que ver con escenarios sociales ratifica la vinculación entre lo relacional y nuestro cerebro. Las consecuencias de esto son muchas, y las veremos a lo largo del libro. Pero quiero hablaros de una que me parece especialmente relevante.

Para nuestro cerebro, la educación no es un lujo, es una necesidad

El que nuestro cerebro tarde tanto en madurar, y que lo haga en relación con el ambiente, tiene una consecuencia: la educación no es un lujo que se les ocurrió a unos cuantos. La educación es una necesidad de nuestro cerebro, porque nuestro cerebro necesita aprenderlo todo. Incluso necesita aprender cómo se mantienen relaciones sanas. Y como es una necesidad de nuestro cerebro, si nosotros no lo educamos, el cerebro va a buscar sus propias fuentes de aprendizaje.

Por tanto, proporcionar una educación es una obligación de los adultos hacia los niños. Es la manera que tenemos de lograr que los cerebros de la siguiente generación maduren en una dirección o en otra. Somos, ya lo hemos visto, una especie enormemente plástica. Hemos tenido sociedades muy pacíficas y sociedades muy bélicas y agresivas. Pienso, por ejemplo, en los jainistas de la India, que son vegetarianos e intentan no dañar a ningún ser vivo —ni siquiera insectos o microorganismos—, frente a otras sociedades tremendamente violentas. Bueno, somos capaces de lo mejor y de lo peor, con básicamente la misma carga genética. Que vayamos en una dirección u otra depende en gran medida de la educación que recibamos.

Hay que entender, obviamente, la educación en sentido amplio, no solo como algo que se hace en la escuela. No solo la educación reglada intencional, sino también la educación no intencional. Esta última incluso más, diría yo. Como dice un proverbio africano, que le escuché a José Antonio Marina, para educar a un niño hace falta una tribu entera. Pues en función de cómo sea esa tribu, el cerebro se va a ir desarrollando de una forma u otra. Esto impone que analicemos de manera crítica nuestra cultura y los valores que transmitimos y, sobre todo, desde dónde los transmitimos. Nuestras niñas y niños son grandes máquinas de aprender, y tenemos que plantearnos qué están aprendiendo en cada contexto.

Una consecuencia de que nuestro cerebro necesite ser educado es que no existe una naturaleza humana al margen de la construcción social. En algunos momentos se ha pensado que existe una «esencia» humana al margen de lo social, y que, si eliminásemos todos los condicionantes culturales, emergería ese comportamiento «natural» del ser humano. Incluso se especula con frecuencia si somos naturalmente buenos o malos. En este sentido iría la famosa propuesta de Rousseau: que el ser humano es bueno por naturaleza y son la sociedad y la cultura las que lo hacen malo. Ecos de esta idea se pueden encontrar en muchos otros autores, incluido Freud. Podemos decir sin miedo a estas alturas que esta idea es un error: el hombre es un ser social y relacionalmente construido, la propia naturaleza humana requiere una cultura desde la que construirse y en la que desarrollarse. La cultura no es la antítesis de nuestra naturaleza, es el producto de esta. Parafraseando al sociólogo Edgar Morin, igual que no existiría una mente sin cerebro, no existiría una mente sin cultura. La sociedad y sus estructuras nos reprimen y limitan, pero también nos construyen. No existe una «verdadera naturaleza humana» libre de toda cultura: nuestra naturaleza *es* cultural, social. Hasta la libertad humana hay que construirla, no nos viene dada, no va a emerger por eliminar las normas. Este tipo de visiones naíf han llevado, de hecho, a situaciones muy dañinas a lo largo de la historia.

Uno de los profesores que más admiré durante la carrera, José Manuel Esteve, defendía que la profesión más importante del mundo era la de ser educador. Nos decía que las sociedades, tanto actuales como históricas, se podían clasificar en función de la importancia que daban a la educación de los niños. Creo que como sociedad deberíamos tomar nota de esto y dedicar más recursos a la educación, sobre todo a la más básica, a la que se imparte en las edades más tempranas. Ahí es donde mayores cambios podemos lograr. Y, aquí, deberíamos prestar especial atención a los aprendizajes implícitos, a los aprendizajes relacionales.

Los aprendizajes explícitos e implícitos

Los aprendizajes explícitos son todo aquello que alguien nos enseñó intencionadamente. Los implícitos o tácitos son todo aquello que nadie nos enseñó de manera deliberada, pero que «absorbimos» del medio social y relacional que nos rodeaba. Ambos son importantes, pero los segundos más que los primeros. Una de las razones es que los aprendizajes implícitos pasan menos el filtro de la consciencia, tanto del que enseña como del que aprende, y como consecuencia tienen una mayor influencia sobre nosotros. La segunda razón es que gran parte del aprendizaje emocional, de regulación o relacional es tácito. Si un profesor me enseñó contenidos de la historia de Roma, lo que me enseñó, el contenido, es explícito y consciente. Pero, a la vez, cómo enseñaba ese profesor, cuánto le entusiasmaba su asignatura, lo enseñaba como una pesadez o como algo que le hacía feliz. Toda esta parte de aprendizaje implícito está mucho menos bajo el control consciente del profesor, y nos llega también de forma no consciente. Decimos: «Odio la historia», y no tenemos ni idea de a qué se debe. Todos podemos recordar como, la mayoría de las veces, el que una asignatura nos encantase o no dependía no tanto del contenido como del docente y su forma de encarar la asignatura. Lo mismo se puede decir de todo el aprendizaje emocional. Es muy probable que una gran parte de nuestra experiencia emocional más básica sea universal. Pero cómo reaccionamos ante esas emociones, cómo las regulamos, cómo reaccionamos cuando estamos bajo ese estado emocional, todo eso, es aprendido.

Cómo nos relacionamos con los demás es también algo que aprendemos, y este aprendizaje, el relacional, es implícito en gran medida. Volviendo a ese mismo ejemplo del profesor, que fuese comprensivo si no entendía algo o me distraía, que fuese autoritario, que fuese exigente, que inspirase miedo o no. Y, además, ¿cómo me trataba?, ¿con respeto?, ¿haciéndome sentir importante?, ¿haciéndome sentir inteligente?, ¿haciéndome sentir un idiota? Todo esto va a influir profundamente sobre mi idea de los demás y de *mí mismo*. Esto es lo que conocemos en psicología como nuestras «asunciones básicas». El psicólogo Albert Ellis ya habló de estas asunciones básicas y, más recientemente, Ronnie Janoff-Bulman ha vuelto a insistir en esta idea y en cómo las vivencias traumáticas pueden afectar a estas concepciones que tenemos del mundo y de nosotros mismos; que son básicamente aprendizajes implícitos de los que no somos conscientes, pero que nos afectan de un modo profundo.

Sin embargo, nos ocupamos mucho más de los aprendizajes explícitos y muy poco de los tácitos. Seguramente porque somos mucho menos conscientes de los segundos. Un ejemplo sería nuestro sistema educativo: a los profesores se les prepara muy bien para transmitir contenidos, pero se les prepara muy poco para lo implícito del aprendizaje. Eso lo dejamos en manos del azar, de cómo ha sido la experiencia personal del profesor, de sus propios rasgos, de lo que cada uno trae de su casa. Dejamos al azar la parte más importante del aprendizaje. Es un error que pagamos caro.

Nuestro cerebro «construye» el mundo

Así que el cerebro es un órgano caro, desde el punto de vista del consumo energético, pero nos compensa porque nos ayuda a adaptarnos al mundo que nos rodea. Esto lleva a que sintamos y pensemos que el cerebro refleja de una manera objetiva la realidad, que es una «máquina» que ve, oye y huele cómo es el mundo. Pero pensar esto es un error. El cerebro realmente genera una representación determinada del mundo, crea un mapa mental. Ese mapa es una hipótesis, en palabras del psicólogo Gerd Gigerenzer, o, incluso, como afirma el neurocientífico Anil Seth, una «alucinación sobre la realidad».

Por la configuración de nuestro cerebro, como nos dice el catedrático de Biología Celular José Ramón Alonso, sentimos que el cielo es azul; la hierba, verde; que el agua no tiene sabor y el café es amargo. Pero todas estas no son cualidades de esas cosas en sí, son propiedades que les confiere nuestro cerebro. Ni el cielo es azul ni la hierba es verde en sí misma. Es más, se ha constatado que personas de distintas culturas no perciben los mismos colores. La psicóloga Lera Boroditsky ha estudiado la diferencia que hay entre varias culturas para percibir un color u otro a través de las palabras que se utilizan en los distintos idiomas. Por ejemplo, los rusos son más rápidos a la hora de percibir el color azul claro del azul oscuro porque no tienen una palabra unitaria para azul, y esos colores son nombrados con distintos términos. Las personas que, como en nuestro idioma, hablamos de azul claro y azul oscuro, tardamos más en distinguir esos colores, simplemente porque usamos un mismo vocablo para ambos.

Pero el lenguaje no solo condiciona nuestra percepción de los colores, su influencia sobre nuestra percepción va mucho más allá. Por ejemplo, sabemos que, en la cultura tradicional china, el rojo está asociado a celebraciones (en Occidente, de hecho, también pasa parcialmente: el rojo está asociado a la celebración de Navidad). Expuestos al color rojo, personas de culturas en las que este se asocia a peligro muestran un mayor nivel de alerta fisiológica (aumento de las pulsaciones, por ejemplo) que personas provenientes de culturas en las que no. De manera similar, las palabras quedan afectadas por su género. En alemán, la palabra «llave» es masculina, mientras que en castellano es femenina. Cuando el equipo de Lera Boroditsky pidió a hablantes alemanes que describiesen una llave en particular, usaron calificativos como duro, pesado, metálico o útil, todas palabras que se asocian con lo masculino. Cuando se les pidió lo mismo a hispanohablantes, emplearon con más frecuencia palabras como dorada, pequeña, intrincada o bonita, palabras que se asocian más con lo femenino. Ocurrió exactamente lo contrario en la descripción de un puente, palabra que es masculina en castellano y femenina en alemán: los hablantes alemanes usaron calificativos como bello, elegante, frágil, bonito, que inspira paz; mientras que los hispanohablantes usaron palabras como grande, peligroso, largo, fuerte o majestuoso. El género de la palabra, que fuese masculina o femenina, condicionó los atributos que percibieron y destacaron. Tanto la llave como el puente que describían eran los mismos para ambos grupos.

Un último ejemplo que os quiero poner de cómo están unidos el lenguaje y la realidad viene de los estudios que, en los años setenta, llevó a cabo el antropólogo Robert Levy en Tahití. Levy nos cuenta como el lenguaje de los grupos tahitianos que él estudió tenía muchas palabras descriptivas acerca de los dolores físicos, pero ninguna palabra para describir el dolor emocional. Así, carecían de palabras referidas a la angustia, la melancolía o la tristeza. Este hecho hacía que tuviesen muchas dificultades para manejar esas emociones cuando aparecían, viviéndolas como algo único y difícil de compartir. Esto para Levy constituía una de las explicaciones de por qué los tahitianos tenían una tasa tan alta de suicidios. Sea cierta o no su conclusión, lo que sabemos es que la capacidad de percibir nuestras emociones guarda relación directa con nuestra capacidad de nombrarlas. Y ambas capacidades, percibir e identificar, guardan una estrecha relación con cómo manejamos las emociones. Una parte del trabajo de la psicóloga Marsha Linehan con personas con diagnóstico de trastorno límite, que se caracteriza entre otras cosas por una dificultad en la regulación emocional, tiene que ver con este principio: ayudarlas a tener un léxico más amplio sobre las emociones para, a partir de ahí, poder identificarlas y modificarlas. Por tanto, el lenguaje también nos da poder sobre la realidad.

Esto resulta especialmente cierto para las palabras que designan realidades abstractas. Sin esas palabras, se podría decir que esas realidades casi no existen. Hasta cierto punto al menos, esas palabras crean esas realidades. Y muchas de las realidades con las que funcionamos son abstractas. Se vuelven reales porque son una abstracción compartida: el dinero es real porque todos creemos que es real y nos comportamos como si lo fuera. Igual que los diagnósticos clínicos.

El lenguaje nos da poder sobre la realidad, porque el lenguaje ayuda a construir la realidad que percibimos, como acabamos de ver. De hecho, la propia percepción es algo que tiene que aprenderse. Sí, habéis leído bien, tenemos que aprender a percibir; y esto lo sabemos desde los pioneros trabajos del fisiólogo Hermann von Helmholtz en siglo xix, que pusieron de manifiesto que, para poder percibir, nuestro cerebro tiene que hacer inferencias inconscientes que son aprendidas en nuestro entorno. La posición contraria —creer que el mundo es tal y como lo percibo— se conoce en la actualidad como «realismo ingenuo». Le leo a la poeta Chantal Maillard, citando a Wittgenstein, una frase que me parece genial: «Creemos ver el mundo, pero lo que vemos no es sino el marco de la ventana por la que lo miramos». Y ese marco se abre a un trozo muy limitado de la realidad. Realmente el cerebro no refleja el mundo como un espejo; lo construye elaborando una representación simbólica, un mapa mental, de cómo puede ser esa realidad.

Mapas mentales

La información procedente del mundo exterior que llega hasta nuestro cerebro es casi infinita. Nuestro cerebro, sin embargo, tiene una capacidad de procesamiento bastante finita. Y tiene que usar esa capacidad para darle sentido al mundo. Si no lo logra, el mundo nos resulta caótico e impredecible. En un mundo así, nos sentiríamos muy vulnerables y desprotegidos, y no podríamos casi actuar. El propio William James, considerado uno los padres de la psicología, planteó que era increíble que viésemos un mundo ordenado en lugar de una confusión caótica y abrumadora. Para evitar eso, nuestro cerebro se ha hecho un especialista en buscar patrones y significados que den sentido al mundo a partir de datos parciales. Tenemos una especial facilidad para convertir una determinada secuencia de eventos independientes en un patrón significativo. Si voy a las tres de la mañana solo por una calle oscura y veo que vienen en dirección contraria tres hombres fornidos, rubios y con la cabeza rapada (soy indio y se me nota), seguro que empiezo a ver esvásticas tatuadas en cada sombra de su piel. (Lo cual no deja de ser irónico porque no sé si sabéis que la esvástica es un símbolo de la buena suerte para los hindúes desde hace miles de años). En todo caso, esta capacidad de encontrar patrones nos permite entender el mundo y, sobre todo, predecirlo. Poder adivinar lo que va a ocurrir a continuación es tan importante para nosotros que es preferible tener un patrón malo que no tener patrón alguno. Desde un punto de vista evolutivo, es preferible que me equivoque y vea un jaguar entre la hierba alta donde no lo hay, que al revés: no ver un jaguar cuando sí está significa la muerte. Lo contrario tampoco es tan malo, solo nos hace correr un poco innecesariamente. Esto explica también por qué nuestro cerebro tiende más a hacer interpretaciones negativas de los eventos: nos amargan la vida, pero pueden salvárnosla.

Para construir estos mapas mentales que representan la realidad, el cerebro tiene que reducir toda la información que procede del medio y quedarse con lo que sea significativo. Como comenté antes, la información que nos llega del mundo es casi infinita. Si nuestro cerebro tuviese que procesar toda esa información, como nos dice el psicólogo Fred Attneave, «el volumen de nuestro cerebro tendría que medirse en años luz elevado al cubo». O sea, que tendría que ser inconcebiblemente grande. Por eso, una de las cosas que más hace nuestro cerebro es seleccionar la información que llega a él, desechando la mayor parte de ella. Esto ocurre tanto a nivel fisiológico —por ejemplo, las longitudes de onda que nuestros órganos sensoriales pueden percibir y las que no— como a nivel neurológico —con fenómenos como la habituación sensorial o la inhibición lateral—. Pero también a nivel psicológico estamos dotados de mecanismos que simplifican la información, le dan sentido y nos permiten actuar en un tiempo corto. A esos mecanismos los llamamos en psicología «heurísticos». Son mecanismos no conscientes, automáticos, y se presentan en nuestra consciencia como conclusiones, intuiciones o certezas que no cuestionamos. Hay muchos, os voy a hablar de algunos.

El *heurístico de disponibilidad* nos dice que cuánto más «disponible» está una información en nuestra mente, más creemos en su veracidad. Por eso, cuanto más veamos una noticia, más creíble nos resulta. Por eso funciona aquello de Goebbels de una mentira dicha mil veces. Por ejemplo, os hago cuatro preguntas y vemos si las acertáis. ¿Qué son más frecuentes, las muertes por accidentes o por derrames? ¿Muere más gente asesinada o por suicidios? ¿El mundo se está haciendo más o menos violento? ¿Los niños de los países pobres reciben vacunas? Pensadlas un momento. Aquí van las respuestas: los derrames cerebrales son el doble de frecuentes que los accidentes; en general, la muerte por enfermedad es dieciocho veces más probable que la que se produce por accidentes. Muere mucha menos gente asesinada y por guerras que por suicidios. De hecho, el mundo se está haciendo cada vez menos violento: si en la Edad Media moría un 15 por ciento de personas de forma violenta, ahora las muertes por violencia en el mundo (incluyendo guerras y terrorismo) están levemente por debajo del 1 por ciento. Aunque en este terreno queda muchísimo por hacer, el 80 por ciento de los niños menores de un año del mundo (incluyendo a todos los países pobres) han sido vacunados contra al menos una enfermedad. Es verdad que el mundo no va bien y que hay muchas personas que sufren, pero quizá vosotros pensabais que iba incluso un poco peor. Si algunas de estas respuestas os han sorprendido, se debe al heurístico de disponibilidad, que está estrechamente relacionado con el siguiente.

El *heurístico de impacto* nos dice que una información se recuerda mejor cuanto más impactante sea. Eso hace que esté más disponible en la memoria, por lo que, como acabamos de ver, creemos que es más frecuente. ¿Qué es más común, morir atacado por un tiburón o por caerse por las escaleras o la cama? No hay color; muere muchísima más gente por caerse de una escalera o de la cama (sí, aunque parezca increíble) que por ataques de tiburón. Claro, no llegan a las noticias. Por eso nos gustan tanto las conspiranoias, por lo impactantes que son.

Estos dos heurísticos son los responsables de que veamos el mundo de forma más negativa de lo que es. Esto afecta nuestros niveles de estrés y hace que nos volvamos, en general, más desconfiados. Los informativos no suelen incluir muchas noticias buenas y sí muchas malas. Se debe, principalmente, a que este tipo de noticias son las que más llaman nuestra atención. Ha habido intentos desde la prensa de contrarrestar esta visión negativa y darnos una versión más equilibrada de los hechos destacando lo que va bien. Se conoce en general como periodismo constructivo. Uno de los primeros programas en hacer esto fue *El optimista*, un programa producido por el actor Robert Redford. Pero, generalmente, este tipo de iniciativas llaman menos la atención de los espectadores. Si queréis contrarrestar el exceso de información negativa que nos llega, os recomiendo la página web www.gapminder.org. Ahora, sigamos con los heurísticos.

El *efecto anclaje* nos dice que construimos toda nuestra representación a partir de la primera información que obtenemos. Es aquello de la primera impresión. Por ejemplo, los primeros meses de la COVID, muchas personas no le dieron importancia porque la enfermedad se había asociado inicialmente con una gripe. En los últimos meses, el heurístico de impacto provocó el fenómeno contrario. También es lo que hace que cuando tenemos una idea de alguien nos cueste mucho cambiarla.

La *ley de los pequeños números*: nuestro cerebro es muy malo detectando correlaciones. Al ser incapaces de manejar muchas variables, llegamos a conclusiones a partir de pequeños números, generalmente los primeros que tuvimos. Un ejemplo que me encanta utilizar para explicar esto ocurrió durante la Segunda Guerra Mundial. Un meteorólogo nazi llamado Karl Sonntag se dio cuenta de que los aliados nunca habían lanzado un gran ataque cuando hacía incluso el más mínimo mal tiempo. Justo antes del famoso Día D, las predicciones meteorológicas anunciaban que el final de mayo y el principio de junio de 1944 iban a ser días lluviosos y con mucho viento, lo cual convenció a los altos mandos alemanes de que el ataque no se iba a producir. Como sabemos, se equivocaron: el 6 de junio de 1944, los aliados lanzaron un ataque masivo en un día, como se esperaba, lluvioso y con mucho viento. Es el peligro de basar las conclusiones en pocos datos. Como lanzar una moneda al aire tres veces y que salga cara, y pensar que siempre lo hará. En este heurístico se basan la mayoría de los prejuicios, generalizando a partir de muy pocos datos. Y esto lo hacemos mucho con las personas. A partir de muy pocos datos, llegamos a conclusiones acerca de cómo son y de cómo se van a comportar en el futuro.

Siendo importantes como son los heurísticos que hemos visto, este que viene ahora me gusta especialmente. El *sesgo de confirmación o coherencia* se refiere a que no procesamos la información nueva de forma neutral. La interpretamos de manera que confirme nuestras teorías previas, bloqueando toda información que contradiga las ideas que ya tenemos. O sea, una vez nos hemos formado una opinión nos cuesta mucho cambiarla. Y, como acabamos de ver, es muy posible que esa opinión esté sesgada por cualesquiera de los heurísticos anteriores. Además, condiciona nuestra memoria; por eso, recordamos mucho más los casos positivos del partido político al que soy afín y mucho más los casos negativos del partido contrario. Igual que recordamos más los datos que nos confirman que esa persona es mala que los contrarios. Este sesgo se resume perfectamente en esta frase de Albert Einstein:

«Cuando tienes una cabeza en forma de martillo, ves todos los problema con forma de clavo».

Pero, además, hay otro heurístico que hace que nos resulte muy difícil cambia de opinión, el *filtraje*: nos exponemos cada vez menos a información que contradiga la idea que ya tenemos. Por ejemplo, solo leemos prensa de nuestro color político, o nos alejamos de personas con las que hemos tenido algún desacuerdo o conflicto. Esto último se conoce como «homofilia»: la necesidad de rodearnos (real o virtualmente) de personas a las que consideramos afines y alejarnos de las que consideramos que no lo son.

La falacia retrospectiva nos dice que somos muy buenos explicando un evento *a posteriori*, cuando ya ha ocurrido, como si no hubiese podido ocurrir de otra manera. Un ejemplo del fútbol. En la Copa de Europa que ganó el Real Madrid en 2022, ese verano (justo cuando escribo esto) se hablaba de lo tremendamente bueno que era el Madrid, lo inevitable de que ganase la Copa de Europa. Sin embargo, antes de eso el Madrid estuvo a punto de ser eliminado varias veces. Si hubiese ocurrido, algo que podría haber pasado perfectamente, estoy seguro de que habría desencadenado una crisis en el equipo, alegando que estaban ya todos mayores, etc. En general, somos mucho mejores explicando *a posteriori* que prediciendo. Como me dijo una vez mi amigo Manuel Arias, el lunes todo el mundo acierta la quiniela.

El *efecto halo*: si pensamos bien de alguien (o mal) en un aspecto, tendemos a extender eso a otras características. Si conozco a una persona buena en el trabajo, tiendo a pensar que también va a ser buena en otras facetas. Uno de los efectos halo más sorprendentes es el que beneficia a las personas agraciadas físicamente (esas que antes llamábamos «guapas»). Estas personas son vistas como más competentes, más sinceras o más amables. De hecho, tienen más posibilidades de conseguir trabajo en una entrevista, y sabemos que reciben condenas judiciales menos severas por los mismos delitos que las personas menos agraciadas. Triste pero cierto.

El antropólogo Claude Lévi-Strauss escribió que «la mente humana adora la polarización binaria». Esto hace referencia al siguiente heurístico: la *polarización o pensamiento dicotómico*. Este heurístico nos dice que a nuestro cerebro le gusta pensar en dos variables que sean extremas, como blanco o negro. Los grises nos gustan menos porque no nos ayudan a actuar. Si yo pregunto de alguien si es fiable o no y me contestan: «Bueno, depende...», esta respuesta no me ayuda mucho. Por eso, eliminamos los detalles y contradicciones para llegar a una solución clara: bueno/malo, inofensivo/peligroso. Con esto ya sé cómo actuar. El formato más extendido del pensamiento dicotómico, y que más tiene que ver con este libro, es el que guarda relación con la identificación con un grupo, el que llamamos «nosotros/ellos». Y ya mencionamos algo de él en el capítulo previo. Tiene que ver con nuestras tendencias neurotribales, en las que dividíamos el grupo entre los miembros del endogrupo (nosotros) y los del exogrupo (ellos). Esta tendencia es tan fuerte en nosotros que es difícil escapar de ella: equipos de fútbol, partidos políticos o parejas que se acaban de separar, todos estos grupos caen en ella. Es tan fuerte que, cuando hace poco le conté a una amiga en qué consistía, me dijo, totalmente en serio: «Ahora lo entiendo todo: estamos nosotros, los del pensamiento complejo, y están ellos, los del pensamiento dicotómico». Este pensamiento binario está en la base de la mayoría de los conflictos tóxicos y destructivos. Además, una vez que se establecen en nuestra mente ambos grupos, exageramos las diferencias entre el nuestro y el otro. Es lo que conocemos como «heurístico de contraste». Tiene varias consecuencias: la primera es que tendemos a percibir las diferencias en las personas cercanas o de nuestros grupos, y a ver a los otros como más parecidos entre sí. Por este motivo vemos muy parecidos a dos hermanos, mientras que a sus padres les parecen muy diferentes. Esto ocurre tanto para aspectos físicos como psicológicos. Por ejemplo, vemos muy parecidos a los de otro grupo político y somos capaces de apreciar las grandes diferencias entre los de mi propia ideología. La segunda consecuencia es que el heurístico de contraste nos hace percibir al otro grupo con sus rasgos más extremos y a nuestro propio grupo por los rasgos más moderados. Nuestro cerebro acentúa las diferencias entre nosotros/ellos, a la vez que nos ve a nosotros como más diferentes y a ellos como más iguales.

El penúltimo del que os quiero hablar es el del *etiquetaje o la categorización*: consiste en que aplicamos a una persona una serie de atributos por el mero hecho de pertenecer a un grupo. Normalmente, en los casos más graves se etiqueta con una sola palabra, generalmente despectiva.

Esto hace que dejen de ser personas, que se conviertan en estereotipos: nacionalistas, fachas, rojos. Etiquetar al otro significa no llegar a conocerlo, solo guiarse por la etiqueta que le hemos puesto. Una vez que hemos puesto una etiqueta, esta condiciona todo nuestro pensamiento. Si antes de pensar algo sobre una persona os salen «etiquetas» sobre ella, estáis pensando desde el etiquetaje. Recuerdo un vídeo que vi en redes sociales de Helen Fisher. El vídeo en cuestión estaba lleno de ideas provocativas (en el mejor sentido del término). Yo estaba de acuerdo con algunas y en desacuerdo con otras, pero, en todo caso, te obligaba a pensar. Entonces leí este comentario: «Todo lo que dice esta señora me suena a catolicismo más hormonas. Lo siento, no me interesa nada de lo que diga». Buen ejemplo de etiquetaje y sesgo de coherencia. Curiosamente, no etiquetamos únicamente a los demás. También nos etiquetamos a nosotros mismos y a las personas que consideramos de nuestro grupo, de tal manera que sentimos que poseemos unos determinados atributos, generalmente positivos.

A partir de la información filtrada por estos heurísticos, construimos nuestro mapa mental de la realidad, nuestra narrativa de cómo somos, cómo son los demás y cómo es el mundo. Además, no somos conscientes de que sea ningún mapa, sino que creemos que es una percepción objetiva, que la realidad es así. La sensación que tenemos es la de que es algo que «vemos», y cuando nos dan argumentos en contra es como si nos quisiesen convencer de que no hemos visto lo que hemos visto, como si nos «quisiesen hacer lo blanco negro». Este mapa, como es lógico, influye poderosamente sobre nuestras emociones y nuestros comportamientos. Si pienso que el mundo es un sitio cada vez más peligroso, es normal que me sienta mal y desconfíe de los demás. O si me convenzo de que mi ex es una persona poco fiable que me la puede jugar. O si estoy convencido de que todos los de la ideología política contraria son malvados o tontos. Una vez hemos llegado a una conclusión a partir de estos heurísticos, funcionamos con esa conclusión, que se convierte en un prejuicio: un juicio hecho y que ya no necesita confirmar los datos para saber si es cierto o no. De eso se encarga, como hemos visto, el heurístico de coherencia.

Como no somos conscientes de los heurísticos, subestimamos la importancia que tienen para nuestro pensamiento, comportamiento y, sobre todo, nuestras diferencias. Intentad recordar la última vez que tuvisteis o escuchasteis una discusión sobre política. Ahora paraos a pensar cuánto de la discusión tenía que ver con alguno de los heurísticos que acabamos de ver. Es muy difícil no caer en ellos; rara vez escucho una discusión o una tertulia política sin que los discursos estén repletos de frases de este tipo. Pero los heurísticos no solo se activan en las situaciones sociales y con temas políticos, también lo hacen en las situaciones más íntimas. Pensad ahora en la última discusión que tuvisteis con vuestra pareja o con vuestros hijos. ¿Sois capaces de identificar algunos heurísticos? Recuerdo el caso de una paciente que le dijo a su hija que era «un desastre total» porque había dejado el cuarto sin recoger. Una hija que, por otro lado, no consumía drogas, no faltaba al respeto, aprobaba las asignaturas. Lo peor no es que se lo dijese, que también; es que se lo creía. Esa frase está basada en un buen número de los heurísticos vistos, desde el de filtraje hasta el de etiquetaje. Desde el momento en que la madre le puso esa etiqueta a su hija se sentía como si, efectivamente, tuviese un desastre de hija. Espero que el ejemplo haya servido.

Pero de entre todos los sesgos que tenemos a la hora de procesar e interpretar la información hay uno que tiene una importancia capital para las relaciones. Es tan importante que lo llamamos el «error fundamental de atribución». Lo definió por primera vez en 1977 Lee Ross, un reputado psicólogo social, de la Universidad de Stanford, que trabajó durante décadas en procesos de mediación en Oriente Próximo y en Irlanda del Norte.

El *error fundamental de atribución* se comete cuando, a la hora de interpretar las conductas de los demás, sobre todo las que nos disgustan, enfatizamos aspectos internos de su personalidad y tenemos poco en cuenta las variables situacionales. Pero a la hora de analizar nuestro propio comportamiento hacemos justo lo contrario: tenemos muy en cuenta variables situacionales y poco las variables internas. Así, los fallos de LOS demás son atribuidos a aspectos de su capacidad o carácter. Pensamos que lo que han hecho es porque son ignorantes, irracionales o malvados. Os pongo un ejemplo: si me salto una señal de ceda el paso, y lo explico diciendo que me he despistado, iba muy rápido y no me daba tiempo a frenar, que la persona aún estaba lejos, etc., nada tiene que ver conmigo, sino con factores situacionales. Si es otro el que se lo salta, resulta que pasa de todo, es un loco, es un idiota, va a lo suyo, la gente es que cada día está peor. ¿Os suena? Este es el error fundamental de atribución. Cada vez que atribuimos el comportamiento negativo de alguien a que es malo, tonto o está loco (o que «no está bien», una forma más amable de decir lo mismo), deberíamos alertarnos ante la posibilidad de que estemos cometiendo este error.

El error fundamental de atribución, como todos los heurísticos, cumple una función evolutiva: nos permite llegar a conclusiones y actuar pronto. Además, como ya hemos visto, favorece las explicaciones negativas sobre las positivas, porque pensar mal me puede salvar la vida. Lo que ocurre es que este patrón sesgado negativo de pensamiento puede que sea muy útil en la selva, pero no lo es tanto en nuestras sociedades contemporáneas complejas y urbanas. No es bueno para la confianza en los demás. Y la confianza en los demás es la base de la cooperación y la interdependencia, la base de nuestras relaciones íntimas y sociales.

A partir de todos estos heurísticos construimos una narrativa que nos ayuda a explicarnos el mundo y el comportamiento de los demás. Estas narrativas, el lenguaje, posibilitan el pensamiento superior, pero también lo limitan. Sobre todo, cuando el lenguaje se estructura como una narrativa simple, binaria, construida por lo que llamo las «frases eslogan». Son frases que, una vez dichas u oídas, se convierten en realidad y ya no las cuestionamos. Os puse antes el ejemplo de «mi hija es un desastre», pero podríamos poner muchos más: «Siempre dejas todo por en medio», «Los estadounidenses se creen superiores», «Los árabes viven en la Edad Media», «Nunca haces nada por mí». Todas estas frases, todos estos eslóganes, que se basan en muchos de los heurísticos, una vez pronunciados, oídos o pensados limitan nuestro pensamiento: me ayudan a tener una respuesta, una explicación, sin tener que pensar. Además, influyen poderosamente sobre nuestras relaciones y nuestros estados de ánimo. Las frases eslogan se pueden detectar porque suelen ser generales y absolutistas. Muchas empiezan por las famosas todo-siempre-nunca-nada: todos los andaluces son graciosos; siempre me estás gritando; lo haces todo mal. Muchos de estos eslóganes no los creamos nosotros por primera vez, se los oímos a alguien y los aceptamos sin más. Si os fijáis, estas frases funcionan como prejuicios. La palabra es preciosa: un juicio hecho previamente, *a priori*, antes de tener los datos. Una vez que tenemos este juicio, ya tenemos una explicación y no buscamos (no pensamos) más. Intentad prestar atención a cuántas veces hablamos empleando una frase eslógan sin realmente estar pensando.

Hace poco escuché en la radio a un político decir: «Yo no quiero vivir en un país donde los asesinos anden sueltos». Bueno, yo me pregunto, ¿quién quiere vivir en un país donde los asesinos anden sueltos? Mi apuesta es que nadie, salvo los asesinos, claro. La frase estaba dicha en un contexto de defensa de la pena de muerte. Pero fijaos cómo utilizar una frase eslogan lleva el debate a lo emocional y ya no pensamos mucho más. Los que creemos que la pena de muerte no es una buena solución nos convertimos, automáticamente, en personas «que quieren que los asesinos anden sueltos». Si en su lugar, la persona hubiese dicho otra frase como «Yo quiero que en mi país los asesinos sean juzgados y condenados a muerte», quizá podríamos empezar a hablar de si podrían hacerse mejoras en el sistema judicial o policial. También podríamos hablar de la pena de muerte; y una de las primeras cosas que tendría sentido es ver si en los países donde existe se producen menos asesinatos o no. En fin, lo dejo aquí. Era solo un ejemplo de cómo el lenguaje nos puede llevar a dejar de pensar en lugar de ayudarnos a pensar. En las discusiones políticas, lamentablemente, esto pasa mucho. De hecho, es difícil hablar con alguien de política sin caer en eslóganes absolutistas. La misma idea de dividir el mundo en gente «de derechas» y gente «de izquierdas» produce un efecto de etiquetado que condiciona todo lo que esas personas dicen. Pero, como ya hemos visto, este tipo de frases eslogan se utilizan en todos los contextos, incluidos los más íntimos. Es más, solemos utilizarlas también para referirnos a nosotros mismos. Frases como «todo lo hago mal» o «siempre tengo razón» son buenos ejemplos. Como escribió Arthur Koestler, «el lenguaje puede convertirse en una pantalla entre el pensador y la realidad».

Cuanto más veáis que pensáis en modo binario, cuanto más os sorprendáis haciendo explicaciones del comportamiento de los demás porque sean malvados, enfermos o ignorantes, cuantos menos errores creáis que habéis cometido vosotros, cuanto más os veáis moralmente irreprochables en vuestro comportamiento, cuanto más utilicéis etiquetas para los demás, cuanto más empleéis frases eslogan para pensar, más probable es que no estéis realmente razonando. Estáis usando atajos para pensar rápido, pero no necesariamente para pensar mejor. Os estáis quedando con el marco de la ventana. Quizá sería bueno que todos adoptásemos una de las ideas fundamentales del jainismo, el *anekāntavāda*, que plantea que la verdad es siempre compleja y tiene múltiples aspectos, de manera que no los podemos conocer todos.

Esta idea se explica con frecuencia en la India con el cuento de los seis sabios y el elefante. Si no lo conocéis, buscadlo; tiene que ver con el pensamiento complejo. De hecho, siguiendo la idea propuesta por el premio Nobel Daniel Kahneman y Amos Tversky, podemos distinguir dos sistemas de pensamiento, que ellos llaman el sistema 1 y el sistema 2. El sistema 1 sería un pensamiento simple, binario, inconsciente, más rápido y que nos permite llegar a conclusiones y actuar con mayor celeridad. El segundo es un pensamiento complejo pero lento, que tiene en cuenta más variables, es consciente, más lógico y requiere un esfuerzo por nuestra parte. Ambos sistemas de pensamiento tienen su función. En situaciones de peligro, en las que necesitamos actuar rápidamente, el pensamiento simple es más eficaz. Pero, en las complejas relaciones interpersonales y en los conflictos, partir desde ese sistema simple y de pensamiento binario es lo que suele llevar a que los conflictos se enconen y se vuelvan tóxicos. Precisamente porque nuestro cerebro se decanta con facilidad por el pensamiento simple, es importante que nos esforcemos en frenarlo y potenciar un pensamiento más complejo acerca de los demás y de nosotros mismos. Si lo hacéis, os aseguro que vuestras relaciones mejorarán mucho.

Bastantes años antes que Kahneman y Tversky, el psicólogo José Luis Pinillos, en su libro *La mente humana*, escribía que el pensamiento simple se caracteriza por, entre otras cosas, la dificultad para adoptar puntos de vista hipotéticos, dificultades para ponerse en el lugar del otro, necesidad de clasificar los acontecimientos en blanco o negro, tomar pocos datos para llegar pronto a conclusiones o hacer juicios morales tajantes. ¿Conocéis a alguien así? Esa es fácil. Pensad mejor en esta: ¿os dais cuenta de cuándo funcionáis vosotros así? Os hago casi un spoiler del próximo capítulo: a mayor activación emocional, más necesitamos el pensamiento concreto y más funciona nuestro cerebro desde los heurísticos, desde el razonamiento emocional.

3
El cerebro emocional

El corazón tiene razones que la razón no entiende.

BLAISE PASCAL

Animales racionales

Nos gusta pensar que somos animales racionales. Así nos definimos, no sin cierta soberbia: *Homo sapiens*, el mono que sabe. En esta auto-definición, la razón nos distingue como humanos, mientras que las pasiones nos acercan a lo animal. Es una cultura mental que viene de lejos, de los griegos o seguramente incluso de antes. En la cosmovisión hinduista, por ejemplo, se enumeran seis emociones básicas, las *ari-shadvarga*, a las que se define como las «seis enemigas del alma». Esta idea de lo emocional como oscuro y lo racional como luminoso se asentó aún más durante la Ilustración. Este periodo histórico puede verse como un movimiento hacia la secularización. La fe, al menos desde san Agustín, había apelado al corazón y las emociones; y las res-puestas que daba la fe acerca del mundo habían dejado de ser fiables. Había que buscarlas con y en la razón, que se colocaba como algo opuesto a, y por encima de, la emoción.

La psicología, como toda la ciencia, nace en parte de esta tradición ilustrada. En los años sesenta y setenta del siglo pasado, con psicólo-gos como Albert Bandura y Donald Meichenbaum, comenzó lo que se ha venido a conocer en psicología como «la revolución cognitiva».

Una década más tarde se consolidaría la terapia cognitiva (posteriormente renombrada como cognitivo-conductual) con terapeutas como el psicólogo Albert Ellis o el psiquiatra Aaron Beck. La psicología cognitiva y la terapia cognitiva, como hijas del pensamiento ilustrado, enfatizaban el papel de las cogniciones por encima de las emociones. Los pensamientos condicionan nuestra forma de ver el mundo, y esa forma de ver el mundo condiciona cómo nos sentimos y actuamos. La solución a cómo nos sentíamos consistía, esto es trazo grueso, en cambiar la forma que tenemos de pensar sobre los hechos.

Yo, como casi todos los psicólogos de mi generación, me formé en terapia cognitiva y, posteriormente, fui profesor de Terapia Cognitiva en diversos másteres; de hecho, la primera vez en mi vida que hice una presentación en un congreso nacional, en el año 2002, hablé sobre las distorsiones cognitivas, algo cercano a lo que ahora llamamos heurísticos, un tema clave en la terapia cognitiva. La máxima que nos guiaba es una que se atribuye a Epicteto: «No son las cosas que nos pasan las que nos hacen sufrir, sino lo que nos decimos sobre estas cosas». La terapia cognitiva, de hecho, tomaba mucho prestado de la visión estoica. Veamos, por ejemplo, esta frase de historiador Richard Firth-Godbehere: «La tarea vital de un estoico consistía en centrarse en dar prioridad al pensamiento sobre los sentimientos hasta que detenerse a pensar en una situación antes de actuar llegara a convertirse en un hábito». Yo diría que esto está muy cercano a una de las principales pretensiones de la terapia cognitiva, al menos en sus inicios. Desde ese modelo nos fijábamos mucho más en cómo los pensamientos generan e influyen sobre los estados emocionales y condicionan el comportamiento.

Aunque seguimos teniendo en cuenta cómo las cogniciones influyen sobre las emociones, somos conscientes de que el tema es más complejo de lo que pensábamos. Así, sabemos que lo que pensamos no siempre predice bien lo que hacemos. Tomo un ejemplo prestado del que fuera mi profesor de Psicología Social durante la carrera, el catedrático Luis Gómez. En su magnífico libro *La mente social*, nos propone el siguiente ejercicio: «Dígame su grado de acuerdo con estas cuestiones: "La actividad física diaria es clave para mantener un buen estado de salud"; "La contaminación atmosférica es un grave problema de las grandes ciudades". Hágalo con una escala tipo Likert, poniendo una nota de 1 (totalmente en desacuerdo) a 5 (totalmente de acuerdo). Probablemente sus respuestas se moverán entre el 4 y el 5. Ahora haga lo mismo con estas frases: "La última semana he realizado ejercicio físico, al menos una hora, todos los días"; "La última semana he hecho casi todos mis desplazamientos cortos andando o en bicicleta". Si es usted como la mayoría, sus respuestas ahora están probablemente entre 1 y 2». No os alarméis; como nos dice Gómez, la incoherencia entre pensamiento (actitud) y conducta es muy común.

¿Por qué ocurre esto? Porque faltan en la ecuación las emociones. Las cogniciones y las emociones guardan una relación bidireccional. Los pensamientos generan emociones, sí, pero también las emociones generan y condicionan los pensamientos. Por ejemplo, yo ahora, viendo que he ganado peso, decido que voy a empezar a correr por las mañanas. Pero, mañana por la mañana, cuando suene el despertador a las siete y yo esté ahí calentito en la cama, mi estado emocional me pedirá quedarme donde me siento tan a gusto. Y mi cerebro generará los pensamientos, las «excusas» necesarias para que yo no tenga una contradicción entre emociones y pensamientos (lo que técnicamente llamamos «disonancia cognitiva»). Seguramente pensaré alguna de las siguientes: «Bueno, mañana empiezo»; «Tampoco es tan importante, y menos aún puedo convertirme ahora en un obseso del deporte»; «También es muy importante descansar», etc.

La relación entre las cogniciones y las emociones es bidireccional, pero, cabría preguntarse: ¿hay alguna que pese más?, ¿cuál? Podríamos decir que, mientras las emociones están calmadas, reguladas, las cogniciones dirigen el cotarro. En el momento en que las emociones se vuelven moderadamente intensas o muy intensas, dominan nuestro aparato cognitivo. Esto es algo que creo que todos hemos podido comprobar: pensemos en cuando nos enfadamos, nos enamoramos, sentimos deseo o sentimos miedo. Cualquier estado emocional intenso, literalmente «secuestra» nuestra mente y dirige nuestro comportamiento. Cuando nos *desregulamos* emocionalmente —un concepto clave que va a aparecer varias veces en el libro—, las cogniciones se vuelven sicarios de las emociones, ayudando a perpetuar los estados de ánimo. Esta idea, además, no es nueva. El filósofo David Hume ya nos avisaba de que «la razón es y solo puede ser esclava de las pasiones y no puede pretender otro oficio más que servirlas y obedecerlas».

¿Y qué ocurre fuera de esos estados de alta activación, de esa desregulación emocional? Pues que en esos momentos las emociones no «pesan» tanto, pero en todo momento están, digamos, «informando» a nuestros procesos cognitivos, que no podrían tener lugar sin ellas. La toma de decisiones, por ejemplo, algo que parece superracional, está en realidad mediada por las emociones. Si no tuviésemos emociones, no podríamos decidir muchas cosas: qué comer, en qué cafetería tomar café, qué coche comprar o con quién formar pareja. El neurólogo Antonio Damasio defiende que la mayoría de las decisiones que tomamos se basan en nuestros recuerdos de cosas buenas o malas. Si solo tuviésemos pensamientos, haríamos una larga lista de pros y contras de cada cosa que nos llevaría, la mayoría de las veces, a la duda y la inmovilidad. De hecho, en las personas con rasgos de personalidad obsesiva, con exceso de cogniciones rumiativas, se da lo que llamamos la «duda obsesiva», en la que la persona es incapaz de decidirse, encontrando argumentos en contra y a favor de cualquier opción. Es importante recordar que la finalidad del cerebro no es almacenar o procesar información; la finalidad del cerebro es guiar nuestro comportamiento. Para esto, las emociones son cruciales.

Siguiendo una división propuesta por los psicólogos Robert Abelson y Milton Rosenberg, en función de que las emociones asociadas a un pensamiento tengan mayor o menor intensidad, podemos distinguir las cogniciones entre calientes y frías. Las cogniciones frías serían aquellas que se dan cuando no hay una activación emocional, mientras que las cogniciones calientes son aquellas que se dan cuando hay una activación emocional. Cuanto mayor activación emocional, más «calientes» son las cogniciones y más emocional es nuestro razonamiento. Hay que tener en cuenta que el razonamiento emocional realmente no es un razonamiento que atiende a los hechos, sino a cómo me hace sentir dicho razonamiento. Este tipo de razonamiento es más frecuente con temas que son relevantes para nosotros, temas que definen nuestra posición, que nos definen de algún modo. Thomas Hobbes ya nos avisaba: «Las conclusiones a las que llegamos con respecto a aquellas cosas cuya certeza no resulta evidente están gobernadas por cuánto placer o dolor nos hacen sentir dichas conclusiones». Pensad en la última vez que discutisteis con alguien de algún tema políticamente «caliente» como el aborto, los derechos de los trabajadores o la violencia de género. Es muy posible que la otra persona, y/o uno mismo, se «calentara» y, a partir de ahí, la discusión pasara a ser más una batalla de posiciones mutuamente irreconciliables que un diálogo. Se activaron seguramente todos los heurísticos que vimos en el capítulo anterior. Ambas partes ya funcionabais a corto plazo, como en un combate, queriendo llevar la razón; y tras la discusión acabasteis sintiéndoos bastante mal. De hecho, muchas personas sensatas deciden no hablar más de política. Esto mismo, evitar los temas conflictivos, ocurre en algunas parejas, como veremos.

Las cogniciones calientes, al estar asociadas con emociones, suelen estarlo también con activación fisiológica: nos «encendemos», hablamos más alto, más rápido, etc. A mayor activación emocional, más funcionamos por objetivos a corto plazo. En una discusión sobre política, uno puede olvidar que está discutiendo con su jefe, o con un amigo de toda la vida, e intentar focalizarse tan solo en sacar al otro de que está en un error y demostrar que se lleva la razón. Pasa muy a menudo en las parejas también. ¿Os resulta familiar?

A pesar de que la influencia que ejercen las emociones sobre nuestro pensamiento y nuestro comportamiento es muy alta, con frecuencia nos pasa inadvertida; se produce, usando un término que no se emplea mucho en psicología hoy, de forma *inconsciente*. Ahora nos gusta más decir de forma *tácita* o *implícita*, que no son del todo sinónimos, pero eliminan la resonancia freudiana que arrastra el término «inconsciente». Hay muchos estudios sobre esto, pero os voy a poner como ejemplo dos investigaciones clásicas que me encantan. En la primera de ellas, realizada en 1949 por Lazarus y McCleary, se les decía a los sujetos experimentales que iban a recibir una serie de descargas aleatorias mientras les presentaban sílabas sin sentido. En realidad, las descargas no eran azarosas; se daban siempre después de unas sílabas concretas. Lo que observaron es que, tras unos ensayos, las personas mostraban síntomas de anticipación fisiológica (pulso acelerado, por ejemplo) justo cuando se les presentaban las sílabas que iban antes de la descarga. Pero, si se les preguntaba si sabían cuándo ocurrían las descargas, respondían que no: no eran capaces de identificar conscientemente las sílabas que su cuerpo (por decirlo de algún modo) sí que *inconscientemente* conocía. Sabían más de lo que creían saber. No me resisto aquí a citar a Michael Polanyi: «Sabemos más de lo que podemos decir». El cerebro de los voluntarios sabía emocionalmente cuándo iba a recibir la descarga, pero no se había tomado la molestia de contárselo a su mente consciente. La segunda investigación data de 1958, en la que Eriksen y Kuethe quisieron poner a prueba la investigación anterior. En ella, se hizo hablar a los sujetos y se les dio descargas eléctricas después de ciertas palabras comunes. Los sujetos pronunciaban menos esas palabras, hasta que dejaban de usarlas, evitando así las descargas. Cuando se les preguntaba, no sabían explicar cómo estaban evitando las descargas. ¿Qué os parece? Habían aprendido una operación práctica (no decir ciertas palabras), pero no sabían que la habían aprendido ni que la estaban utilizando. O sea, pueden aprenderse y ejecutarse comportamientos sin ser consciente de ello. Esta sería la esencia de los mecanismos de defensa, de los que hablaré más adelante. Los propios autores llamaron a este proceso de evitación no consciente un «mecanismo de defensa».

Sabemos cosas, pero no sabemos que las sabemos; aprendemos y actuamos sin ser conscientes, ¡qué miedo! ¿Quiénes somos? El psicólogo Timothy Wilson nos respondería que somos unos desconocidos para nosotros mismos; y las emociones tienen mucho que ver en esto. Quizá más que animal racional, si realmente fuésemos tan listos, nos hubiésemos autodenominado animal pasional.

Animal pasional

Dije en el capítulo previo que los animales tenemos cerebro porque tenemos movilidad. Y el funcionamiento más básico del sistema nervioso sigue siendo ese: movernos. Y lo hacemos principalmente en dos direcciones: alejarnos (o hacer menos) lo que nos disgusta o nos hace daño; acercarnos (o hacer más) lo que nos gusta o nos sienta bien. Es lo que conocemos como el principio aversivo-apetitivo. Las investigaciones que he citado antes son un buen ejemplo de esto. Nuestro comportamiento se sigue rigiendo por este principio básico, evolutivamente muy antiguo, que compartimos con formas de vida mucho más simples que nosotros. En los seres humanos, las emociones son las que se encargan de cumplir esa función básica: motivarnos a actuar o a no hacerlo. La propia palabra «emoción», etimológicamente guarda relación con la palabra «moción», movimiento. Tanto lo que nos gusta (apetitivo) como lo que nos disgusta (aversivo) generan un estado de desequilibrio en el organismo que hace que nos movilicemos para recuperar el estado previo de equilibrio interno. Ese estado de desequilibrio, cuando se hace consciente, es vivido como emociones positivas o negativas, apetitivas o aversivas.

Como tenemos una gran necesidad de vincularnos, la evolución nos ha dotado de todo un arsenal bioquímico endógeno que genera en nosotros estados emocionales que nos empujan a la relación: nuestras emociones han evolucionado para que nos sintamos bien cuando nos vinculamos, y nos sintamos mal cuando no lo hacemos. Las emociones son, por tanto, la base de la motivación y, viniéndome un poco arriba ya en este capítulo 3, de la vida. Pero antes de seguir tengo que avisar de que estoy haciendo un poco de trazo grueso. De hecho, el propio concepto de emoción es confuso: no hay un claro consenso sobre su definición. Además, es un invento moderno: no se utilizó mayoritariamente hasta el siglo XIX. Un poco antes lo había popularizado Descartes, pero le dio su formato actual Thomas Brown. Antes se utilizaban términos como pasiones, afectos, sentimientos o sentires, que no son del todo sinónimos. Incluso hoy, la mayoría de los autores especializados distinguen entre afectos, emociones o sentimientos. Nosotros, menos especializados, nos vamos a quedar con emociones para referirnos un poco a toda experiencia afectiva.

Las emociones son muy diversas

Los humanos experimentamos emociones muy diversas. Aunque hablemos de alegría, tristeza, miedo, vergüenza o asco, cada una de estas puede agrupar a muchos subtipos diferentes. No es lo mismo la felicidad de que mi equipo gane un partido de fútbol que la satisfacción del trabajo terminado; el amor que siento por mi país que el amor que siento por mi hija; el miedo a que me ataquen en una calle de noche que el miedo a ser ridiculizado en las redes sociales. Si lo pensamos, son cientos de variantes, que además difieren de una persona a otra. Lo que puede resultar humillante para alguien, no lo es en absoluto para otro, y lo mismo puede decirse del miedo o de la alegría. Debajo de cada rótulo de emoción se producen experiencias muy distintas, y hay un debate abierto en cuanto si hay un número limitado de emociones básicas o no. El mayor defensor de la postura del número limitado de emociones básicas es el conocido psicólogo Paul Ekman, que ha definido seis emociones básicas universales (curiosamente, el mismo número que las «seis enemigas del alma» hindúes; dan ganas de hacerse *new ager*). Charles Darwin, por ejemplo, era un defensor de esta idea de un número limitado de emociones básicas, innatas y universales. En el polo contrario, están los autores que consideran que no hay un número básico de emociones. La más conocida defensora actualmente de esta idea es la psicóloga Lisa Feldman Barrett. Esta postura también ha sido defendida históricamente por otros autores, como, por ejemplo, la antropóloga Margaret Mead. El debate tiene mucho que ver con si les atribuimos un mayor peso innato o un mayor peso aprendido.

Sabemos que las emociones no son ni innatas ni aprendidas, o son ambas. Como casi todo lo humano, son socialmente construidas; es decir, tienen un componente innato, pero también varían en su expresión o en qué las provoca de una cultura a otra, incluso de una familia a otra. El contexto, el idioma y otros factores culturales desempeñan un papel en la forma en que cada ser humano concibe y siente las emociones. Pero la mayor diferencia radica en la respuesta emocional: qué es lícito o no hacer cuando sentimos una emoción. Esta respuesta emocional es aprendida de forma tácita, «absorbida» de nuestro entorno social y cultural. En algunas sociedades aún resulta legítimo matar a alguien si ha insultado nuestro honor, por ejemplo. En nuestras culturas, el propio concepto del honor, tan importante hasta hace bien poco, nos suena a una cosa de otra época. Para mi padre o mi suegro, uno criado en la India y otro en España, el honor seguía siendo algo fundamental. Incluso cosas que hacían otros, sus hijos o, sobre todo, sus hijas podían afectar a su honor. Para la mayoría de nosotros, que somos hijos de nuestro tiempo, lo que haga nuestra pareja o nuestros hijos nos puede preocupar o doler, pero no afecta a nuestro honor, porque además no recordamos dónde lo hemos puesto. Esto nos dice que muchos aspectos de las emociones pueden cambiar en muy poco tiempo, incluso de una generación a otra, con tal de que cambie el contexto cultural que las sustenta. Las emociones también pueden variar por cuestiones de género. Una tortura que utilizaban los nazis era hacer que sus prisioneros tuvieran que rehacer la cama una y otra vez. Esto era recordado por las mujeres años después como algo muy molesto, cansado, pero no una humillación. Los hombres, sin embargo, recordaban haberse sentido muy humillados. Además, las emociones también varían de una subcultura a otra y de una familia a otra. El que tengan esta variabilidad y sean socialmente construidas ha llevado a la historiadora Barbara Rosenwein a proponer el concepto de «comunidades emocionales». Se trata de grupos de personas que comparten pautas de entender y expresar emociones.

Otra prueba de que nuestras emociones son socialmente construidas es que son contagiosas, «más que un virus o una bacteria», como nos dice Luis Gómez. Se extienden de un cerebro a otro. Como veremos cuando hablemos de comunicación, este elemento cobra una especial relevancia para poder tener una comunicación constructiva o no. Además, no solo se contagian de persona a persona, también lo hacen a través de películas, canciones, libros u obras de arte. A diferencia de la parte del resto de los animales, en los humanos las emociones se pueden disparar por algo que esté pasando ahora en el mundo exterior, pero también por mi mundo interior: recordando cosas del pasado o pensando en situaciones futuras. Como hemos visto, este recuerdo puede ser más o menos consciente.

Por último, nuestra complejidad nos permite albergar emociones distintas, incluso contradictorias. Podemos sentir profundo afecto por un amigo y a la vez tenerle envidia; podemos sentirnos mal por no ganar más dinero y a la vez sentirnos bien porque no nos hemos subido al carro capitalista que explota a países del tercer mundo. Podemos incluso discutir y enfadarnos con nosotros mismos. Esta es la base de la ambivalencia de las relaciones humanas.

Las emociones se parecen

A pesar de toda esa diversidad y complejidad, las respuestas fisiológicas que acompañan a las emociones son muy parecidas. Como las emociones tienen que ver con el movimiento, no son exclusivamente una cosa de nuestro cerebro, como una idea o un concepto; tienen que ver con todo el cuerpo. Si siento miedo de que me ataquen en una calle en una noche oscura, se me acelera el pulso y la respiración, se me tensa toda la musculatura, se me desencaja un poco el rostro, si tuviese que hablar me costaría; todo preparado para la respuesta de lucha o huida que vimos antes. Lógico. Pero ¿qué ocurre si siento miedo al tener que hablar en público? La respuesta fisiológica es la misma, y aquí no solo no ayuda, sino que empeora notablemente mi desempeño. Incluso puede ocurrir que lo que más miedo me cause sea ponerme nervioso, tartamudear y empezar a sudar. O sea, puede ser que mi mayor miedo sea tener miedo y la reacción que me provoca. Como dice Robert Sapolsky, profesor de Biología y Neurología de Stanford, es como tener una alarma contra incendios que cortocircuita y quema la casa. Esto sucede porque, haciendo una mala analogía, pero que se entiende muy bien, aunque el software de nuestras emociones se actualiza con lo sociocultural, se basa en el mismo hardware antiguo: estructuras cerebrales evolucionadas hace mucho tiempo.

Para sentir emociones, además de un cerebro, necesito un cuerpo. Si antes dije que las emociones son un concepto moderno, esta forma encarnada de entenderlas es aún más reciente. Se la debemos a dos pioneros de la psicología, William James y Carl Lange, que llegaron a idéntica conclusión de manera independiente: que las emociones tenían tanto que ver con el cerebro como con el cuerpo. Por ello, las emociones son, y aquí me voy a atrever con una definición, estados psicofisiológicos que nos movilizan a la acción o a la inacción (porque también me puedo quedar absolutamente quieto, congelado, si tengo mucho miedo).

Nuestro cerebro actúa de forma unitaria, por eso las emociones constantemente influyen e interactúan con otros procesos, afectando a nuestro presente, pero también a nuestro recuerdo del pasado y a nuestra percepción del futuro.

Las emociones influyen sobre nuestra percepción del presente porque lo que percibimos depende, parcialmente al menos, de cómo nos sentimos. Cuando tengo un determinado estado de ánimo, presto atención en mi entorno a estímulos congruentes con ese estado de ánimo. Si tengo miedo, me fijaré mucho más en estímulos atemorizantes a mi alrededor; si estoy triste, me daré mucha más cuenta de estímulos que me entristezcan. Esto nos lleva a creer que nuestro estado de ánimo es una consecuencia lógica de lo que ocurre en nuestro medio ambiente, cuando realmente es bidireccional: muchas veces mi estado de ánimo es lo que me hace interpretar mi entorno de una forma u otra. Esto también afecta a las personas de mi entorno, con un fenómeno que conocemos como *proyección*: cuando tengo un estado de ánimo negativo, no solo identifico mejor rostros que exhiben ese mismo estado de ánimo (por ejemplo, si estoy enfadado, me fijaré más en los rostros enfadados de los demás), sino que, además, atribuiré a las demás personas estados de ánimo negativos, aunque sus rostros sean neutros o incluso estén felices. Todo esto ha sido corroborado por decenas de investigaciones.

Pero las emociones también influyen sobre nuestro pasado porque condicionan nuestra memoria. Cuando tengo un determinado estado de ánimo, recuerdo eventos y situaciones en los que tuve el mismo estado de ánimo. Es lo que en psicología conocemos como la «memoria dependiente del estado». Creo que esto lo hemos percibido todos: cuando tengo miedo, recuerdo situaciones pasadas atemorizantes; cuando estoy triste, recuerdo eventos previos tristes; cuando fallece un ser querido, nos solemos acordar de fallecimientos previos, etc. Fijaos en la importancia que tiene esto: nos ayuda a entender por qué cuando las personas están deprimidas «recuerdan» que gran parte de su vida ha tenido episodios negativos, o que, cuando estamos enfadados con alguien, recordemos muchas razones pasadas que justifican ese enfado y no recordemos las cosas buenas que nos han pasado con esa persona, y que podrían mitigar nuestro enfado.

Las emociones también influyen porque no solo proyectamos nuestros estados de ánimo sobre el presente, también lo hacemos sobre el futuro. Si tenemos miedo, es más probable que imaginemos toda suerte de catástrofes en el futuro; si estamos contentos, sin embargo, proyectaremos un futuro más positivo. Nuevamente, podríamos utilizar los dos ejemplos de arriba para ver la importancia de esto. Las personas deprimidas se imaginan que el futuro será igual y que las cosas no mejorarán. Por otro lado, si estamos enfadados, imaginaremos con más facilidad un futuro de conflictos con la persona con la que lo estamos. En ambos casos se instalará algo que dificulta mucho el cambio: la desesperanza.

Todos estos mecanismos nos explican por qué cuando un estado de ánimo es intenso, es más fácil que se mantenga o incluso profundice. Las emociones, de alguna manera, establecen «filtros» sobre mi atención, percepción y memoria que hacen que perciba las cosas de manera que confirman mis emociones. Estos filtros únicamente permiten «pasar» recuerdos congruentes, a la vez que evitan que pensamientos que compitan con esos estados tengan acceso a la consciencia. Además, proyecto mis estados de ánimo sobre los demás y sobre el futuro, de manera que llego a la conclusión de que mi estado de ánimo es un producto «normal» de la situación que me rodea y que me espera en el futuro. Todos estos mecanismos son los responsables de que las emociones se mantengan en el tiempo. Pero tengo una noticia aún peor: esto es especialmente cierto para las emociones negativas.

Tenemos un cerebro angustias

Suelo poner un ejemplo en mis cursos, os lo cuento: imaginaos que hace, digamos, doscientos mil años, dos *Homo sapiens* llegaron un día soleado y de fresca brisa a la ribera de algún río en África. Uno de ellos se tumbó allí para disfrutar del sol, la brisa, el suave arrullo del sonido del agua. Había verdor, agua, peces, frutos. Pero el otro, agobiado, obsesivo, intranquilo, le dijo que era mejor no quedarse allí, que seguramente estaban en peligro, que se fuesen a una cueva oscura y fría, que se divisaba desde allí, y pasasen toda la calurosa tarde recogiendo leña para hacer una fogata por la noche y protegerse. El primero de ellos se partió de risa, claro, y le dijo al otro que se fuese a la cueva, que él se quedaba allí, que se estaba muy bien al sol. Ese es el majo, con el que nos iríamos de tapas. El otro es un cenizo, un amargado. Siento deciros que nuestro antepasado no es el que se quedó en el río; nuestro antepasado es el que, angustiado, se fue a la cueva. Al otro lo devoró algún depredador mientras dormía. Desde una óptica evolutiva, el miedo ha salvado muchas más vidas que la alegría. Estas personas preocupadas y asustadas, al sobrevivir más, se han reproducido de forma más numerosa. Somos hijos del agobio (pequeño homenaje a Triana y, por extensión, a King Crimson). Tenemos un cerebro tendente a la angustia. ¿Qué quiere decir esto? Pues que nuestro cerebro está mucho más preparado para detectar peligros y preocuparse que para relajarse y disfrutar.

Para dar detalle, hay al menos tres sistemas que se activan con el miedo (lo aversivo) y uno que se relaciona con lo placentero (lo apetitivo). Incluso ese sistema último tiene más que ver con la motivación y el deseo para cubrir una carencia, es decir, que se relaciona más con la insatisfacción que realmente con la satisfacción. Lo sentimos mucho: a la supervivencia no le importa nuestra felicidad, solo que sigamos insatisfechamente vivos. Así ha evolucionado nuestro cerebro para protegernos de las amenazas. Toca volver a hablar de él.

El cerebro es un *collage*

El cerebro humano es un órgano reciclado. Esta frase se la leí en un artículo a Daniel Mediavilla y me encantó, pues recoge muy bien la idea de cómo estructuras que evolucionaron hace mucho tiempo, acaban sirviendo posteriormente a funciones muy distintas de las originarias miles o millones de años después. De hecho, como no fuimos creados de una sola vez, sino que nos ha ido cincelando la evolución poco a poco, no solo el cerebro, todo nuestro cuerpo es un *collage*. Algunas piezas muy antiguas, otras no tanto y otras de evolución mucho más reciente, todas ensambladas para funcionar. Y todo esto se ha ido haciendo mientras el cerebro funcionaba; como ir mejorando las piezas de un avión en pleno vuelo. Si no, nos hubiésemos extinguido.

Este desarrollo del cerebro, en el que capas nuevas se superponen a capas y estructuras más antiguas, ha llevado muchas veces a dividir el cerebro en diferentes «unidades» funcionales. Uno de los primeros en hacerlo (uno de los primeros en hacer casi cualquier cosa) fue Aristóteles. Hablando del alma (quizá mejor, la mente), no del cerebro, al que consideraba un refrigerador. Aristóteles, en su libro *Acerca del alma*, la dividió en tres partes: el alma vegetativa, el alma sensitiva y el alma racional. La primera, la vegetativa, permite las necesidades vitales más básicas, como la respiración o la nutrición. La segunda, el alma sensitiva, es el asiento de las emociones, los apetitos, el deseo sexual. La tercera, la racional, tiene que ver con el entendimiento, la consciencia o la capacidad de reflexionar. Las plantas solo tendrían el primer tipo de alma; los animales, la primera y la segunda. En el ser humano, según Aristóteles, se darían las tres.

A mediados del siglo pasado, inspirándose en ideas previas de James Papez y Paul Broca, Paul MacLean propuso el modelo de los tres cerebros o el cerebro triuno, en el que dividía el cerebro humano en tres regiones anatómica y funcionalmente distintas. Sus famosos cerebros reptiliano, paleomamífero (o sistema límbico) y neomamífero (neocórtex) recuerdan bastante a las tres ánimas de Aristóteles. MacLean pensaba que los tres cerebros tenían diferentes estructuras: la parte más antigua sería el cerebro reptiliano, encargada de todas las funciones vitales básicas, como la respiración, la digestión, el metabolismo, etc. El segundo cerebro, el sistema límbico, sería el de las emociones básicas, las necesidades, las motivaciones. El tercer cerebro, el neocórtex, sería la parte más reciente evolutivamente de nuestro cerebro. Aquí se hallarían el razonamiento, el lenguaje, el pensamiento abstracto y parte de las emociones más complejas. Esta idea de MacLean era muy fácil de entender y resultaba muy explicativa. Autores reconocidos como Carl Sagan o Arthur Koestler ayudaron a popularizarla. Todo quedaba muy ordenado con esta división del cerebro en tres partes. Sin embargo, esta idea, sabemos hoy, induce a error. El cerebro es mucho más complejo de lo que esta división simple nos hace creer: aunque este claramente tiene algunas áreas para funciones especializadas, como ya hemos visto, opera como un todo. El cerebro no es la cajita ordenadita que soñaron los frenólogos, donde cada área se ocupa de una única cosa.

Sin embargo, la idea de que el cerebro tiene distintos niveles *funcionales* (ojo: no estructurales) ha gozado de mejor vida. Autores más recientes, como Robert Sapolsky o Jaak Panksepp, mantienen un modelo del cerebro dividido en tres grandes bloques funcionales. Es decir, ya no estaríamos hablando de regiones anatómicas, sino de modos de funcionamiento, o de patrones de activación, o de redes neurales, si preferís. Así, el modelo cerebral de MacLean se ha reinterpretado como «la metáfora del cerebro de MacLean», aceptando sus divisiones desde un punto de vista funcional, aunque no anatómico. Robert Sapolsky llama a estos tres los niveles funcionales 1, 2 y 3; Jaak Panksepp habla de funcionamiento primario, secundario y terciario. Un tercer autor que me gusta mucho, Stephen Porges, hablando del sistema nervioso autónomo, también hace esta división en tres unidades. Por lo tanto, la idea de que se puede dividir el sistema nervioso, desde un punto de vista funcional, en tres unidades diferenciadas, pero de funcionamiento integrado, sigue resultando explicativa y útil. De hecho, el término «sistema límbico» se sigue utilizando en la literatura especializada y hace referencia a todas las estructuras y conexiones que posibilitan la vivencia emocional. Incluye a estructuras como la amígdala, el hipocampo o el hipotálamo, pero también áreas corticales relacionadas con la emoción.

La idea de los tres niveles funcionales nos encanta a los psicólogos, en especial a quienes nos dedicamos a la terapia, pero les gusta algo menos a los que se dedican a la investigación. A nosotros nos resulta tremendamente explicativa y nos permite enganchar nuestras intervenciones, dándoles una base teórica: un cuento que las haga verosímil (no te alarmes, la ciencia es, la mayoría de las veces, el cuento más verosímil del que disponemos en el momento actual). La teoría del cerebro funcionando paralelamente en distintas unidades es muy útil para explicar el comportamiento contradictorio y contravolitivo (esto es, en contra de mi voluntad).

Los tres niveles funcionales del cerebro

Siguiendo al genial Robert Sapolsky (os recomiendo, además de sus libros, sus clases magistrales de la Universidad de Stanford, que están colgadas en YouTube), los tres niveles funcionales del cerebro son:

- **Nivel 1, funcionamiento primario:** engloba todas las funciones automáticas regulatorias y metabólicas. Por ejemplo, si baja la temperatura corporal, estas regiones cerebrales hacen que tiritemos; si bajan los niveles de glucosa, nos entra hambre, etc.
- **Nivel 2, funcionamiento secundario:** incluiría todas las funciones relacionadas con las emociones y la motivación. La ira, la agresividad o el deseo estarían relacionados con este nivel de funcionamiento. Por ejemplo, temblar si algo da miedo, o la respuesta de hambre si uno se siente triste y no querido. Este nivel es el que seguramente más influye sobre nuestro comportamiento relacional. Funciona más por el principio aversivo-apetitivo; por tanto, funciona con objetivos inmediatos o a corto plazo.
- **Nivel 3, funcionamiento terciario:** aquí estarían todas las funciones cognitivas del cerebro. Todo lo que tiene que ver con el pensamiento abstracto, la memoria a largo plazo, el procesamiento consciente de la información que llega de los sentidos, el lenguaje, la autoconciencia, etc. Este nivel nos ayuda a entender y dirige nuestro comportamiento a largo plazo, pero influye sobre el comportamiento inmediato menos de lo que nos gustaría. Yo puedo saber perfectamente que el tabaco es malo y seguir fumando (mañana lo dejo) o tener nociones de nutrición y comer bollería industrial o hamburguesas ultraprocesadas de alguna gran franquicia (mañana empiezo una dieta sana).

Los tres niveles funcionales del cerebro no son independientes entre sí. Todo lo contrario, el funcionamiento del cerebro es coral, e integra los tres niveles: si veo una película de terror, como *El exorcista* (proceso la película al nivel 3), lo más probable es que sienta miedo (y esto al nivel 2), y ese miedo me puede llevar a temblar (y esta respuesta se activa en el nivel 1). Este sería un ejemplo de cómo el nivel 3 (el visionado de una película de terror) conlleva cambios en los otros niveles. Pero la influencia también puede ir en sentido contrario: estoy más cansado (nivel 1), esto me hace sentirme triste (nivel 2) y tiendo a verlo todo más negro y tener cogniciones catastrofistas (nivel 3). O estoy sosteniendo una bebida fría (nivel 1) y conozco a alguien; es más probable que atribuya una personalidad fría a esa persona (nivel 2). Igual ocurre al revés: si estoy sosteniendo una bebida caliente, es más fácil que sienta que esa persona es cálida (esto no me lo invento, está corroborado por una investigación de John Bargh). Nuevamente, nuestro cerebro inconsciente en funcionamiento. Por cierto, el centro de trabajo de Bargh en Yale es el laboratorio de Automatismo en Cognición, Motivación y Emoción. O sea: laboratorio ACME. ¿Recuerdas de qué te suena?

Para que se dé un funcionamiento normal, integrado, los tres niveles deben estar en funcionamiento «regulado». Para explicar la idea de la regulación, se suele utilizar con frecuencia la metáfora del Titanic: para que todo vaya bien en la cubierta y la primera clase del Titanic, lo que hay «debajo» debe ir bien. La sala de máquinas ha de estar funcionando, los pasajeros de segunda no deben estar organizando una revuelta, etc. Si algo empieza a fallar en cualquiera de los niveles, finalmente los tres niveles se verán afectados. De este modo, ahora mismo, mientras leéis estas líneas, estáis funcionando más con el nivel 3, el funcionamiento cognitivo. Lo podéis hacer porque los otros dos niveles están en un estado de homeostasis. Pero cualquiera de los otros dos se puede empezar a activar, por ejemplo, si ahora mismo notáis que tenéis ganas de hacer pipí (y esto es nivel 1). Puede que durante un tiempo decidáis voluntariamente (y esto es nivel 3) no ir al baño. A esto lo llamamos *inhibición:* la capacidad de controlar las respuestas impulsivas y generar respuestas mediadas por la cognición. Básicamente, a nivel 3 decidís no hacer caso de lo que os están pidiendo desde el nivel 1 o el 2. Pero ya sabemos que esto lo podemos hacer mientras algunos de esos dos niveles no diga: «¡Aquí estoy yo!», por ejemplo, aumentando las ganas de hacer pipí. De hecho, el mero hecho de leer tantas veces esta palabra, «pipí», ha hecho que vuestra atención se haya centrado en la zona genital y que ahora notéis que tenéis ganas, oye, que sí, de hacer pipí. Si esto continúa, llega un momento en que no podréis ya seguir leyendo y todas las palabras del texto las leeréis como «pipí». Tomaos un momento e id, anda. Esto también puede ocurrir con el nivel 2: si mientras leéis os dan una mala noticia, por ejemplo, u oís un ruido muy extraño, es de noche y sabéis que estáis solos en casa, os resultará muy difícil inhibir la respuesta que os pide el nivel 2 y seguir leyendo. Como dije antes, el aparato cognitivo más o menos reina mientras los niveles inferiores no den un golpe de Estado.

Veamos algunos ejemplos cotidianos de estos «golpes de Estado». El nivel 3 (cognitivo) me dice que tengo que irme a dormir, pero el nivel 2 (emocional) me pide ver adictivamente el quinto capítulo consecutivo de mi serie favorita, aunque ya es tarde y mañana tengo que madrugar. O, volviendo a nuestro tema, después de la conversación con mi psicólogo y reflexionar, bloqueo el número de una expareja reciente (nivel 3), con la que tengo una relación tóxica. A largo plazo, esto es lo que me viene bien. Pero, tres horas después, echándola mucho de menos y sintiéndome muy solo y desgraciado (nivel 2), la desbloqueo y la llamo, «pero solo para ver cómo está». Seguro que algo de esto os suena y podríais poner algún que otro ejemplo propio. Como escribe el neurocientífico David Eagleman, «el cerebro es una máquina construida a partir de partes que entran en conflicto». Bajo estrés, estas partes funcionan de un modo competitivo en el que las respuestas de cada una de las partes difiere de las otras. «Es como si una parte de nosotros quisiera una cosa y la otra parte quisiera una cosa distinta», añade. Bastante antes, el psicólogo José Luis Pinillos (por cuyo libro la *Mente humana* decidí en parte estudiar Psicología) llamó a esto el «dualismo cognoscitivo-afectivo», que a veces funcionaba de forma armoniosa y otras no: «Las implicaciones de esta falta de sincronía son obvias. Una especie cuya capacidad intelectual ha producido el control de la energía física en los términos nucleares, hoy, puede, bajo los poderosos impulsos agresivos de un cerebro emocional no coordinado con el intelectual, llegar a la destrucción masiva de la vida sobre el planeta». ¡Maldita inhibición, qué débil eres! Tendríamos que haber nacido dentro de unos cientos de miles o millones de años, cuando la evolución hubiese terminado de hacer su trabajo, que las cosas no se dejan a medias, hombre. Esto mismo debió de pensar Koestler, que propuso rectificar artificialmente este error, inhibiendo de manera no natural los genes que regulan la actividad cerebral de las áreas primitivas del cerebro y desarrollar las del neocórtex. Eran los tiempos de *Star Trek* y vulcanianos flemáticos y bondadosos.

Viendo los ejemplos, da la sensación de que el funcionamiento cortical (nivel 3) es el racional, lógico y deseable, y que los otros dos niveles son lo que lo desregulan. Esto es un error, cualquiera de los tres puede desregularse y arrastrar a los otros dos. A veces es el nivel superior el que desregula. Así, cuando tenemos pensamientos obsesivos o depresivos, estos generan o mantienen en el tiempo la desregulación. Si voy a un mitin de un partido que dice que los inmigrantes son la causa de todos nuestros problemas, y unas horas después un conductor que es claramente un inmigrante se salta un ceda el paso y casi me atropella, pues... Si en su lugar hubiese ido a una charla de filosofía oriental sobre el perdón y la comprensión, o a una de un científico que explicó que todos venimos de tribus nómadas, muy posiblemente me lo tome de forma mucho más calmada. Además, es que el conductor tenía un parecido asombroso con Gandhi. Las ideas pueden también regular o desregular; la historia está llena de ejemplos de ambas. Pensad en Hitler. Parad. Ahora pensad en Nelson Mandela.

Además, detrás de la idea de Koestler de suprimir nuestro cerebro emocional hay una noción que hoy no se mantiene: estos impulsos de nuestro cerebro no se pueden educar, solo se pueden controlar. Esto es nuevamente un error. Como veremos, no solo se pueden inhibir o controlar nuestras emociones, también se pueden educar.

Otra confusión frecuente es considerar que el nivel 3 (cognitivo) es el consciente y los otros dos son inconscientes. Como creo que quedó claro con los ejemplos al principio de este capítulo, cualesquiera de los tres pueden operar de forma consciente o inconsciente.

Comenté antes que las emociones no eran un asunto exclusivo del cerebro, sino un asunto de todo el cuerpo. Esta conexión entre el cerebro, que es parte del sistema nervioso central, y el cuerpo se produce mediante el llamado «sistema nervioso periférico». Este sistema tiene dos grandes divisiones: el sistema nervioso somático, que tiene que ver con la conducta voluntaria, y el sistema nervioso autónomo, que tiene que ver con la conducta involuntaria. Vamos a detenernos un poquito en este último.

El sistema nervioso autónomo

Nuestro sistema nervioso autónomo es el que conecta nuestro cerebro con el cuerpo y los órganos internos. Está muy influido por el sistema endocrino, encargado de que produzcamos hormonas. Ambos sistemas funcionan con bastante independencia de nuestras decisiones voluntarias. Ninguno de nosotros puede decidir directamente cuántos latidos quiere generar o qué cantidad de cortisol necesita tener en sangre. Así, este sistema controla funciones *involuntarias,* como la frecuencia cardiaca, la digestión, el ritmo respiratorio, la salivación, la sudoración o la dilatación de las pupilas, además de controlar la vejiga, el hígado, las glándulas adrenales, el intestino, los riñones o los órganos sexuales. Como las emociones están *encarnadas*, el nivel de activación de nuestro cuerpo, de nuestro sistema nervioso autónomo, es crucial para cómo nos sentimos y actuamos.

Como la seguridad es tan importante para nosotros, los seres humanos estamos constantemente evaluando el nivel de riesgo en el que nos encontramos, mediante un mecanismo que Stephen Porges ha llamado «neurocepción». Este proceso tiene lugar de manera inconsciente en partes evolutivamente primitivas del cerebro. En función de esa evaluación, en función del nivel de peligro que percibimos, nuestro cuerpo puede estar en tres estados de activación: óptimo, hiperactivado (más activado) o hipoactivado (menos activado). Vamos a ver un poco estos tres estados.

Estado de activación óptima

Este estado se da cuando percibimos que estamos en un espacio seguro, donde no hay ninguna amenaza. Nuestras demandas metabólicas se ajustan y las respuestas de estrés, como el aumento del ritmo cardiaco o la secreción de cortisol, disminuyen. Nuestro cerebro tiene plenamente operativas sus capacidades cognitivas. En este estado de calma, de homeostasis, es donde son posibles las conductas sociales, los comportamientos colaborativos, las conductas de aprendizaje, y prácticamente todas las funciones que llamamos superiores y que requieren un estado regulado del cerebro. El principal neurotransmisor de este estado es un neuropéptido llamado «oxitocina».

El psiquiatra Giovanni Liotti definía este estado con la frase: «Un estado en el que hay pensamiento compatible con el sentimiento». Es decir, uno puede sentir y, a la vez, puede pensar con claridad. Esta definición me gusta porque, como veremos en breve, los otros dos estados no permiten esto: en el estado de hiperactivación hay mucha emoción pero poco pensamiento, y en el de hipoactivación no hay emoción y la mayoría de las veces ni siquiera hay pensamiento.

A este tipo de activación lo denomina Porges «ventral vagal o parasimpática ventral» (porque depende de la rama ventral, delantera, del nervio vago).

Ahora mismo, creo, estáis en un estado de activación óptima mientras leéis estas páginas. No tenéis ninguna activación emocional muy intensa, simplemente una sensación placentera mientras seguís leyendo, porque ya habéis hecho pipí. Pero si ahora mismo entrase de repente por la puerta un hombre grande, con la mirada desencajada y con un hacha en la mano, con un parecido asombroso con Jack Nicholson en *El resplandor*, vuestro cerebro, que gracias a la neurocepción está constantemente escaneando el entorno para saber si hay peligro o no, de inmediato os hará perder este estado de homeostasis y entrará en modo de hiperactivación, sin que vosotros podáis hacer gran cosa por evitarlo. De hecho, vuestras estructuras corticales se darán cuenta de que habéis entrado en ese estado *después* de que se haya producido dicho cambio de estado. Vuestra sensación será casi como si vuestro cuerpo hubiese actuado por su cuenta, esta es la magia del nivel 2.

Estado de hiperactivación

Jack se acerca cada vez más mientras va levantando el hacha. Vuestro cuerpo empieza a segregar cantidades ingentes de las conocidas hormonas del estrés, como la noradrenalina (o norepinefrina), y el cortisol. Vuestros músculos se tensan, el corazón se os acelera, vuestra respiración se hace más rápida y superficial. A nivel cerebral, vuestras estructuras corticales se inhiben y todo vuestro cerebro emocional, el sistema límbico, se hiperactiva. No pensaréis: «Uy, antes de salir corriendo, mejor miro por qué página voy y pongo el marcapáginas, que después me cuesta mucho encontrarla». No, simplemente vuestro miedo os impulsará a actuar sin preocuparos por el libro. Aquí el nivel 2 de Sapolsky se hace con las riendas del cerebro y prepara al cuerpo para luchar o huir. A este tipo de activación lo identifica Stephen Porges con la activación simpática.

Pero Jack se sigue acercando, las pulsaciones suben, pero en ese momento se quita la careta y resulta que es, qué gracioso, vuestro cuñado gaditano gastándoos una bromita, aprovechando su disfraz de los carnavales. Poco a poco bajará vuestro nivel de alerta, aunque os quedaréis durante un tiempo en lo que consideramos un «modo de sensibilización» o modo alerta. No está en alarma, pero vuestro cerebro está preparado para volver a entrar rápidamente en ese estado. Durante un tiempo, que será más largo o corto dependiendo del miedo que hayáis pasado y de las experiencias previas que hayáis tenido, vuestro cuerpo no estará normal y relajado, estará tenso y será fácil que se ponga otra vez en alarma ante cualquier estímulo ambiguo, como una sombra o un ruido. Pasado un tiempo, vuestro sistema nervioso volverá al estado previo a la broma del cuñado. Ya habrá salido de la situación de estrés, incluso os podréis reír de la escena. Esto lo podemos representar, basándonos en una gráfica utilizada inicialmente por el psiquiatra Dan Siegel, así:

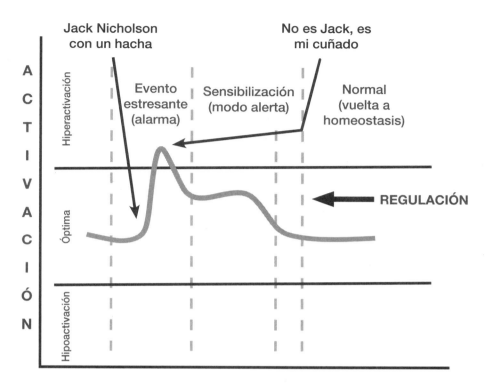

Respuesta de hiperactivación ante un evento estresante.

Además, toda esta respuesta se ha producido de forma automática, sin que haya mediado vuestra consciencia ni la voluntad. Eso es así porque este nivel está relacionado con comportamientos que tienen, desde un punto de vista evolutivo, una gran relevancia y necesitan ser atendidos de forma rápida, inmediata. Y el pensamiento reflexivo es lento. Básicamente, cualquier cosa que tenga que ver con la supervivencia o la reproducción funciona de esta forma.

Lo que acabo de describir son las respuestas de hiperactivación ante un acontecimiento estresante. Las llamamos de hiperactivación porque todo el cuerpo está literalmente hiperactivado, tenso, listo para luchar o huir. Pero, si estas no funcionan, hay otra respuesta posible en el que el sistema nervioso, en lugar de hiperactivarse, se hipoactiva.

Estado de hipoactivación

Volvamos al momento en que Jack Nicholson acaba de entrar en la habitación y se os está acercando. Es un tipo grande, y levanta el hacha a medida que se acerca, a la vez que esboza una maquiavélica sonrisa. Vosotros estáis ahora en un momento de máxima tensión, con toda la musculatura absolutamente contraída, esperando como María Antonieta a que caiga la hoja del hacha sobre vuestro cuello. Este es un estado que llamamos de «congelación alta», porque uno está literalmente congelado, paralizado, y con una muy alta activación. Como un animalillo que, al cruzar la carretera, es alumbrado por los faros de un coche que se aproxima a toda velocidad. La salida de ese estado de congelación alta es o la actividad (lucha o huida) o lo contrario: el súbito desplome o incluso un desvanecimiento. Este último estado, Porges lo llama de «activación parasimpática dorsal o dorsal vagal» (porque se debe a la actividad de la rama dorsal, trasera, del nervio vago). En este estado, el sistema nervioso central entra en modo funcionamiento 1: ya no hay ni emociones ni tan siquiera casi sensaciones. También puede que no os desvanezcáis y en su lugar tengáis sensaciones de desrealización y de despersonalización, como veros desde fuera o tener la sensación de «esto no está pasando realmente» o «esto no me está pasando a mí». Es como si el cuerpo interpretase que ya no puede huir ni luchar.

La respuesta de hiperactivación intenta remediar una situación afrontando el peligro; en la hipoactivación el objetivo no es tanto enfrentar la situación como minimizar el daño. Y su estrategia principal es la evitación. Como me explicó uno de mis maestros, el psicólogo Roger Solomon, «ya que mi cuerpo no puede huir, que huya mi mente». Esto, como veremos un poco más adelante, se cumple para los tres sistemas defensivos: el de defensa, el de apego y el de jerarquía social.

Esta estrategia puede que no sea muy útil en el mundo moderno, pero sí que lo ha sido con anterioridad: sabemos que un animal quieto atrae menos la atención de los depredadores. La mayoría de los mamíferos, nos dice la neurocientífica de Yale Amy Arnsten, carecen de una vía o corriente ventral, lo cual les dificulta reconocer objetos que no se mueven. También sabemos que, durante la hipoactivación, disminuye la presión arterial, lo cual puede ser una ventaja en casos de heridas, al impedir que nos desangremos o que tardemos más en hacerlo. Este tipo de respuestas de hipoactivación son muy frecuentes en algunos animales, como las cabras o las zarigüeyas, lo cual da para muchos vídeos en YouTube. Podéis escribir «cabras desmayándose», y veréis la cantidad de vídeos que os salen. La gráfica que podría representar esta respuesta de hipoactivación ante el estrés es la siguiente:

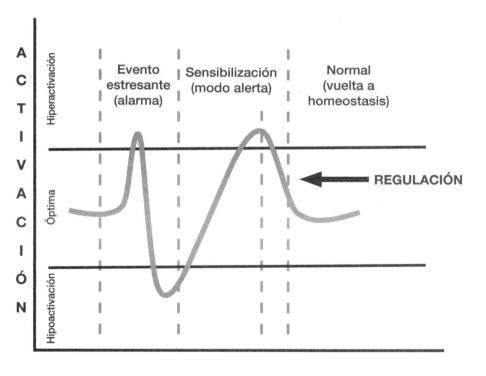

Respuesta de hipoactivación ante un evento estresante.

La respuesta de hipoactivación es siempre posterior a la de hiperactivación, aunque a veces esa respuesta de hiperactivación puede durar tan poco que ni tan siquiera se perciba. Esto es a lo que nos referimos cuando decimos que el sistema nervioso está organizado de forma jerárquica. A nivel del sistema nervioso central, el modo 3, luego el modo 2, luego el modo 1. A nivel del sistema nervioso autónomo, la activación óptima (ventral vagal o parasimpática ventral), luego la hiperactivación (simpática) y por último la hipoactivación (dorsal vagal o parasimpática dorsal). Esto tiene importancia para muchas cosas. Una de ellas es que la salida del estado de hiperactivación es la progresiva vuelta al estado normal. Pero la vuelta del estado de hipoactivación consiste en, primero, volver a un estado de hiperactivación para luego volver al estado normal. Ante un accidente de coche, por ejemplo, alguien que se quede petrificado, sin reaccionar, no pasará de este estado a un estado normal. Primero empezará a temblar; luego, seguramente, a llorar de forma intensa (todo esto es hiperactivación), incluso es posible que nos pregunte qué ha pasado, porque sus estructuras corticales se inhibieron durante el evento, antes de poder volver al estado normal. Insisto, esto tiene muchas más implicaciones, pero, por ahora, me basta con señalar esta.

La gráfica, teniendo en cuenta la activación del sistema nervioso central (SNC) y del sistema nervioso autónomo (SNA), sería:

ACTIVACIÓN		SISTEMA DE DEFENSA	SNC	SNA
	Hiperactivación	Congelación Huida Lucha	Nivel 2 (límbico)	Simpático
	Óptima	SEGUROS (Regulados)	Nivel 3 (cortical)	Parasimpático ventral
	Hipoactivación	Colapso Muerte fingida	Nivel 1 (reptiliano)	Parasimpático dorsal

Activación del SNC y SNA ante un estresor.

Las alteraciones del estado de activación pueden deberse a factores externos, como la que acabo de describir, pero también a factores internos: acordarme del atraco que sufrí de noche puede hacer que se me acelere el pulso mientras estoy ahora solo en mi casa, de noche. Como vimos antes, un recuerdo de miedo puede activar este estado, incluso puede provocar que detecte estímulos atemorizantes en mi entorno. En ambos casos estaríamos hablando de estímulos, externos o internos, que han alterado el estado de homeostasis. Los factores internos que influyen en este equilibrio no son solo psíquicos. En diversas investigaciones se ha constatado que el nervio vago constituye una de las principales vías de comunicación entre el intestino y el cerebro. Si recordáis, en el capítulo 1 hablamos de la microbiota intestinal y su influencia sobre nuestro comportamiento emocional. Pues cambios en nuestra microbiota intestinal pueden influir sobre nuestro comportamiento emocional a través del nervio vago. Como curiosidad, Charles Darwin fue uno de los primeros que destacó la importancia que podía tener el nervio vago en la vivencia emocional.

He dicho que esta respuesta es universal, que todos los seres humanos reaccionaríamos desde la hipo- o la hiperactivación. Pero seguro que muchos de vosotros ahora mismo estáis pensando en las excepciones. Se me ocurren dos. Para contaros la primera, os voy a narrar una anécdota real que me pasó hace unos años. Estábamos con un grupo de padres y madres con nuestros niños pequeños en la feria de Torremolinos. Los niños y las niñas estaban jugando en un castillo hinchable mientras los adultos nos dedicábamos a charlar cerca. En ese momento se produjo un apagón y, a una velocidad rapidísima, el castillo hinchable se empezó a desinflar y colapsar ¡con los niños dentro! Este era de un plástico duro, por lo que seguramente les podría ahogar o hacer mucho daño. Antes de que me pudiese dar cuenta, dos padres habían saltado al interior de la atracción y estaban sacando a los niños del castillo, que se iba deshinchando encima de ellos. Para cuando yo logré reaccionar y llegar a la puerta del castillo, me estaban pasando los niños, que fui poniendo uno a uno en una zona segura. Todo duró unos minutos. El corazón, imaginaos, a mil por hora. Hiperactivadísimos todos, niños y padres. Cuando pasó un rato, estábamos todos más tranquilos ya, me puse a hablar con los dos padres que habían reaccionado tan rápido y habían sacado a todos los niños en un tiempo récord, evitando que aquello fuese a mayores. Estaba sorprendido de la rapidez con la que actuaron, de cómo se coordinaron y lo bien que resolvieron todo aquello; a mí no me había dado tiempo ni a pensar. Eran mis vecinos Nacho y Víctor, piloto y bombero respectivamente. Personas que han sido adiestradas para actuar en situaciones de emergencia; prácticamente no necesitan pensar, actúan. Eso es lo que se hace cuando se entrena a las personas a reaccionar ante situaciones de emergencia, entrenarlas una y otra vez hasta casi automatizar una nueva respuesta ante situaciones de estrés. Es como introducir un nuevo software en el viejo ordenador. Una de las personas que leyó el texto antes de su publicación me dijo que esta anécdota no parecía real. Tengo que deciros que lo es; a veces la realidad supera a la ficción.

La segunda excepción es muy cercana. ¿Hay personas que, sin estar entrenadas, puedan reaccionar de una manera distinta en una situación extrema? La respuesta es, nuevamente, sí. Y también guarda relación con el ejemplo precedente. La reacción de lucha/huida/parálisis/colapso es una reacción del sistema de defensa. Pero hay otro sistema que puede anularlo: el sistema de apego. Imaginemos una situación de peligro en la que estoy con mi hija. En este contexto, hay personas que son capaces de hacer cosas muy distintas con tal de salvar a sus hijos. De hecho, pueden poner en peligro su propia vida por protegerlos. En parte, lo que pasó en el incidente que os acabo de contar con el castillo también tiene que ver con esta excepción: los que estaban en peligro eran nuestros niños. Con el apego no me extiendo ahora mismo más, que dentro de un rato viene un capítulo entero.

«Somos unos desconocidos para nosotros mismos»

La cita que encabeza este capítulo, del psicólogo Timothy Wilson, cobra todo su sentido cuando pensamos en cómo nos influyen las emociones. La mayor parte de su influencia pasa por debajo de nuestro nivel de consciencia, de forma inconsciente. Condicionan cómo percibimos nuestro entorno, cómo percibimos a los demás, lo que recordamos y cómo imaginamos que será el futuro. Condicionan que nos acerquemos o nos alejemos de algo. Además, cuando se vuelven intensas, activan estas respuestas automáticas, involuntarias, que acabamos de ver. Son respuestas seleccionadas a lo largo de nuestra historia evolutiva y funcionan como programas automáticos que se ponen en marcha ante las situaciones de emergencia. También son desconocidas para nosotros: nadie sabe cómo va a reaccionar ante una situación determinada de estrés. Personas que piensan que lucharán, se paralizan. Personas que pensaron que no harían nada, reaccionan luchando.

Un último punto que hace que nos resulte difícil pronosticarnos tiene que ver con que, a medida que sube la intensidad emocional, disminuye nuestra capacidad de inhibición, y funcionamos cada vez más a corto plazo, de forma más impulsiva. Así funcionan las emociones intensas, secuestrando todo el funcionamiento mental con un único objetivo: resolver lo que me está haciendo sentir mal ahora. Es el ejemplo que puse antes de que si salíamos corriendo nadie se iba a parar a ver por qué página del libro iba. El largo plazo es irrelevante. Pero no solo en esas situaciones de alto estrés, este principio también funciona en niveles de menor intensidad. De hecho, nos explica por qué no nos levantamos a las siete de la mañana para hacer deporte. El día anterior, viendo que tenía sobrepeso y convencido de que tenía que mejorar mi forma física, decidí que al día siguiente iría al gimnasio a primera hora, y me acosté convencido y motivado a hacerlo. Al día siguiente, en el calor de la cama, con sueño y pereza, tan a gustito como algún torero, estoy en un estado emocional totalmente distinto y únicamente pienso en mi corto plazo: en seguir sintiéndome a gusto aquí y ahora. Esta es muchas veces la causa de nuestra ambivalencia: en momentos distintos, bajo diferentes estados emocionales, todo puede variar: mi percepción, mi memoria y mis proyecciones futuras. Nuestro cerebro está constantemente equilibrando estas necesidades a corto plazo con las que son más a largo plazo. Pero generalmente las que funcionan a corto plazo ganan. Evolutivamente esto tiene mucho sentido. Tiene que ver con lo de «Más vale pájaro en mano...». Este mecanismo también explica muchas fobias e incluso una parte de las adicciones: con tal de sentirme bien ahora, me fumo un cigarrillo, o veo adictivamente otro capítulo de la serie, o me tomo otra copa de vino. Mañana me sentiré de otro modo y me arrepentiré de no haber hecho lo opuesto. Podemos desear una cosa y la contraria, bajo estados emocionales distintos.

¿Y qué tiene que ver todo esto con las relaciones? Lo primero es que casi todos los conflictos y las discusiones tienen lugar en estados de hiperactivación, y volveré sobre esto en el capítulo en el que hable del conflicto. ¿Por qué ocurre esto? Porque disminuye mi capacidad de inhibición, volviéndome impulsivo, veo más riesgos de los que hay, mi capacidad de pensar con claridad disminuye, se activan todos los heurísticos. Pero también nos influye mucho esta ambivalencia que acabo de describir. Os lo explico con un ejemplo: un paciente mío estaba harto de su relación de pareja. Pero, a la vez, tenía problemas de culpa, lo que lo hacía sentirse muy mal si él la dejaba. Me dijo en varias ocasiones que ojalá ella conociese a otro y lo dejase. Y, ten cuidado con lo que deseas, ocurrió justo eso. Qué suerte, ¿verdad? Qué bien se tuvo que sentir, ¿no? Como sois gente leída, lo habéis adivinado: no se sintió nada bien. Al principio se sintió un poco aliviado, pero muy pronto empezó a sentirse triste y solo, a echar de menos a su pareja. Aquí, sus emociones condicionaron sus cogniciones, como ya hemos visto, y ahora solo le veía aspectos buenos a la relación, y los aspectos malos ya no le parecían tan insoportables. Además, empezó a sentir rabia por la injusticia que se estaba cometiendo contra él: había aguantado todo aquel tiempo en aquella relación y ella, a las primeras de cambio, ¡se piraba con otro! ¿Qué hacemos, le damos un diagnóstico de bipolar o personalidad múltiple? No; este tipo de reacciones son bastante más frecuentes de lo que parece. Efectivamente, somos muy malos prediciendo nuestro propio comportamiento. Somos unos desconocidos para nosotros mismos, sí, querido Wilson; sobre todo en las situaciones de alto estrés.

El estrés agudo y el estrés mantenido

El estrés se suele definir como cualquier situación en la que hay un desequilibrio entre las demandas del entorno y la capacidad que uno siente que tiene para hacerles frente. El estrés elevado es lo que provoca esas respuestas de hiper- o hipoactivación que acabamos de describir. Cualquier estímulo, externo o interno, que me haga perder la homeostasis, se puede considerar un estresor.

El estrés no siempre es negativo. Sabemos desde hace un poco más de cien años, gracias al pionero trabajo que Robert Yerkes y John Dodson publicaron en 1908, que cantidades moderadas de estrés y alerta, si no nos sentimos sobrepasados, nos ayudan a enfocarnos, concentrarnos y mejorar nuestra capacidad de respuesta. El tenista Rafael Nadal en las finales de Roland Garros es un gran ejemplo de esto. También ocurre que la exposición a niveles bajos y manejables de estrés nos hacen ser capaces de soportar mayores niveles después, mejorando nuestra capacidad de resiliencia. Es lo que el investigador Nassim Taleb llama *hormesis*. Pero cuando este estrés positivo y manejable, al que llamamos *eustrés*, llega a cierto nivel se transforma en *distrés*, es decir, un estrés negativo y difícilmente manejable.

La situación de estrés que describí de alguien que se nos acerca con un hacha es una de estrés extremo, que suele darse en situaciones de corta duración. Los mecanismos del estrés evolucionaron para enfrentar precisamente este tipo de estresores intensos pero cortos. Afortunadamente, la mayoría de nosotros no nos vemos expuestos a diario a este tipo de situaciones de tan alta activación emocional. Sin embargo, el alto ritmo de la vida contemporánea y las prisas nos llevan a tener una activación media y media alta durante largos periodos. De hecho, nos acostumbramos a funcionar con este estrés moderado casi diariamente. Esto constituye una novedad desde un punto de vista evolutivo. Estar hiperactivado, con la musculatura contraída, irritable durante largos periodos, no solo no ayuda, sino que puede ser precisamente la causa de algunos de nuestros problemas. Bloquea las relaciones fluidas y gratificantes con los demás y con nuestro entorno. Intentad disfrutar de una velada con amigos o un paseo por el campo cuando estáis estresados por algo. Este estrés moderado, además, puede ser la causa de que se empeoren las relaciones con el resto de las personas, generando auténticas profecías autocumplidas. Por otro lado, algunos de los reguladores tradicionales del estrés ya no están presentes en nuestros estilos de vida: nuestros trabajos son mucho menos manuales que antes (la actividad física libera parcialmente el estrés), estamos mucho menos en contacto con entornos naturales (que también disminuyen el estrés), y la mayoría de nuestras actividades tienen que ver con tareas que exigen una actividad de la corteza prefrontal.

¿Y cómo nos afecta el estrés mantenido en el tiempo? Ya vimos que el estrés dispara en nosotros dos sustancias: la adrenalina y el cortisol. El cortisol sirve para movilizar la glucosa como fuente de energía para la respuesta de lucha/huida; una respuesta rápida y corta en el tiempo. Si se mantiene, el estrés puede afectar a diferentes órganos de nuestro cuerpo, manifestándose desde en ansiedad a enfermedades inflamatorias. Todo esto ya lo vimos en el capítulo 1, así que ahora me voy a centrar en otro tipo de efectos del estrés que conocemos como «fatiga frontal», que ha sido definido por el psiquiatra y profesor de Yale Mark Rego.

En una situación de estrés mantenido, nuestra corteza prefrontal (la que vimos que se encargaba de los procesos cognitivos superiores y de inhibir) no funciona de forma óptima, porque las situaciones de alta activación la inhiben. A la vez que debilita la actividad de la corteza prefrontal, el estrés aumenta la actividad de una estructura cerebral llamada amígdala, lo cual dificulta aún más la capacidad de inhibición. En el estrés mantenido, estos cambios dejan de ser transitorios: puede hacer que la amígdala aumente de tamaño (bueno esto, como os imagináis, es bastante más complejo: a los interesados os recomiendo el trabajo de Martin Teicher, uno de los mayores investigadores en cómo afecta el trauma a nuestro cerebro). Una de las funciones de la amígdala tiene que ver con vigilar el entorno en busca de amenazas. Si la amígdala hiperfunciona, es más fácil que perciba estímulos neutros como estímulos peligrosos. Si este estado se vuelve crónico, el cerebro se reconfigura para ver e interpretar las cosas de manera negativa. Esta es la razón de algo que vimos antes: el estrés mantenido puede alterar la manera en la que percibimos el mundo, recordamos el pasado y proyectamos el futuro. O sea, el propio estrés mantiene y amplifica la respuesta. Como la mayoría de las situaciones que nos estresan tienen que ver con resolver problemas, pensar soluciones o entregar un trabajo (o un libro) en un plazo, esto exige actividad de la corteza prefrontal. Esto hace que esta área cortical se fatigue, obligada a trabajar en situaciones en las que, a su vez, la propia activación la está inhibiendo. Nuevamente con respecto a las relaciones, sabemos por distintas investigaciones que, si la carga frontal aumenta, las personas se vuelven menos generosas, ayudan menos a los demás y tienen más facilidad para mentir.

Pero, además, si esa fatiga frontal persiste, podemos llegar a un estado en el que se pase de la fatiga frontal a la disfunción frontal. Como sostiene Mark Rego, este estado de fatiga frontal está asociado a casi todos los síndromes conocidos en salud mental. Cualquier trastorno, sostiene Rego, está relacionado con una disfunción de la corteza prefrontal, porque «sin la corteza prefrontal, los humanos serían incapaces de controlar cualquier acción impulsada por la emoción».

Todo esto afecta profundamente a nuestras relaciones, tanto con los demás como con nosotros mismos, empeorándolas. Como veremos en la última parte del libro, mejorar las relaciones pasa en primer lugar por lograr reducir el estrés, tanto trabajando conmigo mismo como mejorando la relación de las personas que tengo cerca. Pero, ahora, vayamos a un último tipo de estrés, el más grave de todos.

Estrés desregulador: el trauma psicológico

Ya hemos hablado de la reacción a un estresor concreto y del estrés mantenido o casi crónico. Pero hay un tercer formato, aún más dañino, de estrés que ha ido ganando cada vez más peso dentro de la salud mental en las últimas décadas: el trauma psicológico. Suele suscitar muchas controversias sobre qué es traumático o no, sobre todo en personas no especializadas. Con frecuencia se confunde trauma con frustración, cuando son cosas bien distintas. Para hablar de lo que es trauma, vamos a partir de lo que hemos visto que son las respuestas normales ante un estresor, las respuestas de hiper- o hipoactivación. En ambos estados veíamos que la persona dejaba de estar en situación de homeostasis; o sea, la persona se desregulaba, pasaba del estado de alarma al de alerta y, finalmente, volvía nuevamente a un estado normal, de homeostasis. Pero ¿qué pasa si la persona no logra volver al estado de homeostasis, quedándose «atrapada» en los niveles de alarma o alerta? Esto sería técnicamente una situación traumática. Su gráfica sería la siguiente:

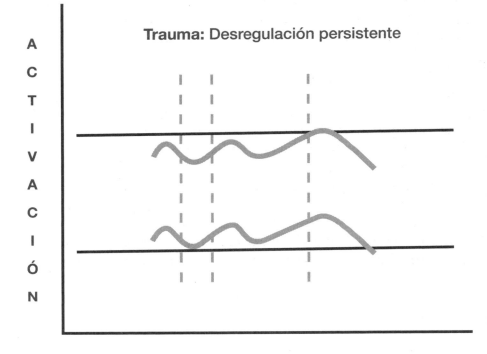

Trauma: Desregulación persistente

A
C
T
I
V
A
C
I
Ó
N

El SNC permanece en el modo alerta, como si estuviera en entorno peligroso, preparado para responder de modo rápido y automático.

En este estado, la persona se queda en modo «sensibilización», con un sistema nervioso preparado para reaccionar como si estuviese aún en un entorno peligroso, aunque ya no lo esté. En este estado, las personas suelen tener una alta activación y, sobre todo, suelen tener una alta sensibilidad: una facilidad enorme para volver a activarse ante el más mínimo estímulo. Y ya sabemos lo que ocurre cuando uno se encuentra en un estado de activación: que malinterpreta con facilidad los estímulos para que sean congruentes con su estado de ánimo. Por tanto, podemos considerar que una persona ha quedado traumatizada cuando su sistema nervioso no logra regularse, no logra volver al estado de homeostasis *previo al incidente*, quedando en un estado de *alerta* que puede hacer que se dispare nuevamente la respuesta de alarma.

A pesar de no estar ya en una situación de peligro, la persona siente que lo está, y sigue en ese estado de «alerta». Es como si el cerebro hubiese aprendido que está en un entorno peligroso. La propia activación le hará percibir los estímulos neutros como peligrosos, manteniéndolo en ese estado. Las estructuras corticales tienen muy poca influencia sobre este estado. Incluso la persona puedo *saber* lógicamente que no está en peligro, pero seguir *sintiendo* que lo está; ya hemos visto que las emociones funcionan muchas veces a nivel tácito. Esto hace que toda la regulación cambie, quedando en un estado de *desregulación persistente*.

Pero ¿qué tiene que pasar para que el sistema nervioso no logre volver a un estado de homeostasis? Afortunadamente, tenemos la respuesta. Sabemos que hay tres formas en las que las situaciones estresantes pueden acabar convirtiéndose en situaciones traumáticas: por su alta intensidad, porque sean repetitivas o por la ausencia de regulación.

Trauma por alta intensidad

Imaginemos una situación de un altísimo estrés, como una guerra o una agresión muy violenta. En estos casos, la intensidad de la situación sobrepasa con creces la capacidad de afrontamiento y puede llevar a que el sistema nervioso no vuelva a regularse. Esto es lo que conocemos en salud mental como «trastorno por estrés postraumático». En una investigación llevada a cabo en nuestro país, en Valencia, se puso de manifiesto que un único evento muy estresante podía alterar a largo plazo las neuronas inhibidoras de la amígdala cerebral, afectando a su densidad y estructura. La amígdala cerebral está implicada en la sensación de miedo y en el comportamiento agresivo. Si perdemos la capacidad de inhibirla, perdemos la capacidad de inhibir el miedo o la agresión. Juan Nacher, catedrático de Biología Celular y coordinador de la investigación, ha defendido que la amígdala basolateral «juega un papel crítico en los trastornos psiquiátricos y es extremadamente sensible al estrés». También sabemos desde hace años que el tamaño del hipocampo, una estructura relacionada con los recuerdos, puede variar después de un acontecimiento traumático de esta naturaleza. Esto quiere decir que la persona va a quedar atrapada en ese estado de alerta después de un evento muy intenso.

La intensidad, por otro lado, no es lo mismo para todas las personas. Un grito puede ser no intenso para mí y ser muy intenso para un niño de un año. En general, cuanto más pequeño se sea, menos intensidad requerirá una situación para volverse traumática. Por tanto, es posible hablar de que un acontecimiento se puede volver traumático por su intensidad o por ocurrir en una edad temprana de la vida. Esto lo resumió la psicóloga Diane Fossey en una frase: «Too much, too soon», que en castellano se traduce por «Demasiado intenso, demasiado pronto». Cuando un estresor es demasiado abrumador o me llega demasiado pronto en la vida (cuando soy aún pequeño), es muy fácil que se convierta en un acontecimiento traumático porque después de ese evento no logro volver al estado previo a ese evento.

Trauma por repetición

La segunda manera en que una respuesta de estrés se puede cronificar volviéndose una respuesta postraumática es si, en lugar de una sola situación estresante, la persona atraviesa repetidamente situaciones estresantes. Imaginemos a alguien que haya vivido en una situación de maltrato continuado o de *bullying* a lo largo de un año (una eternidad para un niño). Quizá ninguna de las situaciones por sí solas fueron suficientes para «traumatizarla», provocando cambios como los que hemos visto. Pero que se repitan hace que el sistema nervioso no tenga tiempo de volver a regularse, encadenando una situación estresante con la siguiente. Además, cuando una persona está sometida a estresores repetidos, los periodos entre un acontecimiento traumático y otro no son periodos de calma. En esas fases, la persona está temiendo, *anticipando*, que la situación estresante se vuelva a repetir, por lo que el sistema sigue en estado de alerta entre eventos, no regresa al estado de calma. Esto pasa, por ejemplo, con hijos maltratados por padres en los que los eventos agudos del maltrato ocurrieron a lo mejor tres veces a lo largo de varios años, pero el niño vivía con miedo casi constante, alerta ante la posibilidad de que pudiesen volver a ocurrir. Muchos de los recuerdos más traumáticos de mis pacientes no tienen que ver con el momento de las agresiones, sino con el miedo que pasaron «en toda aquella época» o con la cara o la mirada amenazante del agresor, que reactivaba toda la respuesta de miedo.

Esta acumulación de situaciones y la carga que provocan se conoce como «carga alostática». El término fue acuñado por Bruce McEwen y Eliot Stellar en 1993. El cuerpo trata de recuperarse tras un evento estresante, pero no le da tiempo porque ocurre una nueva situación estresante (o está temiendo que ocurra), de manera que el organismo se acostumbra a vivir con esa sobrecarga. La persona se traumatiza: ya no vuelve a un estado de homeostasis *igual* que el que tenía *antes*. La desregulación ha provocado cambios duraderos.

Trauma por ausencia de regulación: el trauma de omisión

En todo momento he hablado de que la persona, tras un estresor y pasado un tiempo, vuelve a un estado de regulación; pero no he dicho cómo ocurre eso. Hay dos grandes formas en las que los seres humanos nos regulamos emocionalmente: la autorregulación y la corregulación. La primera se refiere a todo aquello que yo hago para calmarme después de una situación estresante. Hacer deporte o meditación serían ejemplos de actividades de autorregulación. La segunda, la corregulación, es todo aquello que hago con otras personas para que me ayuden a calmarme. Si después de que me digan que me van a despedir, necesito ir a hablar con una persona cercana y me calma y me tranquiliza hablar con ella, estoy corregulándome. Pero, si la persona no es capaz de regularse o no recibe ninguna corregulación de personas relevantes de su entorno, se quedará en ese estado de alerta durante más tiempo. Esto ocurre especialmente con los niños. Los niños carecen de capacidad autorregulatoria: un niño no sabe calmarse a sí mismo, necesita que los adultos lo calmen y lo regulen. Necesita corregulación. Cuando el niño vive en entornos en los que no se le regula o, peor, las personas que deberían regularlo (figuras de apego) son precisamente su fuente de estrés, el niño no logrará salir de ese estado de alerta o alarma, quedando persistentemente desregulado. O lo que es lo mismo: traumatizado.

La ausencia de regulación tiene que ver con algo que se conoce como «trauma de omisión». En psicología podemos dividir los eventos y situaciones traumáticas en dos grandes grupos: de acción y de omisión. El trauma de acción es todo aquello que me han hecho o me han dicho y que no debería haber sucedido. Que me insulten o que me peguen es trauma de acción. El trauma de omisión es todo aquello que hubiese necesitado que hicieran o me dijeran y que no ocurrió; todo aquello que no tuve, que faltó. El que no me muestren cariño o que no me ayuden a calmarme cuando me encuentro mal es trauma de omisión. Este trauma guarda relación con el hecho de que seamos animales sociales y necesitemos el contacto, aprecio y cuidado de otros. Esto, como hemos visto, es una necesidad básica para nosotros. No tenerlo es traumático. Este tipo de trauma tiene mucho que ver con el apego.

Con las tres formas que he descrito en las que un acontecimiento estresante se puede volver un acontecimiento traumático ocurre lo mismo: la persona se queda en un estado de alerta. Aunque ya no está en un entorno peligroso, el sistema neuroceptivo de su cerebro le dice que lo está porque no vuelve a la homeostasis. Al mantenerse este estado en el tiempo, el organismo cambiará su medio interno para acomodarse a él. Se genera así un nuevo estado de equilibrio que incluye ese nivel más alto de alerta, que ahora pasa a ser normal. Ese evento me ha cambiado de algún modo. Además, este cambio se reflejará en el funcionamiento e incluso en las estructuras cerebrales, como hemos visto. Aparte de en la amígdala o el hipocampo, se han detectado cambios en estructuras del cerebro como el cuerpo calloso o la corteza prefrontal. El trauma psicológico es importante por esto, porque nos cambia: deja un estado postraumático que es distinto al pretraumático. Y esto tiene todo el sentido del mundo, es lo que el neuroendocrinólogo Bruce McEwen llamó «regulación predictiva»: la capacidad del cerebro de anticiparse y prepararse para situaciones que pueden llegar. Esta regulación predictiva, este nuevo equilibrio, implica cambios bioquímicos y estructurales en el cuerpo que tienen un profundo efecto sobre nuestro organismo y nuestro comportamiento.

Además, nos dice otra cosa: el estrés es acumulativo. Una consecuencia es que la capacidad para soportar el estrés es menor que antes del episodio o periodo estresante. Mi sistema se encuentra ya en ese estado de alarma, de desregulación persistente. Y esto es muy importante porque, a partir de aquí, la persona ya no necesita estresores externos que activen este estado de alarma. Debido a que está en este estado de alerta, situaciones que no son realmente peligrosas pueden activar esta respuesta de peligro. Esto es la esencia del trauma: la respuesta de alarma se activa mucho más por estímulos internos que externos. Se puede decir que la persona ha realizado un aprendizaje, pero es un aprendizaje traumático. Cuando debido a este aprendizaje, la respuesta de estrés se produce ante estímulos menores, lo llamamos retraumatización.

El aprendizaje traumático se distingue del aprendizaje normal en varios aspectos, de los que voy a destacar dos. En primer lugar, conlleva un nivel alto de activación: es un aprendizaje que se produjo durante un momento de alto estrés emocional. Cuando este «recuerdo» se activa, vuelve a producir un nivel muy alto de estrés. En segundo lugar, esta alta activación inhibe el funcionamiento de la corteza prefrontal, por lo que la persona deja de pensar y es incapaz de «corregir» ese aprendizaje. Esto tiene una consecuencia muy importante: a diferencia del aprendizaje normal, que es acumulativo y se modifica con la experiencia, el aprendizaje traumático no lo hace, o lo hace muy poco, debido a que la alta activación inhibe las estructuras corticales que deberían ayudar a aprender, a cambiar. Esto es lo que hace que las personas que hayan vivido situaciones traumáticas no sean capaces de modificar lo que han aprendido mediante experiencias nuevas. Un soldado que ha vuelto de la guerra puede reaccionar como si aún estuviese en zona de combate ante un ruido intenso que active sus recuerdos traumáticos. Volviendo a nuestros temas, si durante la infancia aprendí que los demás son personas que, si pueden, se aprovechan de ti, me resultará muy difícil cambiar esa creencia básica, a pesar de que me encuentre en la vida con personas que no se aprovechen de mí. Es como si la persona, de alguna forma, estuviese viviendo más en su pasado que en su presente. Su pasado era peligroso, su presente no lo es; pero la persona es incapaz de darse cuenta, debido a que su cerebro sigue en modo alarma/alerta. En ese estado, además, sabemos que la percepción, la memoria y la proyección del futuro quedan afectadas, confirmando mis hipótesis. Pero, además, se dan otros dos fenómenos que hacen que el aprendizaje traumático se modifique poco: el fenómeno del «síndrome del perro y el cartero» y el de la profecía autocumplida.

El «síndrome del perro y el cartero» se llama así por la metáfora que utilizamos para explicarlo: imaginaos que un cartero lleva cartas cada día (esta anécdota es de antes del e-mail y la pandemia, claro) a una casa. Día tras día, el perro de esa casa, detrás de la puerta, se pone a ladrar como un loco para ahuyentar lo que considera que es una gran amenaza para su familia. El cartero, como cada día, deja las cartas y se marcha. Pregunta: ¿por qué el perro no aprende que el cartero no va a entrar a la casa y deja de ladrar? Porque el perro está convencido de que él, con su valeroso comportamiento, ha logrado ahuyentar una peligrosa amenaza. Igual nos pasa a los humanos, podemos pensar que nuestro estado de alerta es el que ha impedido que se vuelvan a aprovechar de nosotros, y por eso no somos capaces de volver a confiar. En segundo lugar, están las profecías autocumplidas: si yo estoy convencido de que los demás me van a tratar mal, estaré a la defensiva y me comportaré de una forma que haga más probable que los demás me traten mal. Todas estas razones, desde la alta activación, pasando por el síndrome del perro y el cartero y pasando por las profecías autocumplidas, son la causa de que los aprendizajes traumáticos se modifiquen poco.

Recapitulando, una respuesta traumática sería = Aquella respuesta en la que el sistema nervioso no vuelve a la homeostasis después de la activación (hiper-/hipoactivación) de uno de los sistemas de acción + Permanece en un modo de sensibilización, que da lugar a una frecuente desregulación o a un esfuerzo por no desregularse + Produce una respuesta de estrés, no como reacción a peligros presentes, sino como reacción a memorias disfuncionales y estímulos internos (flashbacks) + Esta respuesta es resultado de un aprendizaje que se modifica poco o nada con la experiencia.

He hablado de recuerdos traumáticos, pero no he explicado exactamente lo que son. Para ello, tengo que contaros un poco cómo funciona nuestra memoria.

Tipos de memoria: la memoria explícita y la memoria implícita

Cuando hablamos de memoria, la mayoría de las personas piensan en cosas como su último cumpleaños, el primer día del instituto o la primera vez que vieron la cara de su hija recién nacida. Esto es lo que generalmente se considera memoria: recuerdos de los *episodios* de nuestra vida. Y eso sería, de hecho, un tipo de memoria: la memoria episódica. Pero la memoria es mucho más que eso. Es también lo que me ayuda a conducir un coche, a montar en bici, a identificar la cara de mis seres queridos, a reconocer los objetos y saber su nombre o a saber cómo comportarme en determinadas situaciones. Es más, la mayor parte de la memoria no es memoria episódica.

Los profesionales de la salud mental solemos distinguir distintos tipos de memoria: la sensorial, la memoria a corto plazo y la memoria a largo plazo. Os pongo un esquema con los distintos tipos, aunque nosotros nos vamos a centrar en la última de ellas, la memoria a largo plazo, la que más tiene que ver con nuestras relaciones.

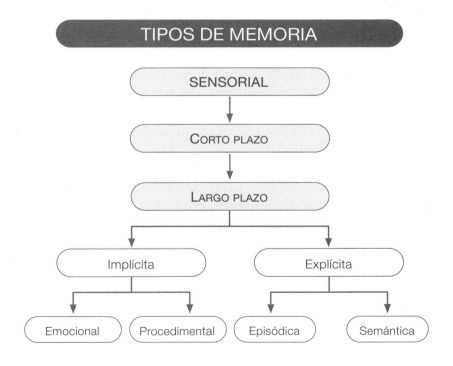

La memoria a largo plazo, como veis en el esquema, se divide en memoria explícita y memoria implícita. La primera de estas, la memoria explícita, es todo aquello que podemos poner en palabras con facilidad. La subdividimos en memoria episódica (distintos momentos de mi vida) y memoria semántica (datos, fechas, conceptos, etc.). Esta memoria está más bajo control voluntario. Es la que nos permite recordar nuestra vida o aprobar los exámenes. El segundo tipo de memoria a largo plazo, la memoria implícita, es todo aquello que es más difícil de poner en palabras. Al igual que la explícita, también se divide en dos grandes bloques: la emocional y la procedimental. Un ejemplo de memoria emocional es cuando mi ánimo cambia cada vez que paso por la puerta del colegio en el que lo pasé muy mal. O cuando mi estado de ánimo mejora cada vez que veo a mi amiga Luigi, que es una persona que transmite alegría. Esta memoria, como veis, no se produce de forma consciente. Incluso muchas veces ni tan siquiera nos damos cuenta de nuestro estado emocional: como cuando uno ha tenido una discusión de pareja y al llegar al trabajo se cree que está tan normal, pero su compañera le dice: «¿Qué te pasa? ¿Ha ocurrido algo?». (Tenéis que recordar que mis compañeras son psicólogas, no se les escapa nada). El otro subtipo de memoria implícita, la memoria procedimental, tiene que ver con hacer cosas y es la base de nuestros aprendizajes. Por ejemplo, montar en bici. Si sé montar en bici, me subo a una y me pongo a pedalear: lo que hace que mi cuerpo se coloque en una posición que le permita guardar el equilibrio y haga lo que tiene que hacer es la memoria procedimental. Al igual que la emocional, no es del todo consciente: realmente no sé cómo lo estoy haciendo, qué músculos estoy moviendo para mantenerme en equilibrio encima de la bici; simplemente lo hago. He dicho que es difícil de poner y aprender a través de las palabras: intentad explicarle a alguien cómo montar en bici solo hablándole. No sirve de mucho. A montar en bici se aprende montando; como en casi todos los aprendizajes procedimentales, se aprende a través de la experiencia, no de la teoría.

Cómo nos comportamos en las relaciones es en gran parte memoria procedimental y emocional, memoria implícita. Y ha sido aprendida a lo largo de nuestra vida. Es, además, básicamente asociativa: cuando aprendemos algo, esto queda *registrado* en redes de memoria que luego son activadas en situaciones similares, sin que intervenga nuestra voluntad, preparándonos para actuar ante esa nueva situación, aplicando el conocimiento adquirido en el pasado a la situación presente. Si alguien me cae mal en el trabajo, no tengo que recordar lo que me ha hecho para ponerme de peor humor cuando lo veo; ocurre automáticamente. Recuerdo el caso de una paciente que me comentaba que cuando visitaba a su abuela, que la había criado y que ahora tenía alzhéimer, esta (la abuela) se ponía a llorar. Era mucho más cariñosa con ella que con ninguna de las otras personas que iban a visitarla, aunque no recordaba quién era ni cuál era su nombre. Había perdido la memoria explícita, pero conservaba aún la implícita. Recuerdo también el caso de otro paciente que me comentó cómo cada vez que iba a casa de sus padres los domingos (su padre le había maltratado de pequeño), se sentía muy solo y como si fuera un niño, hasta el punto de casi sentir que perdía algunas capacidades de su yo adulto. Ambos serían ejemplos de memoria implícita, tanto emocional como procedimental. Una positiva y otra negativa, de tipo más traumático. Pero ambas condicionan nuestras relaciones, a través de la activación de estados internos intensos, que llamamos flashbacks.

Los flashbacks

Son reexperimentaciones intensas, en el presente, de hechos que han sucedido en el pasado. Inicialmente se consideró que los flashbacks eran «trozos» de memoria, como imágenes, olores o sonidos, que se activaban en el presente. Un ejemplo sería el que describe, en su magnífica película *Apocalypse Now*, el cineasta Francis Ford Coppola. Por cierto, gran momento para volver a verla; si podéis elegir, os recomiendo la versión Redux, aunque sea un pelín larga. Al comienzo de esta película, vemos a un soldado, interpretado por Martin Sheen, que ha vuelto de la guerra y que, en su cuarto, al ver las aspas del ventilador, vuelve a sentirse como cuando estaba en plena batalla: le vuelven las imágenes del helicóptero y el sonido de las explosiones, mientras de fondo suena la magnífica *The End*, de los Doors. Este sería el concepto clásico de flashback. Sin embargo, más recientemente hemos empezado a entender que no son solo esto. El psiquiatra Bessel van der Kolk, uno de los defensores de concepto ampliado, nos dice que, de hecho, la mayoría de los flashbacks de situaciones traumáticas de la infancia no son imágenes, sino la activación de estados fisiológicos y emocionales internos que tienen que ver con aprendizajes implícitos pasados. O sea, un flashback es volver a sentirme ahora como me sentí entonces. El caso que puse más arriba de mi paciente que volvía a sentirse como un niño pequeño en casa de sus padres es un ejemplo de esto. En esos momentos, yo me siento como entonces y vuelvo a reaccionar ahora como lo hacía en el pasado. Como es memoria implícita, y como los estados de ánimo condicionan nuestra percepción, puede ocurrir que no sea en absoluto consciente de lo que está ocurriendo y sienta que mi comportamiento es una reacción lógica a las situaciones del presente.

Los flashbacks dependen, por tanto, de la memoria implícita, y conllevan un alto nivel de activación. Ya hemos visto que cuanto más fuerte sea un aprendizaje, menos se dejará retocar por el presente y más estaremos funcionando por el aprendizaje hecho en el pasado. Si alguien me traicionó, por ejemplo, jugándome una muy mala pasada en el trabajo, por más que sea agradable y me mande una postal por Navidad, no me dejaré engañar: mi aprendizaje de que es una persona mala o peligrosa no cambiará. Así, el aprendizaje implica un constante equilibrio entre lo que hemos aprendido del pasado y lo que aprendemos del presente. En los flashbacks, como escribió el psicobiólogo Jaak Panksepp, los procesos emocionales pesan más que los cognitivos, y, como señala el psicoanalista Harry Guntrip, el mundo interno pesa más que el externo. En ambos casos, el aprendizaje implícito pasado tiene más relevancia que la situación real del presente al hacer que mi comportamiento no esté bien adaptado a lo que está ocurriendo realmente aquí y ahora.

Esto puede condicionarnos enormemente en las relaciones. Muchos de los peores conflictos relacionales se pueden explicar muy bien desde este concepto de flashback, desde la activación inconsciente de memoria implícita, tanto emocional como procedimental. Es posible que muchas veces que uno se siente, por ejemplo, solo o muy dolido con el trato de alguien, parte de esa emoción que esté sintiendo sea un flashback. Es decir, que tenga más que ver con cómo se sintió en un momento pasado que con lo que ocurre ahora. Cuando hablemos de sanar las relaciones con los demás, retomaremos este punto y veremos que, para ello, es clave poder tomar consciencia de la activación de estos estados internos. Muchas de las interacciones tóxicas se producen porque se activan flashbacks que generan emociones intensas. Estas nos movilizan a la acción. Pero esas acciones no se ajustan bien al presente y son poco adaptativas, poco ajustadas a la situación real que tenemos delante. Pero, además, debido a la alta activación emocional que conllevan, nos colocan en un estado de alerta. Ya hemos visto que en este estado tendemos a pensar poco y funcionamos a corto plazo. Por eso, la mayoría de las veces que uno ha tenido una discusión, poco después, cuando se ha calmado, se ha arrepentido de lo que ha dicho o ha hecho.

La mayor parte de nuestro funcionamiento relacional, tanto en situaciones de intimidad como en situaciones sociales, tiene que ver con la memoria implícita. Tiene que ver con cómo nos sentimos y aprendimos a comportarnos en estos escenarios. Necesitamos tener relaciones sociales y relaciones íntimas, pero cómo nos comportamos en estas situaciones tiene que ver con aprendizajes que hemos ido teniendo a lo largo de nuestra vida, de forma implícita. Algunos de esos aprendizajes son, además, de tipo traumático y están relacionados con el miedo. Vamos a entrar ya de lleno en cómo se han realizado todos estos aprendizajes. Para ello, veremos en el siguiente capítulo los sistemas afectivos y, entre ellos, especialmente uno muy relevante para las relaciones: el apego.

4
Los sistemas afectivos y el apego

La libertad es aquello que haces con lo que se te hizo a ti.

JEAN-PAUL SARTRE

Mucho antes de que se desarrollasen las estructuras cerebrales que nos permiten pensar a largo plazo y razonar, nos reproducíamos y escapábamos de depredadores. Por ello, todo lo que tiene que ver con la supervivencia o la reproducción no dependen solo, ni mayoritariamente, de nuestras estructuras cognitivas superiores. Este tipo de actividades las realizamos gracias a la activación de estados emocionales y motivacionales: el miedo nos hace huir, el deseo nos hace querer tener relaciones sexuales y la ira nos hace defendernos. Las emociones, como las definimos en el capítulo previo, son estados psicofisiológicos que nos motivan a la acción. Pero aún no sabemos bien cómo genera el cerebro estos estados. Lo que sí sabemos es que las emociones surgen de redes neurales evolutivamente antiguas, situadas en regiones cerebrales que están debajo de la corteza. A los sistemas que integran estas redes los llamamos «sistemas afectivos». Y nuestro comportamiento sigue dependiendo en gran medida de ellos.

Los sistemas afectivos

Los sistemas afectivos son sistemas neurales que organizan y guían el comportamiento de los seres vivos. Constituyen, según Jaak Panksepp, la base del funcionamiento del cerebro de los mamíferos y dependen de circuitos neurales antiguos. Nuestra neuroquímica del miedo o del placer es esencialmente la misma que hace millones de años. Pero esto no quiere decir que las estructuras evolutivamente más modernas, las neocorticales, no participen en ellas. La corteza modula esas emociones, y las puede reducir o amplificar. Pero también las «sofistica». El perro, por ejemplo, puede sentir miedo por un ruido, pero no por no poder llegar a fin de mes. Nosotros, gracias a nuestro cerebro, podemos sentir miedo si no tenemos dinero para pagar la hipoteca, pero también vergüenza si nos ven desnudos, sensación de ineptitud si no entendemos un concepto o envidia si nuestro jefe hace un viaje que nosotros no nos podemos permitir. Como vimos, los tres niveles descritos en el capítulo anterior interactúan constantemente creando nuestras complejas respuestas emocionales.

Las distintas emociones están relacionadas con la activación-desactivación de los distintos sistemas. Así, un miedo intenso a que me hagan daño guarda relación con una activación del sistema de defensa; sentir envidia o ira porque a un compañero le dan el ascenso que no me dan a mí está relacionado con el sistema de jerarquía social; tener muchas ganas de ver a mis hijos está relacionado con la activación del sistema de apego. Estos sistemas, al depender de redes de memoria implícita, una vez activados, están apenas bajo nuestro control voluntario y funcionan como «protocolos automáticos», tomando prestado un término del psicólogo John Bargh.

No voy a hacer una descripción exhaustiva de los sistemas afectivos. Sería excesivamente técnico y, además, el tema está muy abierto a debate: los distintos autores no se ponen de acuerdo sobre cuáles y cuántos son ni sobre cómo llamarlos. Así, mientras que Jaak Panksepp los llama «sistemas afectivos», John Bowlby los denomina «sistemas de control» o «sistemas de comportamiento», y Cathron Hilburn-Cobb se refiere a ellos como «sistemas de supervivencia». De hecho, tienen que ver con todo esto: las emociones, la motivación y los comportamientos, sobre todo los relacionados con nuestra supervivencia o nuestra reproducción. Si estáis interesados en profundizar en este tema, os recomiendo el libro de Jaak Panksepp *La arqueología de la mente*. Sí que vamos a hablar de los tres que tienen que ver con la seguridad y el miedo, porque tienen implicaciones para las relaciones interpersonales. Hay otros dos que también son relevantes, el de recompensa y el sexual, pero los explicaré en capítulos posteriores.

Por último, aunque hable de «sistemas», no penséis que dentro de nuestro cerebro hay un circuito específico y claramente diferenciado para ninguno de ellos, que, al final, no dejan de ser constructos científicos en nuestro esfuerzo por entender el funcionamiento del cerebro y las emociones que genera.

Sistema de defensa

El sistema de defensa es muy antiguo desde un punto de vista evolutivo. Lo compartimos con especies muy alejadas de nosotros: los insectos, los reptiles, los anfibios, los peces; todos exhiben estas respuestas de lucha, huida o inmovilidad ante un depredador o una agresión física. La emoción base de este sistema es el miedo. Como vimos, tiene dos grandes tipos de respuesta: de hiperactivación o de hipoactivación. Esta es una característica común a los sistemas afectivos: todos tienen esos dos bloques de respuestas. Como ya hemos hablado de él en el capítulo 3 con el ejemplo de Jack Nicholson, no me detendré mucho más en este sistema.

A medida que evolucionamos, el mundo que nos rodeaba se fue haciendo más complejo, y los retos y peligros a los que nos teníamos que enfrentar, también. Además de la posibilidad de una agresión, empezaron a aparecer otros riesgos para nuestra integridad y, con ello, nuevos miedos. El sistema de defensa, con sus respuestas de lucha, huida y colapso, no era suficiente, y se fueron incorporando respuestas más sofisticadas a nuestro repertorio conductual. Como parte de este comportamiento más complejo se desarrollaron otros sistemas, como el sistema de jerarquía social y el de apego. Los tres están condicionados por la memoria implícita y los tres se pueden desregular, hiper- o hipoactivándose. Y esa desregulación puede persistir en el tiempo, o sea, que los tres pueden provocar vivencias traumáticas y flashbacks, en el sentido amplio que vimos.

Sistema de jerarquía social

El sistema de jerarquía social es también muy antiguo, aunque menos que el de defensa. La historia de la sociabilidad humana se puede rastrear hasta hace 250 millones de años, cuando empezaron a surgir los primeros mamíferos, aunque las primeras evidencias claras que tenemos de mamíferos moviéndose en grupos es de hace 52 millones de años. El psiquiatra Giovanni Liotti consideraba que este sistema evolucionó a partir de otro más antiguo: el de territorialidad. La emoción básica que activa este sistema es también el miedo. Pero, en este caso, no tanto el miedo a una agresión física como el miedo a la exclusión y al rechazo o a no ser valorado por los miembros de mi grupo. Para nosotros, como ya hemos visto, pertenecer a un grupo es esencial para nuestra supervivencia, es una necesidad básica: si no pertenezco a un grupo, puedo morir. Pero, desde el momento en que pertenecemos a uno, es importante que los demás me tengan en cuenta, que ocupe un puesto relevante dentro del grupo, que cuenten conmigo. Si esto no ocurre, nuevamente mi supervivencia o mi reproducción se pueden ver seriamente comprometidas. Tenemos muchos estudios que demuestran, tanto en animales como en humanos, que el rango que ocupamos dentro de la jerarquía de nuestro grupo influye sobre el estrés que sentimos y, por tanto, sobre nuestra salud y nuestra longevidad.

Este sistema está menos estudiado en nosotros que el apego, y es mucho menos popular: nos gusta pensar en nosotros mismos como seres apegados y amorosos, pero no como seres jerárquicos, a los que nos encanta el poder y el control. Pero como seres sociales formamos jerarquías allí a donde vamos, ya sea en asociaciones, partidos políticos o empresas. Las jerarquías también tienen su importancia en las relaciones más cercanas, las de intimidad, como la relación con los hijos o las de pareja, especialmente por su facilidad para «enredarse», como veremos, con el sistema de apego.

Una de las formas más extendidas del trauma de jerarquía social es el *bullying*. Las investigaciones nos dicen que lo padecen el 10 por ciento de los niños entre los diez y los dieciséis años a nivel mundial. Pero el trauma de jerarquía social no necesita ser físicamente agresivo; sentirnos ignorados o tratados con indiferencia puede ser igual de doloroso. Uno de los primeros investigadores que estudió este fenómeno en seres humanos fue el psicólogo Kipling Williams. Hace ya casi veinte años, ideó una serie de experimentos basándose, curiosamente, en una experiencia real que él mismo tuvo con un *frisbee* y dos extraños en un parque. Sus experimentos están recogidos en su libro *Ostracismo*. El procedimiento que ideó era sencillo: se le dice a cada voluntario que va a participar en una investigación sobre visualización mental. Se le hace esperar en una sala con otros dos supuestos voluntarios, que realmente son dos miembros del equipo de investigación. Mientras esperan, uno de los falsos sujetos experimentales finge encontrar una pelota y empieza a lanzársela a los otros dos. Pasado un minuto, los dos sujetos cómplices dejan de pasársela al sujeto de investigación y solo se la pasan entre ellos, mientras siguen riendo y haciendo bromas.

Ese era básicamente el experimento y todo el proceso duraba tan solo cuatro minutos. Cuando lo ignoraban y dejaban de interactuar con él, el «marginado» inicialmente seguía intentando participar manteniendo el contacto ocular y riéndose cada vez que a uno de ellos se le caía la pelota. Pero, poco después, al ver que sus compañeros no le hacían caso y seguían a lo suyo, se retraía, dejaba de sonreír y dejaba de mantener contacto ocular o incluso simulaba buscar cosas en su bolso o mochila (todavía no teníamos smartphones) fingiendo indiferencia. Insisto en que el procedimiento duraba en total cuatro minutos. En preguntas posteriores, se comprobaba que la persona se había sentido excluida, triste, enfadada y con la autoestima más baja. También expresaba opiniones negativas acerca de sus dos acompañantes, seguramente una manera de volver a tener una buena opinión de sí mismo. Estudios posteriores hechos con escáneres cerebrales encontraron que se activaban prácticamente las mismas áreas en el cerebro de los excluidos que cuando se produce un dolor físico. Por eso, Williams denominó a este tipo de experiencia el «dolor social». El hecho de que la exclusión social se sienta como un dolor físico es porque, al igual que este, es un aviso de que hay un peligro para nuestra integridad y bienestar: podemos ser excluidos, no tenidos en cuenta, no valorados por el grupo al que pertenecemos. Aunque sea un grupo artificial y transitorio, creado unos pocos minutos antes.

Podemos postular que el sistema de jerarquía, al igual que el sistema de defensa o el de apego, tiene tres niveles de activación:

1. El de *activación óptima*, que permite el comportamiento cooperativo, interactivo, abierto con los demás. Lo que hacían los sujetos en la primera parte del experimento de Williams.
2. El de *hiperactivación*, que incitaría comportamientos tendentes a volver a participar y ser considerados por los demás. Estos comportamientos pueden variar desde conductas de dominancia y llamadas de atención hasta intentar agradar.
3. El de *hipoactivación*, que generaría comportamientos de indiferencia, distanciamiento o sumisión. Es lo que ocurre en la última parte del experimento de Kipling.

Los comportamientos de hiperactivación, igual que vimos para el sistema de defensa, tienen que ver con buscar soluciones fuera, mientras que los de hipoactivación aparecen cuando la persona empieza a dar por perdida la posibilidad de lograr un cambio fuera y ya solo pretende minimizar el daño o el sufrimiento. También, igual que ocurría para el sistema de defensa, estas respuestas se activan jerárquicamente. Como hemos visto en el experimento de Williams, primero la hiperactivación: intentos de volver a formar parte del grupo; y luego la hipoactivación: mostrando indiferencia y distanciamiento.

Me gustaría detenerme un poco en los comportamientos de intentar agradar o el de sumisión. Ambos son comportamientos defensivos, aunque muchas veces no somos conscientes de este hecho. Existe un fenómeno conocido como la «sonrisa sumisa», en el que la persona sonríe automáticamente para evitar que se le haga más daño. El psicólogo Piercarlo Valdesolo encontró, estudiando a boxeadores profesionales, que cuando uno de ellos estaba cerca de perder un combate, con frecuencia buscaba la mirada del otro y le sonreía. De hecho, se daba una correlación entre sonreír al rival y la probabilidad de perder el combate. Su artículo en el *Scientific American*, de 2013, se titula «Sonríe, estás a punto de perder». En la misma línea, Marc Mehu y Robin Dunbar detectaron que las personas tienden a sonreír más cuando tienen un estatus socioeconómico más bajo. La sonrisa tendría la función de incitar la compasión e inhibir la agresividad del oponente. Esto tiene su correlato en otras especies. Como señala el primatólogo Frans de Waal, entre los chimpancés es frecuente la conducta de mostrar los dientes y las encías, algo no exactamente igual que nuestra sonrisa, pero que se utiliza para casi lo mismo: una señal de sumisión para evitar enfrentamientos. Esto tiene una gran relevancia para el ámbito de las agresiones en general y el de las agresiones sexuales en particular. Muchas veces, la persona agredida, con frecuencia una mujer, puede reaccionar con sumisión, mostrarse complaciente o incluso sonreír para evitar la agresividad del oponente. Ha habido procesos en los que el hecho de que la víctima sonriese o intentase agradar al agresor era tomado como una muestra de su participación voluntaria. Craso error, si tenemos en cuenta que someterse o agradar son respuestas defensivas que se pueden dar perfectamente ante una agresión o el temor de esta.

Este sistema, al igual que el de apego, está profundamente relacionado con nuestra autopercepción. Ya hemos visto en el experimento de Williams que a las personas a las que no se les pasaba la pelota tenían una peor imagen de sí mismas. Cuando se nos da de lado en alguna situación, al igual que ocurre con cualquier otra amenaza, necesitamos entender qué ha pasado. Una conclusión rápida a la que podemos llegar es que no somos suficientemente buenos o capaces. De hecho, los niños que sufren *bullying* desarrollan grandes problemas a este nivel. La manera que tienen de sentirse bien es precisamente pensar mal de los que los están acosando. Pero esto suele generar un autoconcepto muy fluctuante, que bascula entre sentir que yo estoy bien y ellos son los que están mal, a sentir que el que está mal soy yo y, de alguna manera, merezco lo que me está pasando. Este sistema, por tanto, tiene mucho que ver con nuestra sensación de valía. De hecho, nuestra autopercepción y sensación de valía tiene que ver sobre todo con dos sistemas: el de jerarquía y el de apego. Como somos unos desconocidos para nosotros mismos, no tenemos una forma directa de deducir nuestra valía. Deducimos nuestra valía a partir del trato que nos dispensan los demás.

Sistema de apego

El tercer sistema relacionado con la supervivencia y la seguridad tiene que ver con que seamos una especie altricial. Ya vimos que estas especies son aquellas cuyas crías nacen inmaduras y necesitan ser cuidadas durante un largo periodo. Son básicamente los animales de sangre caliente o endotermos: mamíferos y pájaros.

Para una cría humana ser abandonada o no ser cuidada por sus padres u otros adultos equivaldría a la muerte. Debe haber un mecanismo que evite esto, que asegure que los adultos humanos cuidemos a nuestros bebés; si no, nos hubiésemos extinguido hace tiempo. Ese mecanismo es el sistema de apego. En términos evolutivos es más reciente que el sistema de defensa, y compartimos sus bases con el resto de los mamíferos.

La mayoría de las personas no asocian el sistema de apego con un sistema de supervivencia y defensa, pero lo es. Como ocurre con los dos anteriores, una de las emociones básicas de este sistema es el miedo. En este caso, el miedo a ser abandonados o no queridos por nuestros cuidadores. Es la razón por la que nuestros niños se sienten tan mal cuando llegamos quince minutos tarde a recogerlos de una guardería, a pesar de que nunca hayan vivido una experiencia de abandono. También es pánico lo que sentimos cuando se nos pierde un hijo en un lugar concurrido, una experiencia que casi todos los progenitores hemos tenido alguna vez. Debido a su importancia evolutiva, el apego conlleva emociones muy intensas. Y tiene, al igual que los otros dos sistemas que hemos visto, tres estados de activación:

1. El de *activación óptima*, en el que la persona está regulada y tranquila; es capaz de relacionarse, explorar, etc. En la teoría del apego, este estado se define como el de *apego seguro*.
2. El de *hiperactivación*, que lleva a comportamientos como gritar

o llorar para llamar la atención de la figura de apego (llanto de apego) y buscar su cercanía física. Es lo que en la teoría del apego se conoce como respuestas de *apego ansioso*.

3. El de *hipoactivación*, que genera conductas de indiferencia y evitación interpersonal. La persona suprime sus emociones, como si no le importara no recibir la atención que necesita. En la teoría del apego se llama *apego evitativo*.

Al igual que para los otros dos sistemas, el orden de esta activación es jerárquico. Y, nuevamente, los comportamientos de hiperactivación tienen que ver con resolver el problema de fuera, mientras que los de hipoactivación tienen que ver con minimizar el daño, distanciarme y reducir el sufrimiento.

Por último, los tres constituyen la base de la experiencia de miedo en humanos. Cuando se les pide a las personas que digan cuáles son sus mayores miedos, suelen caer dentro de estas tres categorías relacionadas con la defensa, la jerarquía social y el apego. Los miedos más citados suelen ser al daño físico o la propia muerte, a la muerte o pérdida de seres queridos o a, por ejemplo, tener que hablar ante un público.

Los tres sistemas de supervivencia

El hecho de que hayan evolucionado hace millones de años hace que estos sistemas no siempre respondan bien a los desafíos actuales. Esto ha sido ampliamente estudiado en muchos artículos y libros, empezando por el conocido *¿Por qué las cebras no tienen úlcera?* Si tengo que hablar en público, se puede activar en mí un miedo relacionado con el sistema de jerarquía: hacerlo mal ante mis iguales y ser rechazado. Este miedo hará que entre en hiperactivación: me temblará la voz y empezaré a sudar. A su vez, parte de mi corteza cerebral empezará a hipoactivarse: en lugar de ser la persona locuaz y ocurrente que soy, me costará encontrar las palabras. Sabemos que las áreas corticales encargadas de la producción del habla se inhiben en situaciones de alto estrés. Esta sería un buen ejemplo de cómo el mecanismo para luchar contra el miedo puede resultar ineficaz en un contexto contemporáneo. Hasta puede ser el principal causante de los problemas, lo que llamamos el «miedo al miedo». Muchos tuvimos la ocasión de contemplar una de estas situaciones hace unos años. En 2016 le fue concedido el Premio Nobel de Literatura a Bob Dylan. Él mostró una absoluta indiferencia hacia el galardón, todo buen rockero pasa de las jerarquías, y envió a Patti Smith a recogerlo en su nombre. En la gala, Patti cantó *A Hard Rain's A-Gonna Fall*. En la segunda estrofa se atrancó, dejó de cantar y tuvo que empezar de nuevo, después de pedir disculpas al público y explicar que estaba muy nerviosa. En una entrevista posterior, Patti Smith explicó que no entendió lo que le pasó. Una canción que había cantado cientos de veces, cuya letra conocía perfectamente, «pero, en un momento —dijo—, me quedé congelada». Esto humanizó la gala y demostró que incluso una famosa cantante como Patti Smith puede sufrir las consecuencias de nuestro sistema de defensa arcaico. Si queréis verlo, está en YouTube.

Ya hemos visto que nuestro cerebro tiende a ver más lo negativo que lo positivo, porque ser negativos nos proporciona una ventaja evolutiva. Pues bien, cuando alguno de los tres sistemas relacionados con el miedo se activa, nuestro cerebro se enfoca aún más en detectar amenazas. Os pongo un caso: si paseamos por un bosque frondoso a plena luz del día, seguramente no sintamos miedo. Pero si estamos en ese mismo bosque de noche, porque nos hemos perdido, y además esa tarde vimos un documental sobre lobos, veremos lobos por todas partes. Nuestro cerebro convertirá cualquier estímulo ambiguo en un estímulo peligroso.

Esto también tiene su aplicación para las relaciones, porque estos miedos, sobre todo los relacionados con el apego y con la jerarquía, se suelen activar más cuanto mayor es el nivel de intimidad. Puede pasar, por ejemplo, en el enamoramiento, que es un momento de especial vulnerabilidad: nos estamos acercando mucho a alguien que no conocemos aún. Es más fácil que en esa fase inicial de la relación haya miedos que nos lleven a interpretar los estímulos ambiguos como peligrosos. Os pongo un ejemplo de esto: un paciente inició una relación nueva. Ambos se conocían de muy poco, pero se llevaban muy bien y disfrutaban el uno con el otro. Cuando estaban juntos, no tenían mayores problemas. Pero cuando estaban separados, empezaban a surgir en ellos miedos y dudas. Tuvieron en esas primeras semanas dos discusiones fuertes: ambas se habían iniciado durante conversaciones mantenidas por WhatsApp. El wasap es una conversación escrita en la que nos faltan muchos elementos (el tono de voz, el estado emocional), lo que hace que la información resulte ambigua. Esa información ambigua, interpretada bajo situaciones de activación de miedo, les hacía ver peligros y ponerse a la defensiva y acabar discutiendo. Simplemente les expliqué esto y les pedí que no volviesen a tener conversaciones largas por WhatsApp, que las tuviesen en persona o, como mucho, por teléfono, donde tenemos más datos que hacen que la información sea más clara. Esto hizo que no volviesen a tener esas peleas. El comprender que ambos actuaban desde el miedo y eliminar la información ambigua hizo el truco. Como sabemos que pertenecemos a una especie cotilla, os cuento: en el momento de escribir estas líneas, siguen juntos. Y cuidado con los wasap, pues los carga el diablo.

De entre los tres sistemas, el más reciente en términos evolutivos, el del apego, es el que predomina sobre los otros dos. Por ejemplo, si un niño tiene unos padres maltratadores, ¿se apega a ellos o no? La respuesta lamentablemente es que sí. Si el sistema de defensa predominase en la especie humana, esto no ocurriría: los niños, en primer lugar, necesitarían huir de su perpetrador, no apegarse a él. Pero vemos, en repetidas ocasiones, que esto no ocurre. Estuve unos años trabajando en centros de acogida y reforma y pude comprobar cómo niños y niñas, que provenían de situaciones familiares de maltrato y negligencia, seguían profundamente vinculados con sus familias. Este fenómeno lo conocemos técnicamente como «apego al perpetrador». De hecho, a medida que sube la intensidad de las agresiones, mayores son el estrés y el miedo y más se activa el sistema de apego, que, recordemos, es un sistema defensivo orientado a la supervivencia. Esto se traduce en que la vinculación o dependencia afectiva con la figura de apego es mayor. Esto es algo que podemos observar entre adultos en las situaciones de violencia de género. Cuando estamos trabajando con una víctima en el proceso de ayudar a que se distancie del perpetrador, vemos como, si se produce una nueva agresión, la persona adopta posturas más sumisas, más autodespreciativas, y pasa a depender aún más de su agresor en lugar de alejarse de él. También el conocido síndrome de Estocolmo puede ser entendido como un fenómeno con un mecanismo psicológico similar. Esta es la paradoja a la que nos somete nuestro hiperdesarrollado sistema de apego. De no ser así, no tendríamos los problemas tan graves que tenemos los humanos de dependencia patológica. Claro que no disfrutaríamos de la dependencia sana tampoco: seríamos otra especie, con otros problemas.

Pero el sistema de apego no solo predomina sobre los demás en la infancia o en situaciones patológicas. En el capítulo anterior vimos cómo ante situaciones de gran amenaza, si estábamos con nuestros hijos, podríamos poner en marcha conductas que fuesen en contra de nuestra propia supervivencia con tal de salvarlos. Esto ocurre porque el apego tiene la capacidad, como nos dicen Malcom West y Adrienne Sheldon-Keller, de suprimir otros sistemas afectivos. De hecho, si oímos que una persona ha huido de un peligro dejando a su hijo pequeño en esa situación peligrosa, nos parece una absoluta anomalía. Hay una muy buena película sobre esto, os la recomiendo: *Fuerza mayor*. O imaginad que oímos el caso de una madre o un padre que se niega a donar a su hijo, que tiene problemas renales, un riñón propio. Bueno, supongo que esto nos haría pensar que algo no va bien. Damos por hecho que el apego hacia nuestros hijos tiene que ser superior a nuestro propio deseo de supervivencia. También esperamos que ocurra algo parecido entre adultos, sobre todo cuando tienen un vínculo de apego. Si dejo a mi pareja en una situación peligrosa y huyo salvando mi pellejo, a partir de ahí seguramente nuestra relación no será la misma. Nos parece un gesto de amor que yo me ponga en riesgo con tal de no abandonar a mis seres queridos. ¿Verdad, Rose? Yo sigo pensando que cabían perfectamente los dos en aquella madera.

Otra razón por la que decimos que el sistema de apego predomina sobre los otros dos es por que es la clave de la regulación durante la infancia. Como hemos visto, la regulación es esencial para un funcionamiento integrado del sistema nervioso. Si no estuvimos regulados con suficiente frecuencia durante la infancia, es mucho más fácil que nos desregulemos durante el resto de nuestra vida. Los sistemas de defensa quedan en ese estado de alerta que hablábamos. Además, como vimos, se producen cambios a nivel funcional y estructural en nuestro sistema nervioso que afianzan estos cambios, así como cambios epigenéticos que hacen que seamos más proclives a sentir estrés a lo largo de la vida. De ahí la importancia del apego temprano, el gran regulador en nuestros primeros años de vida. Como nos dice el psicoterapeuta Jeremy Holmes, el sistema de apego es «el principio organizador alrededor del cual tiene lugar el desarrollo psicológico», a la vez que «una precondición para que se puedan activar el resto de los sistemas». Según West y Sheldon-Keller, «es el sistema clave para el desarrollo [...] permitiendo la completa expresión del resto de los sistemas». El sistema de apego es nuestro gran regulador.

Creo que no nos queda más remedio que ver el apego en mayor profundidad. Para ello, qué mejor que hablaros de la teoría del apego.

Teoría del apego

A toda idea hay un tiempo histórico en el que le llega su momento. Esto es lo que ha ocurrido con el apego en las últimas décadas. Desde su formulación a mediados del siglo pasado, la teoría del apego ha ido creciendo en importancia dentro de la psicología y las ciencias de la salud en general. Cuando yo hice la carrera, allá por el Pleistoceno, el apego lo dimos como el capítulo 0 de una única asignatura: Psicología Evolutiva. Me lo explicaron como algo que, básicamente, tenía que ver con los bebés y sus mamás. Hoy es raro que no esté incluida entre los temas de casi cualquier máster de psicología clínica o sanitaria que se precie. John Bowlby, el padre de la teoría, en uno de sus primeros trabajos, el que escribió para la Organización Mundial de la Salud en 1951, decía que «el bebé y el niño pequeño deben experimentar una relación cálida, íntima y continua con su madre (u otra figura sustitutiva) en la que ambos encuentren satisfacción y disfrute». Un año después añadía que, de no darse este tipo de relación, el adulto podría derivar a «condiciones de ansiedad severa y personalidad psicopática». Desde el primer momento, para Bowlby el vínculo del apego no tenía que ver solo con los bebés; tenía que ver con la necesidad más básica del ser humano: la de relacionarse y formar vínculos.

Un elemento crucial de su éxito es que Bowlby basó firmemente su teoría en la biología y la etología. Consideraba que el apego «no requiere dinámica alguna que no sea plenamente explicable en términos de supervivencia de la especie». Esto conectaba a la psicología con las ciencias biológicas. Por otro lado, es una teoría sobre el desarrollo cerebral y mental complementaria a la teoría del cerebro social de Robin Dunbar, y encaja muy bien con todas las investigaciones neurocientíficas sobre el desarrollo del cerebro. Por si esto no fuera poco, proporciona un lenguaje común a través del cual profesionales de distintas orientaciones teóricas podemos entendernos y ponernos de acuerdo. Gran parte de las corrientes teórico-prácticas en la psicología actual, desde el cognitivismo, pasando por terapias humanistas o las nuevas terapias del trauma, han incorporado conceptos básicos de la teoría del apego. El énfasis en la historia vital la hace cercana a los modelos psicoanalíticos y humanistas, mientras que su visión de que las estrategias interpersonales son patrones aprendidos e interiorizados como esquemas mentales la acercan a modelos cognitivo-conductuales. No solo en psicología, todas las ciencias de la salud, desde la medicina hasta la enfermería, han incorporado nociones de esta teoría. Su sencillez, su elegancia y su firme compromiso con la investigación han hecho que sea una teoría que ha ido creciendo en importancia hasta ser, en la actualidad, lo más cercano que tenemos en psicología al paradigma único que defendía el físico Thomas Kuhn: una teoría aceptada por la mayoría de las escuelas en psicología o, al menos, en psicoterapia.

La idea central de la teoría del apego es que los seres humanos nacemos con una necesidad primaria a vincularnos a otros seres humanos. Para Bowlby, esta necesidad es tan básica que condiciona todo nuestro desarrollo socioemocional posterior. Por tanto, y esta es la segunda idea central de la teoría, la calidad de las relaciones tempranas que mantenemos con las personas que nos cuidan nos influye profundamente, condicionando nuestra salud mental (ahora añadiríamos y física) y nuestra capacidad de relacionarnos a lo largo de nuestra vida. Desde luego, la idea no era nueva. A mediados del siglo XVIII, Jean-Jacques Rousseau escribió que cuando las mujeres eran buenas madres, sus hijos serían posteriormente buenos maridos y padres. Siegfried Bernfeld, un experto en educación austroamericano, declaró en 1929 que la mente del adulto estaba directamente relacionada con las experiencias de los primeros meses de vida. Cuando Bowlby empezó a investigar, había muchos autores que estaban apuntando en esta dirección, la idea estaba en el *Zeitgeist* del momento. Autores como Donald Winnicott, Melanie Klein o Harry Stack Sullivan serían buenos ejemplos. Uno de mis favoritos, Erich Fromm, escribía en su *El arte de amar*, allá por 1956, que la fuente de toda angustia era la separación y que el único remedio para la angustia era el amor, que era lo que nos sacaba de la separatidad. Años antes, en 1926, el propio Freud había planteado algo muy similar. También el psicólogo William Emet Blatz, con el que trabajó Mary Ainsworth y de la que hablaremos muy pronto, estaba trabajando en su teoría de la seguridad, que comparte muchos postulados con la del apego. Aunque tuvo múltiples antecedentes, como vemos, el trabajo seminal de John Bowlby le dio su formulación más completa, siendo posteriormente enriquecida por la contribución de numerosos autores, como Mary Ainsworth, Mary Main, Harry Harlow y un largo etcétera.

En su formulación básica, la teoría del apego es muy simple y aparentemente sencilla. Sin embargo, esta aparente sencillez es engañosa; no es fácil asimilar las profundas implicaciones que tiene para el desarrollo saludable del adulto. Yo me enamoré de ella en cuanto empecé a entenderla, años después de haberla conocido por primera vez. Fue, parafraseando al físico Carlos Rovelli cuando habla de la teoría general de la relatividad, como si «de repente apartara un velo de la realidad para desvelar un orden más simple y profundo» y te diera «unos ojos nuevos para ver el mundo». Como ya hace muchos años de esto, ya no estoy enamorado de la teoría, pero sigo teniendo una relación de pareja de larga duración con ella, en la que no veo solo sus virtudes, como al principio, sino también sus carencias; aunque la sigo queriendo como el primer día.

La teoría del apego da una respuesta a una paradoja del comportamiento de nuestra especie de la que venimos hablando desde el principio del libro: los humanos somos, por un lado, individualistas y egoístas, y, por otro, sociales y altruistas. Son dos tendencias contrarias, y donde más se aprecia esta oposición es en las relaciones que mantenemos con nuestros hijos. Como nuestras crías son altamente dependientes y demandantes, visto desde cierto ángulo, la relación bebé-cuidador es casi una relación de parasitación, en la que el adulto destina mucho tiempo y recursos al bebé, no obteniendo aparentemente nada a cambio. Ya sabemos por qué ocurre esto: el cuidar de nuestras crías se ha visto favorecido desde un punto de vista evolutivo. La teoría del apego lo que plantea no es tanto por qué, sino cómo ocurre esto: debe haber algo que nos impulsa a los adultos a cuidar a los niños; a la vez, debe haber algún mecanismo en los niños para atraer y dejarse cuidar por los adultos. De esto se dio cuenta hace ya casi un siglo el británico John Bowlby, que estaba trabajando con jóvenes delincuentes y había notado que la mayoría habían tenido separaciones y pérdidas siendo bebés o niños. Sabemos que conocía bien las investigaciones etológicas de Konrad Lorenz con gansos, en los que había descrito (que no descubierto) el mecanismo de la impronta. Este mecanismo hace que un ganso que acaba de eclosionar de su huevo quede vinculado instintivamente con el primer objeto en movimiento que ve. Bowlby se planteó que podría haber un mecanismo similar en los seres humanos. Este mecanismo sería innato y no dependería del pensamiento o la razón: sería absolutamente primario. Sería uno más entre otros sistemas, a los que llamó sistemas de control (del comportamiento) o de acción. Esto quiere decir que el organismo está provisto con una serie de patrones de comportamiento que favorecen la vinculación y que están inscritos en él, tanto como su anatomía o su fisiología, y que son característicos de la especie debido a su valor de supervivencia. Así, el apego funcionaría de una manera muy similar al resto de los sistemas de supervivencia: si esta necesidad básica no era satisfecha, igual que pasa con el hambre o el sueño, provocaría un estado de pérdida de homeostasis, de desequilibrio, que generaría un malestar emocional, un estado muy desagradable, llevando a la persona a movilizar todos sus recursos para salir de ese estado. Este mecanismo persigue un fin *instrumental* (que el bebé no sea abandonado y reciba cuidados), pero para ello genera una dependencia *emocional* en ambos, adulto y bebé.

Recuerdo cuando nacieron mis hijas; estaba todo el día acordándome de ellas, deseando volver a casa para verlas. Esta es la fase de enamoramiento con los bebés, que muchas madres y padres recordarán haber sentido con claridad; yo aún hoy puedo cerrar los ojos y recordar su olor de bebés gorditas, y se me dibuja una sonrisa en el rostro siempre que lo hago, como ahora mismo, aunque, ahora que son adolescentes, ni huelen ni se comportan igual, claro. Era una relación, por mi parte, de alta dependencia emocional: mi bienestar dependía de ellas. Aún hoy, pasada ya la fase del enamoramiento, sigue siendo así: que les pase algo a ellas es mucho peor que si me pasase a mí. Creo que este sentimiento, afortunadamente, lo compartimos muchas madres, padres y cuidadores en general. Así de dependientes emocionalmente nos ha hecho la evolución. Y de ese fuerte vínculo emocional es responsable el apego.

Así es como la evolución «solucionó» el problema de cómo conjugar nuestro natural egoísmo con tener que cuidar de unos seres absolutamente dependientes, nuestros hijos: nos hizo emocionalmente interdependientes. De alguna forma, la dependencia emocional sana, como decía Fromm, es el antídoto contra la individualidad y el egoísmo. Porque, por esa dependencia somos capaces de no mirar el bien personal y anteponer el bien de otra persona al nuestro propio. Claro que esto puede hacerse de forma sana o patológica.

Hay cuatro ideas centrales, con un largo alcance, en la teoría del apego. En primer lugar, el vínculo afectivo-social es absolutamente primario para el ser humano. En segundo lugar, este vínculo proporciona seguridad al niño, tanto subjetiva como objetiva. En tercer lugar, esa seguridad es la base de todo nuestro desarrollo emocional posterior. Por último, las relaciones de apego son el fundamento de la relación que mantenemos con los demás y con nosotros mismos a lo largo de la vida.

Estas ideas, quizá obvias ahora, fueron bastante revolucionarias en su momento. Veámoslas con más detalle.

La necesidad de vincularnos es primaria en nuestra especie

La relación o el vínculo representan nuestra necesidad más básica. Esta afirmación goza de (casi) unanimidad dentro de la psicología hoy. Pero no fue así hasta mediados del siglo pasado. Hasta entonces se pensaba que los niños nacían con una serie de necesidades, como alimentarse o mantener la temperatura, pero no con una necesidad primaria de vincularse. El vínculo afectivo con sus cuidadores era secundario, se generaba precisamente porque eran cuidados, mediante una especie de aprendizaje asociativo: me cuidan y dan de comer, ergo me vinculo. Las dos grandes escuelas en psicología a principios del siglo xx, el psicoanálisis y el conductismo, mantenían esta visión.

Esto mismo, paralelamente a Bowlby, es lo que estaba investigando con macacos un psicólogo estadounidense, Harry Harlow. Su experimento (al que llegó por casualidad, pero eso os lo cuento en el próximo libro) consistía en criar a monos Rhesus sin sus respectivas madres. Lo que Harry Harlow descubrió, a grandes rasgos, es el equivalente al trauma psicológico por omisión: la deprivación del contacto materno hacía que estos bebés monitos tuviesen dificultades a lo largo de su desarrollo, convirtiéndose en adultos con serias dificultades de relación social y de regulación, aunque sus necesidades fisiológicas y de seguridad objetiva hubiesen estado siempre cubiertas. Su necesidad de vinculación era tan grande que generaban una relación especial con una «madre artificial», que era básicamente un muñeco suave y cálido (tenía una bombilla detrás que le hacía tener una mayor temperatura) que, por otro lado, no les proporcionaba nada más. Estos monitos tuvieron muchos problemas en las relaciones sociales en la edad adulta, pero los que no tuvieron a estas mamás artificiales salieron incluso peor parados. O sea, incluso un vínculo malo (con una «mamá» de trapo que no se ocupa en absoluto de mí) era mejor que no tener ningún vínculo. Los vídeos de estos experimentos, que no pueden ni deben replicarse por la crueldad animal que suponen, están accesibles para todo aquel que los quiera ver en YouTube.

Sabemos que Bowlby y Harlow mantuvieron una larga correspondencia entre ellos. En todo caso, esta investigación de Harlow es lo más parecido que hemos tenido en psicología a lo que se conoce como un «experimento crucial»: un experimento que pone a prueba predicciones de dos paradigmas científicos rivales. Salvando las distancias (disculpadme, me he venido arriba otra vez), es el equivalente en salud mental al experimento de Arthur Eddington en 1919, que verificó las predicciones de la teoría de Einstein frente a las de Newton. En nuestro caso, los experimentos de Harlow claramente confirmaban las predicciones de la teoría del apego: antes que nada, somos seres sociales con una necesidad básica de vinculación. *I'm sorry*, Abraham.

En una investigación muy reciente con ratones de laboratorio, publicada en diciembre de 2021 en *Nature Neuroscience*, se ha encontrado que cuando estos roedores se relacionan aumentan los niveles de dopamina (la hormona de la motivación y la gratificación) en las áreas cerebrales de la recompensa. A la vez, cuando no se les permite relacionarse disminuyen drásticamente los niveles de esta misma hormona en estas áreas. Esto quiere decir que la interacción social es una recompensa natural, igual que comer o beber. Esto hace que los ratones inviertan esfuerzo en relacionarse y, a la vez, se sientan bien cuando lo hacen y mal cuando no. La investigación refuerza, a nivel de neurotransmisión cerebral, la hipótesis de John Bowlby: la interacción social es un refuerzo primario y natural en la mayoría de los mamíferos.

Lo más parecido a lo que observó Harlow en monos Rhesus ha sido observado en niños criados en condiciones de deprivación socioemocional. Los estudios más completos de los que disponemos provienen de Rumanía. En 1989, el dictador rumano Nicolae Ceaușescu fue derrocado y el mundo descubrió que 170.000 niños estaban siendo criados en instituciones empobrecidas de aquel país. Cuando la difícil situación de los niños se hizo pública, un equipo liderado por Nathan Fox de la Universidad de Maryland empezó a estudiar a 136 de estos niños, de entre seis meses y tres años de edad, que habían vivido desde su nacimiento en orfanatos. Estos bebés pasaban el día en la cuna, salvo cuando los alimentaban, les cambiaban los pañales o los bañaban a una hora fija. No fueron mecidos ni se les cantó o cogió en brazos. Estos bebés, debido a que sus necesidades de conexión física y emocional no se habían satisfecho, mostraron cambios en los patrones de actividad eléctrica en el cerebro, así como un menor volumen tanto de materia gris (que se compone sobre todo de los cuerpos celulares de las neuronas) como de materia blanca (que son principalmente las fibras nerviosas que transmiten señales entre las neuronas). El conjunto de dificultades que estos niños presentaron a lo largo de los años incluye déficits en los comportamientos socioemocionales, mayor impulsividad y retraimiento social, problemas para afrontar y regular las emociones, baja autoestima, conductas patológicas, como tics, rabietas, robos, autolesiones, y retrasos en la función cognitiva, el desarrollo motor y el lenguaje. Consiguientemente, tenían mayores dificultades en las relaciones con los demás, sufrían más problemas psicológicos y de comportamiento que la media, y padecían más trastornos psiquiátricos. Esos son solo algunos de los problemas que David A. Wolfe, psicólogo de la Universidad de Toronto, y su entonces alumna Kathryn L. Hildyard detallaron en una revisión de 2002 publicada en la revista *Child Abuse & Neglect*. Pero, afortunadamente, incluso unos problemas tan graves no eran irreversibles: la mitad de los niños estudiados por el equipo de Nathan Fox fueron asignados a hogares de acogida. A estos les fue mucho mejor, sobre todo a los que habían sido acogidos en familias antes de los dos años. Estos últimos presentaban niveles de materia blanca normales para su edad a los ocho años. Y su comportamiento también había mejorado mucho, así como su capacidad para relacionarse de forma sana.

Otro elemento que quedaba muy afectado en estos niños era la capacidad para vincularse. Mostraban patrones frecuentes de lo que llamamos «apego desorganizado», que explicaré en breve, y también un rasgo conocido como «promiscuidad afectiva o afectividad indiscriminada». Para entender este concepto, es útil la descripción que hace Megan Gunnar, directora del Instituto de Desarrollo Infantil de la Universidad de Minnesota: «Un niño que no te conoce correrá, te abrazará y se acurrucará como si fueras su tía perdida hace mucho tiempo». Es como si los niños no discriminasen entre propios y extraños, o incluso favoreciesen el contacto con los extraños por encima del contacto con las personas ya conocidas. Yo he tenido la ocasión de comprobar este mismo fenómeno en los orfanatos de Pune en la India que tuve la ocasión de visitar hace unos años. Esta promiscuidad afectiva se observa a veces también en adultos, y volveremos a ella más adelante.

El conocido psicólogo Abraham Maslow planteó en 1943 su famosa pirámide de las necesidades, en la que las necesidades físicas y de seguridad física eran las dos primeras, mientras que las terceras en importancia eran las socioafectivas. Hoy tenemos que repensar un poco esta pirámide. Las necesidades sociales están entreveradas con las necesidades fisiológicas y de seguridad. De hecho, parafraseando a Bowlby, la única manera que un bebé tiene de satisfacer sus necesidades fisiológicas y de seguridad es que un adulto se ocupe de él. Por tanto, si hubiese que poner algunas en la base, serían, en todo caso, las necesidades sociales y de vinculación. *I'm sorry*, Abraham.

Nuestra seguridad son las relaciones: el refugio seguro y la base segura

El segundo punto crucial para la teoría del apego es la idea de que, por oposición a otras especies que se sienten seguras en un espacio físico, en una guarida, para los seres humanos nuestro refugio son las relaciones. Citando textualmente a Bowlby, «la proximidad a un congénere protector, a diferencia de un lugar (por ejemplo, una guarida o madriguera), proporciona nuestra solución principal a las situaciones de miedo». Esto es por lo que el apego es un sistema de supervivencia y defensa: la seguridad para el niño proviene de sentir que un adulto se hace cargo, física y emocionalmente, de él. Este adulto se convierte en una figura de apego para el niño. Los adultos funcionamos, por tanto, como un refugio: una relación en la que el niño se siente seguro. El mayor miedo del niño tiene que ver con todo aquello que ponga en peligro su refugio natural: el vínculo con sus figuras de apego.

Recuerdo una anécdota que me contó mi amigo Sergio del Pino hace unos años. Volvían a casa su pareja y él con su hijo de tres años y, al entrar, se dieron cuenta al instante (por el desorden, la ventana rota, etc.) de que alguien había entrado en su casa y les había robado. Su hijo, que hasta entonces había estado muy tranquilo, se percató de que algo no iba bien y fue corriendo y se agarró con mucha tensión a su pernera (como suelen hacer los niños cuando están asustados). Él se agachó y lo cogió en brazos, y el niño, inmediatamente, se relajó. Rememorando esto después, me comentó que le llamaba la atención que el niño se relajara simplemente por estar en sus brazos. La situación no había cambiado: si los ladrones seguían en casa, si tenían algún tipo de arma, estaban en peligro. Nada de eso afectó a su hijo. Al estar en brazos de su papi ya se sentía seguro. En la teoría del apego a esto lo llamamos «seguridad sentida», traduciendo el vocablo inglés *security* (a diferencia de *safety*, que representaría la seguridad objetiva). Consiste precisamente en esto: estar en brazos de mi figura de apego me hace sentir seguro, aunque objetivamente la situación no sea menos peligrosa.

Esta seguridad sentida tiene que ver con dos conceptos centrales en la teoría del apego: el refugio seguro *(safe haven)* y la base segura *(secure base)*. En casi toda la literatura en castellano se habla de base segura y prácticamente nada de refugio seguro. Sin embargo, como veréis, esta distinción es esencial. El refugio seguro es la situación que acabo de describir de mi amigo y su hijo: una persona a la que acudir cuando me siento ansioso, cansado, temeroso. Todos hemos podido experimentar como cuando un niño pequeño se encuentra mal, solo quiere estar en brazos de su figura de apego, su refugio. También como adultos, si estamos estresados o preocupados, poder hablar con una persona cercana nos hace sentir mejor. El refugio seguro representaría la dependencia y la regulación. Recurrimos al refugio seguro en situaciones en las que sentimos miedo, cansancio o tristeza; situaciones todas en las que se activa nuestro sistema de apego.

El segundo concepto es la base segura. Cuando un niño confía en que su figura de apego estará disponible cuando le haga falta, se siente seguro y esto le permite explorar el mundo y las relaciones con otras personas. En palabras del propio Bowlby, un adulto actúa como base segura cuando está «disponible, listo para responder, pero que interviene activamente solo cuando es claramente necesario». El niño tiene una necesidad innata de vincularse, pero también tiene una necesidad innata de explorar. Para que pueda hacerlo, necesita sentirse seguro. A su vez, necesita sentir que sus figuras de apego lo animan a que explore por su cuenta. Cuanto más se convierte un adulto en base segura para un niño, presente pero no intrusivo, menos necesita el niño acudir a él como refugio seguro. Si el refugio seguro tiene que ver con la dependencia, la base segura tiene que ver con la autonomía y la exploración.

Brooke Feeney llama a esto la «paradoja de la dependencia»: solo cuando una persona experimenta la seguridad de un vínculo, podrá explorar con confianza y autonomía. Tal y como están conceptualizadas en la teoría del apego, dependencia y autonomía son dos caras de la misma moneda. Por eso, ambas son centrales para que podamos hablar de un buen apego o, en términos de la propia teoría, de un *apego seguro*.

El vínculo temprano es la base de todo nuestro desarrollo emocional posterior

La seguridad que le proporcionan al niño sus figuras de apego posibilita que esta relación sirva a otros fines, como la regulación, el consuelo, el placer y el disfrute. Posiblemente el elemento central del apego tiene que ver con la regulación. Ya hemos visto en el capítulo previo qué ocurre cuando nuestro cerebro se desregula, sobre todo cuando esa desregulación permanece a lo largo del tiempo. Bien, pues la teoría del apego nos dice, y la investigación nos confirma, que el principal elemento que proporciona un ambiente estable y regulado a los niños es una relación sana con sus figuras de apego. Cuando el niño vive con relaciones de apego seguro, esto resulta profundamente regulador para él. El niño no tiene que estar alerta. Su cerebro no se hiperactiva ni hipoactiva con frecuencia. Está tranquilo y esto mantiene su sistema nervioso en un estado de calma.

Además de la regulación que le proporciona la seguridad sentida, el apego seguro también aporta seguridad objetiva. En primer lugar, cuando hay un buen vínculo de apego, es menos probable que se den situaciones de maltrato o negligencia por parte de los propios cuidadores. Y sabemos que la mayor parte del trauma en las sociedades desarrolladas proviene del entorno cercano y familiar, especialmente con los niños, debido a su enorme vulnerabilidad. En segundo lugar, unos padres con un buen vínculo están más atentos y protegen mejor a los niños, por lo que, estadísticamente, estos niños sufren menos traumas fuera de casa. Es terrible, pero cierto: si uno tuvo la suerte de nacer en una familia sana, sufrió menos situaciones difíciles dentro y también fuera de casa. En tercer lugar, los niños con problemas de apego, debido a sus carencias, se acercan más a otros adultos, que, potencialmente, les podrían hacer daño. Si esto ocurre, además, como acostumbran a tener una opinión muy negativa de sí mismos (explico por qué en el próximo apartado), suelen sentir que lo que sea que les pase es merecido. Por último, si se producen situaciones estresantes o traumáticas dentro o fuera de casa, cuidadores con un apego seguro ayudan al niño a expresarse, regularse y volver a sentirse seguro. Es lo que llamamos en la teoría del apego la *reparación*.

Por eso, cuando este vínculo es deficitario, hay mucha mayor probabilidad de patología psicoemocional, tanto en el niño como en el futuro adulto. La relación de los problemas de apego con la salud mental es muy clara también. Hay muchos estudios en esta dirección, así que no os voy a aburrir ahora con datos y cifras. Hay que recordar algo que ya he dicho con anterioridad: el apego es, fundamentalmente, trauma de omisión, no de acción. O sea, todo aquello que no me hicieron o no me dijeron y que, sobre todo siendo niño, habría necesitado que me hubiesen dicho o hecho: que me querían, que yo era capaz, que me hubiesen prestado atención, que me hubiesen cuidado, que se hubiesen interesado por mí. Así que un apego sano, que llamamos «apego seguro», es la mejor protección para la salud mental y física.

El apego temprano marca mi forma de relacionarme con los demás y conmigo mismo

De esas relaciones iniciales con nuestras figuras de apego extraemos los patrones básicos de relación con nosotros mismos y con los demás. Como afirma la psicóloga Karlen Lyons-Ruth, en nuestras relaciones con nuestras figuras de apego «es donde aprendemos a hacer cosas con los demás». Esos patrones serán la base de nuestra relación adulta con los demás y con el mundo. Pero las relaciones que más condicionarán son las relaciones de intimidad, con nuestros propios hijos y con nuestras respectivas parejas.

Pero no solo influye en cómo nos relacionamos con los demás, sino en cómo nos relacionamos con nosotros mismos, porque es la base de nuestra capacidad para regularnos. Es también la base de nuestro autoconcepto y nuestra autocompasión. En la medida en que el niño es querido y cuidado, se siente merecedor de ese cuidado y de ese amor; se siente valioso. En la medida en que no lo recibe, el niño desarrolla una idea negativa de sí mismo.

Merece la pena que nos detengamos un poco aquí. Sabemos que haber sufrido cualquier tipo de situación traumática hace que la víctima se sienta culpable. Esto se debe a tres procesos. El primero es que cualquier situación traumática genera sensaciones de indefensión y vulnerabilidad. Por eso, cualquier acción o pensamiento que me devuelva una sensación de control me hará sentir mejor, y nuestro propio comportamiento está bajo nuestra voluntad: si hice algo mal, siempre puedo no volver a cometer el mismo error y así protegerme. «Si yo hubiese hecho…», «Si yo no hubiese…». Este tipo de lógica me proporciona una *ilusión de control*, reduciendo la sensación de indefensión. Según la psicóloga Ronnie Janoff-Bulman, los seres humanos tenemos la necesidad de sentir que vivimos en un entorno, en un mundo, predecible, benevolente y que tiene sentido. Para conservar eso, que la culpa recaiga en uno mismo es la salida. Claro, como se observa, un «efecto secundario» es que, para reducir la vulnerabilidad, la víctima pasa a ser responsable de lo que pasó. Vemos este tipo de proceso en cualquier vivencia traumática, como en personas que han sufrido agresiones físicas, sexuales o incluso accidentes. La culpa se vuelve una emoción defensiva porque nos «defiende» de otra emoción más dolorosa o incapacitante. Volveremos a hablar de estos dos tipos de emociones en los capítulos finales del libro.

Las otras dos causas de que las víctimas se culpen a sí mismas tienen que ver con la infancia. Los niños tienen en sus primeros años un pensamiento que llamamos «egocéntrico»: todo lo que ocurre, a sus ojos, tiene que ver con ellos. Esto ya explica en parte que se sientan culpables de todo lo que ocurre en su entorno. Pero, además —recordemos a los macacos de Harlow—, es mejor una mala figura de apego que ninguna. Cuando un niño tiene unos padres que no lo cuidan o que incluso lo tratan mal, para él es tan desregulador pensar que tiene unos padres «malos» que es preferible pensar que son buenos. Si mis padres son buenos y no me cuidan o me tratan mal, ¿por qué ocurre? La lógica resulta aplastante: yo soy el que está mal; mis padres son buenos, me quieren, pero yo merezco que me traten mal. He hecho algo malo o soy malo. Esta creencia también le da lo que hemos llamado «ilusión de control»: si me han pegado porque soy malo, para que no me vuelvan a pegar únicamente tengo que portarme bien. Pero, sobre todo, mantiene la sensación de estar conectado con sus figuras de apego, lo cual le hace sentirse seguro. Por eso, cuando las situaciones ocurren en la infancia, la culpa y el autoconcepto negativo se dan en mayor medida, debido a que se suman estas tres razones. La culpa, la vergüenza y sentirse poco valioso es el altísimo precio que el niño pagará para mantener una sensación de control y ese vínculo que le proporciona seguridad.

Estoy seguro de que, lamentablemente, habéis conocido a adultos que siguen funcionando con estas creencias muy negativas y autoinculpatorias; por ejemplo, en relaciones de maltrato. El motivo es que son tan nucleares para las personas, que, en numerosas ocasiones, no cambian por muchas evidencias en contra que se tengan. He tenido pacientes en consulta que eran grandes profesionales, buenos padres o madres, pero que, en el fondo, tenían una profunda sensación de no ser buenos o de ser directamente despreciables. A veces, este fenómeno guarda relación con la sensación del impostor. Estoy utilizando el término «creencias», pero tienen más que ver con la memoria implícita, con lo que hablamos de las cogniciones *calientes*. Por tanto, tienen más que ver con *sentirme* así que con *pensar* así; los flashbacks de estados internos. Sin entrar en profundidades, las personas con el autoconcepto más negativo que he tratado en consulta, con frecuencia han sido pacientes que sufrieron abusos sexuales por alguna de sus figuras paternas, generalmente su padre. En estos casos, la idea básica de ser una persona despreciable y que merece todo lo malo que le ocurra es tan fuerte que constituye nuestro principal reto en terapia. Estas creencias generan emociones muy intensas, como culpa o vergüenza.

Como hemos visto, el apego es el gran factor de protección contra el trauma, tanto por prevención como por reparación. Influye profundamente sobre nuestras pautas relacionales con los demás, y sobre cómo esperamos que se comporten con nosotros. Influye sobre nuestra propia valoración y la relación con nosotros mismos. Influye sobre nuestra capacidad de regularnos y en nuestro comportamiento con los demás en las situaciones íntimas. Veamos ahora cómo se desarrolla.

El apego en la infancia

Realmente Bowlby comenzó estudiando las pérdidas: su primera investigación la realizó con niños huérfanos tras la guerra y relacionó esas pérdidas tempranas con comportamientos delictivos posteriores y una mayor probabilidad de sufrir psicopatología. Sin embargo, como él era bien consciente, si bien en población clínica la proporción de personas con pérdidas tempranas es mayor que en población general (lo cual respaldaba su teoría), su incidencia absoluta es baja. Por tanto, una teoría que quisiese dar cuenta de una parte importante de la psicopatología adulta no podía basarse en la pérdida real de las figuras de apego, hecho relativamente infrecuente. Por eso Bowlby, muy pronto, empezó a hablar de otro tipo de pérdidas, como el rechazo de los cuidadores o «la pérdida del amor». Como él mismo dice, «si se extiende el concepto de pérdida a pérdida del amor, ya no estamos hablando de casos excepcionales». Para Bowlby, la pérdida del amor era equivalente a la pérdida de este vínculo básico. Este vínculo fue, pues, el que empezó a recibir toda su atención, no ya como un todo o nada (padres están o fallecen), sino como algo dimensional, un vínculo que puede ser mejor o peor, más o menos sano. Las primeras formulaciones de Bowlby hablaban de «fuerza» del apego. En esto andaba Bowlby cuando apareció en escena la otra gran figura de la teoría del apego: Mary Ainsworth. Ella daría un giro a los estudios sobre cómo podía ser ese vínculo. Como suele ocurrir, el que Mary Ainsworth acabase colaborando con Bowlby se debe a toda una serie de afortunadas consecuencias, entre ellas, que un amigo le enseñase a ella de pasada el anuncio que había puesto Bowlby buscando colaboradores. Ainsworth llegaba cargada de ideas de Canadá, donde había trabajado con William Emet Blatz, a Inglaterra tras su matrimonio, y dio un espaldarazo definitivo a los estudios sobre el vínculo de apego. Las aportaciones de William Blatz a la teoría del apego, vía Mary Ainsworth, son innegables.

Con frecuencia se suele presentar a Bowlby como el gran teórico del apego y a Mary Ainsworth como la que dio la evidencia empírica. Sin embargo, este enfoque es simplista. Si bien es cierto que ella creó el primer sistema de medición del vínculo de apego, este sistema dio lugar a los *tipos de apego*, que ampliaron la teoría misma de manera fundamental. Todos los demás sistemas de medición, incluso en la edad adulta, están basados en esos tipos iniciales que ella identificó. Sin su trabajo, el apego no hubiese alcanzado la relevancia teórica y práctica que ha llegado a tener. Otra contribución fundamental de Ainsworth es el concepto de «base segura». El último libro de Bowlby dedicado al apego se llama precisamente así, *Una base segura*, y está dedicado a Mary Ainsworth por su enorme contribución a la teoría. Pero a Bowlby le dio aún para escribir un último libro, en este caso no dedicado al apego, sino a uno de sus ídolos: una biografía de Charles Darwin. Como os podéis imaginar, este es un libro que siempre tengo en la mesita de noche: ¡uno de mis ídolos escribiendo sobre otro! Ya solo me falta que Radiohead haga una versión de algún tema de Pink Floyd; espera, esto ya ha pasado, ¿no? ¡Todos mis sueños se hacen realidad! Quizá sea el momento de que pongáis de fondo algún tema de Radiohead, quizá probad con *Let Down*. Bueno, que me pierdo, volvamos a Mary Ainsworth. El vínculo era central, esto estaba claro. Pero ¿cómo medir si ese vínculo es suficientemente bueno? Esto fue lo que se planteó Mary Ainsworth. Blatz había desarrollado una escala para medir el vínculo entre padres e hijos. Mary Ainsworth quiso desarrollar algo parecido. Ella había estado en Uganda, donde conoció una costumbre que consistía en separar a los niños de la madre y enviarlos a casas de parientes para «olvidar el pecho». Ainsworth aprendió el idioma local e hizo entrevistas a las familias, además de poder observar el comportamiento de los niños durante estas separaciones. De esta experiencia, el genio de Mary Ainsworth ideó la situación extraña.

La situación extraña es una prueba estandarizada para observar cómo se comporta un niño cuando se encuentra en una situación de estrés interpersonal. ¿Cuál es la forma más fácil de generar estrés a un niño pequeño? La propia teoría del apego daba una respuesta: separándolo de su figura de apego. Así, se diseñó una situación en la que un niño, de entre nueve y dieciocho meses, y su figura de apego llegaban a una sala, luego entraba otro adulto (una figura extraña), la figura de apego se iba y finalmente volvía. Durante todo el tiempo se observaban las reacciones del niño a estas diferentes situaciones estresantes. Realmente, lo que se trataba era de medir la *calidad* del vínculo de apego, término que sustituiría al de fuerza que venía utilizando Bowlby. Lo que Mary Ainsworth descubrió es que podemos ver una serie de reacciones típicas de los niños cuando se separan de sus cuidadores o figuras de apego. Llamó a cada una de ellas el «apego seguro», el «apego ansioso» y el «apego evitativo». Una alumna de Mary Ainsworth, Mary Main, añadió posteriormente una cuarta categoría: el «apego desorganizado».

El apego seguro

En la situación extraña, algunos niños se muestran tranquilos y calmados (regulados) mientras la figura de apego está presente. Exploran libremente, juegan y se alejan un poco de ella. Si entra un adulto extraño, interactúan con esa persona mientras su figura de apego está presente. Vemos que la figura de apego funciona como base segura. Les permite jugar e incluso interactuar con otros adultos. Pero se muestran visiblemente afectados (se desregulan y lloran) cuando la figura de apego se va. No interactúan con extraños mientras está ausente ni la persona extraña les sirve para calmarse y regularse. Cuando la figura de apego vuelve a entrar, van hacia ella y en sus brazos se calman pronto y se relajan, volviendo a comportarse con normalidad y con un buen estado de ánimo. La figura de apego funciona como refugio seguro y les sirve para regularse con rapidez.

Este es el apego seguro, es el estilo más adaptativo. Las emociones más exhibidas por los niños son la tranquilidad, la calma y la curiosidad, siempre y cuando la figura de apego esté presente. A su vez, la figura de apego sirve para calmarlos rápidamente y no muestran apego a las figuras extrañas, lo que definimos hace poco como promiscuidad afectiva o afectividad indiscriminada. La pregunta que creo que ahora mismo nos planteamos todas las mamás, los papás y los cuidadores en general es: ¿cómo tienen que ser las figuras de apego para que un niño muestre un apego seguro?

Las figuras de apego «suficientemente buenas»

La investigación nos dice que las figuras de apego de los niños que exhiben un apego seguro tienen una serie de características. Para que resulten más fáciles de entender, las suelo agrupar en cuatro grandes categorías: disponibilidad, regulación, sintonía y afecto positivo.

La primera característica de los padres «suficientemente buenos», como los definía Bowlby, es estar *disponibles*. Esto no quiere decir que estén constantemente «encima» de sus niños, sino que están accesibles y, si surge un problema, actúan. Esta disponibilidad no se refiere solo a una disponibilidad física, también a una disponibilidad emocional.

Para poder estar emocionalmente disponibles y atentos, las figuras de apego tienen que no estar agobiadas por sus propios problemas. Por tanto, otra característica importante de estos padres tiene que ver con la *regulación*: son padres que ellos mismos están regulados la mayor parte del tiempo. Esto hace que sus niños también lo estén. Además, cuando los niños se desregulan, los ayudan a regularse: son buenos gestionando las emociones y dejando que el niño se exprese, validando sus emociones. Son, por tanto, buenos correguladores. Ya hemos visto en el capítulo previo que, cuando estamos regulados, nuestras estructuras corticales funcionan bien. Esto hace que tengan una capacidad que en el universo apego llamamos «mentalización», un término introducido por Fonagy y Steele. La mentalización es la capacidad de poder pensar sobre lo que siento y poder sentir cuando pienso. Si recordáis, esta definición se parece mucho a la que os cité en el capítulo pasado del psiquiatra Giovanni Liotti sobre el estado de activación óptima: pensamiento compatible con sentimiento. Esto es porque, para poder tener mentalización, tengo que estar regulado, en activación óptima. Su capacidad de regulación se relaciona con otra capacidad, introducida por Daniel Siegel, el *mindsight*, que es la capacidad de poder ver lo que el otro siente, lo que el otro necesita. Por tanto, estos padres tienen una buena capacidad de *ver* a sus niños, de saber cómo son y qué necesitan en cada momento.

La capacidad de mentalización y el *mindsight* dan lugar a la capacidad de *sintonía emocional* con el niño. Este nombre lo introdujo Stern en 1985, aunque el concepto estaba desde el principio en la teoría. El propio Bowlby nos pone un muy buen ejemplo de esta sintonía emocional basándose en la comida: la madre que está sintonizada con su hijo está atenta a lo que come. A veces le insiste un poco para que coma; otras lo deja pasar, siempre guiándose por las necesidades del niño. Mientras, la figura de apego que no está sintonizada con el niño puede insistir siempre en que el niño coma, por la ansiedad que le provoca a ella que el niño no coma, independientemente de las necesidades del niño en ese momento. Por contraste, los cuidadores que Bowlby llamaba «suficientemente buenos» responden según las necesidades del niño, no las suyas propias. Esta capacidad de sintonía con el niño los hace ser *no intrusivos*. Esto tiene que ver con lo que hemos hablado antes de la base segura: no están constantemente interviniendo, adelantándose a lo que el niño necesita. Dejan que el niño explore, se equivoque y tome decisiones, ayudándole a tener autonomía y estando atentos por si surge algún problema.

La última característica de estos cuidadores es el *afecto positivo*. Ya vimos que, desde su primera formulación, para Bowlby el afecto positivo era esencial en el vínculo sano con los niños. La primera parte de este afecto positivo es lo que llamamos la «calidez no responsiva». Esto se refiere a que estos padres generan un ambiente cálido y agradable alrededor del niño. La segunda parte de este afecto positivo está directamente relacionado con que estos padres muestren alegría y felicidad, y se relacionen desde ese estado con los niños, jugando y divirtiéndose con ellos. El psiquiatra Allan Schore ha encontrado que, cuando se dan situaciones de interacción íntima y cálida entre un cuidador y su bebé, se disparan, además de la oxitocina, la producción de opioides endógenos y dopamina, tanto en la figura de apego como en el hijo. Todas estas sustancias nos inducen un estado de calma y bienestar, y son esenciales, por tanto, para la capacidad de autorregulación futura del niño y para su capacidad de vincularse y disfrutar de las relaciones.

Cuando explico en mis cursos estas características de las mamás y papás suficientemente buenos, normalmente una parte del público se angustia. Ante esta lista, ninguno de nosotros está a la altura, nadie cumple todos esos criterios, al menos no todo el rato. Los padres nunca vamos a estar a la altura de lo que un niño necesitaría de forma ideal. Siempre habrá carencias. El propio uso por parte de Bowlby del término «cuidadores suficientemente buenos» nos habla de esto. Pero creo que no está de más citar a Jeremy Holmes cuando nos dice que incluso las personas con apego seguro en algún momento del día reaccionan desde estructuras ansiosas o evitativas. Lo importante es que seamos conscientes y reduzcamos esos comportamientos. Los tipos de apego que observamos en la situación extraña tienen que ver con comportamientos *repetitivos* de los padres, no con situaciones aisladas que luego son reparadas.

Apego inseguro: el apego ansioso-ambivalente y el apego evitativo

Ya hemos visto a los niños con apego seguro y las características más frecuentes en sus cuidadores. Pero Mary Ainsworth halló otros dos tipos de comportamiento de los niños en la situación extraña. Los llamó «apego ansioso-ambivalente» y «apego evitativo». Ambos son tipos de apego inseguro, por oposición al apego seguro que acabamos de ver.

El apego ansioso-ambivalente: con este tipo de apego los niños se muestran ansiosos e inseguros desde el principio en la situación extraña, aun estando la figura de apego presente. No juegan ni se alejan de ella. Si entra un adulto extraño, apenas interactúan con él, y se repliegan más hacia su figura de apego. Vemos indicios de que la figura de apego no funciona como base segura. Cuando esta abandona la sala, los niños se perturban aún más. Cuando vuelve, se muestran ambivalentes, quedándose cerca de ella, pero mostrándose enfadados o ansiosos. Tardan en calmarse, y en algunos casos no lo hacen del todo. Pueden golpear, empujar a la figura de apego o no dejarse coger. Esta no funciona como refugio seguro ni les sirve para regularse con rapidez. Las emociones más frecuentes que muestran son la inseguridad, ansiedad, angustia o ira.

El apego evitativo: este grupo de niños, en la situación extraña, en mayor o menor medida, evitan o ignoran a la figura de apego cuando está presente. No suelen explorar mucho, pero sí que se alejan frecuentemente de su figura de apego e interactúan poco con ella. Si entra un adulto extraño, interactúan con él, en ocasiones más que con la propia figura de apego. No se ve una gran diferencia en la forma de dirigirse a los extraños y los cuidadores. No muestran mucha emoción cuando la figura de apego se va, ni le prestan mucha atención cuando vuelve. La figura de apego no parece estar funcionando ni como base segura ni como refugio seguro. No muestran un gran abanico de emociones, sin que influya que estén solos o acompañados en la habitación. Se observa indiferencia y poca exploración. Es como si hipoactivaran su sistema de apego, como si hubiesen aprendido a no sentirse tan mal *negando sus necesidades de apego*, ocupándose de sí mismos emocionalmente (suprimiendo sus emociones) y no dando problemas.

Lo que hemos aprendido desde entonces gracias a los estudios neurológicos es que las personas que han vivido experiencias traumáticas en su infancia logran «adormecer» sus sistemas propioceptivos, situados en la región medial de la corteza. Esto hace que «sientan menos». Estudios hechos con niños que en la situación extraña mostraron comportamientos evitativos, nos dicen que, aunque se muestren aparentemente calmados, tienen los niveles de cortisol elevados. Es decir, aunque parezcan tranquilos, están pasando por una situación de alto estrés, que, además, puede tener consecuencias, como sabemos, para su salud y para sus relaciones futuras, en las que es muy posible que les cueste sentir y conectarse con los demás, precisamente por tener el sistema de autodetección «amortiguado».

Las figuras de apego de los niños con vínculo inseguro

Viendo los cuatro bloques de características que hemos visto en las figuras de apego de niños con apego seguro, podemos decir que cuando los cuidadores presenten problemas en algunas de estas áreas, será más probable que el vínculo que el niño exhiba sea el del apego inseguro. Cuanto mayores sean las dificultades del cuidador, mayor inseguridad mostrará el niño en la situación extraña.

Las figuras de apego pueden estar poco disponibles físicamente. También puede ser que estén físicamente pero con baja disponibilidad emocional. Puede que estén absortos en sus propios problemas y que esto haga que no respondan a los niños o solo respondan cuando estos se portan bien y no dan problemas. Esto llevará a que el niño se tenga que regular por su cuenta sin haber aprendido aún a hacerlo, suprimiendo y distanciándose de sus emociones, lo que conducirá a un tipo de apego evitativo. Por otro lado, si los padres responden solo cuando el niño es demandante o se porta mal, esto generará un estilo más ansioso. A qué tipo de comportamientos responden los padres es una cuestión de mucho interés; según a lo que los padres dediquen atención, se verá reforzado ese tipo de comportamiento.

La forma de regulación también es esencial. Si de los cuidadores suficientemente buenos vimos que eran buenos regulándose y corregulando, en este caso veremos déficits en ambos aspectos. En algunos casos, tendremos figuras de apego, ellas mismas poco reguladas y ansiosas, que generan ansiedad en los niños. En otros casos tendremos personas excesivamente reguladas, ellas mismas con un patrón emocional evitativo, y que solo atienden al niño cuando se «porta bien»; esto es, cuando se autorregula como puede. En este último caso, el niño generará, con mucha probabilidad, un vínculo evitativo; en el anterior, uno ansioso.

La sintonía emocional también es muy importante. Cuando los padres son excesivamente intervencionistas, intrusivos, porque su propia ansiedad los hace intervenir antes de tiempo, limitan el desarrollo de la autonomía del niño. Esto es especialmente dañino porque, cuando nos anticipamos a todas sus necesidades y dificultades y las resolvemos, de alguna manera les estamos transmitiendo dos mensajes: el mundo es un sitio peligroso (o al menos muy complicado), y tú solo no eres lo suficientemente capaz (o bueno) para funcionar en él, necesitas mi intermediación. Además, esta pauta intrusiva hace que con frecuencia los niños se vuelvan demandantes y exijan que otros resuelvan sus problemas. Estos comportamientos de los padres nacen de la propia ansiedad de los cuidadores, no de las necesidades del niño.

Con respecto al afecto positivo, cuando los padres cumplen todas sus funciones como padres, pero no son felices, el niño interpreta, por su pensamiento egocéntrico, que no son felices por su culpa, que hay algo malo en él o que no es suficientemente bueno para que sus padres sean felices. Esto, por supuesto, es implícito: lógicamente, no es que la persona piense esto, pero así es como se siente.

Por último, he tenido la ocasión de observar a veces el patrón evitativo en niños como consecuencia de la elevada desregulación de los padres. Recuerdo el caso de un niño cuya madre padecía esquizofrenia y no solía tomar la medicación que necesitaba. El pequeño se acostumbró a ocuparse de sí mismo a una edad muy temprana, así como de la casa e incluso de su hermana menor. De adulto, a pesar de ser una persona muy funcional y con éxito profesional, además de un gran tipo, solía tener serios problemas en la intimidad con los demás, sobre todo con sus parejas, y le costaba mucho prestar atención a sus propias necesidades.

Como ya hemos visto, los sistemas afectivos siguen un principio jerárquico: primero hiperactivación, buscando la atención, y luego hipoactivación, mostrándose indiferente y distante, en un intento de disminuir el dolor. Un ejemplo cotidiano de esto lo podemos observar cuando dejamos a los niños las primeras veces en las guardería. Con frecuencia oigo que los cuidadores les dicen a las madres o a los padres: «Es un cuentista, llora mientras estás tú; cuando tú te vas, se queda muy tranquilo». Cierto, pero esto no ocurre porque el niño finja; ocurre porque, cuando la figura de apego se va, el niño hipoactiva su sistema de apego. Al volver a ver a su mamá o papá, se vuelve a activar el sistema de apego del niño, que expresa su ansiedad o su enfado. De hecho, la teoría del apego nos dice que el niño expresará su malestar (tristeza o enfado) más fácilmente con su figura de apego que con cualquier otra persona, precisamente porque con la primera se siente lo suficientemente segura para expresar cómo se siente, sin miedo a ser rechazado o abandonado por ello. Recuerdo el caso de una madre, adoptiva en este caso, de un niño que mostraba muchos problemas, sobre todo con ella, con la que tenía el mayor vínculo. Esto la entristecía mucho: «Con quien peor se porta es conmigo». Explicarle que eso era precisamente porque ella era su figura principal de apego, con la que más podía expresar su malestar, la ayudó mucho a entender y lidiar con la situación. Este fenómeno también tiene mucha relevancia para las relaciones entre adultos.

El hecho de que los comportamientos de cualquier sistema se puedan hipoactivar o incluso suprimir no es extraño. Ya lo hemos visto en los de defensa y jerarquía. Pero también ocurre en los sistemas fisiológicos. Tomando prestado un ejemplo de Hilburn-Cobb, podemos ver esto en las personas que padecen anorexia restrictiva, que suprimen la ingesta de comida, «aunque la motivación del hambre continúa durante la inanición y conduce a actividades obsesionadas con la comida». Esta supresión, cuando se da en el sistema de apego, fue llamada por Bowlby «desapego». Por lo que podríamos argumentar que la solución a las dificultades que surgen en las relaciones de apego no es el desapego. El desapego no es más que otro trastorno de apego, otra forma de apego inseguro. Y sé que la parte de mi familia hinduista de tradición budista estará ahora mismo molesta con esto que acabo de decir. Pero la solución no es desapegarnos y aislarnos emocionalmente; es curar las heridas y poder vincularnos de forma sana aceptando el riesgo al dolor.

El apego desorganizado

Esta es la cuarta estrategia identificada, que no estaba presente en las primeras formulaciones de Mary Ainsworth. Fue introducida en 1985 por una colaboradora suya: Mary Main, otra de las figuras más relevantes en la teoría del apego. Lo que encontró, trabajando con niños procedentes de situaciones familiares de riesgo, fue un grupo de niños que, en la situación extraña, se comportaban de una forma distinta a los tres casos descritos hasta entonces. Estos niños mostraban falta de orientación y respuestas contradictorias, como acercarse a la figura de apego, pero mirando hacia otro lado, o acercarse y colapsar cuando estaban cerca. También mostraban dificultades para dejarse tocar o establecían contactos extraños, como tocar los pies de la figura de apego. Además, muchos de ellos parecían sentir miedo intenso. Este tipo de comportamientos eran claramente diferente de los anteriores. Tanto el patrón seguro como el ansioso y el evitativo, aunque diferentes entre sí, mostraban una estrategia conductual y atencional coherente y clara. Por el contrario, esta clase de estrategias que ella acababa de identificar mostraban una falta de coherencia, orientación y organización en el comportamiento del niño. Por eso, Mary Main llamó a este cuarto tipo de estrategias *apego desorganizado*. Los otros tres tipos se englobarían a partir de entonces en el grupo de los organizados.

Un gráfico que represente todo esto que acabamos de explicar puede ser:

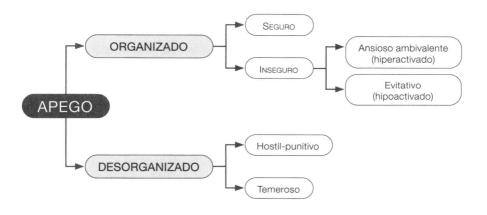

Principales estrategias de apego.

Mary Main planteó la hipótesis de que el comportamiento desorganizado de estos niños se debía a que sentían miedo de sus padres. O sea, no solo estos padres no eran buenos reguladores y no daban seguridad al niño, sino que eran en sí mismos la fuente de la inseguridad y el miedo. Esto hacía que se produjese un conflicto entre dos de los sistemas afectivos innatos: el de apego y el de defensa. Cuando un niño, o cualquier otra cría de mamífero, se encuentra en peligro, estos dos sistemas funcionan de forma armoniosa: el sistema de defensa se hiperactiva, haciendo que el niño quiera huir del peligro; a la vez, el sistema de apego también se hiperactiva, haciendo que el niño quiera ir hacia su refugio seguro: su figura de apego. Pero ¿qué pasaría si la misma figura de apego, la que debe dar seguridad, fuese la fuente de peligro para el niño? Se produciría lo que Mary Main llamó «la paradoja de la huida-aproximación». El sistema de defensa le pediría huir del peligro, del perpetrador, a la vez que el sistema de apego le pediría aproximarse a su figura de apego, es decir, aproximarse al perpetrador. Esto generaría una situación que la mente del niño no puede resolver, y el resultado sería ese comportamiento paradójico y contradictorio. De este modo, el subtipo de apego desorganizado se da cuando las figuras de apego del niño son temibles y el niño se ve obligado a buscar la intimidad y el refugio con la misma persona que le está dañando. Esto supone un «enredamiento» de los sistemas de defensa y apego. Pero Main no se quedó ahí, hipotetizó que también se daría el mismo comportamiento cuando las figuras de apego son temerosas. Esto es, sienten miedo, ponen caras de miedo delante del niño. Todo ello desorganizaría el sistema de apego.

Este tipo de apego se daría, por tanto, fundamentalmente en niños en situaciones y familias emocionalmente desestructuradas, cuyas figuras de apego maltrataban a los niños o a otra figura de apego en presencia de estos, tenían enfermedades mentales graves o presentaban traumas no resueltos que las hacían actuar de manera que sentían miedo de sus hijos o generaban miedo en ellos.

Como es lógico, las consecuencias del apego desorganizado son peores que las de los dos tipos de apego inseguro. Si las estrategias inseguras (la ansiosa y la evitativa) se relacionan con dificultades en las relaciones interpersonales (dependencias o contradependencias), la estrategia desorganizada desempeña un papel importante en el desarrollo de trastornos mentales más severos, en especial, como nos dice Liotti, los que presentan procesos disociativos de base y características límites.

Del apego temprano a los patrones de vinculación patológica

Hemos visto hasta ahora el apego en la primera infancia, pero el sistema de apego sigue funcionando a lo largo de toda la vida. Ya en 1964, Rudolph Schaffer y Peggy Emerson encontraron que, a los siete meses, un 29 por ciento de los niños formaba vínculos de apego con al menos dos adultos de su entorno; a los diez meses, el 60 por ciento exhibía más de un vínculo de apego. Este número aumentaba hasta el 87 por ciento a los dieciocho meses, edad a la que además presentaban más de un vínculo de apego, y un 30 por ciento se habían vinculado con cuatro o cinco adultos.

Estudios posteriores han ido poniendo de manifiesto que este vínculo evoluciona a lo largo de todo el ciclo vital, siendo especialmente importante los cambios que se producen en la adolescencia, donde va a condicionar las relaciones con los iguales, y en la edad adulta, donde va a tener mucho que ver con las relaciones de pareja y las relaciones que establecemos con nuestros hijos, nuestro sistema apego-cuidador. Uno de los estudios más completos que tenemos en relación con esto, el estudio longitudinal de Minnesota, encontró que los niños que eran clasificados con apego seguro antes de los dos años, a los seis años eran valorados como más socialmente competentes por sus profesores, y a los dieciséis tenían mayor nivel de intimidad con amigos y relaciones más significativas. Estos mismos niños tenían, en la veintena, más experiencias emocionalmente positivas con parejas, mayor nivel de compromiso y mejor capacidad de resolución de conflictos íntimos, porque se auto- y corregulaban mejor.

A la vez, sabemos que los niños que tuvieron apegos inseguros en la infancia, tienen una mayor facilidad para seguir generando relaciones así en la edad adulta, tomando la forma de estrategias dependientes o contradependientes, como hemos visto. Por tanto, hay evidencias de una continuidad entre el apego infantil y el adulto. Pero hay que tener en cuenta dos aspectos muy importantes que van a condicionar el estilo de apego en la edad adulta: que en el adulto no se da un tipo «puro» de apego y que es muy importante el equilibrio que el sistema de apego haya alcanzado con el resto de los sistemas afectivos.

Patrones de apego: tipos, estilos, estrategias y comportamientos de apego

Cuando el niño es pequeño, hablamos de tipos de apego. El comportamiento del niño a esta edad encaja con uno de los cuatro que acabamos de ver. No obstante, recordad que esta tipología no es un rasgo de personalidad, es una variable diádica. De hecho, el niño puede exhibir en la situación extraña tipos de apego distinto con adultos distintos, como ansioso con la madre y desorganizado con el padre. A medida que crece, este proceso se acentúa y se diversifica. El niño conoce e intima con diferentes personas y cada una se relaciona con él desde variados estilos y estrategias de apego. Los niños que han tenido apegos deficitarios, como vimos, suelen presentar, además, promiscuidad afectiva o afectividad indiscriminada: se acercan a otros adultos afectivamente buscando la intimidad que necesitan. Hemos dicho que esto a veces resulta peligroso. Pero también puede ocurrir lo contrario: que estos adultos compensen de alguna manera lo que a estos niños les falta. No pocas abuelas, tías o profesores han cumplido esa función, afortunadamente. Todas estas relaciones se interiorizarán y formarán parte del patrón vinculatorio del adulto que, recordemos, es memoria implícita. En la mayoría de los adultos, como señala Jeremy Holmes, uno de los autores que más ha estudiado el apego en la práctica clínica, veremos rasgos mixtos de diferentes tipos de apego en la infancia. Como en muchas personas predomina un tipo sobre los demás; en adultos llamamos a ese tipo predominante el «estilo» o «patrón» de apego (dejando el término «tipo» para los niños). Hay personas, por ejemplo, que tienen un estilo más ansioso en las relaciones íntimas, mientras que otras lo tienen más evitativo. Además, estos estilos dependen de con quién se dé la relación: puedo tener un estilo seguro con un amigo íntimo, uno ansioso con mi pareja y uno evitativo con mis hijos. Los comportamientos, en la edad adulta, suelen ser versiones sofisticadas de las que hemos visto en la infancia. Así, un comportamiento de apego ansioso puede ser tener una gran necesidad de hablar por WhatsApp con mi pareja cuando ha salido de noche con amigos (y esto es una versión de la búsqueda de proximidad del niño). O enfadarme al día siguiente, como hacían los niños con apego ansioso cuando volvían sus figuras de apego en la situación extraña. O quizá mostrarme distante e indiferente, una versión adulta de las estrategias evitativas. Al conjunto de este tipo de comportamientos los llamamos «estrategias». De esta forma, podemos hablar de estrategias ansiosas, estrategias evitativas o estrategias desorganizadas.

A mí personalmente me gusta hablar de estrategias porque capta muy bien la fluidez del apego y cómo la mayoría de las personas exhiben comportamientos de diferentes tipos. Por ejemplo, alguien que se muestra evitativo y distanciante con respecto a una pareja, al ser dejado por ella, se puede transformar, de un día para otro, en una persona ansiosa que desea volver a toda costa con su ex al que antes no le hacía ningún caso. O si pensamos en una madre ansiosa y preocupada por que sus hijos ya mayores coman bien, diríamos que esto es un vínculo ansioso. Pero si uno de sus hijos se sienta con ella y le dice: «Bueno, mamá, ¿y tú cómo estás?», es muy probable que la respuesta sea algo así como: «Bien, bien, lo que pasa es que tengo mucho trabajo», evidenciando sus problemas para la intimidad, su comportamiento evitativo. Estos casos, ¿qué son?, ¿una persona de apego evitativo o de apego ansioso? Pues es una persona que en ocasiones exhibe estrategias evitativas, y en otras, estrategias ansiosas.

Además, en función del estrés, las personas pueden exhibir estrategias de un tipo u otro. Yo calmado, descansado y sin problemas muestro una paciencia infinita con mis hijas. Si un día estoy cansado o estoy irritable, mi estilo de apego empeora. Si a eso, imaginaos, le añadiésemos que fallece una persona muy cercana para mí, el estilo de apego exhibido con mis hijas puede que empeore aún más: no habría mucho afecto positivo ni posiblemente regulación. Hemos visto que el sistema de apego es jerárquico: el estrés hace que empeoren las estrategias de apego que exhibimos, que pueden ir de ansiosas a evitativas, incluso hasta desorganizadas. Esto solo se puede entender si tenemos en cuenta que podemos exhibir unas estrategias u otras.

También es totalmente diferente el apego que puedo exhibir con un primer hijo que con un segundo. En primer lugar, llegan en momentos diferentes para mí. Una época puede ser más estresante que otra, y, por tanto, que se activen apegos más inseguros. Como los propios niños son una fuente de estrés, es posible que el mero hecho de tener dos hijos en lugar de uno sea la causa del empeoramiento del tipo de apego exhibido. Recuerdo el caso de una paciente que con su primera hija mostró un apego bastante seguro: pasó tiempo con ella, la cuidaba, estaba sintonizada y disfrutó mucho de su maternidad. Cuando nació su segunda hija, que se llevaba tres años con la primera, la situación era ya muy distinta: su relación de pareja había empeorado mucho y su carrera profesional había sufrido por el tiempo que le había tenido que dedicar a su primera hija. Su nivel de estrés, en definitiva, había aumentado considerablemente. Por tanto, la relación de apego que tuvo con su segunda hija fue más que evitativa: la niña pasaba bastante tiempo sola o con su cuidadora, y la madre le prestaba atención sobre todo cuando estaba bien de ánimo. Esta segunda niña desarrolló un patrón mucho más evitativo que la primera.

El equilibrio entre los distintos sistemas

Ya hemos visto que el sistema de apego es el principal regulador en la infancia y es el que permite la correcta expresión del resto de sistemas. A medida que crecemos, los distintos sistemas evolucionan equilibrándose entre ellos y funcionando de forma más o menos armónica. Mary Ainsworth ya avisaba de que «en la edad adulta, el sistema de apego opera coordinadamente con el sistema sexual-reproductivo y el sistema de cuidado» en las relaciones de pareja. Este funcionamiento conjunto es especialmente cierto para los tres sistemas relacionados con el miedo: el de defensa, el de jerarquía y el de apego. Desde un punto de vista evolutivo, aprender lo que es seguro o no es esencial para mantener la vida y estos tres sistemas han evolucionado para proporcionarnos seguridad. Por eso, los tres se activan ante cualquier situación de riesgo para nuestra integridad física, social o emocional. Aunque los tres se activan por el miedo, el de cada sistema, como señala Matthew Lieberman, es un poco distinto, y configuran las tres categorías de los que podemos considerar los miedos básicos en humanos: el miedo al daño físico o la muerte (sistema de defensa), el miedo a perder a alguien o a que esta persona deje de sentir afecto hacia uno (sistema de apego) y el miedo al rechazo o a la exclusión social (sistema de jerarquía social). Pero precisamente que los tres se activen por miedo hace que se puedan compensar unos a otros. Si uno de ellos ha tenido un desarrollo deficiente, puede darse un desarrollo exagerado de alguno de los otros para recuperar la sensación de seguridad. Por ejemplo, personas que no se sintieron queridas y valoradas por sus figuras de apego pueden desarrollar estrategias dominantes en sus relaciones interpersonales para compensar esa falta de seguridad. Otras, por la misma razón, pueden buscar el éxito y reconocimiento por sus logros personales y su estatus. Y otras pueden buscar sentirse valiosas e imprescindibles, lo que constituye precisamente su carencia, cuidando de manera compulsiva a los demás.

Como vemos, son todos ejemplos de ese «enredo» de los sistemas afectivos. Esto ocurrirá tanto más cuanto más hayan estado mezclados estos tres sistemas en la relación con mis figuras de apego. Si yo crecí en una familia en la que era normal gritar, insultar o utilizar cualquier estrategia dominante, aprenderé que estos comportamientos son normales en las relaciones de intimidad. De adulto, será mucho más probable que yo exhiba estos comportamientos, ya sean dominantes o sumisos, y que los tolere cuando ocurran. En algunos casos puede suceder incluso algo peor: que yo sienta que en las relaciones en las que no se dan estas situaciones no hay verdadero amor. Así, si para mí las reacciones de celos y control han sido normales, si estoy con una persona que no reacciona así, puedo llegar a sentir que esa persona en el fondo no me quiere, y sentirme desgraciado o intentar provocar sus celos. También puede ocurrir que deje esa relación y busque otra con una persona que exhiba celos y control, sintiéndome así más querido. Es lo que llamamos la «búsqueda del patrón complementario».

Esto se da especialmente cuando en mi infancia hubo apego desorganizado. Como recordaréis, esta cuarta categoría tenía lugar precisamente porque se producía una activación conjunta y contraria de dos sistemas, el de defensa y el de apego. Esto hacía que ambos sistemas quedasen «enredados» entre sí, y que el niño exhibiese comportamientos paradójicos, incluso miedo, con sus figuras de apego. Pero el de defensa no es el único sistema que puede enredarse con el de apego.

Es interesante notar que la mayoría de los niños que muestran comportamientos de apego desorganizado en la situación extraña en la prueba que se hace de los nueve a los dieciocho meses, no los manifiestan ya en pruebas que se les realizan hacia los seis años. En su lugar muestran lo que llamamos «estrategias de control». De alguna manera, logran «esconder» su apego desorganizado. Esto lo pueden hacer porque los sistemas afectivos se pueden inhibir mutuamente, de manera que los comportamientos propios de un sistema pasan a cumplir las funciones de otro. Es lo que el psiquiatra Giovanni Liotti llamó «inhibición recíproca de los sistemas». El sistema que predomina en una interacción inhibe a los otros. Como nos dice Cathron Hilburn-Cobb, cuando mediante la activación de su sistema de apego el niño no logra obtener lo que necesita, activará la estrategia de algún otro sistema afectivo que le permita tener algún control sobre las interacciones que tiene con su figura de apego. En estos casos, lo que ocurrirá es que estos sistemas no se diferenciarán adecuadamente, quedando «enredados» con el sistema de apego. Por ejemplo, el niño mostrará comportamientos de dominancia, agresividad o de sumisión, que ya hemos visto que son comportamientos propios del sistema de jerarquía social, que también se activa con el miedo.

El sistema de defensa y el de jerarquía no son los únicos que pueden enredarse con el apego, también puede ocurrir con otro sistema del que no hemos hablado: el sexual. Erikson sugirió que el sistema sexual en ocasiones puede servir a las funciones del sistema de apego. Esto ocurre frecuentemente en las situaciones en las que hubo abuso sexual por parte de una figura de apego, aunque no voy a entrar en mayor profundidad en este tema porque escapa por completo a las pretensiones de este libro.

En otros casos se producirá lo que llamamos una «inversión del apego». He hablado desde el principio del capítulo del apego como un único sistema, aunque para muchos autores realmente engloba dos subsistemas: el de apego propiamente dicho, que es el responsable del vínculo del niño con su figura de apego; y el de apego-cuidador, que es el que vincula al adulto con el niño y le hace cuidarlo. Un niño no debería exhibir comportamientos de apego-cuidador. Pero, en ocasiones, este logra regular su entorno volviéndose él el cuidador. Esto es lo que llamamos *parentalización*. El término fue introducido por el psiquiatra Ivan Boszormenyi, y describe las situaciones en las que los roles de cuidador y cuidado se intercambian. Padres que buscan en sus niños apoyo emocional o instrumental, en lugar de darlo. El propio Bowlby habló de que se podía generar un patrón de cuidador compulsivo cuando se había dado esta inversión de roles. Esta inversión puede ser más o menos sutil. Desde padres que le cuentan sus problemas de pareja a sus hijos hasta padres a los que los propios hijos tienen que consolar o regular. Estos niños suelen saltarse etapas importantes de su infancia y con frecuencia, en la edad adulta, tienen dificultades para relajarse, disfrutar o estar en contacto con sus propias necesidades, obligados como fueron a comportarse como adultos antes de tiempo. Suelen no detectar las propias necesidades, por el efecto de «apagar» sus sistemas propioceptivos, como vimos, y enfocarse excesivamente en los demás. Esto suele generar uno de esos patrones mixtos de los que hablo. Por un lado, el adulto está ansioso por agradar y cuidar en su búsqueda de intimidad. Por otro lado, está desconectado de sus propias emociones y necesidades y, cuando tiene situaciones de intimidad en las que no tiene que cuidar, no sabe qué hacer. Fijaos cómo es el enredo entre estos sistemas que con cierta frecuencia tenemos hombres que consultan por eyaculación precoz y tienen este tipo de patrón ansioso de base (esto no es una verdad científica, solo una observación clínica, a partir de unos pocos casos). En todo caso, como las disfunciones sexuales tienen que ver con la ansiedad en la intimidad, y el apego es el principal regulador de esa ansiedad, no es extraño que estén relacionados la esfera de intimidad sexual y el apego.

Además, este tipo de enredos en los vínculos no se dan de forma aislada. Erik Hesse encontró que padres que mostraban comportamientos temibles o temerosos (la idea original de Main), también era más probable que exhibiesen otros inusuales, como sumisión, búsqueda de cuidados, dominancia o, en ocasiones, conductas sexualizadas. Esto favorecería que los niños también exhibiesen este tipo de comportamientos para lograr su atención y/o por imitación. A lo largo de su crecimiento, lo que el niño aprendió (implícito, claro) fue que, a través de cualquiera de estos comportamientos, lograba controlar, de alguna manera, la conducta de su figura de apego. Si me enfado, me pongo agresivo, estoy enfermo, tengo comportamiento sexualizado o soy yo el que cuida, logro obtener la atención que necesito. Así, el control se vuelve un elemento central en el apego desorganizado. De alguna forma, el apego será sustituido por el control en mayor o menor medida. ¿Qué función cumple esto? Bueno, el control permite que el niño organice de alguna forma su entorno emocional.

Este control es el que deja que este no muestre ya estrategias desorganizadas. A su vez, permite que, a medida que crecen, las personas con apegos desorganizados en su infancia logren «esconder» esa desorganización subyacente. Os pongo un ejemplo: imaginaos una persona que creció en una casa en la que el padre, un celoso patológico, maltrataba a la madre. Esto, como ya sabéis, es apego desorganizado. Además, su madre, estando mal como estaba, tampoco pudo proporcionarle un vínculo seguro. De hecho, era un vínculo bastante parentalizado, en el que él cuidaba emocionalmente de ella. Él odiaba a su padre, nunca iba a ser como él. Sin embargo, cuando empezó a tener relaciones de pareja, trasladó toda su inseguridad a sus relaciones adultas y empezó a sentir celos. Se avergonzaba de sentirlos, por lo cual los escondía en público. Incluso lo hacía cuando empezaba una relación nueva. Si la relación duraba poco, no había problema. Pero una de aquellas relaciones fue con una persona de la que se enamoró especialmente. A medida que aumentaba la intimidad, también lo hacían sus celos e inseguridades. Él había sido un gran cuidador, es lo que había aprendido en la relación con su madre. Su pareja estaba encantada con esto, porque no se había sentido cuidada en su infancia; era la segunda de tres hermanas, la niña sándwich. Al principio les fue muy bien: él la cuidaba y ella se dejaba cuidar. Lo que en el próximo capítulo veremos que es una relación complementaria. Pero su comportamiento empezó a cambiar. Para resumir os diré que empezó a utilizar toda serie de «estrategias de control», como decirle que no se pusiese tal o cual ropa o hacerle sentir mal cuando salía con sus amigas. También empezó, sutilmente, a «minar» la seguridad de su pareja diciéndole que estaba más gorda o que no era muy lista. Las famosas estrategias de control.

Las estrategias de control tienen varios problemas. Por un lado, la mayoría son dañinas para el sujeto y/o para las personas que lo rodean, como acabamos de ver. Por otro, generan relaciones desequilibradas, en las que ambos miembros se sienten insatisfechos, o relaciones directamente tóxicas. También aumentan la dependencia de ambos miembros. Por último, ese control frecuentemente se viene abajo y sale a la luz el apego desorganizado subyacente. Esto ya lo comprobó Liotti en la investigación que os he comentado con niños de seis años que habían sido clasificados previamente como apego desorganizado. Encontró que en un inicio mostraban una buena orientación y organización del pensamiento y el comportamiento: no parecían tener apego desorganizado, lo habían «escondido», como dijimos. Esto cambiaba drásticamente cuando se les mostraban viñetas del test de ansiedad de separación de Mary Main. Estas viñetas tienen la capacidad de activar el sistema de apego. Cuando esto ocurre, su organización se colapsa y aparecen la desorganización subyacente, volviéndose sus narrativas totalmente incoherentes. ¿Cuándo ocurre esto en los adultos? En las situaciones de estrés, dolor, soledad o pérdida. Aquí es cuando aparecerán, nos dice la teoría, los comportamientos más desorganizados. Es lo que pasó con la persona de la que os hablaba antes: cuando su pareja lo dejó, él, que hasta entonces se había mostrado harto de ella, se empezó a desesperar, quería volver con su ex a toda costa, la empezó a acosar y, finalmente, tuvo un intento de suicidio. Es posible que muchos intentos de suicidio u homicidio, o ambos, que vemos en las relaciones de pareja tengan que ver con un apego desorganizado de base, aunque esa no sea evidentemente la única causa. El comportamiento humano es demasiado complejo para intentar explicarlo a partir de una sola variable o una sola teoría. Incluso el ejemplo del paciente que os he puesto está simplificado: había otros factores detrás de sus celos, claro. Pero por ahora nos sirve para entender que siempre que en las relaciones interpersonales entre adultos aparezcan agresividad elevada, celos desmesurados, alta inseguridad, puede ser una indicación de que hubo aspectos desorganizados en el apego infantil.

Según Cathron Hilburn-Cobb, el objetivo básico del sistema de apego del niño es activar el sistema de apego-cuidador de los padres y lograr que estén disponibles y lo cuiden. El niño hará lo que sea para conseguir este objetivo, para sobrevivir emocionalmente. En la reacción segura, el niño logra sobrevivir sin hacer nada especial, siendo un niño. Pero, si eso no funciona, movilizará los recursos que tenga. Si comportándose de forma demandante o enfadada lo logra, lo hará hiperactivando su sistema de apego. Si lo que consigue su objetivo es mostrarse más distante o indiferente, lo hará hipoactivando su sistema de apego. Si ninguna de las estrategias propias del sistema de apego le sirven, el apego se desestructurará y el niño utilizará estrategias de otro sistema para conseguir algún fin que le dé seguridad. El niño hará lo que tenga que hacer para conseguir atención, cuidados y sensación de valía o, al menos, control. Al final, todo lo que el niño está haciendo tiene que ver con intentar regularse, con restablecer su equilibrio interno; y aprende, en estas primeras relaciones de intimidad, qué comportamientos le sirven para eso.

Estos patrones serán, además, la base de su forma de relacionarse en la edad adulta. Fijaos que la construcción de un adulto sano es difícil, por eso hay tan pocos: casi todo el mundo tiene alguna pedrada dada. Ahora, el tamaño de la pedrada varía. No os preocupéis, la mayoría la tenemos moderada.

Ojo con el apego

Como le ocurrió en su momento al psicoanálisis, la teoría del apego se ha «filtrado» a la sociedad. Esto ha llevado a numerosos beneficios, como prestar atención al estado emocional de los niños o corregir prácticas educativas que se basaban en el miedo y la agresividad. Quizá uno de los cambios más llamativos es el que se observa en la mayoría de los hospitales en los que se da a luz. Si antes era una práctica habitual que el recién nacido pasase horas en una sala sin contacto con los padres, esto ahora es, por lo que sé al menos, muy infrecuente. Incluso las unidades de neonatos de los hospitales intentan, en cuanto pueden, que haya un contacto «piel con piel» entre las figuras de apego y los niños. Pero no todo son flores; también han aparecido una serie de problemas asociados a la fama de la teoría, en ocasiones debida a una mala comprensión de esta. Os enumero algunas a continuación.

Utilizar el apego como un Zodiaco para saber cómo eres. Os habréis dado cuenta de que es frecuente que se oigan o lean frases del tipo «este tiene apego ansioso» o «yo es que soy evitativo». Esto es un error conceptual: el apego no es un rasgo de personalidad, sino una serie de estrategias que se despliegan en una relación diádica. (Como curiosidad os diré que investigaciones recientes están descubriendo que ni siquiera los rasgos de personalidad son permanentes, sino que cambian a lo largo del tiempo. Volveremos a hablar de esto en los últimos capítulos del libro). Pero volviendo al apego, acercarnos a él como si fuera un rasgo de personalidad o una predeterminación astrológica es un error. Este error lo cometemos frecuentemente incluso los profesionales de la salud. Se debe a dos causas. La primera es que, como hemos visto, nos encanta predecir, saber cómo nos vamos a comportar a partir de ponernos una sola etiqueta. Por eso se leen tanto los horóscopos y casi cualquier clasificación se transforma rápidamente en el Zodiaco, sean los tipos de apego, los trastornos de personalidad o los eneatipos. Hay una segunda razón: la investigación. La ciencia, en su intento de encontrar principios lo más amplios y explicativos posibles, suele simplificar, reducir el número de variables y agrupar. Así, para la investigación es muy necesario hacer esa división tajante entre tipos y decir el grupo evitativo tal y el grupo ansiosocial. Como dije en el prólogo, los límites están en el mapa, no en el territorio. No tiene mucho sentido, en nuestra vida diaria ni en la práctica clínica, hacer una reducción simplista que nos lleva realmente a perdernos la variedad y los matices del comportamiento de las personas. Eso es pensar desde los heurísticos, y ya los conocéis del capítulo 2, así que no tenéis excusa: intentad caer en ellos lo menos posible.

No se puede resolver dando al adulto ahora lo que le faltó de pequeño. Poniendo un ejemplo burdo, pero que es muy explicativo, sería como darle el pecho a un adulto porque tuvo malnutrición de pequeño y esperar que eso resuelva el problema. Por poneros un ejemplo real: superviso desde años el trabajo de colegas psicólogos y psicólogas. Recuerdo a un compañero que, en una supervisión, me dijo que para resolver los problemas de apego de sus pacientes les proporcionaba un apego seguro ahora en el presente. Le pregunté cómo hacía eso. Me dijo que estando siempre disponible para todos sus pacientes. Les daba su número personal y les decía que lo llamasen siempre que necesitasen. Esto no es muy buena idea. Una relación segura entre terapeuta y paciente no consiste en generar expectativas que no se puedan cumplir. Y esa, la de estar siempre disponible para los pacientes, no se puede cumplir. Lejos de ayudarlos con sus problemas de apego, los puede ahondar al generarles expectativas poco realistas de cómo se desenvuelven las relaciones entre los adultos. Además, puede generar relaciones de dependencia entre los pacientes y sus terapeutas, lo cual reforzaría el patrón dependiente de la persona, en lugar de empezar a salir de él.

Considerar que el apego funciona como una especie de impronta que marca la vida de la persona de forma indeleble a partir de los acontecimientos ocurridos en los primeros años de vida con las figuras de apego. Que el apego es muy importante ya lo hemos visto. Pero no hay que olvidar que hay otras influencias sobre nosotros y que otras relaciones posteriores pueden afectar a nuestra forma de vincularnos. En este sentido, es especialmente interesante el concepto de «apego seguro adquirido», propuesto por Main y Goldwin, y que hace referencia a personas que tuvieron relaciones de apego inseguro, pero que han logrado superar esas experiencias y, en la edad adulta, son capaces de tener relaciones de apego seguro con sus hijos y parejas.

Obviar otras variables que influyen sobre nosotros. Sobre nuestra salud mental y nuestra capacidad de relacionarnos influyen toda serie de variables, desde genéticas hasta sociales e históricas. Un buen ejemplo de las segundas lo estamos viviendo en las últimas décadas. Gracias en parte a la teoría del apego, las madres y los padres, en general, pasamos mucho más tiempo con nuestros hijos e hijas que en años atrás. Además, en general las pautas educativas son mucho mejores que hace unas décadas: más cariñosas, más sintonizadas, y destacan más los aspectos positivos que los negativos. Sin embargo, la salud mental no solo no parece que esté mejorando, incluso parece que esté empeorando. Especialmente entre los más jóvenes. Así, tenemos niveles de ansiedad mucho más altos que en nuestro pasado reciente. ¿Por qué razón está subiendo la ansiedad entre los jóvenes de una forma tan alarmante si somos mucho más conscientes y cuidadosos con los temas de apego? Pues porque sobre la ansiedad, o cualquier otro trastorno, influyen muchas variables. Seguramente, una parte de esto tiene que ver con la mayor consciencia sobre las enfermedades mentales, pero también influyen otros factores sociales y económicos. En primer lugar, las pantallas. Sabemos que las horas de uso de las pantallas correlacionan con la salud mental, especialmente entre las chicas. Se cree que ocurre así porque las chicas pasan la mayor parte del tiempo que están delante de una pantalla en redes sociales. Las redes sociales son, básicamente, un campo de juego para las jerarquías sociales. En ellas, uno expone algo (un trozo de su vida, un baile que acaba de hacer) y ese algo se compara con lo que exponen los demás. No solo eso, sino que además el resto lo puede valorar y comentar, o ignorar. Ya vimos el efecto que todo esto tenía sobre nosotros cuando hablamos del experimento de Kipling de los dos extraños y la pelota. Esto parece estar teniendo un efecto demoledor sobre la salud mental. Quizá un problema de la sociedad actual es que enfocamos todo como un problema individual. Si no eres feliz, algo estás haciendo mal o algo no va bien en ti. Pero no te preocupes, podemos arreglarlo con terapia, con medicación o con ambas. Pero este no es un problema de la teoría del apego, es un problema de nuestra sociedad.

El modelo de maternidad ansioso. El apego en ocasiones es maternocéntrico. Eso se debe quizá a la influencia que tuvo en Bowlby el trabajo de Fox, que consideraba que la unidad social básica era la mujer y sus hijos. Pero, además, el trabajo de Bowlby supuso una ruptura con el psicoanálisis clásico. Se pasó, como se suele decir, de un modelo falocéntrico (complejo de castración) a un modelo maternocéntrico, en el que el rol de la madre (o figura principal de apego) se volvió central. Sin duda, el rol materno, entendiéndolo como la principal figura de apego, ejerza quien lo ejerza, es crucial para el desarrollo del niño. Pero ese énfasis en la importancia del rol materno lleva en ocasiones a que algunas personas estén, como me dijo una paciente mía después de leer un libro sobre apego, «ansiosa por darle un apego seguro a mi hijo». Si la figura principal del niño está ansiosa, ya sabemos que el vínculo de apego va a ser, muy probablemente, ansioso. Lo primero para que se dé un apego seguro es que estemos tranquilos nosotros y nosotras. E intentar relacionarnos con nuestros hijos desde ahí.

Las mamás y los papás helicoptero. Muy relacionado con el punto anterior, utilizamos este término para referirnos a las personas que están siempre anticipando cualquier dificultad que el niño pueda tener y solucionándosela, en un intento de que no se sienta estresado y que su apego sea sano. Realmente esto tiene mucho más que ver con manejar la propia ansiedad de los padres que con los niños. La investigación nos dice que los padres excesivamente intrusivos inhiben el desarrollo de la autonomía y la percepción de capacidad propia de los niños, generando adultos inseguros y con poca percepción de valía. Antes hablé de la parentalización. Es fundamental que no caigamos ni en la excesiva protección ni en lo contrario. Se trata de dar autonomía al niño, ayudándolo a resolver determinados problemas e ir adquiriendo progresivamente habilidades adultas, no de esperar de él o ella que cumpla funciones adultas, instrumentales o emocionales para suplir nuestras propias carencias.

Quedarse atrapado en el rol de víctima. El primer paso para resolver cualquier situación traumática de nuestra vida es aceptar que ha ocurrido y que hemos sido víctimas. Este paso es fundamental para empezar a reducir las sensaciones de culpa y vergüenza que, como vimos, están asociadas a haber vivido situaciones traumáticas de cualquier tipo, incluidos los traumas de omisión por nuestros padres. Sin embargo, igual de importante es poder salir de esa situación y dejar de sentirnos víctimas. Si no, es posible que este rol nos esté manteniendo anclados al pasado. Tanto en cuanto me defino como víctima, mi vida gira en torno a lo que sea que me ocurrió. Es una manera de no aceptar que lo que ocurrió, ocurrió. Por tanto, es una forma de seguir enganchado al pasado. En la teoría del apego se habla de un concepto interesante: la ceguera de apego. Las personas que de niño no tuvieron unos modelos sanos de apego, de adultos eran incapaces de reconocer esos modelos y darse cuenta de que ellos no tuvieron un apego seguro. Ahora, con la popularización de la teoría, me encuentro a pacientes (y también terapeutas) que tienen lo que podríamos llamar la «anticeguera» del apego: todo lo que pasa en su vida en el presente tiene su origen en lo que les pasó de pequeños en sus vínculos tempranos.

Con el amor no es suficiente. La educación de nuestros hijos e hijas tiene que ver sobre todo con el amor, pero también con poner límites. He hablado muchas veces ya de regulación. Podemos hablar de tres tipos de regulación: la regulación afectiva directa, la indirecta y la conductual.

Por un lado, la regulación afectiva directa tiene que ver con que los cuidadores estemos atentos, disponibles, sintonizados, responsivos a las demandas del niño y con cómo reaccionamos a estas demandas. Esto genera seguridad en ellos y les regula. Es, sin duda, la forma más importante de regulación. Por otro lado, la regulación afectiva indirecta se manifiesta en nuestro propio estado de ánimo, que estemos calmados, no perdamos el control, nos sintamos felices...; lo que llamamos «calidez no responsiva».

Por último, la regulación conductual se relaciona con poner límites a nuestros hijos. De hecho, una gran parte de lo que los padres hacemos es poner límites al niño, amparándonos en el desequilibrio de poder que hay en las relaciones entre padres e hijo. Poner límites, cuando se hace de forma sana, mejora la capacidad de tolerar la frustración y la demora. Esta tarea es esencial porque un niño al que no se le ponen límites no es un niño más libre; es un niño esclavo de sus propios impulsos. Es muy interesante a este respecto la investigación del psicólogo Walter Mischel, basada en la prueba del Marshmallow, por el nombre de una golosina americana. Su investigación consistió en ofrecer a niños de cuatro a seis años una de estas golosinas, pero con la indicación de que, si no se la comían en quince minutos, recibirían dos. Lo que encontró es que aproximadamente un 30 por ciento de los niños (el 20 por ciento de los niños de cuatro años y el 40 por ciento de los de seis, aproximadamente) lograban resistir la tentación y no comérsela. Esto es lo que conocemos como «capacidad de demorar la gratificación». Para hacerlo, hay que activar la corteza prefrontal para inhibir las regiones más emocionales del cerebro, que funcionan a corto plazo. Lo interesante de la investigación de Mischel es que, cuando se volvía a estudiar a estos niños poco más de una década después, se encontró que los niños que habían logrado no comerse la golosina eran los que tenían un mayor éxito social y académico. Obtenían de media mejores notas y tenían relaciones sociales más fuertes que los que habían sucumbido a la tentación. Si lo piensas, no es extraño. Utilizamos como adultos la capacidad de demorar la gratificación para muchas actividades. Para mejorar esta capacidad, es esencial que el niño haya tenido límites y se haya visto obligado a esperar, en lugar de tener lo que quiera en el momento que quiera. Poner límites sanos a los niños ayuda a que ellos puedan controlar sus límites después y a que sean más libres, porque les da la aposibilidad de elegir.

Lo anterior exige el ejercicio del poder. Solo por esa mayor autoridad puedo imponer a un niño que haga algo que no le apetece. No darnos cuenta de ello me parece un gran riesgo. Es mucho mejor, creo, ser conscientes de que el poder está en juego y chequear cómo lo estamos utilizando en nuestra relación. En ocasiones, la forma en que ejercen la autoridad las madres y los padres es excesiva o innecesaria, y por consiguiente dañina. Otras veces, no ejercen autoridad alguna, en ocasiones porque ellos mismos vivieron modelos muy autoritarios que no quieren repetir. Otras, porque es difícil ejercer la autoridad y andamos todos muy liados y es difícil prestar atención y tomarse el trabajo de corregir comportamientos. El exceso de límites con los niños, la autoridad excesiva, ha sido suficientemente analizada porque ha sido la norma a lo largo de una buena parte de nuestra historia. No voy a volver a ella, por tanto. Sí que quiero analizar qué ocurre con los niños que son educados con ausencia de normas, muchas veces con la benevolente idea de que «con el amor basta». Sabemos que las hijas y los hijos que perciben que sus padres son «débiles» tienen niveles más altos de ansiedad, mayores problemas de autorregulación (poner límites ayuda al niño a regularse) y comportamientos más impulsivos. También presentan niveles más altos de agresividad, con frecuencia agresividad desplazada (veremos los tipos de agresividad en el capítulo 9) e ira hacia sus padres. La cuestión es que una parte de estos niños se vuelven auténticos dictadores, con muy poca capacidad empática, teniendo relaciones conflictivas con sus padres en primer lugar y con otras personas después. Cuando no se le pone remedio a este comportamiento, se va volviendo más difícil a medida que el niño crece. Este tipo de situaciones también acaban afectando al vínculo y al apego: es muy difícil querer de una forma sana a alguien que te está haciendo daño, por lo que los padres se empiezan a mover hacia posiciones más evitativas o ansiosas. Por último, vemos que estos niños tienen serias dificultades para poder ponerse en el lugar del otro, atrapados como están por sus propias necesidades y deseos, que no son capaces de regular. Esto hace que sea difícil que puedan mantener relaciones horizontales con los demás.

En definitiva, las pautas relacionales aprendidas en la infancia condicionan nuestras relaciones en la edad adulta. De cómo hayan sido nuestras relaciones de intimidad verticales dependerá en gran medida cómo serán nuestras relaciones de intimidad horizontales.

5
Relaciones horizontales y relaciones verticales: la creación de la intimidad

El infierno son los otros.

J. P. Sartre

Nuestro trabajo consiste en mantener nuestros corazones abiertos, aun en el infierno.

S. Levine

El poder en las relaciones

No nos gusta pensar en el poder cuando hablamos de relaciones íntimas. Nos gusta mucho más hablar de amor. Al fin y al cabo, ¿qué tiene que ver el poder con los amigos, los hijos o las parejas? Pero uno de los mayores errores que podemos cometer es precisamente considerar que las relaciones íntimas no tienen nada que ver con el poder. De hecho, amor y poder son dos fuerzas antagónicas que definen las relaciones íntimas. El poder, y cómo se organiza en la intimidad, es quizá el elemento crucial que distingue las relaciones sanas de las que no lo son.

Pero ¿de qué hablamos cuando hablamos de poder? Una definición clásica es la del sociólogo Max Weber, quien lo entiende como la probabilidad de imponer la propia voluntad dentro de una relación social. En las relaciones más íntimas, el poder se traduce en la facultad o capacidad de hacer algo, de decidir. Este quizá sea el rasgo que define mejor el poder en los contextos íntimos. Esta capacidad de decidir proporciona sensación de control y seguridad. A su vez, no tenerlo puede generar inseguridad y miedo.

Atendiendo a cómo está repartido el poder en las relaciones, podemos clasificarlas como verticales u horizontales. Si está equitativamente repartido entre los dos miembros de una relación diádica, la llamamos *horizontal*. Por otro lado, llamamos relaciones *verticales* a aquellas en las que el poder lo tiene solo o mayoritariamente una de las dos partes.

Se podrían representar gráficamente así:

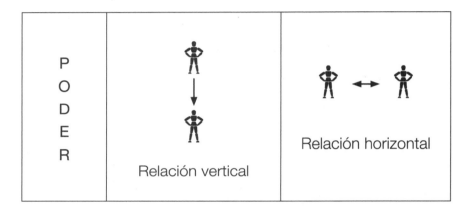

Por supuesto, las relaciones no son horizontales o verticales, sino que pueden tener una mayor o menor horizontalidad, en función de que el poder esté más o menos repartido. Poniéndonos un poco técnicos, es una variable continua, no discreta. Vamos a ver dos ejemplos, cada uno representativo de cada tipo de relación.

La relación vertical

Pensemos en la relación de una madre o un padre con su bebé. Debido a la inmadurez del niño, entre él y su cuidador se da de forma natural una relación vertical. La madre o el padre, los cuidadores, son los encargados de tomar las decisiones, son los que tienen toda la responsabilidad, los que tienen que cuidar y los que proveen; tienen el control y poseen el poder. Del otro lado, el bebé carece de responsabilidad, de capacidad de tomar decisiones y es provisto y cuidado. No tiene poder ni control sobre lo que le pueda ocurrir. Las relaciones no horizontales son, por su propia naturaleza, relaciones desiguales. Ese «peso» que está desigualmente repartido es, básicamente, el poder, aunque arrastre a otras variables, como la responsabilidad o los cuidados. Por eso lo natural en la relación entre adultos y bebés o niños pequeños es que se establezca de forma vertical. Cuando no lo hace, tiene consecuencias, como ya vimos en el último capítulo al hablar sobre la parentalización. Desde otro ámbito de la psicología, Eric Berne también avisó de los peligros de que padres e hijos tuviesen una relación simétrica, de igual a igual. A pesar de lo que muchos progenitores creen, los hijos no pueden ser nuestros amigos, al menos hasta que crezcan bastante.

Como se ve, las relaciones no horizontales son también relaciones de una alta dependencia: el bebé depende mucho de sus cuidadores y, como ya hemos visto, el cuidador también depende mucho de su bebé emocionalmente, lo que genera una relación sana de dependencia vertical. Las relaciones verticales también crean más seguridad, o al menos mayor sensación de control. Por norma general, las mamás y los papás sienten mayor angustia ante la responsabilidad que supone cuidar de un hijo; pero, a la vez, esa angustia se puede ver compensada por el poder, por el control, por la capacidad de decidir lo que le conviene a su hijo. De hecho, los miedos que sentimos a medida que nuestros hijos se hacen adolescentes tienen que ver con esta pérdida de control. Los hijos, por otro lado, se sienten seguros porque hay un adulto que toma las decisiones, alguien al cargo. Esto puede generar frustración, sobre todo a medida que el niño vaya creciendo y quiera tomar decisiones; pero al mismo tiempo le da seguridad. Por último, el nivel de inversión de ambos es totalmente distinto: los padres, generalmente, invertimos mucho más tiempo y esfuerzo en la relación con los hijos que al revés. Esto lo asumimos como normal y no esperamos, la mayoría al menos, ningún tipo de retribución, salvo quizá la afectiva.

El que en las relaciones verticales se dé esta asimetría de poder es lo que hace que puedan resultar muy dañinas. En esta asimetría radica la enorme capacidad que tenemos de dañar a los niños, que son muy vulnerables frente al poder de los adultos. Parafraseando a Franklin D. Roosevelt en su conocido discurso del 11 de abril de 1945, aunque muchas personas atribuyen esta frase a Stan Lee porque la incluyó en su *Spiderman*, «un gran poder conlleva una gran responsabilidad».

La relación horizontal

En el extremo opuesto al caso del bebé y su cuidador, las relaciones entre parejas deberían ser totalmente horizontales o estar muy cerca de la horizontalidad la mayor parte del tiempo. Así, ambos miembros de la díada se deberían repartir el poder, la capacidad de tomar decisiones, de proteger, de proveer, y de cuidar y sentirse cuidados.

Si las relaciones verticales son relaciones de una gran dependencia, las relaciones horizontales son relaciones de *interdependencia*: relaciones en las que el poder y la capacidad de tomar decisiones están equitativamente repartidos. Quizá el elemento más importante de las relaciones horizontales es que deben ser voluntariamente elegidas. Y que se mantengan en el tiempo de forma voluntaria por ambas partes. Esto constituye la belleza de las relaciones horizontales: las personas que están en ellas lo están porque eligen estar, no por una situación de imposición o dependencia. Las únicas relaciones entre adultos que pueden ser verdaderamente gratificantes, estoy convencido, son las horizontales. Aquellas en las que yo, un adulto, me relaciono de igual a igual con otro adulto que también elige relacionarse conmigo.

Pero incluso la relación más sana no es siempre horizontal, sino que puede fluctuar a lo largo del tiempo. Como dijo Michelle Obama en una reciente entrevista: «El matrimonio nunca es un 50/50. Hay veces que yo doy un 70 por ciento y él, el 30 por ciento, y otras que él da un 60 por ciento y yo, un 40 por ciento». Pero, si es sana, a grandes rasgos se mantiene cerca de la horizontalidad. Consideramos patológicas aquellas relaciones entre adultos que están la mayor parte del tiempo en situaciones de no horizontalidad.

Al igual que vimos que las relaciones horizontales con un adulto eran perjudiciales estas para el desarrollo del niño, cuando entre adultos se dan relaciones verticales, son insatisfactorias y emocionalmente dañinas, reforzando las carencias que previamente se tenían. Además, al conllevar una asimetría de poder, pueden resultar peligrosas, tanto más cuanto mayor sea el desequilibrio de poder que se da entre ambos miembros.

Las relaciones horizontales se forman entre dos personas en un estado de igualdad; esto constituye su mayor beneficio y, a la vez, su mayor riesgo. Me tengo que abrir, tengo que intimar, tengo que pasar a interdepender de otra persona que puede, libremente, decidir dejar la relación. Hay personas a las que este riesgo les resulta intolerable. Estas personas necesitan «verticalizar» en mayor o menor medida sus relaciones: recuperar el control de algún modo desequilibrando la relación.

El desequilibrio del poder en las relaciones

Si las relaciones sanas entre adultos deberían ser horizontales, ¿qué impide que lo sean? Cualquier elemento que influya sobre la capacidad de decidir de los miembros de la pareja desequilibrará el poder. Esto puede deberse a que uno de los dos miembros tenga mayor capacidad en la toma de decisiones, mayor capacidad económica, mayor conocimiento o sea menos dependiente emocionalmente, por poner algunos ejemplos. Todos conocemos relaciones que son poco horizontales por alguno de estos factores. Esta es la razón por la que también se desaconsejan relaciones amorosas que parten de una verticalidad previa, como entre un profesor y su alumno o una terapeuta y su paciente, porque difícilmente la relación va a poder evolucionar hacia una de interdependencia. Lo mismo ocurre con la dependencia instrumental: o bien no debe existir o, de hacerlo, la persona beneficiada ha de intentar minimizar esta dependencia instrumental si quiere tener una relación sana. De hecho, no creo que se puedan tener relaciones sanas horizontales si persiste una dependencia instrumental marcada de un miembro hacia el otro de la pareja.

Pero lo que verdaderamente genera desequilibrios de poder es el miedo. Ya vimos las tres fuentes principales del miedo en humanos. Si cualquiera de ellos se activa, la persona tenderá a buscar una relación más vertical, que le dé más control y le genere mayor seguridad. Por ejemplo, si un miembro de una pareja tiene un acusado miedo a la soledad o al abandono, intentará hacerse imprescindible para la otra parte de la pareja, haciéndola de paso todavía más dependiente. Lo vemos en muchas parejas, y también en la relación de algunos cuidadores con sus hijos, a los que hacen muy dependientes con tal de no perder el control.

También puede ocurrir lo contrario: no dejarse cuidar o una incapacidad para pedir y aceptar ayuda pueden ser una expresión de dificultades en las relaciones horizontales. Muchas veces, esto generará un mayor esfuerzo por la otra parte, desequilibrando nuevamente la relación. También hay personas que reclaman expresamente que la otra persona se comporte de forma vertical en la pareja. Yo he conocido parejas en las que una parte espera que la otra medie entre el mundo y ella, que la ayude a resolver todas las dificultades y, de hecho, se enfada cuando la pareja no le resuelve los problemas, igual que un niño pequeño se enfada con sus padres cuando algo no le sale como esperaba. Hace unos años, en terapia de parejas, traté a una pareja, en este caso eran dos mujeres, en la que una de ellas tenía serios problemas para relacionarse (tenía una fobia social) y, por tanto, también problemas laborales. Esperaba que la otra parte le resolviese los problemas: le pidió a su pareja, que tenía un pequeño negocio, que la contratase, a pesar de que, por sus dificultades, no era una persona muy indicada y además el negocio no necesitaba a otra empleada. Cuando esta le dijo que no —por cierto, le costó lo suyo, porque era una gran cuidadora—, ella se enfadó muchísimo y me lo contó como una grave traición, y no era capaz de entender que su pareja no tenía la obligación de contratarla, y que lo lógico era que ella buscase trabajo por su propia cuenta. Ella reclamaba que su pareja le resolviese el problema; pedía una relación desequilibrada en la que fuese cuidada y tratada como una niña pequeña, en la que le resolviesen los problemas que ella misma no podía afrontar.

Las personas que desequilibran la relación ocupando posiciones cuidadoras sentirán control, pero a la vez angustia al no tener un igual con el que compartir la responsabilidad de la relación. Las que lo hagan buscando posiciones de sumisión sentirán la seguridad de que alguien se hace cargo, pero también frustración, por perder capacidad de decisión. Por otro lado, las que lo hagan colocándose en una posición controladora, sentirán con frecuencia que no se les agradece suficientemente todo lo que hacen y echarán de menos el apoyo de un igual. Las relaciones verticales son, por tanto, insatisfactorias para ambas partes, independientemente de que uno se encuentre en la parte de «arriba» de la díada o en la de «abajo». El de la parte de arriba, a pesar de tener el poder, al final se siente explotado, no cuidado, no correspondido...; no tiene un adulto al lado que lo apoye y le quite responsabilidades; muchas veces porque la propia persona se ha asegurado de no tenerlo. Con frecuencia, las que se encuentran en esta parte de arriba pierden el interés en la relación. A su vez, la que está en la parte de abajo, aunque ella mismo haya propiciado esta situación, se siente frustrada y falta de autonomía. Ambos miembros pueden sentirse de alguna manera utilizados o abusados por el otro. Son relaciones insatisfactorias en las que esperamos más de lo que recibimos, exigimos, nos sentimos defraudados o nos enfadamos. Recordemos que el enfado era un elemento esencial del apego inseguro. Si estáis frecuentemente enfadados con alguna persona cercana (pareja, amigo, etc.), debéis examinar dicha relación: es muy posible que el problema sea que no estéis en una relación horizontal. Por todo esto, las relaciones horizontales adultas no son solo una cuestión moral, que también; son una cuestión de salud emocional, crecimiento y bienestar.

Hay que recordar, no obstante, que no todas las relaciones verticales son negativas. Hay situaciones en las que son necesarias y beneficiosas. Ya hemos visto el ejemplo de un cuidador y su bebé, que configuran una díada vertical por naturaleza. Pero no es la única, algunas relaciones institucionales (por ejemplo, entre un juez y las personas a las que la juzga) son relaciones que tienen que estructurarse de forma desigual, aunque estas, claro, no son relaciones de intimidad. De la misma forma, las relaciones entre un jefe y sus empleados también tienen un cierto nivel de desigualdad. Pero incluso esto ha cambiado en las últimas décadas: ahora entendemos que esta desigualdad es puramente formal, se debe al rol; pero que, en esencia, la relación entre dos adultos es siempre horizontal. Casi lo mismo se puede decir de las relaciones entre cuidadores y niños. Yo creo que los cuidadores (ya sean madres, padres o profesores) no olvidan nunca que la relación que tienen con el niño es coyunturalmente vertical. El niño, recuerdan, es un ser autónomo. La única diferencia es que, debido a su inmadurez, no dispone aún de las capacidades para enfrentarse al mundo y no puede hacerse cargo de sí mismo plenamente. Tiene todavía que desarrollar su autonomía, seguramente la función central de la educación de nuestros hijos. Creo que no olvidar esto ayuda mucho a medida que los niños crecen, transformando lenta y progresivamente la relación vertical que manteníamos con ellos en una relación horizontal.

La intimidad

Como hemos visto en el capítulo del apego, nacemos preprogramados para necesitar contacto e intimidad. Pero no nacemos preprogramados para saber cómo estar en intimidad, cómo comportarnos en las distancias cortas. Como ocurre con tantas otras capacidades, esta debe construirse, debe «activarse» a partir del aprendizaje con otros. La mayor parte de este aprendizaje, ya lo vimos, es implícito, codificado en la memoria emocional y procedimental. Por tanto, nuestro aprendizaje en esta área crucial depende de la suerte que nos haya tocado. Si crecimos junto a personas capaces de estar en un espacio de intimidad, que se sentían a gusto en él, cómodas consigo mismas y con los demás, estar con ellas nos ayudó a desarrollar nuestra propia capacidad de intimidad, con nosotros y con los demás. A su vez, es fundamental que estas personas ejercieran su autoridad de manera consciente, sin prescindir ni abusar de ella. Si crecimos con personas con dificultades para estar en esos espacios o tenían dificultad a la hora de ejercer el poder, será difícil que nuestra forma de estar en intimidad sea sana, salvo que hayamos hecho un trabajo posterior por nuestra parte.

Los bebés aprenden a estar en intimidad poco a poco. Para los humanos, la mirada es un elemento esencial para desarrollar y expresar la intimidad. Esto es así porque la vista es el medio de comunicación privilegiado de los mamíferos sociales, un método de conexión y de transmisión de emociones muy efectivo. Fíjate en lo profundamente que te mira tu perro cuando pronuncias las palabras «calle» o «a comer». Precisamente por esto, mantener la mirada, como todo el mundo ha experimentado, puede resultar muy intenso. Si os habéis fijado, los bebés son capaces de mantener la mirada solo un corto tiempo, pasado el cual la tienen que apartar. Cuanto menos conocida sea la persona, menos tiempo puede mantener la mirada el bebé. Pero aun con personas cercanas, los bebés mantienen la mirada y luego necesitan apartarla de nuevo. Incluso los seres más dependientes, los bebés, necesitan un espacio de no intimidad: ese espacio en el que irán construyendo su autonomía. De hecho, estar en intimidad con otro es una experiencia intensa. Mantener la mirada con alguien a quien no consideramos cercano es especialmente incómodo, salvo que vayamos a liarnos con esa persona (a tener intimidad física, por tanto) o a pelearnos con ella (de nuevo, a tener intimidad física, pero de otro tipo, está claro; aprovecho: haz el amor y no la guerra). En consulta, en algunos casos en los que detecto este tipo de problemas, casi al inicio de las terapias de pareja, siento a ambos miembros de la pareja uno enfrente del otro y les pido que se miren a los ojos y después retiren la mirada. A algunos no les resulta tan fácil como creyeron que sería y, con frecuencia, surgen en ellos emociones que no esperaban.

La autonomía y la intimidad relacional

La Real Academia Española define la intimidad en primera acepción como «amistad íntima». En segunda, la define como «zona espiritual íntima y reservada de una persona o grupo, especialmente de la familia». Por tanto, en primer lugar, la intimidad es el encuentro de dos seres autónomos que deciden conocerse. La segunda acepción nos lleva a que la intimidad exige una zona, o sea, un espacio y un tiempo, en el que ese encuentro tiene lugar. Esta segunda definición también habla de la intimidad con uno mismo. Esta intimidad con uno mismo requiere, en primer lugar, autoconsciencia. La autoconsciencia exige honestidad al hablarme, coraje para no mentirme y una mirada compasiva que me permita dejarme ver a mí mismo. Esta autoconsciencia es esencial para que se pueda hablar de autonomía. El psicólogo Stanley Milgram definió la autonomía como aquel estado en el que la persona es directora y responsable de sus actos. Este tema de la autoconsciencia y autonomía da para un libro entero o, como dice mi buen amigo y politólogo Sebastián Escámez, para toda una biblioteca, muchos de cuyos libros están escritos ya. Lo que es importante recordar es que, para que se dé esa autonomía, debe darse el requisito de la autoconsciencia, el poder tener una relación franca con uno mismo. Como dice Escámez, «solo se puede gobernar aquello que se conoce». De lo contrario, podemos creernos dueños de nuestros actos cuando en realidad estamos replicando patrones «heredados» o, sencillamente, plegándonos a la voluntad de otra persona por algún miedo no del todo consciente. Volveré al autoconocimiento en el capítulo 9.

Anthony Giddens, en su gran ensayo *La transformación de la intimidad*, define la intimidad como «antes que nada un tema de comunicación emocional, con los otros y con uno mismo, en un contexto de igualdad interpersonal». Giddens añade a la definición de forma explícita lo que quizá está implícito en la anterior definición: que la intimidad relacional exige un encuentro en igualdad de dos seres. Entre adultos es un requisito indispensable.

Podemos, por tanto, hablar de dos espacios para la intimidad: uno conmigo mismo, en el que me conozco y soy agente de mis actos, al que vamos a llamar a partir de ahora «autonomía»; y otro en conexión con otra persona, para el que voy a utilizar el término «intimidad relacional» o, simplemente, «intimidad».

Para poder estar en intimidad con otro, por tanto, debe existir un «yo» y un «otro» con el que tener esa relación de intimidad. Porque la intimidad relacional no es fusionarse con el otro. Y para no fusionarme, yo debo conservar mi autonomía, conocer al otro desde mi yo, desde donde también me doy a conocer. Ese otro también ha de estar dotado de su propia autonomía, que me deja conocer y desde la que me conoce a mí. Autonomía e intimidad relacional son, por ello, dos caras de la misma moneda. Tener autonomía equivale a tener la capacidad de estar en intimidad con uno mismo. A su vez, la intimidad puede ser entendida como privacidad compartida. Por eso, no tener capacidad de autonomía equivale a no poder intimar con otro, porque nuestro propio déficit impide que establezcamos relaciones horizontales, de igualdad, que son imprescindibles para que podamos hablar de intimidad.

De hecho, cuando nace un bebé humano este no tiene aún autoconsciencia, por lo que es imposible que tenga autonomía. A su vez, carece de la capacidad de tener intimidad con otro, puesto que ya hemos visto que la intimidad es el encuentro de «yo» con «otro yo». El bebé humano recién nacido vive en un estado más cercano a la fusión, en el que no distingue bien el yo del otro, su primera figura de apego. A medida que el niño vive protegido en ese espacio de casi fusión, poco a poco va creando la consciencia del otro y de sí mismo. A los dos años, los niños tienen ya autoconsciencia, tal y como se comprueba en la prueba del espejo en la que reconocen su imagen como propia (por cierto, capacidad compartida, que sepamos hasta la fecha, solo con bonobos, chimpancés, gorilas, orangutanes, algunas especies de delfines y orcas, elefantes, algunas especies de aves y poco más). Esta consciencia del yo le permitirá ir desarrollando la autonomía al ir reconociendo de manera progresiva sus propias necesidades, deseos y derechos. Paralelamente a esa consciencia de «yo», el niño irá desarrollando la consciencia del «otro». En palabras del paleontólogo Jordi Agustí, «la conciencia de que "el otro" es "otro yo"; es un "yo" como soy yo mismo»; en igualdad. Conocer y reconocer al otro, como un ser a su vez autónomo, con sus propias necesidades, deseos y derechos, y abrirme a él. Por oposición, en el estado de fusión, cuando aún no he llegado a la capacidad de intimidad, no distingo mis necesidades, deseos y derechos como *distintos* de los del otro. Como veremos un poco más adelante, en estos estados con un déficit de intimidad pueden darse dos tipos de fusión. La primera de ellas es cuando solo tengo en cuenta mis propias necesidades o deseos, a veces incluso sin distinguirlas de las de los demás. Estas personas suelen estar casi todo el rato en una postura demandante, enfadadas si no se cumplen lo que ellas quieren. Una vez nos visitó hace años mi abuela, que era vegetariana como tantos hindúes. Yo era pequeño entonces, y la persona que tenía que decidir adónde íbamos a comer eligió un restaurante que le encantaba porque ponían una carne y un pescado muy buenos. Mi abuela solo comió patatas, lo único vegetariano en el menú. Esa persona se enfadó porque mi abuela no apreció el sitio tan bueno al que la había llevado. Algunos niños criados de forma sobreprotegida, con muchas carencias o ambas, de los que hablamos al final del último capítulo, suelen desarrollar este tipo de comportamientos muy egocéntricos. Por otro lado, tenemos a personas que solo tienen en cuenta las necesidades y deseos del otro, que hacen suyas porque no saben ver las propias. Cuando están en pareja, o en una relación de amistad íntima, hacen suyos todos los hobbies y gustos de la otra persona. Si se quedan a solas, sin embargo, esos mismos hobbies que les encantaban dejan de llamarles la atención. Cuando no están con alguien, se sienten perdidas, no saben qué les gusta, no tienen motivación para hacer nada. Algunas sufrieron parentalización, lo cual las ha llevado a solo sentirse bien si la otra persona está bien, hasta el punto de no saber lo que ellas quieren: la falta de autoconocimiento y la falta de autonomía van de la mano. Son individuos, claro está, altamente dependientes, que casi se fusionan con el otro. No tienen capacidad de auténtica intimidad relacional.

Tanto la autonomía como la intimidad relacional son esenciales para que se den relaciones y vínculos saludables. La explicación es casi intuitiva: si una persona tiene dificultades para estar en intimidad con otra, tendrá dificultades para tener relaciones cercanas. Por otro lado, si una persona tiene dificultades con la autonomía, tenderá a necesitar relaciones de excesiva cercanía, de casi fusión, y a depender en exceso de los demás, generando relaciones muy demandantes o incluso asfixiantes.

Autonomía e intimidad también son variables continuas. Ambas se empiezan a desarrollar, como hemos visto, en nuestras primeras relaciones, las que tenemos con nuestras figuras de apego. En ellas aprendemos a reconocernos como sujetos y a ver que el otro también lo es, y no un mero objeto para satisfacer mis necesidades.

Las relaciones de intimidad, al exigir un encuentro en igualdad, solo son posibles con aquellos que percibo como sujetos, no con objetos. Esta es una distinción clásica en filosofía. Por ejemplo, Immanuel Kant, en su metafísica de la moral, consideraba un imperativo moral no tratar a un sujeto como un objeto. Pero, más recientemente, gracias a la neurociencia estamos descubriendo nuevos aspectos de esta distinción entre sujetos y objetos. Por ejemplo, sabemos que nuestro cerebro reacciona de formas distintas ante un ente, en función de si lo consideramos un sujeto o un objeto. De hecho, podemos distinguir dos tipos de procesamientos cognitivos diferentes, uno encargado del razonamiento social y otro del razonamiento abstracto, y ambos dependen de redes cerebrales diferenciadas. Las regiones del cerebro relacionadas con los procesos de razonamiento abstracto suelen estar en las zonas laterales (externas) de la corteza, mientras que las asociadas al procesamiento social (pensar sobre los demás y sobre uno mismo) suelen estar más en la zona medial (cerca de la línea media) del cerebro. Estos dos tipos de procesamiento, además, son un poco incompatibles entre sí, de manera que cuando se activan más las zonas responsables del procesamiento abstracto, se hipoactivan las del procesamiento social y viceversa.

¿Cuál sería la razón de este doble sistema de procesamiento, que además tiene redes neurales distintas? Uno de los temas más en boga en psicología y neurología en las últimas décadas es la consciencia. Antes mencioné que el fenómeno de la autoconsciencia, de la consciencia del yo, es algo que los humanos compartimos, que sepamos, con muy pocas especies. Comenté que usamos la prueba del espejo, que fue desarrollada por Gordon Gallup basándose en unas observaciones de Darwin: se le pone una mancha a un animal en una parte de su cuerpo que no puede ver directamente, como la cabeza, y se le da un espejo para que se vea. Si después de ver la mancha en la imagen del espejo el animal hace algo como quitarse la mancha o moverse para verla mejor, sabemos que reconoce que él es el mismo que ve en el espejo. Esto exige autoconsciencia. Gallup halló algo muy interesante: que los chimpancés que han sido criados aislados no muestran evidencias de autorreconocimiento en la prueba del espejo; por tanto, parece que se confirma que el contacto con los demás es esencial para desarrollar un sentido del yo. Hay un debate abierto acerca de qué función cumpliría esta consciencia. ¿De qué sirve, en términos evolutivos, que yo sea consciente de existir como ente individual, de que voy a morir o de tantas cosas que conllevan, sin duda, un gran sufrimiento? ¿Qué ventaja evolutiva, si es que hay alguna, nos da nuestra consciencia? El neurocientífico social Matthew Lieberman tiene una hipótesis para esto: esta capacidad nos permite predecir el comportamiento de los demás. Al tener consciencia de nuestros propios deseos y necesidades, al vernos como sujetos, podemos a su vez pensar en los demás seres vivos como sujetos, con necesidades, deseos y motivaciones propias. Esto nos permite, nos dice Lieberman, predecir mejor su comportamiento. Dicha capacidad resulta útil sobre todo para los animales sociales. El comportamiento de un depredador es fácilmente predecible. Anticipar, sin embargo, el comportamiento de un miembro de mi grupo es más difícil: puede ser amigo o enemigo, cooperativo o agresivo. Proyectar en ese miembro el conocimiento que tengo de mí mismo y de mis motivaciones puede resultar muy útil. Lieberman defiende, además, que la cohesión social, a los niveles que la mostramos los humanos, siendo seres individualistas, solo es posible si entendemos a los demás como seres dotados de sentimientos y voluntad, o sea, como sujetos. Esta idea ya fue anticipada en la década de los ochenta por el filósofo Daniel Dennett. En un libro de 1987, Dennett planteó que, si éramos capaces de pensar en un ente como agente racional y considerar su comportamiento como resultado de su actividad mental, éramos mejores prediciendo su comportamiento. Es posible, por tanto, que la consciencia (o, más técnicamente, metaconsciencia) tenga esta función evolutiva: poder predecir mejor el comportamiento del resto de los seres vivos con los que nos encontramos y posibilitar la cohesión social.

Por eso, cuando los seres humanos nos encontramos ante un ente (no se me ocurre palabra mejor, lo siento), una de las primeras cosas que hace nuestro cerebro es decidir si estamos ante un sujeto o un objeto. Y tiene una preferencia por detectar a los sujetos. Es la base del conocido fenómeno de la pareidolia. Este fenómeno se refiere a la facilidad de nuestro cerebro de percibir una forma conocida cuando nos enfrentamos a una serie de estímulos vagos y aleatorios. El ejemplo más llamativo es nuestra capacidad para percibir caras en diversos sitios, como en el tronco de un árbol, en la parte delantera de un coche o en las manchas de humedad de la pared de una casa en Bélmez. Esta preferencia de nuestro cerebro por ver caras tiene que ver con la importancia que guarda para nosotros la distinción entre sujetos y objetos. Y esta distinción es esencial porque a los sujetos les atribuimos, como nos muestra la investigación en teoría de la mente, dos características que los distinguen de los objetos: *experiencia subjetiva* (la capacidad de sentir, de disfrutar, de sufrir) y la *agencia* (la capacidad pensar y decidir cómo actuar). Los objetos, por otro lado, carecen de ambas. Una hipotética inteligencia artificial tendría un alto nivel de agencia, que básicamente sigue siendo razonamiento abstracto, pero carecería de experiencia subjetiva. Hay todo un género de películas distópicas, arrancando desde la magnífica *2001: Una odisea del espacio*, que tienen como idea central que los robots desarrollan experiencia subjetiva y deciden eliminar a la raza humana. En el extremo opuesto a los robots están nuestras mascotas: mi perrita Lana tiene menos agencia que un humano, pero le atribuyo el mismo nivel de experiencia subjetiva que a mí. La idea de Dennett y de Lieberman es muy interesante: vienen a decir que un cierto nivel de inteligencia debe ir acompañado de autoconsciencia. Espero que no tengan razón: una inteligencia artificial muy en boga en estos días ha dado como solución al cambio climático esterilizar o matar a todos los humanos. Para este viaje no necesitábamos tanta alforja. Quiero decir que han llegado a la misma conclusión a la que llegó Thomas Malthus hace poco más de doscientos años; y además se equivocó. En todo caso, si Dennett y Lieberman tienen razón, echaos a temblar: la singularidad (tecnológica) está cerca.

A partir de esa distinción inicial entre sujeto y objeto se siguen, si no lógicamente, sí moralmente otras:

1. Al ser agente, un sujeto es actor de sus actos, no un mero receptor pasivo o reactivo de los míos. Un objeto, por el contrario, no es agente, no tiene voluntad propia; es pasivo o reactivo a mi iniciativa.

2. Al tener experiencia subjetiva y voluntad, el sujeto no es un medio para alcanzar ningún fin; el sujeto es un fin en sí mismo. Los objetos, por otro lado, carecen de voluntad propia, y son medios para la consecución de algún fin. Las personas con rasgos psicopáticos adaptados, de los que hablaremos más adelante, suelen relacionarse con los demás en función de que les sirvan o no para alcanzar sus fines.

3. Como los objetos son medios para alcanzar fines, se les puede definir por su utilidad: un objeto es más o menos útil en la medida en la que me sirve para alcanzar un objetivo o satisfacer un deseo. Los sujetos, sin embargo, no se pueden definir por su utilidad; tienen un valor en sí mismos, tienen un valor intrínseco, a diferencia del valor extrínseco de los objetos. Cuando se han vivido situaciones difíciles es frecuente, como vimos, que se tenga una muy baja sensación de valía. Estas personas pueden buscar sentirse valiosas a través de resultar útiles. Pero esto nunca suele ser suficiente y, además, el más mínimo revés las lleva a sentir que valen nada. Algo que escucho frecuentemente en consulta es: «¿Para qué valgo?», «¿Para qué sirvo?».

4. Los objetos no son únicos. Si dos objetos cumplen la misma función, pertenecen a una misma clase. Por tanto, lo objetos son intercambiables entre sí. Los sujetos, por otro lado, son únicos e irreemplazables. Si dos personas son intercambiables para vosotros, os estáis relacionando con ellas como si fuesen un objeto, no un sujeto.

5. En la medida en que sirven para cumplir una misma función, se pueden comparar distintos objetos entre sí. Un objeto nos sirve solo mientras no haya otro objeto que cumpla mejor las mismas funciones. Los sujetos no pueden compararse, porque cada uno es único e irrepetible.

6. Los objetos, al carecer de voluntad propia, se pueden poseer, comprar y vender. Los sujetos no se pueden poseer, comprar ni vender.

7. El sujeto, además, aprende. Al interactuar de forma relacional con otros, al influir y dejarse influir, es distinto en diferentes contextos y situaciones. Por tanto, el sujeto cambia en el tiempo y según el contexto. De hecho, el sujeto tiene derecho a cambiar.

Me aconsejaron quitar este apartado del libro. A mí me parece central, no sé si compartiréis esa idea conmigo. Quizá pueda parecer un poco abstracto, pero la mayoría de las atrocidades que hemos cometido los seres humanos unos contra otros tienen que ver con no tener en cuenta alguno de los principios previos; ya sea en nuestro comportamiento colectivo o en nuestro comportamiento individual, incluyendo nuestro comportamiento en las esferas más íntimas, aquellas que se dan con las parejas y los hijos.

Interacciones relacionales e instrumentales

La forma en la que interactuamos con un sujeto o un objeto es radicalmente distinta. Con los sujetos interactuamos de forma *relacional*; con los objetos, de forma *instrumental*:

1. La relación entre dos sujetos se tiene que dar de igual a igual. El poder está igualitariamente repartido. El control, por tanto, está fuera de lugar. Estamos expuestos a la voluntad y los cambios de opinión del otro. Con los objetos no existe una relación de igual a igual.

2. Cuando me relaciono con un sujeto autónomo, dotado de necesidades, deseos y voluntad propia, la relación es necesariamente dialéctica: es algo que construimos entre los dos. No se adecúa a ello relacionarme de forma estereotipada. Ciertamente, los roles ofrecen moldes para las relaciones y las hacen más previsibles. Eso tiene la ventaja innegable de distribuir las responsabilidades y asegurar cuidados. Sin embargo, mantener una relación estereotipada con la madre, el padre, los amigos o los hijos las vuelve predecibles, pero también carentes de interés. Parafraseando a Hartmut Rosa, una relación completamente conocida, planeada y dominada sería una relación muerta.

3. Debido a que los sujetos cambian, la relación con ellos es, además, de naturaleza fluida. No puede, por definición, hacerse estática y predecible. Las relaciones entre sujetos evolucionan, cambian con el tiempo y pueden evolucionar hacia cualquier dirección.

4. La satisfacción o felicidad que nace de ese intercambio relacional, si lo hace, no guarda relación con su utilidad, sino que es intrínseca: el placer de la relación en sí con otro sujeto único e irrepetible. La relación con el objeto se vuelve pronto repetitiva y deja de ser gratificante o se vuelve adictiva. Como sabemos todos los papis y las mamis, los días después de Reyes el juguete no es lo divertido, lo divertido es el juego. Para jugar, necesito relacionarme con otro sujeto.

5. Conocer al sujeto exige tiempo y esfuerzo. Hay que poder verlo, dejarlo que se desenvuelva, relacionarse con él. Las relaciones de intimidad tienen que ser relaciones de medio y largo plazo. El objeto no requiere nada de esto: la relación con el objeto puede ser complicada (porque el uso del objeto sea complicado), pero no compleja.

6. La relación con un sujeto es, además, bidireccional: tengo que darme, abrirme, para que este, a su vez, se abra y poder conocerlo. Cuando se mantiene en el tiempo, esta doble apertura —dejarme conocer y abrirme a conocer al otro— genera un vínculo.

Un universo de relaciones como las que mantenemos con los objetos nos llevaría al aburrimiento y a la frustración. La conocida fábula del rey Midas versa sobre esto. Como todos recordamos, Midas pidió el deseo de que todo lo que tocase se convirtiese en oro, y Dionisio se lo concedió. El rey se rodeó de oro, pero, al abrazar a su hija, esta también fue transformada en una estatua áurea. El rey, rodeado de todas las riquezas que podía anhelar, era profundamente desgraciado y pidió ser liberado de su don. La interpretación que hace la psiquiatra Cathron Hilburn-Cobb de esta fábula es que las posesiones materiales carecen de significado si no van acompañadas de relaciones humanas significativas. Algo que parece que ha corroborado la investigación de Harvard sobre el desarrollo adulto que os comenté en el primer capítulo.

Pero para poder relacionarme con un sujeto tengo que ser capaz de asumir riesgos. Vemos que las personas que sienten que no son merecedoras de ser amadas, con frecuencia, renuncian al afecto y lo sustituyen por posesiones materiales o poder; intentar ganar estatus o poder para paliar inseguridades emocionales. Aunque esta situación suele ser vivida por la mayoría de las personas como una situación de carencia de lo verdaderamente importante. Como lo resume maravillosamente un dicho español, «es tan pobre que solo tiene dinero».

Relaciones de vínculo diádico

Llamamos relaciones de vínculo a aquellas que se establecen entre dos sujetos, generalmente dos personas (bueno, también se dan relaciones de vínculo con animales, pero eso sería otro libro) a lo largo de un tiempo. El elemento tiempo es importante, porque las relaciones de vínculo necesitan una evolución y el desarrollo de la confianza mutua. La antropóloga Helen Fisher nos dice que las relaciones de vínculo profundo no empiezan a formarse hasta los diecisiete meses.

Estas relaciones de vínculo suelen darse de forma diádica. La díada, tal y como la definió el sociólogo George Simmel, es un grupo social compuesto por dos personas, el cual funciona según unas reglas distintas a grupos de mayor tamaño. Las relaciones íntimas son diádicas. Aunque se pueda tener intimidad con más de una persona a la vez, con cada una de ellas se forma una díada íntima sujeto a sujeto.

Las relaciones de vínculo, obviamente, solo son posibles entre dos sujetos, únicos, y que no pueden ser reemplazados el uno por el otro. Para que se dé esa relación, debe darse un conocimiento mutuo y una progresiva profundización. Así se va creando la intimidad. Como vimos, esta intimidad debe comenzar con la intimidad con uno mismo. Solo puedo abrirme al otro, a sus emociones y a sus sentimientos, si estoy en contacto con los míos. Aquí radica otro de los problemas: las personas que tienen dificultades en la intimidad no pueden abrirse ni a sí mismos ni a las emociones que provienen de otros. Es frecuente que estas personas tengan problemas con la intolerancia al afecto, tanto negativo como positivo. A su vez, culturalmente se nos ha pedido que nos disociemos de las emociones y los sentimientos. Los asuntos importantes requieren frialdad, y esta presión es quizá mayor sobre los varones. Aunque esta visión va perdiendo vigencia, en ocasiones podemos estar en lo que Eva Illouz y Edgar Cabanas llaman la «happycracia», en la que no se toleran emociones negativas.

Otra característica de las relaciones de vínculo es que me transforman. No puedo interactuar de una forma profunda con otro sujeto sin que eso me modifique de algún modo. En el prólogo hablábamos de las relaciones emergentes. En ellas, los elementos que las constituían quedaban alterados por la interacción y las propiedades del todo. Cualquier relación vincular es un sistema emergente: los elementos que la constituyen quedan transformados por la relación que mantienen.

El vínculo primario, que es de naturaleza diádica como ya vimos, es esencial para poder establecer vínculos posteriormente en la vida. Como vimos en el capítulo 4, esos vínculos primarios, además, son en parte el modelo sobre el que construiré el resto de mis relaciones. Para ello, tendré que haber podido transicionar de un vínculo sano vertical (el que tuve con mis cuidadores) a uno horizontal (el que podré tener en mis relaciones adultas sanas). El poder desarrollar eso me permite relacionarme de forma satisfactoria con los demás y el mundo. Así, solo desde la conexión profunda con un individuo, desde el vínculo, puedo sentir la sensación de no soledad, sostenimiento y seguridad, que me permite relacionarme con el mundo y con los demás sin miedo.

Vincularme es abrirme al otro, mostrar mi vulnerabilidad, conocerlo, dejarme conocer, transformarme a raíz de esa interacción; todo eso en el seno de una relación impredecible y cambiante, donde puede haber pérdidas, abandonos. No es de extrañar que esto dispare todos nuestros miedos. No tenemos miedo a relacionarnos con objetos, puesto que carecen de voluntad propia, no nos pueden hacer daño. Los sujetos, sin embargo, tienen voluntad y pueden ser muy peligrosos.

Los miedos de la intimidad

Vincularme y estar en intimidad es muy difícil. Implica un proceso doble: estar en intimidad conmigo mismo y, desde ahí, contactar con el otro (dejarme ver, abrirme) y, por tanto, hacerme vulnerable ante otro ser dotado de voluntad propia. Esto despierta nuestros miedos más íntimos:

- El miedo al rechazo, a no gustar, no ser aceptado, no ser suficientemente bueno o no merecer ser querido.
- El miedo a la pérdida, porque disfrutar de algo conlleva el miedo a perderlo, a perder algo irreemplazable.
- El miedo al abandono, a ser aceptado, en primer lugar, para luego ser rechazado por otro mejor, o por falta de interés, o porque vean mi verdadera naturaleza y ya no guste.
- El miedo al ridículo, que es un miedo más perverso que los dos anteriores: que me hagan creer que soy querido, para luego descubrir que todo fue un engaño; que se han mofado de mí; que se han reído de mí porque ¿quién iba a poder querer a alguien como yo?
- El miedo a la traición y al engaño es una variante del anterior, quizá el mayor miedo humano en el aspecto relacional. Ya comenté en el capítulo 1 que Dante lo consideró el peor de los pecados. Los que cometían este pecado estaban condenados a la peor parte del infierno, el noveno círculo, muy cerca de Lucifer.

Expresado así puede que todo esto resulte algo teatral y exagerado. Pero, si hacemos memoria, prácticamente todos hemos experimentado en alguna medida estos miedos, o al menos alguno de ellos. Esto puede llevarnos a intentar relacionarnos con los sujetos como objetos en un intento de distanciarnos y protegernos.

Transformar sujetos en objetos

Lo lógico sería pensar que los seres humanos nos relacionamos con las personas como si fuesen sujetos, y con las cosas, como si fuesen objetos, y listo. A grandes rasgos es así, pero no siempre. El primer problema viene con los animales: nos relacionamos con ellos dependiendo de cuánto valor de sujeto les atribuimos. Las cucarachas no serían muy sujetos, mientras que mi guapísima perrita Lana sería más sujeto que muchas personas. Como vimos, a nuestras mascotas les solemos atribuir un alto nivel de experiencia subjetiva. Por otro lado, con determinados objetos, debido al valor sentimental que tienen para nosotros, nos relacionamos casi como si fuesen sujetos. Por ejemplo, el jersey de una persona muy querida ya fallecida. También se puede observar esto en el afecto que los niños le tienen a sus objetos transicionales a los que dotan de carácter de sujetos. A un muñeco de Pocoyó hubo que ponerle un plato de comida durante meses en mi casa cuando mi hija era pequeña. Pero lo que más nos interesa aquí es que, con frecuencia, también nos relacionamos con las personas como si fuesen objetos.

Eso ocurre por varias causas. Primero, no se puede intimar con todo el mundo, sería extenuante. Por ejemplo, suelo viajar frecuentemente a Cádiz, tengo esa suerte, y, en el peaje de la autopista, los operadores rara vez miran a los ojos. No pueden intimar con todo el mundo. En otras ocasiones no queremos intimar con todo el mundo porque no queremos acercarnos a todo el mundo o que se nos acerquen. Esto puede tener que ver en parte con la distancia de muchos médicos con sus pacientes. Seguramente, es más fácil tratar a alguien con una dolencia grave si no se ha intimado con él. Una tercera, la más importante, es la activación de los miedos que se dan en las relaciones con los sujetos. Como dije antes, los sujetos son potencialmente peligrosos, los objetos no.

Es frecuente que en la relación con los demás basculemos de una relación inicialmente más de sujeto-objeto y, progresivamente, vayamos hacia una relación de sujeto-sujeto, a medida que vamos teniendo confianza en esa persona y sus intenciones. Por ejemplo, en el universo Tinder y aplicaciones parecidas, la primera relación es puramente instrumental. Veo los distintos perfiles evaluándolos como si fuesen, literalmente, objetos: este es guapo, esta parece inteligente, etc. Este tipo de relaciones vuelven a ser jerárquicas. El sociólogo Hans Zetterberg ha definido lo que llama la «jerarquía erótica» que se da en este tipo de situaciones. Esta jerarquía también, inevitablemente, cosifica a las personas al compararlas.

También en las relaciones de amistad parece que puede pasar algo parecido. Inicialmente, nos sentimos atraídos por los demás por algunas de sus cualidades «objetivas»; es más, al principio se suele guardar un recuerdo minucioso de qué he hecho yo por esa persona y esa persona por mí, y esto es un poco ver la utilidad de esa persona. Sin embargo, a medida que las personas (parejas, amigos) se van haciendo más cercanas, como puso de manifiesto el trabajo del antropólogo Alan Fiske, se va perdiendo esa «cuenta» y la relación tiene más que ver con el mero placer de sentir a alguien cercano. De hecho, desde un cierto punto de vista, puede ser que esa fase inicial sea una manera de determinar hasta qué punto puedo confiar en ella. Como ya hemos visto, uno de los aspectos más dañinos en las relaciones interpersonales es comprobar que alguien cercano ha actuado teniendo en cuenta sus intereses por encima de nuestro bienestar. Me siento engañado, no tenido en cuenta, tratado como un objeto. Todos hemos sido tratados como objeto alguna vez. Algunas personas, lamentablemente, mucho más que otras. Sabemos, por tanto, el terrible daño que nos hace este ser tratado como si uno no tuviese sentimientos o capacidad de decidir, como un mero objeto. Conviene recordar aquí las palabras de Kant de que el respeto a la dignidad del otro consiste precisamente en no considerarlo como una cosa, sino como un sujeto con voluntad propia.

Para no intimar, para no tener una relación de igual a igual, puedo rebajar un poco (o mucho) la categoría del otro de objeto a sujeto con algunas de las siguientes estrategias mentales, que activarán mi red de relación con objetos en detrimento de mi red de relación con sujetos:

Relacionarnos con el otro desde el rol. Los roles nos permiten relacionarnos con otros sujetos de forma estereotipada. Por ejemplo, cuando vamos a una tienda, ambos, dependiente y comprador, nos relacionamos desde nuestros mutuos roles. En general, esto no tiene por qué estar necesariamente mal: como hemos dicho, no siempre podemos estar relacionándonos desde la intimidad. El problema es cuando me relaciono desde el rol *en la intimidad*. Centrarme en el rol me ayuda a focalizarme en lo instrumental. Se puede observar esta estrategia de distanciamiento en los médicos cuando se relacionan desde su rol con las personas a las que atienden. Esta estereotipación les permite focalizarse en su tarea profesional e instrumental, dejando a un lado lo relacional. El problema viene cuando se afrontan las dificultades con la intimidad a través de la estereotipación de las relaciones. Por ejemplo, cuando intentamos compensar la falta de intimidad relacional con nuestros hijos focalizándonos en que coman bien, duerman bien y saquen buenas notas. No digo que cumplir funciones instrumentales sea malo, con nuestros hijos o con cualquier persona cercana. El problema es cuando lo instrumental se come a lo relacional. O, como dice mi amigo Pablo Blas, cuando el personaje se come a la persona.

Medir, comparar a las personas. En el momento en que las comparo, analizo su utilidad, las estoy convirtiendo en objetos. Bueno, en realidad, hay dos formas de medir al otro: medir hasta qué punto cubre mis necesidades o me ayuda a conseguir mis fines (y aquí lo convierto en objeto), o medir hasta qué punto es merecedor de mi confianza, hasta qué punto es fiable y me puedo abrir a él. Esta segunda forma de medir no lo convierte en absoluto en un objeto; antes al contrario, lo estoy dotando de voluntad e intenciones propias, de hecho, lo que pretendo es conocer esas intenciones. Lo que cosifica a una persona es evaluarla comparándola con otras como si formaran parte de una misma clase, de similares características. Evaluar en este sentido, haciendo contabilidad de sus defectos y virtudes, es devaluar, porque nos hace relacionarnos con el otro desde la utilidad, desde el para qué me sirve, hasta qué punto lo puedo utilizar para satisfacer mis deseos. Esta forma de rebajar al otro a carácter de objeto es, seguramente, la que ha posibilitado y posibilita las mayores atrocidades cometidas entre seres humanos. Si el otro no es un sujeto, no tiene derecho a tener necesidades, deseos ni voluntad propia. Su función es su utilidad para que yo alcance mis propios objetivos y deseos. Podemos pensar desde la Alemania nazi hasta crímenes abyectos, como las violaciones en las que el otro es visto como un objeto que usar en beneficio propio. Estas serían las prácticas más extremas, pero podemos pensar en situaciones más banales en las que ocurre algo similar. Hay personas que hacen esto de forma «natural» porque sufren déficits de empatía emocional. Solemos calificarlas como psicópatas, pero no todos los que cosifican son psicópatas. Aseguran que Hitler era muy cariñoso con Eva Brown.

Deshumanizar al otro. Una variante de lo anterior es considerar no tanto que el otro es un objeto como sí un sujeto con menos derechos que yo, un «inferior». Sé que la palabra suena mal, pero es convertir al otro en un ser, hasta cierto punto, «infrahumano» por la razón que sea. Las formas extremas de esto, el racismo o el sexismo, por ejemplo, gozan cada vez de menos predicamento. Pero, ojo, puede haber maneras muy sutiles de considerar al otro un inferior. Pensar que el otro es un «facha» o un «rojo» o que «los saudíes viven en la Edad Media» son formas de colocar al otro por debajo de mí sin apenas reflexionar sobre ello. A partir de ese «etiquetaje» ya no le presto atención, no tiene mucho que aportarme. Esta deshumanización suele mantenerse por todos los heurísticos que vimos en el capítulo 2: el de filtraje, la polarización, el halo, el etiquetaje, etc.

La combinación de relacionarnos desde la utilidad y la deshumanización ha dado lugar a los comportamientos más aberrantes. Las dos reacciones emocionales que más nos alejan de los demás son el miedo y el asco. Ambas emociones tienen que ver con el sistema de defensa. Si logramos activar el miedo o el asco hacia una persona o un colectivo, se puede cometer casi cualquier aberración como si fuese un legítimo acto de defensa. Es casi de manual cómo los nazis lograron asociar a los judíos doblemente con tenerles miedo y, a la vez, asco. Sin llegar a esos extremos, tiemblo cada vez que veo que algún político en alguna parte del mundo intenta que cierto grupo humano nos genere asco o miedo. Estas emociones tan destructivas pueden aparecer incluso en el nivel de relaciones más íntimas, como veremos en próximos capítulos. Uno de los mayores especialistas en terapia de parejas, el psicólogo John Gottman, nos dice que, cuando aparece la emoción del desprecio, esa relación es prácticamente irrecuperable.

La activación de la intimidad

Esta distinción entre sujetos y objetos, y los distintos modos de relación, si bien innatos, deben «activarse» en la relación con los demás. Estos modos los observamos en los seres humanos, pero también en los animales. Uno de los primeros investigadores sobre teoría de la mente, el gran psicólogo Gregory Bateson, observó esta distinción con claridad entre animales. La observación que él hizo la puede hacer casi cualquiera que tenga una mascota: la manera diferente en la que nuestro perro nos muerde la mano en el juego a cómo muerde cualquier objeto. O sea, que esta distinción está presente a un cierto nivel en otros animales, sobre todo sociales. De hecho, casi todos los mamíferos la tienen en cierta medida. Pero para alcanzar relaciones de auténtica intimidad se requiere tener autoconsciencia, y entender que el otro es un sujeto y también la tiene. Como hemos visto, solo un puñado de especies son capaces de esto. En nosotros, esta diferencia innata se va activando en nuestra mente de forma progresiva y, salvo en casos de patología, suele estar plenamente activa hacia los cuatro años, aunque su desarrollo culminará aún más tarde.

Para entender ese desarrollo, hay que distinguir entre la capacidad cognitiva de distinguir entre sujetos-objetos y la capacidad emocional de hacerlo. Hay una cierta evidencia empírica de que estas dos capacidades dependen de zonas diferentes del cerebro, como dije antes. La primera capacidad, «entender» que el otro es un igual, depende de factores culturales e ideológicos. Hay muchas sociedades históricas, y algunas actuales, que no consideran a todos los seres humanos como iguales. Para la segunda capacidad, la emocional, es fundamental la empatía. Y sabemos que esta se desarrolla a partir de nuestras experiencias. Sin el adecuado desarrollo de la empatía, no son posibles las relaciones horizontales de sujeto a sujeto porque, aunque cognitivamente entienda que el otro es un igual, no lo trato como tal, al estar por encima mis necesidades y deseos de los de la otra persona.

Es interesante a este respecto, como vimos cuando hablamos del sistema de jerarquía social, que, cuando se percibe una relación como desigual, la persona del polo superior tiende a sentir menor empatía por la persona ubicada en el polo inferior. Tengo la sensación, a partir de mi experiencia personal, de que, cuando se vive en sociedades con una gran desigualdad entre las personas, las que están en el estamento beneficiado, quizá para protegerse, inevitablemente tienen que degradar un poco al otro, verlo como un inferior. He tenido la ocasión de crecer en dos sociedades muy distinta de finales del siglo xx: la española, más igualitaria, y la india, con niveles mucho más elevados de desigualdad. De ahí surge esta reflexión que, seguramente, me arrepentiré de haber incluido en el libro. Creo que algo parecido explica por qué los datos nos dicen que las personas de clase social alta, en Estados Unidos, suelen están mucho más convencidas de que viven en un sistema meritocrático que las personas de segmentos más desfavorecidos. Esto quiere decir que hay algo que explica y justifica las situaciones socioeconómicas tan dispares. En ambos casos puede estar operando un fenómeno de autoprotección para no sentirme mal por ser una persona beneficiada. En parejas también he observado algo similar: el que ocupa la posición de superioridad en una relación desequilibrada casi siempre considera que hay razones que explican esa desigualdad, en función de cualquier característica.

En todo caso, si logramos vencer nuestros miedos, reconocer al otro como un sujeto, darle los derechos que tiene todo sujeto, podremos tener una relación horizontal con esa persona.

Evolución de la intimidad a lo largo de la historia

El infierno son los otros, decía Sartre. A la luz de las investigaciones habría que añadir que también pueden ser el cielo. Depende de desde dónde me relaciono con ellos. Según desde dónde se relacionen conmigo. A su vez, esta relación no depende exclusivamente de mí, sino también del contexto social en el que me muevo. Las culturas, los contextos sociales, proporcionan el marco en el que se puede desenvolver el comportamiento del individuo. Qué es aceptable, qué es justo, qué merecemos tener, qué nos hará felices, nuestras metas y aspiraciones. Todos estos factores parecen ser absolutamente subjetivos. Sin embargo, la cultura en la que vivimos pone modelos ante nosotros que, interiorizados, pasan a formar parte de nuestra conducta social e íntima. Como defiende el sociólogo Hartmut Rosa, «nuestra manera de relacionarnos con el mundo no está simplemente definida por nuestra condición humana, sino que depende de las condiciones sociales y culturales en las que estamos socializados». Estas condiciones influyen no solo en las relaciones sociales, sino que también afectan a las íntimas, como nos avisa la socióloga Eva Illouz en su ensayo *¿Por* *qué duele el amor?*, cuando dice que «a los caprichos y sufrimientos de nuestra vida emocional le dan forma ciertos órdenes institucionales». Y estas condiciones sociales y culturales, estos órdenes institucionales, no han sido iguales a lo largo de la historia.

En el siglo XXI, consideramos que las relaciones entre adultos deben ser relaciones horizontales. En las verticales, se priva al otro de alguna parte de sus rasgos de sujeto autónomo, y privar al otro de una parte de su autonomía es privarlo también de la capacidad para relacionarse conmigo en igualdad.

Sin embargo, en la mayoría de las culturas, la norma, desde hace unos once mil años aproximadamente, ha sido la contraria: las personas *eran* diferentes entre sí y, como consecuencia, el poder debía estar desigualmente repartido. Las relaciones no podían ser horizontales ni de intimidad, al menos como entendemos esto ahora. Esta diferencia de poder podía deberse al estatus social, la riqueza, la etnia, el género o la edad. La sociedad estaba fuertemente jerarquizada y estratificada tanto a nivel grupal como familiar. Las relaciones íntimas, con la pareja o con los hijos, no escapaban de la influencia de esta jerarquización. Hasta hace bien poco, nadie hubiese dicho que un plebeyo era esencialmente igual que un juez o un rey, o que una mujer era igual que un hombre. En el siglo XIX, una de las mentes más brillantes de su tiempo, Charles Darwin, consideraba que la mujer era menos inteligente que el hombre. Su primo, Francis Galton, defendía que las clases populares eran «inferiores» con respecto a las personas de clase acomodada, a los que llamaba «superiores», fundando de paso la eugenesia científica. Si bien en su famosa obra *El origen de las especies* Darwin apenas dedica una línea al linaje humano, en su posterior *El origen del hombre* asumió parcialmente las tesis eugenésicas de su primo Francis. Darwin, una mente privilegiada, pero un hombre de su tiempo, con los prejuicios propios de su época. Igual que nosotros arrastramos, inadvertidamente, los de nuestra época.

Lo que hoy damos por sentado es el resultado de una serie de cambios económicos, sociales, culturales y políticos que han tenido lugar en los últimos siglos, primero en Europa, para luego extenderse paulatinamente, copiándonos unos a otros, como tan bien sabemos hacer, al resto del mundo. Este movimiento ha sido el movimiento hacia la igualdad en todos los ámbitos. De hecho, la historia de la modernidad y de la tardomodernidad en la que nos encontramos es la historia del reparto de poder entre los individuos. Las mujeres y los hombres, independientemente de nuestra etnia o el color de nuestra piel, debemos tener los mismos derechos. Prácticamente lo mismo se puede decir de los niños. Incluso en las situaciones en la que se dan diferencias de poder, se entiende que estas son algo coyuntural, no algo esencial de las personas. Esto no era así hasta hace muy poco, cuando un jefe podía faltarle el respeto a un empleado o tutearlo exigiendo, a cambio, un trato de «usted», o incluso que hiciera cosas que a un subordinado no se le permitía. Lo mismo puede decirse de las más altas instancias. En el pasado, era impensable que los reyes y sus súbditos perteneciesen esencialmente al mismo rango. Hoy en día entendemos que, en esencia, un rey es un ser humano igual que cualquier otro, imputable ante la ley, igual que cualquier otro, o al menos así debería ser. Recuerdo que hace unos años se planteó el debate de si Felipe VI, entonces príncipe de Asturias, podía casarse con la persona de la que se había enamorado, a pesar de que era plebeya y estaba divorciada. La mayoría de las personas opinaban que Felipe debía casarse con quien a él le diese la gana, igual que *cualquiera* de nosotros. Poco antes, el entonces príncipe Carlos de Inglaterra había querido contraer matrimonio con una mujer que no era de la realeza y estaba divorciada. La cuestión ni se planteó, tuvo que casarse con la persona elegida para él, lady Diana Spencer. En 2005, las cosas ya habían cambiado lo suficiente y le fue posible casarse con la misma persona con la que unas décadas antes parecía imposible, la que ahora es reina consorte de Inglaterra y unos cuantos estados más. Quizá esa sea la razón de que en 2004, un año antes de casarse, el entonces príncipe Carlos dijera aquello de «Nadie sabe que ser príncipe de Gales es un completo infierno». Sí, Carlos, el frío infierno de Dante.

Bueno, me parece un gran ejemplo de cómo las cosas han cambiado hasta el punto de considerar que todos, incluso reyes y plebeyos, somos en el fondo iguales: nos enamoramos y tenemos que seguir los dictados de nuestro corazón. Ya no queremos relaciones verticales; necesitamos intimidad, verdadera intimidad, nada de sucedáneos. Relaciones horizontales y sanas.

6
Los patrones de vinculación patológica

> Aquellos que no recuerdan el pasado están condenados a repetirlo.
>
> GEORGE SANTAYANA

Tenemos cerebros que, valiéndose de símbolos, crean un mapa mental, una representación de la realidad. Por eso, como seres simbólicos y representacionales, como escribió Guntrip, vivimos simultáneamente en una doble realidad, la interna y la externa. La realidad interna, nuestro mundo interno, se forma a partir de las experiencias que hemos ido viviendo, sobre todo en nuestra infancia, que es cuando se crean las concepciones más básicas e implícitas. Estas experiencias constituyen la base también de nuestros patrones relacionales. A partir de ellos, el cerebro hace lo que está evolutivamente diseñado para hacer: generar expectativas que guíen, de manera más o menos consciente, nuestro comportamiento, anticipando el comportamiento de los demás. En la medida en que hayamos vivido en entornos saludables con poca desregulación, este patrón será más consciente y flexible, permitiéndonos responder de manera adecuada. En la medida en que no haya sido así, funcionaremos más por un patrón automático e inflexible, que se modificará menos por experiencias contrarias y que nos hará reaccionar en lugar de responder. A su vez, nuestro patrón relacional condicionará la frecuencia con la que nos desregulemos en el presente, generalmente mayor cuanta más desregulación haya tenido en mi pasado.

El patrón relacional adulto tiene que ver con nuestras relaciones de apego temprano, pero también, como hemos visto, con la integración y armonización de los distintos sistemas afectivos, que se produjo en el seno de esas primeras relaciones de vínculo. En función de que dicha armonización se haya producido mejor o peor, estos patrones pueden ser sanos o no. A los patrones no sanos los llamamos «patrones de vinculación patológica».

Si tenéis perro, habéis podido comprobar el funcionamiento de los sistemas afectivos y su influencia sobre el comportamiento. Si mi perrita oye la palabra «calle», entra en un modo de atención excesiva, esperando que cojamos la correa y la saquemos. Lo mismo ocurre si entra en modo juego o si, al cruzarse con otro perro, entra en el modo lucha/jerarquía. Son esos «programas automáticos» de los que hablaba John Bargh. Salvando las distancias, con los niños pequeños puede ocurrir algo parecido: si están en modo juego y pasándolo bien, no quieren saber nada de acostarse o comer. Cinco minutos después, cuando se cansan, entran en modo llanto y solo los consuela ser cogidos en brazos por su figura de apego, y los juguetes no les interesarán ya; si intentamos dárselos, llorarán, porque ya han «apagado» el modo juego. En la infancia estos sistemas tienen un funcionamiento dual: los sistemas afectivos se activan o desactivan, producen desregulación y el niño tiene poca capacidad para influir sobre ellos y para gobernarse. Gran parte de los horarios y las rutinas que pretendemos imponer a los niños tienen que ver con intentar evitar que se desregulen, mediante la implementación de un entorno previsible que asegure que los «programas» se activan en el momento adecuado.

A medida que el niño va creciendo, si el ambiente que le rodea es correcto, en el sentido que vimos en el capítulo anterior, estos sistemas se irán integrando, cayendo progresivamente bajo control cortical. En el adulto ya no vemos, o no deberíamos ver, esos «programas» funcionando por su cuenta. El comportamiento del adulto es más unitario, voluntario, flexible y sofisticado, al menos la mayor parte del tiempo. Es, por tanto, más responsivo que reactivo, y está mejor adaptado a las situaciones diarias que vive.

Por el contrario, si las cosas no fueron del todo bien, si hubo mucha desregulación, los sistemas afectivos mantendrán un funcionamiento menos integrado. El cerebro interpretará que está en un entorno peligroso, hiperactivando los sistemas relacionados con el miedo e impidiendo el funcionamiento regulado. Y recordad que estos peligros no tienen que ver solo con nuestra integridad física, también, como vimos, guardan relación con nuestra integridad emocional: sentirnos valiosos, queridos o aceptados. Si no nos sentimos así en el pasado, el cerebro seguirá percibiendo peligros para su integridad emocional en el presente. Esto tendrá como consecuencia una mayor reactividad: comportamientos no voluntarios y poco flexibles, por eso las llamamos reacciones y no respuestas. Y estas reacciones, más relacionadas con nuestro mundo interno, generalmente no estarán muy bien adaptadas a las situaciones que la persona tiene delante, al mundo externo, al estar, como nos dicen West y Sheldon Keller, «dominadas por un conjunto fijo y repetitivo de patrones». Por ejemplo, si voy a que me hagan un trámite burocrático a una ventanilla y la persona que me atiende lo hace con desgana o mal humor, esto podrá activar en mí sensaciones de poca valía y sentirme poco querido; puedo incluso reaccionar yéndome enfadado sin enterarme de todos los trámites que tengo que hacer. Encontrarme a alguien de mal humor puede ser desagradable, pero no debe activar sensaciones de poca valía, no sentirme querido y reacciones emocionales de enfado. A ver, la persona del mostrador no tiene que quererme, pero, si yo tuve estas carencias, este es un peligro real para mí, y no podré evitar sentirme así. Es posible incluso que ese pequeño incidente me afecte todo ese día o incluso días después de haber ocurrido. Mi cerebro ha entrado en modo flashback, actualizando todas las emociones del pasado en el presente y haciéndome actuar de un modo poco adaptativo ahora.

Puse varios ejemplos, sobre todo en el capítulo 3, pero os pongo uno más de otros pacientes míos: una pareja formada por dos hombres. Estos fueron a unos grandes almacenes a comprar unos zapatos. Una dependienta los atendió y, cuando se fue a buscar la talla que le habían pedido, uno de ellos, lo llamaremos «B», se sintió muy mal por el trato de la dependienta. «¿Has visto cómo nos ha tratado? Qué desagradable. Deberíamos poner una queja, hemos venido a comprar unos zapatos, no nos está haciendo un favor; vamos a buscar al encargado». En ese momento, el otro miembro, lo llamaremos «A», vio a la dependienta y le dijo: «Perdona, tráeme también un 43 por si acaso». Esto hizo que su pareja, «B», se sintiera muy mal. «¿Es que no has escuchado nada de lo que te he dicho? Mira cómo nos ha tratado y tú sigues hablando con ella como si nada». Esto llevó a una discusión que les duró varios días. En esos días, «B» se siguió sintiendo muy mal por el trato de la dependienta, pero sobre todo se sintió poco apoyado y valorado por su pareja. «A», por otro lado, se sintió harto y cansado por lo que él consideraba un exceso de dramatismo de su pareja. Cuando se veían, intentaba comportarse como si no hubiese pasado nada y eludía hablar del tema. Total, habían ido a comprar zapatos, ¿qué más daba el estado emocional de la dependienta? Lo importante era que trajese los zapatos correctos. La corregulación entre ellos brilló por su ausencia. En su lugar, cada vez que intentaban hablar del tema, se desregulaban aún más. Se codesregulaban. Lo que hicieron fue dejar de hablar del tema y, tras una semana un poco tensos, volvieron a la normalidad. Sin embargo, cuando salía el tema de aquel día de los zapatos, volvían a discutir convencidos del error del otro. Era un tema menor, pero, quizá por eso, para ellos señalaba lo distintos e incompatibles que eran. Paradójicamente, al contrario de lo que creían, estaban funcionando desde patrones complementarios, como una llave que encaja en la cerradura, aunque en este caso «complementario» no tiene un sentido positivo. El que se enfadó había hiperactivado su sistema de apego, volviendo a sentirse poco valioso y poco querido. Experimentaba muchas emociones negativas y no podía parar de darle vueltas a aquello, pensando en diferentes cosas que deberían haber hecho o dicho. Sobre todo, se había sentido poco apoyado y comprendido por su pareja, «como tantas veces». No era capaz de regularse, y buscaba que su pareja lo corregulase intentando hablar del tema, aunque estos intentos de hablar siempre acababan en discusiones. Tenía lo que llamamos una alta dependencia emocional de su entorno, incluso de personas que no tienen con ellos una relación de mucha intimidad, en este caso una dependienta. El otro miembro de la pareja había hipoactivado su sistema de apego. Mostraba una mayor independencia emocional y hacía interpretaciones instrumentales de su entorno: una dependienta es alguien que te trae unos zapatos; ¿qué más da su estado emocional? Mostraba menor empatía, tanto en positivo (no le afectaba el estado emocional de la dependienta) como en negativo (no entendía los estados emocionales de su pareja). Evitaba pensar en todo lo que tuviese que ver con el problema o el estado en el que se encontraba su pareja. Si algo de lo que pasó le hizo sentirse mal, no se dio cuenta, de forma que suprimió las emociones que tuviese y quiso «pasar página» lo antes posible, sin tener que pensar en ello demasiado. Él no necesitaba corregulación, de hecho, huía de ella. Su idea era más o menos que cada uno es responsable de sus estados de ánimo y tiene que gestionárselos, y debemos relacionarnos sin darnos problemas el uno al otro. Él tenía una gran capacidad de control emocional, pero poca capacidad de conectar con sus emociones y con los demás. Su pareja estaba permanentemente conectada con las emociones, con las suyas y con las de las personas que lo rodeaban.

Con lo que sabemos hasta ahora, podemos incluso decir desde qué estrategia estaba actuando cada uno de ellos. «A» se hallaba en una estrategia de tipo más evitativo; «B», en una estrategia de tipo más ansioso. Era, de hecho, una dinámica frecuente en su pareja. También es una dinámica común en terapia de parejas, en la que ambos están focalizados en lo que el otro hace mal, evitando mirar qué se les está activando a cada uno de ellos.

He puesto un caso de dos patrones de apego: el evitativo y el ansioso. Pero exactamente igual puede pasar con personas que hayan vivido apegos desorganizados en su infancia. Así, alguien con este tipo de vivencias puede sentirse injustamente tratado, por ejemplo, en un centro de salud (mientras escribo estas líneas hemos tenido varios casos de agresiones a personal sanitario) puede reaccionar con agresividad y con conductas muy dominantes e incluso agresivas. Nuevamente, sus patrones relacionales están dominados «por un conjunto fijo y repetitivo de patrones» provocando reacciones, en lugar de respuestas. Esta diferencia entre reaccionar y responder es muy importante. Para poder responder en lugar de reaccionar hace falta que seamos capaces de regularnos emocionalmente, y de que nos sintamos relacionalmente seguros.

La regulación emocional y la seguridad relacional

Los organismos vivos tienen la tendencia de ir hacia un estado de homeostasis, de manera que se mantenga su medio interno estable. El sistema nervioso de las distintas especies opera bajo el mismo principio. Los animales más primitivos logran esto por un motivo muy sencillo: alejarse de todo lo que es aversivo y acercarse a todo lo que es apetitivo. El ser humano, como es lógico, no escapa a este principio general de los organismos vivos. Así, muchos de nuestros sistemas internos, entre ellos el nervioso, tienden a recuperar el estado de homeostasis una vez que se ha perdido, incluso modificándose fisiológica o estructuralmente, como vimos. Este cambio del sistema para recuperar el estado de equilibrio se conoce como «alostasis».

Los recursos que los seres humanos tenemos para recuperar el estado de homeostasis emocional se pueden dividir en dos grandes grupos: la autorregulación y la corregulación. Ya hemos hablado de ambas, pero es importante recordar que, ontogenéticamente, a lo largo de nuestro desarrollo la corregulación es anterior a la autorregulación. Los bebés e incluso los niños de cierta edad carecen de estrategias autorregulatorias y necesitan corregularse cuando se encuentran mal. Cuando recibimos una adecuada corregulación y crecemos junto con adultos, que a la vez son buenos autorregulándose, vamos desarrollando nuestras propias habilidades de autorregulación sana. Ya sabemos, sin embargo, que hay niños que aprenden a autorregularse sin haber sido adecuadamente corregulados. Eran los que habían tenido vínculos de tipo evitativo con sus figuras de apego. Estos niños consiguen regularse distanciándose de sus propias emociones y sensaciones, y también conteniendo su necesidad de buscar intimidad de estar con los adultos, alejándose emocionalmente de ellos, como si no los necesitaran para estar bien. Podríamos decir, por tanto, que hay dos tipos de autorregulación: una sana y otra no tanto porque se basa en la supresión emocional, que es casi un exceso de regulación y de autocontrol. Estas personas pueden parecer «demasiado calmadas» o poco reactivas, como vimos que ocurría con los niños con un apego evitativo en la situación extraña. Incluso este comportamiento de esos niños llevó inicialmente a Mary Ainsworth a pensar que estos eran los emocionalmente más sanos, por la regulación que mostraban. Hoy sabemos que estos niños parecían estar calmados, pero tenían niveles muy altos de cortisol, una de las hormonas del estrés. Aunque no parecían estresados, lo estaban.

De esta capacidad regulatoria depende otra: la seguridad relacional. Tiene que ver con de dónde emana mi seguridad, si de mí mismo o de mi relación con los demás. Hay personas cuya seguridad depende de las demás: no se sienten seguras cuando están o se sienten solas. Por otro lado, hay personas a las que les pasa al revés: se sienten seguras estando solas y no confían en los demás. Mientras las primeras desconfían de su capacidad de proporcionarse seguridad a sí mismas, las segundas han aprendido a no tener que necesitar a los demás para su propia seguridad. Desconfían de los demás como figuras confortantes y reguladoras. Las personas del primer grupo, para sentirse seguras, buscarán estar próximas física o emocionalmente a alguien, mientras que las personas del segundo grupo buscarán alejarse física o emocionalmente. Esto ocurrirá sobre todo cuando se sientan mal y necesiten regularse.

Consideramos que una persona tiene una seguridad relacional sana cuando puede sentirse bien estando a solas y también cuando está en situaciones de intimidad con los demás. Por otro lado, las situaciones patológicas pueden ser de dos tipos: personas que no se sienten bien y seguras estando solas, y personas que no se sienten bien estando en intimidad relacional. Hay un último grupo: personas que solo se sienten bien cuando están en control, a través de comportamientos dominantes de algún tipo.

En el capítulo previo os di la brasa con la autonomía y la intimidad. Vimos que eran esenciales para poder mantener relaciones horizontales. Si os fijáis, estas dos capacidades están basadas precisamente en la regulación y la seguridad relacional. Cuando una persona tiene capacidad de autorregularse y sentirse segura estando sola, es capaz de comportarse de forma autónoma. A la vez, cuando una persona es capaz de corregularse y se siente segura con los demás, tendrá capacidad de tener intimidad. Las personas que tienen ambas capacidades no tienen problemas ni de dependencia ni de contradependencia. Estas dos variables, la autonomía y la intimidad, como hemos visto, son esenciales para poder tener relaciones horizontales, de apego recíproco, donde las personas son capaces de cuidarse, cooperar y regularse mutuamente. Esta idea ha sido defendida por muchos autores, aunque varíe levemente la terminología que utilicen. Stephan Covey ha hablado de ella como «interdependencia» (el término que a mí más me gusta); Edward Tronick, como «regulación mutua»; Alan Sroufe, como «autorregulación y regulación diádica»; Allan Schore, como «regulación en contextos autónomos e interactivos», o Hilburn-Cobb, como «apego recíproco». Pongamos el nombre que les pongamos, estas personas con buena capacidad para la intimidad y la autonomía, en la mayoría de los casos, tuvieron relaciones de apego seguro en su infancia. En mis charlas los suelo llamar los «verdes», y recomiendo que os caséis con ellos. Si queréis saber por qué los llamó así, podéis ver mi charla TEDx sobre dependencia emocional. Es cortita y puede que os ayude a entender mejor este capítulo.

Pero todo esto no son matemáticas, es comportamiento humano, así que no hay un «siempre que». También puede ocurrir que las personas que no tuvieron vínculos de apego sano lo acaben teniendo de adultos. Es lo que llamamos «apego seguro adquirido». A la vez, puede haber personas que tuvieron vínculos de apego sano con sus figuras de apego, y como adultos sean dominantes o agresivos, aunque no es lo frecuente.

Cuando una persona tiene dificultades para la autonomía o para la intimidad (y a veces para ambas), tendrá dificultades a la hora de relacionarse y exhibirá un patrón vinculatorio patológico. Estas personas no son capaces de sentirse bien y satisfechas con las relaciones horizontales, de igual a igual. Estas relaciones les activan sus miedos. Para controlar ese miedo intentan verticalizar, sin ser conscientes, las relaciones de algún modo. Ya hemos visto que las relaciones verticales proporcionan mayor sensación de control. A la vez, estas relaciones verticales son de una alta dependencia porque, como me dijo una vez una paciente mía, tienen «pegamento tóxico». Parte de este pegamiento tóxico tiene que ver con lo que llamamos el «refuerzo intermitente». Cuando tenemos situaciones placenteras, nuestro cerebro se acostumbra enseguida a ellas. A esto lo llamamos «habituación dopaminérgica», porque lo que ocurre es que el cerebro produce mucha menos dopamina ante un estímulo positivo que se repite. Pero si el estímulo positivo es incierto, o sea, puede producirse o no, nuestro cerebro secreta mucha más cantidad de dopamina. Por tanto, una relación sana «engancha menos», mientras que en una relación conflictiva, las veces que va bien, se produce una hiperproducción de dopamina. Esto puede llegar a ser adictivo. En las relaciones entre adultos esto se puede traducir en personas literalmente «enganchadas» al conflicto-reconciliación.

En todos estos patrones no sanos, las personas siguen esperando comportamientos verticales por parte de su pareja y tienen dificultades para una relación igualitaria y recíproca. Esto las lleva a tener, como hemos visto, relaciones que no son satisfactorias, aunque no se den cuenta de cómo contribuyen ellas, con sus miedos, angustias o prevenciones, a hacer que estas relaciones fracasen. Estas relaciones son insatisfactorias aun cuando tengan en la relación todo lo que se supone que quieren. En otros casos aún más graves, parecería que no fuesen capaces de vincularse más que haciendo daño o hiriendo a la pareja o a las personas significativas de su vida, seguramente como una forma extrema de control y dominio. Si recordamos que las relaciones en la primera infancia son verticales, para luego ser horizontales en la edad adulta, se cumple lo que William Blatz nos decía sobre que en los patrones adultos no sanos perviven formas de dependencia infantil.

Cuando la persona no ha hecho bien esta transición de las relaciones verticales a las horizontales, frecuentemente, aunque no siempre, tampoco es capaz de mantener como adulto relaciones sanas verticales con niños. A veces serán demasiado cuidadoras e intrusivas, otras demasiado poco. En otras ocasiones será como un niño relacionándose con otro. Estas dificultades de los adultos las sufren los niños y constituyen un aspecto de la transmisión intergeneracional del trauma (aunque no el único): vivencias mías en mi infancia que afectan y condicionan la vida de mis hijos o incluso nietos. También tenemos adultos infelices en sus relaciones adultas que, como mecanismo de compensación, se refugian en las relaciones con sus hijos. Frecuentemente son buenas madres o padres cuando los niños son pequeños, pero empiezan a tener problemas cuando estos empiezan a crecer y reclamar más autonomía. Más autonomía es más horizontalidad, y esto es lo que les cuesta. A medida que nuestros hijos crecen, hay que poder recrear la intimidad que teníamos en una relación vertical (la que era sana con nuestros hijos) en una relación que se va «horizontalizando». Frecuentemente, los propios adolescentes dejan de querer intimidad con sus figuras de apego, buscándola en personas que se relacionan con ellos de forma horizontal, como su grupo de iguales u otros adultos. Como suelo recomendar en mis conferencias sobre adolescentes, las madres y los padres tenemos que intentar mirar con curiosidad esta evolución y disfrutar de cómo se va «creando» un ser cada vez más autónomo, que ya tiene opiniones e ideas propias. Si no lo logramos, nos sentimos disgustados y decepcionados, e idealizamos las primeras etapas, en las que la relación era tan poco horizontal y altamente dependiente.

En general, las personas con estrategias vinculatorias patológicas tienden a sentir que sus necesidades no están siendo satisfechas en las relaciones significativas con otros. Las relaciones no les resultan gratificantes; más bien son fuente de frustración, responsabilidad o decepción. A veces, renuncian a tener relaciones interpersonales significativas a través del distanciamiento-aislamiento real o emocional; otras, tienen relaciones insatisfactorias y/o conflictivas, que se mantienen por ese «pegamento tóxico».

Las relaciones horizontales son sanadoras, pero nadie dijo que fueran fáciles. Uno está expuesto, sin control. En ese caso, es normal que, cuando alguien se siente inseguro, busque la forma de sentirse seguro en primer lugar. Recordemos que la sensación de seguridad está relacionada con los tres sistemas que vimos: defensa, apego y jerarquía social, lo que llevará a intentar desequilibrar la relación de alguna forma para recuperar el control. Estos intentos de desequilibrar constituyen las estrategias relacionales patológicas.

Las estrategias relacionales patológicas

Ya expliqué por qué prefiero utilizar el término «estrategias» en lugar de «tipos» o «estilos»: reflejan mejor la diversidad, el cambio, y no se ven como algo inamovible. Nos permite hablar de cómo las personas pueden cambiar de estrategia con personas distintas o en situaciones diferentes. También, cómo cambian a lo largo del tiempo, en función de las circunstancias o el nivel de estrés al que están sometidas. Hay una última razón para usar este término: estrategia es algo que se aprendió en algún momento, aunque fuese un aprendizaje implícito y temprano, para conseguir un fin. Si se aprendió, se puede tomar consciencia, se puede corregir, se pueden aprender otras estrategias para conseguir los mismos fines. Porque el fin último de todas estas estrategias es hacernos sentir bien, calmados, seguros, y poder tener relaciones significativas con los demás. Ese fin siempre es deseable; las estrategias que se usan para lograrlo no siempre lo son.

En muchos casos, las personas tienen un conjunto de estrategias predominantes, que usan con mucha más frecuencia que otras; en estos casos está justificado hablar de patrones que, como hemos visto, suelen ser repetitivos y poco flexibles. Pero recordad que el patrón de los adultos está compuesto por una variedad de estrategias.

A continuación, vamos a ver cada uno de los tres patrones principales que consideramos no saludables. Tenéis que entender lo que sigue como una especie de viñeta, de cliché. No penséis en esto como un tipo de personalidad o un signo del zodiaco. Cada persona es un mundo y puede tener una combinación de cualquiera de las diferentes características. Un aviso antes de empezar, la mayoría somos más o menos «hipocondriacos emocionales», pues seguramente os veréis reflejados en casi todos los patrones. Recordad que lo que crea un patrón son los comportamientos repetitivos y frecuentes que, además, no se reparan.

Estrategias del patrón dependiente

Estas estrategias se construyen sobre los tipos ansiosos de la infancia, que suelen generar un patrón dependiente en la edad adulta. La emoción más frecuente en las personas que exhiben un patrón de este tipo es la ansiedad, provocada por su miedo a ser abandonadas, real o emocionalmente. Recordemos que el niño relacionaba, por su pensamiento egocéntrico, todo con él, lo cual le daba sensación de control. Estas vivencias se reactivan en estos adultos que tienen miedo, no de forma consciente, a no ser queridos si no son suficientemente buenos, si no hacen algo para merecer el amor y el aprecio de los demás. Por eso, suelen esforzarse mucho en las relaciones interpersonales. Esto lo pueden hacer cuidando a los demás, siendo complacientes y adaptables o ambas cosas. Como ya hemos visto, estas emociones tienen mucho más que ver con su pasado que con su presente, por lo que, en ocasiones, por más que tengan el aprecio o el reconocimiento de las personas cercanas, nunca será suficiente.

Su miedo al abandono y sus dudas sobre su propia valía hacen que estén volcados hacia los demás. Su autoconcepto depende mucho de lo que los demás opinen de ellos, de cómo se comportan con ellos o de cómo interpretan ellos que lo hacen. Tienen su sistema de apego en alerta, «escaneando» el entorno en busca de claves que les digan si son suficientemente buenos y si son aceptados o no. En general, toleran mal las críticas o interpretan como reproches comentarios que no lo son. Así, ir a cenar a un restaurante que han elegido y recordar que el sushi de otro estaba más bueno, puede generar una respuesta del tipo: «Pues la próxima eliges tú, que se ve que yo no sé elegir restaurantes ni hacer nada bien». Necesitan sentir que el otro está feliz para sentir que valen. Esto vemos que es muy cercano a lo que ocurría con los niños, de manera que la infelicidad de mi figura de apego era interpretada desde el niño como una carencia propia. Esto los hace muy reactivos a su entorno. Ojo, también puede ser que las personas cercanas a vosotros reaccionen así porque vosotros, que habéis dicho lo del sushi, sois excesivamente críticos, no necesariamente por su pasado.

Suelen ser personas que se cuidan poco. Como dice mi amiga Lola Macías, cuando te ocupas demasiado de los demás, no te ocupas de ti. En ocasiones, como vimos en el capítulo pasado, su dificultad para conectar con las necesidades propias y estar tan volcadas en las de los demás hace que adopten los gustos y hobbies de sus parejas. Un paciente mío se definió a sí mismo como una *persona camaleón*: «Cuando estoy con una chica a la que le gusta el teatro, me vuelvo el mayor especialista de teatro; cuando estoy con una persona que le gusta el senderismo, soy el más senderista». Y esto es diferente del crecimiento sano que nos pueden proporcionar nuestras relaciones cercanas, al descubrirnos ámbitos nuevos de los que disfrutar, con los que resonar, como diría el sociólogo Hartmut Rosa. La diferencia aquí es que estos nuevos comportamientos no se incorporan, la persona realmente no los hace suyos. Mi paciente camaleón me dijo también: «¿Y ahora yo qué hago con dos tiendas de campaña en el trastero?». Esta frase es casi un microrrelato: el resto de la historia os la podéis imaginar. Nuevamente, en este ejemplo podemos ver un patrón mixto: dependiente hacia los demás pero desconectado (evitativo) consigo mismo. Mi película favorita de Woody Allen versa sobre esto: *Zelig*.

Esa hiperactivación que genera la alta reactividad al entorno hace que, en general, estas personas estén muy en contacto con sus emociones y, por tanto, en contacto con sus sensaciones corporales. Esto dificulta su capacidad autorregulatoria y necesitan mucho la corregulación: cuando surge un conflicto en la pareja, intentan restablecer el contacto emocional hablando, aunque, debido a la alta reactividad, es frecuente que estas conversaciones acaben en discusiones, incrementando sus miedos y su ansiedad. Van a ser personas a las que les cueste alejarse, autorregularse y volver a contactar con su pareja en un estado de calma.

Todo lo anterior hace que tengan una menor autonomía. Les suele costar hacer cosas por su cuenta, prefiriendo hacer casi todo acompañados. Incluso aunque sepan que prefieren algo, normalmente priorizan lo que quieren hacer otras personas. En ocasiones sus dificultades para la autonomía pueden estar muy disimuladas. Por ejemplo, sujetos que se muestran autónomos y regulados cuando están en pareja, aunque no estén físicamente con ella, pero que pierden esa autonomía si no están en una relación. Otras veces les ocurre justo lo opuesto: son personas autónomas cuando no están en una relación, pero pasan a depender excesivamente cuando sí lo están. Esta dificultad suya para la autonomía hace que a veces nos olvidemos (ellas y los terapeutas) de que también tienen dificultades para la intimidad. De hecho, debido a sus carencias, van buscando casi una fusión con el otro, cosa que no va a ocurrir. Por eso la intimidad normal entre adultos les resulta insatisfactoria. De hecho, andan persiguiendo un nivel de intimidad que después realmente no pueden sostener. Como hemos visto en el capítulo previo, la intimidad no es algo que se pueda improvisar o imponer; es algo que debe ir creciendo a lo largo del tiempo en el seno de una relación horizontal. La propia ansiedad de la persona que se relaciona desde la carencia hace que no tenga esa paciencia ni las herramientas que se requieren para ir construyendo una relación de verdadera intimidad. Presionan para conseguir unos niveles no reales y, cuando no los obtienen, se sienten frustrados y generalmente culpan al otro, obviando sus propias dificultades al respecto.

En las relaciones cercanas les cuesta adoptar un rol igualitario, colocándose en roles verticales de sumisión, cuidadores, ayudadores, etc. Les cuesta recibir y pedir, aunque sí se quejan frecuentemente de que no les dan lo mismo que ellos dan. En algunos casos, estas dificultades para la intimidad se hacen más patentes y vemos personas que no están bien ni estando solas (sin pareja) ni estando en pareja. Es el ni contigo ni sin ti. Están mal sin pareja; pero, cuando tienen una, casi siempre es conflictiva o insuficiente. A veces puede ocurrir lo que una paciente mía llamó el «complejo de Groucho», en honor a Groucho Marx y la famosa frase: «Jamás pertenecería a un club en el que me admitiesen como socio». Me dijo: «Cuando no estoy con alguien y quiero estar con él, me parece un tío maravilloso, le veo todas las virtudes. Pero cuando esa misma persona quiere estar conmigo, le empiezo a ver fallos. Yo creo que es porque, como me veo tan mal yo, si alguien quiere estar conmigo, debe de ser que tiene fallos porque si no elegiría a una persona mejor». Nuevamente, lo que ya sabemos: no hay tipos puros. Su patrón era muy de tipo dependiente ansioso, pero este aspecto de huir de la intimidad, de desconfiar del otro y de sus intenciones es muy de tipo evitativo.

Les cuesta en general poner límites y decir que no a los demás. Yo suelo decir, de broma (no me toméis en serio, por favor), que es muy útil tener a alguien así en tu equipo, porque se suelen encargar de todo lo que los demás no quieren hacer. Cuando hay un problema, asumen rápidamente la responsabilidad de resolverlo. Les cuesta colocarse en un segundo plano y que sean otros los que actúen. Esto suele llevar a que se carguen de tareas y responsabilidades. A veces, pueden ser muy respetuosos con los límites de los demás. Otras, ocurre todo lo contrario: su ansiedad o su malestar los lleva a ser muy invasivos cuando se sienten mal, y a no respetar los tiempos o los espacios que otras personas necesitan.

Relacionarse frecuentemente desde estrategias dependientes desequilibra las relaciones convirtiéndolas en verticales y esto, como hemos visto, tiene muchos costes. Ya hemos hablado de la alta dependencia y de que las relaciones se vuelven insatisfactorias. Estas personas, con frecuencia, se pueden sentir usadas e infravaloradas, sentir que los demás no se preocupan de ellas lo suficiente o que no les corresponden por todos los esfuerzos que ellas hacen. Pueden acumular resentimiento y enfado hacia los demás. Su manera de expresar ese enfado y agresividad difícilmente será directa; suele tomar formatos indirectos y pasivos, como gestos y muecas; ser críticos con algo de repente en público; sentirse culpables o hacer sentir culpables, etc. En ocasiones también pueden «estallar» y reclamar todo lo que no están obteniendo. En estos momentos, pueden querer terminar la relación. Pero esto no suele hacerse desde una posición sana. También es frecuente que terminen una relación, pero, poco después, sintiéndose muy mal por sus dificultades de autonomía, vuelvan a ella, recreándola de forma casi idéntica a como era antes.

Sus sentimientos de ser usados, de no ser tenidos en cuenta, etc., pueden tener una base real. En ocasiones porque han elegido permanecer en la relación con una pareja poco cuidadora, en otras porque no dan espacio a las personas que los rodean a que los ayuden o cuiden. Muchas veces tienen serios problemas para tolerar el afecto positivo, reaccionando mal cuando lo reciben de los demás. También influye mucho el que les cueste pedir o decir que no. A veces lo que va mal es todo lo anterior. Han elegido y generan parejas en las que ellos se ocupan, no piden, no son buenos recibiendo, se sienten inseguros cuando los otros no dependen de ellos, etc. Pero a veces he conocido personas que se sienten así casi independientemente de cómo las trate su pareja o sus relaciones cercanas. En estos casos es donde más claramente se ve que esos sentimientos no se corresponden del todo con el presente, sino con el pasado, que se está recreando aquí y ahora.

Sin embargo, son personas con dificultades para terminar las relaciones. Esto se debe a todas las características que hemos visto. Pero también entra en juego algo que estudió la psicología social de los años sesenta: la teoría de las inversiones. Según esta teoría, uno se apega más a una relación cuanto más invierte en ella, no cuanto más obtiene. Como la inversión inicial, en tiempo o esfuerzo, de estas personas suele ser muy alta, esto hace que se apeguen más a la relación. Es como si, cuando invertimos mucho en algo, automáticamente esperásemos que se nos devuelva.

También suelen tildar fácilmente a otras personas de evitativas, porque no necesitan esos niveles tan altos de fusión. Por supuesto, no hay que confundir a las personas evitativas con las que, en un momento dado, no quieren formar una pareja. O no la quieren formar con nosotros. Con frecuencia ocurre que personas con un patrón más ansioso persiguen a otra que les ha dado claras muestras de no querer tener una pareja y seguir una relación. No solo no lo entienden ni aceptan (seguramente sería demasiado doloroso para ellas), y, cuando la otra persona ya recurre a estrategias más radicales, como dejar de cogerles el teléfono, alegan que la otra persona es evitativa. A lo mejor sí, no digo que no, pero es que ya dijo desde el principio que no quería una relación. Como veremos, esto también puede estar relacionado con uno de los mitos del amor romántico, que hacen un daño especial a las personas con estrategias inseguras.

Por último, son personas que corren el riesgo de estar en relaciones abusivas en las que se aprovechen de ellas ante su dificultad para terminar una relación de este tipo cuando se inicia, y su disposición a tolerar determinados comportamientos no adecuados por parte de otras personas al sentirse ellas mismas defectuosas o insuficientes.

Estrategias del patrón contradependiente o evitativo

Estas estrategias se aprendieron, en general, en el seno de relaciones de apego evitativo en la infancia. Por tanto, son comportamientos de, aparentemente, no necesitar a los demás y presentar distanciamiento físico y/o emocional de ellos.

Con frecuencia, las personas que tienen este patrón principal parecen tener menos emociones. Les cuesta identificarlas y distinguirlas, y no las suelen sentir en el cuerpo o sentirlas poco. Ya vimos en el capítulo 4 que eran personas que habían «adormecido» su sistema de autodetección emocional. De hecho, no les suele gustar hablar de emociones o que les pregunten qué sienten. Cuando empiezan a conectar consigo mismas, por ejemplo, en terapia, las emociones que aparecen son normalmente la soledad, la tristeza y el vacío, precisamente aquellas de las que huían y por las que habían «amortiguado» sus sistemas propioceptivos. La soledad y la tristeza tienen que ver con no haber sentido a nadie cercano, en quién apoyarse; el vacío está relacionado con este distanciarse de sus propias emociones y de los demás.

Suelen ser malos corregulándose y corregulando al resto. Por el contrario, muestran mucha autorregulación, pero sus estrategias autorregulatorias están, como vimos, basadas en la supresión emocional y el distanciamiento, de sí mismos y de los demás. Conectar con otras personas es un proceso fundamentalmente emocional, así que si no puedo conectar con mis propias emociones, difícilmente puedo sentirme conectado con los demás. A su vez, no acercarme a otras personas es una manera de mantenerme alejado de ellas, pero también de mis emociones. Por eso, son individuos que necesitan estar solos cuando se sienten mal.

En las relaciones interpersonales es frecuente que teman ser controlados, invadidos o perder su libertad. Miedo, en definitiva, a intimar mucho. Esto puede hacer que se vuelven muy centrados en sí mismos y en sus necesidades, casi egocéntricos, aunque yo diría, basándome en los casos clínicos, que esta no es la norma. Quizá es que los que adoptan este estilo no vienen a terapia. En todo caso, las personas con un patrón contradependiente acuden a consulta menos que las del anterior bloque. Esto es lógico si pensamos que no confían en general en los adultos como fuente de confort y, además, no les gusta pensar sobre lo emocional. Encerrarse en una habitación con un extraño a hablar de emociones y de dónde vienen sus dificultades no es una perspectiva muy agradable para ellos. En ocasiones, acaban viniendo después de varias relaciones frustradas o porque han visto un vídeo del patrón evitativo. Otras veces lo hacen arrastrados por sus respectivas parejas para que los «curemos».

La desconfianza hacia los demás puede ser general o aparecer solo en el aspecto regulatorio: no recurrir a otras personas cuando tienen un problema o se sienten mal. Incluso pueden contar un problema grave que les venía aquejando desde hace tiempo a una persona no muy cercana, con la que tienen mucha menos intimidad, antes que a su pareja. Esto a veces causa mucho malestar en su pareja, que lo entiende como una falta de intimidad, lo que seguramente es. Esta dificultad para la corregulación, y para hablar de lo emocional en general, lleva a que, ante los conflictos, no les guste hablar. Prefieren aislarse y resolverlo ellos y luego volver a la relación sin tener que hablar del problema, que evitan. Como veremos en el capítulo dedicado al conflicto, autorregularse antes de hablar es una gran idea. Pero para resolver luego el conflicto que haya ocurrido, no para enterrarlo y hacer como si no hubiese pasado nada. Cuando hacemos esto último, es cuestión de tiempo antes de que el problema vuelva a surgir. Además, si cuando se habla del problema la otra persona se pone emocional, lo que frecuentemente ocurre, se vuelven a incomodar y sentir que tienen que distanciarse para regularse, lo cual los convence aún más de que era mejor no haber hablado en primer lugar. También ocurre que cuando pierden su distanciamiento emocional, en una discusión, por ejemplo, reaccionan gritando mucho o poniéndose agresivos. Esto, según mi experiencia clínica, les ha pasado pocas veces en su vida, pero temen tanto que les vuelva a ocurrir que suelen huir de las relaciones que les saca este aspecto de sí mismos. En estos casos, es frecuente hallar que estas personas tuvieron un progenitor que se comportaba así.

Con respecto a su autonomía, no suelen presentar problemas. Este es su fuerte: han aprendido a estar bien solos. Aunque lo cierto es que no han aprendido a estar en intimidad consigo mismos, por lo que están, pero sin conectar del todo con lo que sienten. Su problema, como ya ha quedado claro, suele «dar la cara» en situaciones de intimidad relacional. Con cierta frecuencia, he encontrado este patrón en hombres que consultaban por bajo deseo hacia su pareja, aunque nuevamente este es solo un dato clínico, no científico. Pero no es extraño que haya esta relación, ya que el sexo es un momento de mucha intimidad. Volveré sobre esto en el capítulo 9.

En las relaciones sociales suelen enfocarse más en lo instrumental que en lo emocional. De hecho, como vimos en el ejemplo de la pareja que iba a comprar zapatos, son bastante independientes emocionalmente de su entorno. La teoría nos dice que son buenos poniendo límites y respetando los límites de los demás. Pero, en muchos de los casos que yo he visto en consulta, con frecuencia les ocurre lo contrario: no son buenos poniendo límites y les cuesta mucho distinguir qué límites son sanos y cuáles no, debido a que con frecuencia se les ha acusado de excesivamente distantes cuando han puesto los límites que necesitaban. También puede ser que, si crecieron con padres evitativos, no tenían que poner límites, simplemente se adaptaron a los que el adulto imponía. En todo caso, poner muchos límites o poner pocos, ambos generan problemas en la relación con los demás.

A veces el comportamiento evitativo y distanciante puede ser muy manifiesto, y en otras ocasiones, mucho más sutil. El primer bloque son personas que son distanciantes desde el primer momento, ponen límites, no quieren mezclar grupos de amigos o familias, etc. Entre los casos más sutiles, podemos encontrar personas que llevan años en una relación de pareja, tienen niños y se relacionan aparentemente bien con sus familiares y amigos. El alejamiento aquí es fundamentalmente emocional, mucho más sutil y difícil de percibir: no se implican emocionalmente en sus relaciones y generan una sensación de mayor o menor vacío a las personas que los tratan. Puede ocurrir que, con alguien que conozcáis hace muchos años y al que habéis tratado frecuentemente, sintáis que en realidad no sabéis nada de cómo se siente esa persona o qué opina. Este tipo de patrón es muy probable que se presente como cuidador o complaciente; pero, a diferencia de los complacientes y cuidadores del bloque anterior, en este caso este tipo de comportamiento lo ejecutan de manera aprendida para paliar su dificultad para la intimidad; no persiguen tanto el ser queridos como ocurría con los anteriores. Hay que recordar que muchas personas con dificultades para la intimidad se refugian en el rol. Esto es porque, como vimos en el capítulo previo, el rol me enfoca en lo instrumental, no en lo emocional. El rol son una serie de acciones que hay que llevar a cabo y no requieren intimidad: puedo ser un padre o una pareja que cumple, pero con poca capacidad de conectar emocionalmente. Recuerdo a una paciente que me decía: «La cuido muy bien y estoy pendiente de ella, pero a mi hija no me sale darle besos. Lo tengo que pensar para dárselos, porque sé que eso es bueno para ella». Aunque cumplen su rol, se pierden lo mejor de las relaciones interpersonales sanas, esa sensación de conexión profunda con otro ser humano. Con alguna frecuencia, se convierten en lo que llamamos «cuidadores cansados»: personas que cumplen sus deberes parentales, pero no logran disfrutar de la crianza. El trabajo que supone criar un hijo se ve compensado por las emociones positivas que genera. Si esto no ocurre porque estoy viviendo la crianza desde el rol y estoy desconectado de mis emociones, es como tener todo lo negativo sin lo positivo. No es de extrañar que estén frecuentemente cansados, de ahí el nombre.

Proporcionan apoyo instrumental, pero sin el apoyo emocional que debería acompañarlo. Y uno no puede sustituir al otro. Es más, recibir apoyo instrumental sin apoyo emocional suele generar malestar. Imaginaos que estáis pasando una mala racha económica y una persona os presta el dinero que necesitáis, pero a la vez os hace sentir mal por tener que pedirlo. Es muy posible que, a pesar de haber sido ayudados instrumentalmente, le tengáis rencor a esa persona por la falta de apoyo emocional. Algo así pasa con las parejas o los progenitores que cuidan pero que están cansados o de mal humor al hacerlo: generan emociones muy negativas. Recuerdo a una paciente que lo resumió perfectamente en una frase: «Mi madre hacía muchas cosas por mí, pero cada cosa que hacía llevaba la etiqueta del precio puesto. Me dejaba muy claro lo mucho que le costaba hacer aquello y el esfuerzo que le suponía». Cuando se dan regalos se deben quitar las etiquetas del precio.

En algunos casos, pueden suplir esa intimidad que les cuesta con figuras mediadoras. Por ejemplo, hombres que dejan la creación de estos espacios de intimidad en manos de las mujeres. Luego, para poder intimar con otras personas, por ejemplo con sus propios hijos, necesitan la presencia mediadora de la madre. Algunos incluso solo aprenden a relacionarse con sus hijos tras una separación que los obliga a intimar con ellos sin la figura mediadora presente. Otros no lo consiguen y, tras una separación, se alejan de sus hijos, incapaces de conectar, o se relacionan con ellos a través de sus parejas actuales, nuevamente sin las cuales no sabrían cómo «conectar» con ellos.

Como vimos antes, los patrones no dependen solo del apego, ni mucho menos. Le leí hace años a la activista a favor de los derechos LGBT y feminista Beatriz Gimeno que puede haber diferencias entre mujeres y hombres en cuanto a esta variable, de modo que las mujeres son más tendentes a la fusión emocional, y los hombres, más a problemas para la intimidad. Esta opinión es bastante compartida. La Asociación de Psicología Norteamericana (APA) ha definido en su diccionario una condición llamada *alexitimia normativa masculina*, término acuñado por el psicólogo Ronald F. Levant. La alexitimia, según este diccionario, es «la incapacidad de expresar, describir o diferenciar las emociones propias». A su vez, la APA define la alexitimia normativa masculina como «una forma subclínica de la alexitimia, que se da en jóvenes y hombres que han sido criados con normas masculinas tradicionales que enfatizan la fortaleza, el estoicismo, el espíritu competitivo y la poca expresión de emociones de vulnerabilidad». Este tipo de crianza hace que se pierda la capacidad de mantener interacciones relacionales, puesto que enfatiza las instrumentales. De alguna forma, es como si a estos jóvenes y hombres se les ha enseñado a relacionarse consigo mismos de forma instrumental, en función de su capacidad de producir, en función de su utilidad. Si ya hemos visto que gran parte del disfrute y las emociones positivas nacen de lo relacional, la pérdida o dificultad de esta capacidad redunda en un proceso depresivo. En una investigación de 2012, el propio Levant nos dice que esta condición correlaciona negativamente con la satisfacción en las relaciones y la calidad de la comunicación. A su vez, y no es una sorpresa, correlaciona positivamente con el miedo a la intimidad. Esta dificultad no solo se expresa en la relación con mujeres, también en la relación con otros hombres. Muy habitualmente las relaciones entre hombres carecen de verdadera intimidad, abocados como están a competir unos con otros. Muchas veces, la intimidad se sutituye por dos sucedáneos: la admiración o la camaradería. La primera es una relación vertical más que horizontal, en la que de alguna manera influye el estatus, tan importante para la cultura masculina. No es una relación horizontal, no es una relación de intimidad. Por eso las amistades basadas solo en la admiración suelen acabar mal. La segunda, la camaradería, es una manera de sentir apoyo y cercanía sin tener que abrirse a una verdadera intimidad, puesto que la relación con el otro se produce según unos roles prefijados.

Es también llamativo cómo cuentan los hombres sus problemas a otros hombres: como un problema técnico, que hay que resolver, sin mostrar vulnerabilidad ni conectar con los aspectos más emocionales del problema. Sin embargo, intimar es mostrarse y, en gran medida, mostrar vulnerabilidad. Incluso es frecuente que los hombres elijan a mujeres cuando necesitan compartir su intimidad, antes que a otros hombres.

Es posible que las pautas educativas de los niños o el exceso de películas de Clint Eastwood y de vaqueros en general estén contribuyendo a esto. O vaya usted a saber qué factores genéticos u hormonales. En consulta, es cierto que vemos más hombres con un patrón evitativo que mujeres. Pero la diferencia en números no es tan grande. Quizá se deba a que las mujeres siguen acudiendo más a terapia que los hombres, aunque esto se está igualando en los últimos años. Lo que sí suele ocurrir es que en mujeres este patrón está más escondido, es más emocional y puede camuflarse cumpliendo perfectamente su rol de parejas o incluso de madres, pero con dificultades a la hora de conexión emocional. Si vais a ver películas de vaqueros y de Clint Eastwood, que sea *Sin perdón*. Bueno, ya que hablamos de emociones masculinas y Clint Eastwood, mejor os vais directamente a *Mystic River*.

Una confusión frecuente es pensar que las personas del patrón evitativo no forman vínculos cercanos. Esto no es cierto, salvo quizá para los casos más extremos, que yo prefiero agrupar en el siguiente bloque. Las personas evitativas sí quieren y buscan tener intimidad relacional, aunque necesiten un poco más de espacio en esa relación. De hecho, en la mayoría de los casos el problema aparece porque forman pareja con alguien con un patrón complementario: más dependiente y ansioso. Ambos, a lo largo de la relación van extremando el patrón del otro: la persona con el patrón dependiente está cada vez más dependiente, mientras que la persona que está en el patrón evitativo, ante las demandas y quejas de la otra parte, está en un patrón cada vez más evitativo. De hecho, si fuesen evitativos «perfectos», no mantendrían relaciones con los demás. Sí que puede ocurrir que muestren un bajo grado de implicación, aunque esto tampoco diría yo que es la norma. Las quejas de las parejas se refieren más frecuentemente a la ausencia de implicación emocional que objetiva.

Algunas de estas personas, al inicio de una relación, mientras dura la fase de enamoramiento, parecen implicarse mucho en la relación (sensación clínica: el enamoramiento se les pasa antes que a los demás), pero a medida que la relación progresa aparecen sensaciones de apatía, desgana, desinterés, que progresan hacia un malestar creciente hasta que terminan la relación. Concluyen de esta experiencia que lo mejor era terminar esa relación que tanto malestar les estaba generando. Y no estoy hablando de relaciones conflictivas; estoy hablando de relaciones que iban bien, en la que ellos se mostraron muy interesados al principio. Generalmente, lo vuelven a intentar nuevamente poco tiempo después con otra persona, buscando la intimidad que añoran. Una de las funciones del enamoramiento es que nos proporciona un sucedáneo de la verdadera intimidad. Uno tiene ganas y disfruta de la intimidad física. Uno siente o piensa que quiere conocer a la otra persona, pero realmente la está idealizando. Quizá esto sirva para paliar su necesidad de intimidad temporalmente, al menos mientras dura el enamoramiento. Esta búsqueda de intimidad es irreal y excesiva. La intimidad con otro sujeto es algo que se construye lentamente y con tiempo. En estos casos, al no estar realmente cómodos en las situaciones de intimidad, al no saber crearla, intentan casi fingirla: como intentar empezar a construir la casa por el tejado. Es, de hecho, una búsqueda ansiosa de la intimidad, lo cual nos vuelve a dejar claro que los límites entre los patrones están siempre difusos. Así nos podemos encontrar con personas que, poco tiempo después de conocerse, deciden irse a vivir juntas. O, si tienen hijos de relaciones previas, empiezan rápidamente a «jugar» a ser una familia, forzando una intimidad, a ellos mismos y sus hijos, que no es real porque no ha tenido tiempo para desarrollarla. Aunque a veces las parejas pueden sobrevivir a estos inicios, en general este empezar la casa por el tejado suele ser una mala idea.

Otro indicio que nos dice que la intimidad que creen tener es falsa es que recrean situaciones y escenarios de relaciones pasadas. Por ejemplo, ir a los mismos sitios, a los mismos viajes, a los mismos restaurantes con distintas parejas. Casi como si tuviesen un modelo de cómo creen que debería ser una relación y cambian una pieza por otra. Conocí a una persona que tenía un *modus operandi* que duraba tres meses: la cena en su ático con vistas al mar, el restaurante X que hacía la comida delante de la pareja, una hamburguesa en el coche viendo los aviones aterrizar en el aeropuerto desde un sitio en particular que él conocía, etc. Como vimos en el capítulo pasado, las relaciones íntimas se tienen que coconstruir; por eso no pueden ser iguales unas a otras. Cuando una relación se hace repetitiva, como vimos, aburre y cansa, y esto es lo que suele ocurrir con estas relaciones. Pueden buscar otro enamoramiento que les permita sentir, durante un tiempo otra vez, la intimidad. Algunas personas se quedan enganchadas en este ciclo de enamoramiento-conquista-desilusión. Otras, pasadas un número de relaciones, sí que empiezan a plantearse que algo no va bien: a pesar de hacer todo lo que hay que hacer, no se sienten conectadas con el otro, se sienten incapaces de «amar de verdad», o sienten que son un fracaso en sus relaciones íntimas. También puede ocurrir que, tras unas cuantas relaciones en las que su pareja se sintió poco querida o correspondida y sufrió mucho, se alejen de los demás o decidan no tener pareja para no causar más daño. El sexo puede funcionar también a veces como sucedáneo de intimidad. Las relaciones sexuales, aunque se den sin que haya una cercanía afectiva, tienen muchos elementos de la intimidad, como la cercanía física y el placer mutuo. Pero, por si solas, no pueden colmar nuestras necesidades de intimidad y cercanía emocional, y pueden generar un ciclo casi «adictivo». Esto parece llevar a algunas personas a tener relaciones sexuales compulsivas (lo cual sería una hiperactivación del sistema sexual) en su búsqueda de la cercanía emocional que no logran. Hay una película fantástica sobre esto, se llama *Shame*. Os la recomiendo, pero os aviso de que no es una película en absoluto amable. No podréis comer palomitas. Y desde luego está prohibido verla con niños. Para animaros, sale Michael Fassbender en desnudo integral.

Debido a este tipo de situaciones y de que les cuesta disfrutar del contacto interpersonal, pueden vivir las relaciones como una responsabilidad y una carga. Como en general son personas que logran una mayor estabilidad cuando están solas, a veces renuncian a tener pareja, aunque les gustaría tenerla. Otros se vuelven especialistas en hacer *ghosting*. Nuevamente, me vuelve a la mente una paciente mía que me decía que se sentía perfectamente por su cuenta, y que cuando tenía una relación «me empieza a subir el miedo, me vuelvo paranoica y entonces empiezo a alejarlo a él o a hacerle daño antes de que él me lo haga a mí. Para mí, estar en una relación es estar todo el rato temiendo lo que sé que va a ocurrir». Nuevamente, un patrón mixto.

Están en riesgo de engancharse con parejas conflictivas. Mientras estoy con una persona que tiene problemas, esos problemas absorben toda la atención. Es una excelente estrategia evitativa: mis problemas con la intimidad quedan camuflados para los demás e incluso para mí. A veces hasta pasan de una relación conflictiva a otra, incapaces de tener una relación horizontal.

Estrategias del patrón controlador-dominante

Como dice Keller, la estrategia de dominio es una alternativa a la conexión. Este tipo de estrategia, como hemos visto, se da normalmente en personas que tuvieron elementos de apego desorganizado en la infancia y les ha generado muy serias dificultades para formar relaciones horizontales en la edad adulta. La emoción predominante en ellas es el miedo. Si en el patrón dominante hablamos de miedo a no ser suficientemente bueno o a no merecer, aquí, más que de miedo, podemos hablar de certeza. Certeza de que, si los conociesen de verdad, nadie los podría querer porque son abyectos o muy defectuosos y que, por tanto, van a ser abandonados, repudiados o se van a reír de ellos, si ellos no lo impiden, con alguna estrategia que les dé control. Otras veces, más que una visión negativa de sí mismos, tienen una visión negativa de la humanidad en general: las personas son egoístas, débiles, poco fiables en definitiva, y te van a engañar en cuanto puedan, si no te proteges. Desde esta posición, la única manera que tienen de acercarse a alguien es, nuevamente, a través del control. Mientras tienen este control no son conscientes de su miedo, y estas emociones tardan en emerger incluso en terapia. Por eso, este miedo, no resulta aparente cuando se los trata, y suelen mostrar seguridad, enfado o desprecio más que miedo. Pero ya sabemos que ese miedo aflora, de una forma muy desorganizada, cuando sus estrategias de control se vienen abajo y ya no funcionan. Por ejemplo, cuando su pareja, antes dominada o sometida, los deja.

Su forma de regulación es la corregulación, pero permaneciendo de alguna manera siempre en control. Tradicionalmente, no se ha considerado a estas personas dependientes, sino todo lo contrario. Es más, muchas veces se muestran como muy independientes y dispuestos siempre a terminar una relación con la que se sienten a disgusto o incómodos. Con frecuencia parecen por completo hartos de su pareja y amenazan constantemente con dejarla o lo llegan a hacer en numerosas ocasiones, tras las cuales siempre vuelven ante la insistencia de su pareja. Pero todo esto no es más que una fachada inconsciente para el propio sujeto.

Observamos esto cuando estas personas son dejadas y sienten la sensación de pérdida, momento en el cual quieren volver a toda costa con la persona a la que dejaron, a la que ahora consideran llena de virtudes, mientras que antes solo le veían defectos. Suelen mostrar entonces un alto nivel de compulsividad y dependencia, buscando tener sensación de control y seguridad. También suelen presentar rasgos celotípicos. Según lo difíciles que hayan sido sus circunstancias, varían mucho en niveles de desorganización emocional y, por tanto, en el riesgo que suponen para los demás y para sí mismos. Mientras conservan el control, pueden parecer no tener problemas ni de autonomía ni de intimidad.

A veces este control está limitado a la esfera más íntima, solo con las parejas o los hijos. Otras, es más generalizado y tienen necesidad de control o dominio en casi todas las relaciones, siendo muy reactivos al entorno. Son personas que, debido a sus carencias y el autoconcepto tan bajo que tienen de sí mismas, creen que a menudo se han reído de ellas o han sido humilladas, y se sienten agraviadas y menospreciadas con facilidad. La sensación de ser menospreciado y la humillación guardan una profunda relación con la agresividad. El psiquiatra penitenciario James Gilligan, que ha llevado innumerables entrevistas a personas convictas por crímenes violentos, nos dice que la mayoría de los actos violentos que ha conocido tienen que ver con sentirse humillado, no respetado o ridiculizado. Hay personas que tienen una gran facilidad para sentir humillación, a veces por las que sufrieron o creen que sufrieron en el pasado. Según la psicóloga Evelin Lindner, para estas personas la humillación puede llegar a funcionar como una adicción y buscar constantemente paliar esa sensación humillando a otras.

Esto explicaría por qué hay gente atrapada en un ciclo de humillación/agresividad. Lindner también advierte que, si estas personas llegan al poder, pueden resultar muy peligrosas. Desde luego, la historia me temo que le da toda la razón a Evelyn. Con respecto a a lo que nosotros estamos tratando, sentirse humillado puede guardar también relación con muchos de los comportamientos más agresivos que se dan en las relaciones interpersonales. Y, como nos dice Lindner, puede tener que ver con habernos sentido así en el pasado. Memoria implícita y flashbacks emocionales, ya hemos hablado de todo esto.

Los comportamientos de control, agresivos y de dominancia se pueden mostrar de forma explícita o directa. Pero incluso estas personas, en las primeras interacciones, se pueden mostrar encantadoras y complacientes. En otros casos, estos comportamientos aparecen de una forma mucho más pasivo-agresiva. Son aquellas personas que ejercen su dominio desde el chantaje emocional y con un estilo indirecto. Un ejemplo de este tipo de comportamiento es lo que llamamos el comportamiento *bossy*. El término *bossy child* se utiliza en inglés para referirse a niños a los que les cuesta tolerar la frustración y se ponen mandones, queriendo que las cosas salgan como ellos quieren y, si no es así, se enfadan. De ahí el término *bossy*, que viene de jefe en inglés: *boss*. Bueno, habréis conocido adultos que reaccionan así con cierta frecuencia. Es un tipo de dominancia quizá no tan grave, si bien puede llegar a ser muy cansado lidiar con alguien que con demasiada frecuencia reacciona desde aquí. La sensación es estar lidiando con niños mandones, enfadados, que si las cosas no van como ellos quieren se enojan. Aunque hace unos años era muy infrecuente ver a dos personas *bossy* en una relación de pareja, mi sensación es que ahora es más común. Tanto dos personas compitiendo mucho a nivel individual (dos personas muy exitosas en sus respectivas carreras, por ejemplo) como dos *bossies* enfadándose casi todo el rato uno con otro. En ambas situaciones, es un tema de jerarquía, de quién está por encima, no apto para relaciones horizontales y de apoyo mutuo. Una característica de las personas *bossy*, igual que de los niños *bossy*, es que, aunque se salgan muchas veces con la suya, se sienten generalmente insatisfechas y ansiosas o enfadadas.

Otras veces el control se ejerce colocándose en la posición de víctima. En la mayoría de los casos, además, es muy posible que fuesen victimizadas. Hay que avisar de que el primer paso para cualquier persona que haya sido victimizada es tomar consciencia de que eso ocurrió, saliendo de la negación o de culparse a sí misma. Esto ayuda a, poco a poco, procesar el dolor de lo que pasó y, muchas veces, de esa toma de consciencia surgen el enfado y la energía necesarios para lograr cambios. El problema es cuando no logro salir de ese enfado y mantengo esa estrategia en relaciones posteriores, en las que ya no estoy siendo victimizado, pero en la que ese rol me confiere algún tipo de control. En estos casos, la persona se puede volver muy reactiva a casi cualquier situación en la que las cosas no resultan como esperaba, alternando entre culpar a los demás y culparse de todo a sí misma. Aunque es normal tras haber sufrido un gran daño en una relación interpersonal, si este problema no se afronta (en terapia, por ejemplo), ese daño del pasado contamina futuras relaciones y hace muy difícil que estas puedan vivirse de forma sana.

También hay casos en los que no existe una situación real de victimización (o al menos no tan grave como la persona cree), pero esta sí sintió que la hubo. Mi amiga Dolores Mosquera, una de las mayores especialistas mundiales en trastornos de la personalidad (esto no es una exageración de amigo), suele decir que hay personas con rasgos narcisistas que ejercen el rol de víctima, y desde ese papel ejercen su dominio. La víctima, amparándose en el dolor pasado, real, exagerado o imaginario, puede colocarse en posiciones muy dominantes. En ocasiones se relacionan con los demás o con el mundo como si el mundo tuviese que compensarlas por lo que les pasó.

Como hemos visto, a veces este tipo de posición está circunscrita a las relaciones más cercanas y en otras abarca a todas las relaciones sociales de las personas. Un ejemplo de esto último es una paciente mía que me decía: «¿Qué pasa si la perdono? Nunca voy a tener el reconocimiento del daño, de las injusticias que viví de pequeña. Me ha jodido... Nunca nadie me ha dicho "lo siento"; ni mis padres ni mis hermanos. Nunca he tenido una palabra de reconocimiento ni de perdón. Igual que este ahora (refiriéndose a un profesional que había cometido un error en un trabajo que ella le había encargado). No lo puedo dejar pasar, tengo que hacer justicia. Igual que el médico que me echaba la culpa de cómo reacciona mi cuerpo. Igual que mi madre, que me decía que tenía muy mal carácter. No reconocen nada, me culpan a mí de todo». Esta persona tenía conflictos muy frecuentes, tanto en sus relaciones íntimas como en diferentes relaciones sociales. Esta conversación fue en el curso de una terapia, por eso sale a relucir el pasado. Pero, en el día a día, la persona solo será consciente del malestar que siente en el momento, achacándolo por entero a lo que está pasando en el presente, sin darse cuenta de que está habiendo toda una serie de flashbacks emocionales y relacionales.

No se trata en estos casos de negar lo que pasó, sino de poder contextualizarlo y trascenderlo, de manera que la persona pueda encarar sus relaciones en el presente ya sin ese peso. Por no dejaros con el mal sabor de boca del caso que os acabo de contar, os cuento algunas cosas que me dijo ya en una sesión posterior: «Me he colocado en un punto más sano con ellos también. No solo con mi madre, sino con todos ellos y con mi historia. Eso es real, eso pasó; pero la intensidad con la que yo la he vivido estos años no es natural. Creo que he necesitado contar a los demás y contarme a mí misma una y otra vez el daño que me hicieron, y todo eso es verdad, pero es que ya pasó. No voy a cambiar lo que pasó, porque pasó, pero regodearme en ello ya no tiene sentido. Ya no es ni siquiera drama, es historia de vida... Ya todo está bien». Este fue un caso en el que ayudamos a esta persona a salir de esas estrategias que contaminaban todas sus relaciones en el presente. No siempre sale así, lamentablemente. Y aunque este no es un libro específico para terapeutas, habrá algunos que lo lean. Así que recordad que, a veces, los terapeutas que estamos enfocados en el trauma podemos contribuir, sin quererlo, a que la persona no salga de ese estado de autovictimización.

Hemos hablado del dominio explícito y de tipos de dominio más pasivo-agresivo. Hay un tercer tipo de dominio del que me gustaría hablar: el que se ejerce a través del cuidado excesivo. Hemos visto que hay personas con un patrón dependiente que cuidan para reducir su miedo y ansiedad. Pero también vimos que hay personas de un patrón contradependiente que cuidan desde el rol, como un modo de sustituir la intimidad. Y hay un tercer modelo de cuidado: el que se hace de manera que la persona «cuidada» se vuelva progresivamente más dependiente y con problemas para afrontar el mundo por sí sola. Es lo que podríamos llamar un cuidado invalidante, castrante, con el fin de restar autonomía y capacidad de decisión. En ocasiones, se le da el nombre de *dependencia inversa*, porque la persona, debido a su propia inseguridad, lo que hace es convertir en muy dependiente a su pareja o a sus hijos. Nuevamente, esto puede ser muy explícito o no, como cuando una persona mina la confianza de otra y destaca lo que aquella no hace bien, o le genera miedos y dudas acerca de su capacidad. Os voy a contar un caso especialmente sutil que tuve la ocasión de conocer en una terapia de pareja. Era una pareja heterosexual de profesionales liberales. Se habían casado durante la universidad, ambos estudiaron la misma carrera, pongamos que era Empresariales. Ella dejó de trabajar a los pocos años para dedicarse por entero a la crianza de sus tres hijos. Estos ya habían crecido y ella tenía ganas, casi veinte años después, de volver al entorno laboral. No era fácil, claro, pero se le presentó una gran oportunidad: una amiga suya, con una pequeña empresa, necesitaba a alguien que la ayudase con las cuentas. Quería una persona de mucha confianza y que, debido a que la empresa era pequeña, dedicase media jornada o menos. Su amiga le pareció ideal para el puesto y se lo propuso. Cuando esta se lo contó a su marido, él, aparentemente cuidándola, le dijo cosas del tipo: «Pero para qué te vas a meter en esos follones ahora, con lo tranquila que tú estás en casa. Anda y no te metas en líos. Además, las leyes han cambiado mucho, ya no es tan fácil. Y encima una amiga: no es buena idea, a ver si vas a cometer un error y además de hundir la empresa pierdes a tu amiga». Esto no fue así, claro. Este tipo de mensajes los fue deslizando poco a poco y en el curso de distintas conversaciones, intentando evitar que su pareja ganase autonomía y la relación se reequilibrase.

Se puede casi considerar que este tipo de dependencia inversa es un síndrome de Munchausen por poderes psicológicos, en el que se necesita tener a alguien muy dependiente de uno, al que uno cuida, para poder sentirse bien.

La apertura y la dominación son procesos contrarios. Se excluyen mutuamente. Por eso las estrategias dominantes fallan: la esperanza inconsciente de la persona que domina es que, una vez logrado el dominio, podrá abrirse al otro y confiar. Eso nunca ocurre, porque la dominancia solo aumenta la necesidad de control cada vez más, haciéndome temer cada vez más su pérdida. No me acerca a las relaciones de intimidad, me aleja progresivamente de la posibilidad de tener una.

Querría hablaros de un último tipo de comportamiento que incluyo en este grupo. Cuando hablamos del apego, hablamos de la promiscuidad afectiva o de afectividad indiscriminada. Vimos el caso de los niños que se comportaban de forma más cercana con personas extrañas que con sus propias figuras de apego. Es posible que este patrón, en algunos casos, permanezca hasta la edad adulta y dé lugar a personas que tienen tal dificultad para generar vínculos íntimos que casi parece que los fingen. Esto es porque mantienen una fachada acomodaticia, en ocasiones durante años. Poseen con frecuencia un enorme encanto superficial y, por ejemplo, suelen llevarse muy bien con los familiares y los amigos de la pareja, y se suele decir de ellas que son el yerno o nuera perfectos.

Recuerdo el caso de una paciente que estaba cuidando de su madre con alzhéimer. Conoció a una persona en su gimnasio e iniciaron una relación. Ella pasaba casi todas las noches en casa de su madre y tenía poco tiempo y disponibilidad para la relación, que iba muy bien. Se sentía muy apoyada y, las veces que quedaban con amigos y familiares, él era una persona encantadora. Incluso empezó a jugar al pádel con tres de los amigos del grupo de ella. Pero la madre de la mujer falleció y empezaron a pasar más tiempo juntos. Y aquí la relación empezó a resentirse. En un momento dado, ella descubrió una infidelidad de él. Pero pronto descubrió que en los cinco años que estuvieron juntos había habido no una, sino decenas de infidelidades. Este tipo de patrón, en el que está habiendo un engaño sistemático casi desde el principio de la relación, es una manera de no formar vínculo, de sentirse seguro traicionándolo. Cuando ella lo confrontó, él, en lugar de sentirse culpable (reacción habitual en las infidelidades), se mostró con extrema dureza y crueldad hacia ella. En un tiempo récord, desapareció de su vida y dejó de cogerle el teléfono. Tampoco respondía a las llamadas de los amigos de ella, incluidos sus tres compañeros de pádel. Literalmente, no volvieron a saber de él. Esto dejó perplejo a alguno de ellos, que lo intentó localizar porque lo consideraba un amigo. Poco tiempo después, supieron que tenía una relación estable con otra chica y que se estaba haciendo muy amigo de su grupo de amigos. Este tipo de patrón, con diferencias pero también con grandes similitudes, me lo he encontrado cinco veces en mi carrera profesional: cuatro veces fueron hombres y una vez, mujer. Son pequeños números, pero os lo cuento porque los parecidos entre ellos eran llamativos. En todos los casos fueron perfectos en su rol durante un tiempo, hasta que se descubrió algo que indicaba que no era del todo real (bueno, en todos los casos fueron infidelidades múltiples). Y en todos los casos, en lugar de sentirse mal por la infidelidad, reaccionan con mucha ira y hostilidad, culpando a sus parejas. Rompieron con ellas y con todas las personas de su entorno, generando en todos una sensación de estupefacción, de no haberlos conocido en absoluto. La sensación es que todos ellos fingieron el vínculo que nunca lograron realmente desarrollar, por la facilidad con la que rompieron su relación, no solo con la pareja, sino con todo el entorno. Es llamativo el nivel de ira y hostilidad que emergía en esos momentos. Parece que funcionasen por la máxima de «no te puedes fiar de nadie, al final todo el mundo te decepcionará». Todos tenían historias de abandono (real o emocional) temprano. En terapia, cuando he podido trabajar con alguna de estas personas, aparece una sensación inicial de angustia, debajo de la cual hay una sensación de rabia y finalmente de vacío. Detrás de todo esto, y cuando son capaces de afrontar el vacío, suele aparecer una gran soledad y una profunda tristeza. Sus problemas son difíciles de tratar en terapia por el enorme malestar que les genera conectar consigo mismos. Insisto: son conclusiones sacadas a partir de muy pocos casos, pero las expongo por si sirven.

¿Cómo soy?

Seguramente, leyendo las páginas previas han acudido a vuestra mente un montón de personas conocidas. Juan es evitativo, Margarita es dominante. Pero recordad que la mayoría de las personas tienen una combinación de las anteriores estrategias, en mayor o menor grado. Como dije, lo anterior solo son viñetas explicativas. Las personas podemos exhibir diferentes estrategias en distintos momentos. Está claro, sin embargo, que hay personas que exhiben más unas que otras. Así que, más que intentar poner a los demás o a vosotros mismos una etiqueta, intentad ver en qué situaciones reaccionáis con unas estrategias o con otras, sin etiquetaros y sin angustiaros. Ya sabemos que, a mayor estrés, más empeoran las estrategias.

Si recordáis el capítulo 4, insistí varias veces en que la activación de los sistemas era jerárquica, primero la hiperactivación y luego la hipoactivación. En el caso particular del apego, vimos además que, si estas dos primeras estrategias no funcionaban, el apego entraba en un estado desorganizado y que, para recuperar el control, la persona utilizaría las estrategias que tuviese a mano. El hecho de que hayamos tenido distintas relaciones y, por tanto, diferentes tipos de apego explica que, al menos potencialmente, en nuestro patrón adulto haya estrategias de los diversos tipos. Por otro lado, esa organización jerárquica nos dice en qué sentido es más probable que evolucionen. Una persona con un patrón sobre todo dependiente y ansioso puede, a partir de diferentes experiencias insatisfactorias, transitar hacia un patrón más contradependiente en el que renuncia a tener relaciones. En algunos primates «primos» nuestros se observa además una mayor tendencia hacia socializar menos a medida que avanzan en edad. No podríamos descartar que hubiese algún proceso parecido en humanos. Por otro lado, una persona con un patrón contradependiente y evitativo puede, tras terminar la relación que supuestamente lo agobiaba, activar un patrón dependiente y querer volver con su pareja a toda costa. Normalmente, si no se han resuelto los problemas de fondo, al volver la pareja, regresan muy pronto a la dinámica anterior. También hemos visto como personas que utilizan el control, al venirse este abajo, pueden exhibir comportamientos muy dependientes o, en ocasiones, muy desorganizados donde, como dije, se lleven a cabo las conductas más dañinas. También puede haber personas que han estado en un patrón sumiso y que pasen a uno dominante. Recuerdo el caso de una paciente: estaba en una relación machista en la que ella se mostraba totalmente sumisa, hasta que su pareja sufrió una grave ciática que lo hizo dependiente, momento en el cual la mujer se convirtió en una dominante agresiva, y él, en un dependiente sumiso. De este modo, intercambiaron durante meses los roles que habían llevado a lo largo de toda su vida de pareja, permitiendo que ella expresara toda la ira y la rabia acumuladas. Aunque no es igual, también he visto en varias ocasiones como personas que tuvieron como pareja a alguien muy celoso y controlador en la siguiente relación fueron ellas mismas las que se comportaron de esa forma con su pareja.

A veces incluso es la terapia la que provoca los cambios. Así, es frecuente que, en un estadio intermedio de la terapia, una persona que era totalmente sumisa con su pareja sea capaz de expresar más su ira o se vuelva más evitativa. Es importante tener esto en cuenta y ayudar a los pacientes a que completen el proceso y no a que cambien un estilo de vínculo patológico por otro.

Todo lo anterior destaca el hecho de que los tipos no son inamovibles ni rasgos esenciales de la personalidad, sino que más bien son un patrón de comportamiento (aunque a veces muestren una gran persistencia transituacional y temporal) que se da en el seno de una determinada relación y en un momento determinado.

Parejas conflictivas

La elección de pareja es un fenómeno complejo que descansa en gran medida en decisiones no del todo conscientes. Influyen factores biológicos, pero también la familiaridad o la complementariedad de las estrategias. El tema clave quizá sea si elijo pareja desde el estar bien o desde el estar mal. Para las personas que no tienen graves carencias, se basará en una elección desde el crecimiento: yo estoy bien, por tanto, elijo con quién estoy mejor, quién me aporta algo a mi vida. Esta debería ser la forma ideal de elección de pareja en todos los casos. Pero vemos que, para las personas que tuvieron carencias, esto no funciona así, sino que eligen en parte por ellas.

Un primer aspecto que hay que tener en cuenta es que las personas se sienten más cómodas con lo que les resulta familiar, con el tipo de interacciones al que están acostumbradas. Esto, obviamente, depende de las relaciones de intimidad que he tenido y que he visto en mi vida. Como vimos, aprendemos cuáles son los comportamientos lícitos en las relaciones de intimidad.

Un segundo aspecto, muy relacionado con el anterior, es el que llamamos la «complementariedad». Cuando una persona se relaciona de una manera consistente desde uno de los patrones vistos, ese patrón encaja más con algunos que con otros. Por tanto, la persona se siente atraída por personas de ese patrón complementario. Por ejemplo, alguien que tiende a ser dependiente y agradador es muy posible que no se sienta atraído por otra persona de similares características. Recordemos que estas personas extraían su seguridad de los demás. Otro individuo dependiente no me da seguridad, me genera más inseguridad. Sin embargo, alguien decidido, dominante, puede —sobre todo al principio, cuando no muestra sus partes más dañadas— darme la seguridad que a mí me falta. También puede ocurrir que, por no sentirme valioso, elija deliberada pero inconscientemente a personas que me desprecien o no se fijen en mí. Una paciente mía me contó algo parecido: «Siempre me he fijado en personas que no me hacen caso; son las que me llaman la atención, porque me conectan con mi sensación de no valía y tengo que hacer lo que sea para llamar su atención y así saber que valgo».

Recuerdo el caso de una paciente que había tenido una serie de relaciones muy conflictivas. Gracias, en parte, a la terapia, llevaba meses sin pareja; esto era una anomalía, pues habitualmente saltaba de una relación a otra porque se sentía mal estando soltera. Ella llamaba a esto el «síndrome del mono», porque «jamás suelto una rama hasta que no tengo otra bien agarrada». Ahora que llevaba meses sola, conoció a una persona que parecía que se acercaba a ella de una manera sana. Aunque inicialmente le había atraído, en la siguiente sesión me dijo que ya no le interesaba. Cuando le pregunté por qué, me dijo: «Es que es muy frío». Le pregunté por qué decía eso, y me contestó que la había llamado un par de veces y en una de esas llamadas, como estaba muy liada, le dijo que hasta el viernes ella no podría quedar y que la llamase mejor ese día. Esta conversación había tenido lugar en lunes. Y ella me dijo: «¿Y sabes lo que hizo? ¡No me llamó hasta el viernes!». Cuando le hice ver que parecía una persona respetuosa, que hacía lo que ella le había pedido, ella me contestó: «No, si realmente yo le gustase, no habría podido aguantar hasta el viernes, me hubiese tenido que llamar el miércoles o el jueves e insistir». O sea, estaba pidiendo que la otra persona fuese impulsiva y no respetase lo que ella explícitamente le había pedido.

Podría seguir poniendo ejemplos hasta aburriros. En consulta, veo una y otra vez historias de este tipo, en las que las elecciones suelen estar relacionadas con la historia afectiva de la persona. Elegimos, me temo, desde la carencia. Que el vínculo se establezca desde ahí impide el crecimiento saludable, tanto individual como el de la pareja. Así, vemos que la pareja se convierte en un obstáculo para el crecimiento, más que en una base segura desde la que crecer. Además, ambos miembros tienen miedo de que su pareja crezca y de crecer ellos. La pareja se convierte en algo esclerótico, rígido, vigilado, aburrido, en una especie de jaula. Y ya sabemos cómo nos sentimos los animales enjaulados.

El tercer aspecto que me va a condicionar son los miedos que tenga. Como definió a la perfección un paciente mío, «nunca elijo a personas que me parezcan un 9 o un 10 porque ¿cómo se van a fijar esas personas en mí? Suelo ir a por una persona que sea como máximo un 6». Era un chico especialmente guapo y atractivo que no solía tener problemas para ligar. Otra paciente me decía que siempre elegía a «personas con taras, porque son perfectas para mí, porque mírame a mí». Ambos elegían desde su miedo al rechazo. Ya hemos visto que en estos miedos son sobre todo preocupantes los que tienen que ver con sentir desprecio o humillación. Estas personas son las que despliegan los comportamientos más agresivos y son, además, las que con mayor probabilidad desprecian o humillan a su pareja. Ambos comportamientos son del todo incompatibles con una relación mínimamente saludable. También hay personas que tienen una imagen tan negativa de sí mismas que sienten que merecen ser castigadas. He tenido numerosos pacientes que eligen parejas que los dañan porque sienten que eso es lo que merecen. Incluso he tenido pacientes que sufrieron abusos sexuales que entran en relaciones sexuales abusivas por la misma razón. Esto es más frecuente cuando el abusador es una figura de apego, en especial el padre biológico, debido a que el daño procede de la figura que debería haber protegido y cuidado. En estos casos el daño es en un espacio muy íntimo y muy profundo. De nuevo, estos son quizá ejemplos extremos, los que veo en consulta, pero las versiones menos exageradas de esto mismo se encuentran seguramente mucho más extendidas.

También influyen los flashbacks. El filósofo George Santayana escribió que aquellas personas que no recuerdan su pasado están condenadas a repetirlo. Cuando el pasado no está resuelto, intentamos recrearlo para resolverlo constantemente, y esto nos lleva a repetir patrones y situaciones. Por ejemplo, elijo a personas que me desprecian, en un intento de que dejen de hacerlo, como manera de solucionar un pasado en el que me sentí despreciado. Es como pretender demostrar (a mí mismo) que sí valgo, que sí merezco atención, que sí merezco ser querido. O todo lo contrario.

Un cuarto aspecto que hay que tener en cuenta es la capacidad de regulación: personas que tienen dificultades con la regulación en general, o que se desregulan al tener relaciones íntimas, intentan que las parejas sean las que las regulen. Sin embargo, es muy posible que elijan parejas que a su vez tengan sus propios problemas a la hora de regularse, lo cual empeora la situación. O, simplemente, su nivel de daño es tan alto que casi da igual lo que el otro haga: nunca será suficiente. De la misma manera que existe la corregulación, existe la codesregulación cuando las estrategias relacionales, en lugar de llevar a dos personas a calmarse, las lleva a desregularse mutuamente. Esto, por ejemplo, es lo que vemos frecuentemente en terapia de parejas. De hecho, es uno de los elementos esenciales que diferencian a las relaciones saludables de las que no lo son. No es tanto que tengan o no discusiones (toda pareja sana tiene discusiones), sino si son dos personas que se corregulan o se codesregulan.

Elegir desde la carencia hace mucho más probable, como acabamos de ver, que las parejas vayan mal. Pero a ese problema se añade un segundo: debido a todo lo anterior, y por haber tenido a menudo un historial de relaciones conflictivas con rupturas y pérdidas dolorosas, estas personas son más dependientes de la relación. Lo cual hace que sea menos probable que dejen la relación. Además, en todo lo que tiene que ver con el trauma, el aspecto «qué dice esto de mí» es esencial. Nuevamente, esto no es algo consciente, es implícito, pero funciona más o menos así: «Si esta relación se rompe, si esta persona también me deja, se confirma una vez más que soy malo/imperfecto/

dañino» (poned el adjetivo que queráis). La persona hará todo lo posible por demostrar que ese axioma no es cierto. Cuando tenemos carencias de este tipo, tenemos un nivel elevado de inseguridad, y sentirnos seguros se convierte en el objetivo principal. Para la sensación de seguridad, como vimos en el capítulo del apego, son mejores unos padres malos que no tener padres. De alguna manera, esta es la misma máxima que se cumple en la pareja. Vemos, por ejemplo, muchas personas que están en relaciones en las que no hay un apoyo real, pero que se sienten más calmadas (o sea, seguras y reguladas) por el hecho de estar en pareja que si no la tuviesen; aunque sea una mala relación de pareja. Todo esto hace más difícil cambiar una relación que ha iniciado un camino patológico. En algunos de estos casos, la pareja formada sobre la carencia no resiste el que estas se vayan resolviendo. Se ha disuelto el pegamento tóxico y no hay un vínculo sano que lo sustente.

Quizá os suene todo un poco a película de ciencia ficción. Si es así, es posible que incluso sea una buena señal. Pero me temo que mi experiencia clínica me dice que es más común de lo que parece. No penséis solo en los casos extremos, pensad también en todas las veces que dinámicas así se instalaron en vuestras relaciones, sean de pareja o no. Todos estos procesos, obviamente, no son conscientes. Como vimos, forman parte de la memoria implícita procedimental. Las personas solo se hacen conscientes de estos procesos con el tiempo y, muchas veces, tras un proceso terapéutico, en los casos más graves. En la mayoría de los otros, ir tomando consciencia y reflexionando sobre nuestras formas de vincularnos nos ayuda a poder cambiarlas. Recordad: no seáis hipocondríacos emocionales. La estadística nos dice que, con mucha probabilidad, no estáis entre los casos más graves.

Dinámicas relacionales patológicas

Si todas estas estrategias acabasen generando relaciones conflictivas que acabasen en rupturas, posiblemente no tendríamos tantos problemas. Pero lo que vemos es que la mayoría de las veces estas parejas patológicas son muy resistentes y duran mucho. Eso se debe, como vimos, a la importancia del sistema de apego, pero también a esa complementariedad y la dificultad para romper de la que acabamos de hablar. Así, mucha gente sigue infelizmente junta, en una relación que se ha vuelto progresivamente tóxica. O hace que las personas recreen, en relaciones distintas, y en esencia, los mismos problemas.

Las personas en estas relaciones de media y larga duración entran en una especie de equilibrio dinámico. Muchas veces, el mero hecho de tomar consciencia de su dinámica relacional puede ser el primer paso hacia un cambio que las lleve a posiciones relacionales más sanas. Seguramente hay tantas dinámicas como parejas, pero una vez más vamos a hacer una especie de viñeta con las más usuales. No olvidéis que es solo un artificio que utilizo para poder describirlas, no una descripción real de ninguna pareja concreta.

Dinámica de retraimiento-persecución: la pareja fusión-evitación

Esta dinámica es de la que más ejemplos hemos visto, quizá una de las más frecuentes que vemos en terapia de parejas. Está formada por una persona que está en un rol dependiente y otra que está en un rol contradependiente. Una de ellas invierte, cuida, renuncia a beneficios personales por estar con la otra. La otra necesita más espacio y se involucra menos. La inversión en la relación está desequilibrada, así como el poder. En las discusiones, una de las dos necesita hablar inmediatamente, la otra no ve el momento. Este es un patrón muy complementario, con mucho pegamento tóxico, por el encaje de las respectivas estrategias. Es tan conocida que hasta tiene una serie de dibujos animados: el coyote y el correcaminos. Ambos miembros suelen estar insatisfechos con la relación. A pesar de tener dinámicas tan marcadas, es frecuente que sus papeles se puedan invertir. Si la parte que se mostraba mucho más implicada logra romper la relación, es habitual que la otra, la que mostraba reticencias y bajo compromiso, cambie completamente y ahora se muestre muy interesada en volver, alegando que se ha dado cuenta del error cometido y de lo mucho que quiere y necesita estar con ella, etc.

Dinámica de evitación del conflicto: la pareja en «guerra fría»

Los conflictos que se resuelven de forma constructiva son esenciales para el crecimiento de una relación. Sin embargo, hay muchas personas que no han tenido esta experiencia, que no saben lo que es un conflicto saludable que se resuelve bien. Estas personas, con dificultades para la regulación, han tenido muchas veces interminables discusiones que no han logrado resolver. Para evitar ese malestar que les generaban las discusiones no resueltas, inevitablemente se acostumbran a intentar evitarlas, eludiendo hablar de los problemas de la pareja, casi como si hubiese un consenso en no tocar cualquier tema «caliente». El progresivo distanciamiento emocional provocado por esta dinámica suele ir acompañado de una amargura de fondo, con frecuencia en ambos miembros, que desearían otra relación, pero son incapaces de tenerla. Así, ninguno de los contendientes quiere iniciar un conflicto a gran escala, porque saben por experiencia que no hay nada que ganar y mucho que perder, y la tensión se libera en muchas pequeñas batallas periféricas, como pequeños gestos de desaprobación o críticas a terceras personas. Están en situación de «guerra fría», de ahí el nombre que damos a esta dinámica relacional.

La dinámica del piloto automático: la pareja funcional

Estas parejas suelen ser bastante funcionales, forman un buen equipo socioeconómico: han podido pagar una o varias hipotecas, disponen de coches suficientes, tienen dinero ahorrado para la universidad de los niños o lo que sea, se llevan bien con las respectivas familias políticas... Nada de esto es un problema, pero hablamos de la pareja en piloto automático cuando, además de todo esto, carecen de intimidad: la función que cumplen como pareja es la que dota de sentido a la relación. De hecho, la relación funciona mejor cuando están cumpliendo roles, como el de padre y madre, que pueden ser una buena manera de no entrar en intimidad. Sus conversaciones suelen ser mucho más breves y superficiales, u orientadas a resolver problemas prácticos. Suelen funcionar mucho mejor en situaciones sociales, cuando están rodeados de otros (amigos, familiares, hijos), pero no mucho en las de intimidad uno a uno. Es más, las distracciones externas los ayudan a no tener que intimar. Funcionan casi en piloto automático, sin turbulencias apreciables.

A veces, mantienen relaciones de intimidad con unas personas, pero no con otras. Puede que incluso se limiten a relacionarse «pareja a pareja». El ritual de ir a cenar con otras dos parejas y supuestamente pasarlo bien, pero a la vuelta ir criticándolas sería un ejemplo de esto: se han sustituido las relaciones significativas con los otros por la crítica. A menudo, esta crítica de los otros es lo que constituye una parte del «cemento» de la relación; es como decir: «Nosotros no lo pasaremos muy bien, pero los demás están peor».

Si la dinámica anterior generaba ira y enfado, esta suele oscilar entre sentir que están muy seguros y cómodos en la relación y sentir que están aburridos y atrapados en una relación que no tiene sentido. Este tipo de parejas han primado la seguridad hasta tal punto que no les importa pagar un alto precio por esta seguridad: pierden el riesgo, pero también la espontaneidad y el placer de las interacciones personales. Vimos en el capítulo 4 que sentirnos seguros era fundamental para poder explorar. Pero estas parejas necesitan tanto esta seguridad que lo anteponen a todo. Este crecimiento se genera, a veces, en la relación a través de ocasionales peleas, que dan el espacio que no se está pudiendo reclamar de una forma más saludable y consciente.

Hay momentos en los que sueñan con recuperar su libertad perdida y una mayor sensación de riesgo en las relaciones. Incluso sueñan con que esto ocurra porque su pareja fallezca o suceda cualquier otra situación que termine la relación sin que ellos tengan que tomar la decisión de dejarla. Esta ensoñación expresa perfectamente su paradoja: no están felices, pero no se atreven a poner fin a la relación.

Hay veces que estas parejas suelen acabar cuando el rol ya no es tan necesario, por ejemplo, sus hijos crecen y se independizan. Esto me recuerda algo que creo que no he dicho: hay parejas que, aunque inicialmente no tuvieron esta dinámica, acaban en ella precisamente por estar años cumpliendo diversos roles y descuidando su intimidad. Pero la buena noticia es que se puede volver del modo piloto automático al de vuelo normal. Quizá sean de las parejas con las que es más fácil trabajar en terapia, siempre y cuando haya el mismo nivel de implicación emocional. Muchas ocasiones acuden con una parte reclamando esta mayor intimidad y la otra sintiendo que no tienen ningún problema.

Dinámicas reactivas: las parejas conflictivas

Son parejas que suelen tener frecuentes peleas y discusiones, sin que llegue a haber situaciones de maltrato. Se relacionan desde la crítica, el desprecio, las actitudes defensivas, como acusar al otro o victimizarse, o lo que John Gottman ha llamado «el muro de piedra». El problema en este caso no es tanto un desequilibrio de poder, sino problemas de regulación y los frecuentes conflictos que eso genera. Tienen frecuentes flashbacks emocionales, que han recreado en su presente relaciones que vivieron o vieron en su pasado. Como ya he dicho varias veces, los problemas de la infancia no se pueden resolver en la edad adulta salvo que uno sea capaz de distanciarse y observarlos desde una perspectiva madura. Las personas que no son capaces de esto suelen quedar atrapadas en sus estados emocionales infantiles, desregulándose con frecuencia. Además de no tener muy buenas capacidades auto- y corregulatorias, son individuos que utilizan formas de comunicación muy destructivas, como el desprecio. Este desprecio puede ser no verbal, como caras de asco hacia el otro. En otras ocasiones, son personas que están insatisfechas, instaladas en la crítica, que solo ven fallos en sus respectivas parejas. Casi todas estas dinámicas, además, parten de una no aceptación del otro. Muchas veces da la sensación, oyéndolas hablar, de que han elegido una pareja imperfecta para cambiarla y moldearla, como en el mito de Pigmalión. Ambos suelen poner un mayor énfasis en lo que el otro hace mal, obviando sus propias dificultades: «Si ella dejase de hacer esto», «Si él hiciese más aquello». Una cosa es que las personas cambiamos y que, en una relación, lleguemos a acuerdos y modifiquemos aspectos de nuestro comportamiento. Pero otra muy distinta es querer que la persona cambie casi todo. Esto realmente me recuerda casi más a otro mito griego, que conozco por Sebastián Escámez, el de Procusto, que era un posadero que amputaba o descoyuntaba los miembros de los viajeros para que encajaran bien en las camas metálicas del hospedaje. Muchas veces, esta crítica constante puede ser el resultado de una persona que no es capaz de dejar una relación en la que se encuentra insatisfecha. Estas quejas encubren una dificultad para la intimidad horizontal y adulta.

Además de estos comportamientos altamente reactivos, estas parejas suelen ser muy hábiles, a su pesar, haciendo que la comunicación sea especialmente difícil y que la resolución de conflictos se vuelva casi imposible. Así, hay personas que exageran cualquier sugerencia como si fuese una crítica a la totalidad. Por ejemplo, si les decimos que preferimos que no pongan los zapatos ahí, ellas responden con un «no, si es que yo todo lo hago mal». Otras que reaccionan de forma verbalmente muy agresiva. Algunas otras utilizan la estrategia del «muro de piedra» en la que la persona puede estar retraída y enfadada durante días sin reconocer que pase nada. El propio Gottman, creador del término, nos dice que es habitual que personas que sufrieron abusos en la infancia utilicen esta táctica. También señala que el 85 por ciento de las personas que utilizan el muro de piedra como estrategia son hombres. Mi sensación clínica no es esa, pero os doy el dato que él aporta. En todo caso, todas estas formas de reaccionar nos evidencian sus dificultades para aceptar críticas, para aceptar visiones contrarias a las propias, para afrontar y resolver conflictos o para expresar desacuerdos. En estas relaciones, puede haber incluso una adicción a las peleas, en el sentido de que uno, o ambos miembros, carecen de formas de regulación, de modo que utilizan los conflictos como forma de estallido-regulación-reconciliación. Estas dinámicas reactivas son de difícil solución si no los ayudamos a afrontar los problemas relacionados con su dificultad para estar en la intimidad. En otras, cuando se empiezan a resolver los conflctos, se termina la pareja porque el vínculo basado en la carencia se disuelve y descubren que realmente no quieren estar el uno con el otro.

Dinámicas destructivas

Por último, estarían todas aquellas dinámicas que producen conflictos más destructivos, que parten de personas que tuvieron aspectos de apego desorganizado en su infancia. No voy a hablar de estas parejas porque sus dinámicas son distintas de las que hemos visto. Estamos hablando de situaciones en las que suele haber un desequilibrio de poder. Algunas de estas relaciones, si no son graves, se pueden mejorar con técnicas como las que veremos en el capítulo 9. Pero en la mayoría de los casos la relación está tan deteriorada que lo más conveniente es que acabe. En este caso, estas personas no están condenadas a entenderse, más bien todo lo contrario. Cuando los profesionales nos encontramos con estas dinámicas tan deterioradas y dañinas, nuestro objetivo no debe ser sanar la relación, sino ayudar a esas personas a terminarla. Entrar a trabajar desde una óptica de terapia de pareja puede dar una sensación de equidistancia que no es real, dado el desequilibrio de poder que suele darse en estas relaciones. Es importante en estos casos determinar si alguno de los miembros de la pareja pueda estar sufriendo algún tipo de maltrato emocional, físico o sexual, y brindar o facilitar el apoyo necesario a esa persona para que pueda salir de esa situación. Si bien esto puede ocurrir con cualquiera de los miembros, sabemos que en las parejas heterosexuales este tipo de maltrato se da con mayor frecuencia, y con mucha mayor gravedad, del hombre hacia la mujer.

Si he logrado resolver al menos parcialmente los problemas relacionales que tuve en la infancia, y estos ya no me condicionan, me podré relacionar desde la horizontalidad. Entonces, el tipo de estrategia complementaria a la mía también será la horizontalidad. Personas que vengan desde posturas muy dominantes o dependientes no encajarán del todo bien conmigo. Todo lo que se aleje de esa horizontalidad me resultará extraño o me dejará de atraer. Por otro lado, si no me puedo relacionar desde la horizontalidad, las estrategias complementarias a la mía, las que encajan conmigo, serán también las no horizontales. Será, por tanto, mucho más probable que encaje y conecte con personas a su vez emocionalmente dañadas. Así que el tipo de persona hacia la que me siento atraído y a la que yo atraigo realmente me dice mucho de dónde me posiciono en las relaciones con los demás. Evidentemente, no me refiero a una relación aislada en mi vida. Me interesa analizarlo, sobre todo, si detecto un patrón recurrente de relaciones insatisfactorias o conflictivas. Recordemos el dicho estadounidense: «Si ocurre una vez, es un incidente. Si ocurre dos, es una coincidencia. Si ocurre tres, es un patrón».

Por último, al igual que ocurría con los patrones y las estrategias, las dinámicas de pareja no se dan de forma pura. Una misma pareja puede pasar por distintas dinámicas en diferentes momentos de su relación. De hecho, el orden en el que las he descrito representa una especie de camino que algunas parejas no saludables recorren: inician su relación con una dinámica de perseguidor-perseguido; si no logran resolver este desequilibrio, derivan progresivamente en una pareja que evita el conflicto, y, finalmente, en una pareja funcional que termina por no lograr resolver sus problemas de estar en intimidad. En cambio, otras, en lugar de encaminarse hacia una dinámica de evitación del conflicto, se quedan atrapadas en la dinámica reactiva, en la que abundan las peleas y las discusiones. En todo caso, estas dinámicas nos sirven para ayudar a las parejas que vienen a consulta a entender en qué punto están, qué las ha llevado hasta ahí y, en definitiva, qué tienen que resolver para poder crear una intimidad sana entre ellos. Y ya hemos visto que la capacidad de relacionarnos de forma sana con los demás tiene que ver con la capacidad de relacionarnos de forma sana con uno mismo. Así que, lo primero que tenemos que hacer, si queremos tener relaciones sanas, es sanar la relación con nosotros mismos y buscar el verde.

7
Cambio

La vida a veces parece más bella de lo estrictamente necesario.

STEVEN WEISBERG

Durante la infancia, como afirmaba Lev Vygostky, el desarrollo va de fuera hacia dentro, de lo social a lo mental. El niño necesita un entorno regulado para regularse y aprender. Pero en la edad adulta este proceso debe invertirse. En lugar de esperar que los demás o las circunstancias cambien, es más sensato centrarnos en nosotros mismos y ver qué podemos cambiar o mejorar en nuestro entorno. Como dije en el capítulo anterior, había que buscar el verde. Pero no en el exterior, hay que buscarlo en nosotros, desarrollarlo en cada uno. Debemos sanar la relación más importante de nuestra vida: la que tenemos con nosotros mismos.

Nuestro bienestar emocional y psicológico influye en nuestras habilidades para mantener relaciones saludables con los demás. Si no estoy bien, es muy probable que ni siquiera distinga quién se acerca de forma sana a mí y quién no. O puede que no esté receptivo a las personas sanas que se me acercan: no me «engancharán», me aburrirán o no me sentiré querido por ellas, acostumbrado como estoy a la alta intensidad y el refuerzo intermitente de las relaciones tóxicas. Pero, lo más importante es que, si tengo conflictos en mi mundo interior, asuntos no resueltos, estaré contribuyendo a recrearlas una y otra vez en mis relaciones exteriores, sin ser siquiera consciente de ello. E igual que no hay nada que sane más que una relación sana, pocas cosas pueden causar más daño emocional que una relación tóxica. Las relaciones generan dinámicas, círculos, que pueden ser viciosos o virtuosos. Normalmente veo que las personas atrapadas en círculos viciosos están esperando a que el cambio venga de fuera. Sin embargo, ocurra lo que ocurra fuera, estas personas siguen mal en su mundo interno. Así que, si quiero tener un entorno sano, generar un círculo virtuoso, el primer paso debo darlo en mi interior. Citando a Gandhi (una frase que curiosamente mucha gente atribuye a Michael Jackson, quizá porque usó una muy similar en su canción *The Man in the Mirror*), «sé tú el cambio que quieres ver en el mundo».

De hecho, persistir en cambiar el exterior sin que esto vaya acompañado de un cambio interior, previo o al menos simultáneo, lleva muchas veces a que nada cambie.

Cambio

Una consulta que me hacen al menos una vez al mes es: «Las personas ¿realmente cambian?». La respuesta es simple y clara: no solo el cambio es posible, el cambio es inevitable. En psicología se llama personalidad a los rasgos del comportamiento de una persona que se mantienen en el tiempo. O sea, por definición, la personalidad es aquello que no cambia, o cambia muy poco, a partir de que se llega a la edad adulta. Bueno, pues el estudio más largo sobre personalidad, llevado a cabo por el equipo de Matthew Harris de la Universidad de Edimburgo, comparó la personalidad de un grupo de sujetos desde los catorce a los setenta y siete años (se les pedía una valoración tanto a ellos como a personas relevantes de su entorno). Lo que encontraron fue que los resultados de los test de personalidad de muchos de ellos eran tan diferentes que no había forma de correlacionarlos. Sus rasgos habían cambiado a lo largo de estos sesenta y tres años. Es decir, las personas cambian.

Y ese cambio puede en ocasiones ser bastante rápido. Uno de los factores que lo puede acelerar, barro para casa, es la terapia psicológica. Brent Roberts y su equipo realizaron un metaanálisis, en 2017, de 207 estudios realizados desde 1959 hasta 2013 y que sumaban más de veinte mil personas. Encontraron que la terapia lograba cambiar a largo plazo dos rasgos de la personalidad: el neuroticismo y la extraversión. El neuroticismo, que casi podemos traducir por inestabilidad emocional, es un claro factor de riesgo para la salud mental y física. Bueno, pues según Roberts, el neuroticismo se puede reducir a la mitad tras una intervención terapéutica. Desde hace años sabemos que el neuroticismo es un rasgo que tiende a reducirse con la edad, pero la terapia parece acelerar ese proceso enormemente. Además, hallaron que los cambios no eran efímeros, sino que duraban años, y que no se veían afectados por otras variables, como el género o la edad. Aquí tenemos una vez más en marcha uno de los principios que hemos descrito para nuestro cerebro: la plasticidad. Nuestro cerebro es un órgano evolucionado para aprender y adaptarnos. Realmente, si lo pensamos, sería un sinsentido que, llegado a una edad determinada (la edad adulta), ya no aprendiese. Y aprender es cambiar. Esto, por supuesto, no ocurre solo por la terapia, ocurre por la vida. Y se puede ver afectado por múltiples factores. Entre ellos, las personas con las que nos relacionamos o los esfuerzos que hacemos por autoeducarnos. Nuestra personalidad cambia. Otra cosa es que lo haga en la dirección que nos gustaría, que podamos guiar ese cambio. En el ser humano todo es susceptible de mejorar. Todo, por tanto, es susceptible también de empeorar.

Cualquier cambio tiene tres componentes: cognitivo, emocional y conductual. Y el cambio puede empezar por cualquiera de ellos. La modificación de algún elemento obliga a todo el sistema a cambiar para reajustarse. Esto es lo que en psicología se conoce como *disonancia cognitiva*. En nuestra experiencia diaria tenemos claros ejemplos de estos tres tipos de cambios. Si me dan datos nuevos, por ejemplo, sobre la ratio de contagio de la pandemia del coronavirus, se modificarán tanto mi estado emocional —aumentará el miedo— como mi comportamiento —poniéndome mascarilla, por ejemplo—. Este sería un cambio iniciado desde lo cognitivo. Pero el cambio también se puede iniciar desde lo emocional: alguien de la oficina que me caía mal me elogia sinceramente un trabajo, lo cual produce un estado emocional positivo en mí que cambia mi cognición (lo que pensaba de esa persona) y mi actuación (ahora la saludo y sonrío por las mañanas). Por último, el cambio también se puede iniciar desde la conducta. Por ejemplo, a pesar de no apetecerme, salgo a dar un largo paseo cerca del mar, y esto cambia mi estado emocional y me hace sentir mejor. Dando un paseo recuerdo otros momentos positivos que he tenido cerca del mar, y me apetece quedar con un amigo esa tarde.

La mayoría de las intervenciones en psicología clínica y sanitaria se pueden englobar también dentro de una de estas tres categorías. Pero ¿cuál de las tres tiene más peso? Ya lo vimos en el capítulo dedicado al cerebro: la emocional. Nuestras emociones, cuando son intensas, influyen de una manera decisiva sobre nuestra percepción, nuestro recuerdo y nuestros pensamientos. Pero, a la vez, las emociones son difíciles de modificar directamente. No podemos decir: «Quiero sentirme alegre», y esperar que eso ocurra. Tenemos que influir sobre una de las otras dos: cambiar mis cogniciones o mi comportamiento. De estas dos, sabemos que las conductas son las más fáciles de modificar. No puedo obligarme a tener ganas; sí puedo esforzarme por hacer algo, aunque no me apetezca mucho en un principio. Parece casi contraintuitivo, pero funciona: a veces, hacer las cosas que uno haría si estuviese bien ayuda a llegar hasta ahí. Hay un dicho inglés que me gusta mucho: «Fake it until you make it». Traducido sería algo así como «Fíngelo hasta que lo logres». La terapeuta Michele Weiner-Davis aconseja precisamente esto: ¿os resulta cansado pensar en vuestra rutina de deporte? Haced durante unos minutos como si os gustase. ¿Os estáis aburriendo en una conversación? Haced como si fuese muy interesante y prestad atención. No siempre, pero muchas veces esta estrategia funciona.

Evidentemente, no estoy hablando de estados emocionales que tengan que ver con un trastorno grave como la depresión. Estos estados requieren psicoterapia y, con frecuencia, farmacoterapia, supervisadas ambas por profesionales. Por cierto, la farmacoterapia sí que puede ser una forma de influir directamente sobre las emociones, y que eso facilite los cambios cognitivos y conductuales posteriores que ayuden a mantener esos estados de ánimo una vez se ha retirado la medicación.

La felicidad

Es lo que deseamos para nosotros y para nuestros seres queridos; es lo que las madres y los padres deseamos para nuestros hijos. Incluso Kant lo consideraba «el fin universal de los hombres»: la felicidad. Queremos ser felices, pero los niveles de infelicidad son muy altos. Basta echar un vistazo al porcentaje de prescripción de psicofármacos o las ventas de libros de autoayuda enfocados a encontrar la felicidad. No es un tema menor, ni nuestra preocupación por ella es reciente. Casi todos los grandes filósofos, desde los grecolatinos hasta Kant o Schopenhauer, se han ocupado de ella en algún momento. Las cosmovisiones (que no religiones) surgidas en la India, como la budista, hinduista o jainista, también tienen que ver con la felicidad, en formato quizá más modesto: dejar de sufrir. De hecho, hasta cierto punto, tanto las filosofías de vida como las cosmovisiones orientales son casi psicoterapias, y comparten algunos métodos con las psicoterapias desarrolladas en las últimas décadas. Es notorio la cantidad de veces que los psicoterapeutas recurrimos al estoicismo, epicureísmo o budismo para extraer citas o, directamente, prácticas. A veces sin ser conscientes de ello, por cierto.

Hasta hace bien poco, la psicología, o cualquier rama científica, no se había dedicado a la felicidad. Desde finales de la década de los ochenta, esto cambió y se desarrolló toda una rama de la psicología, la psicología positiva, para ocuparse de este tema. Yo tuve la suerte de participar en una serie de formaciones que una de sus primeras representantes, Carol Ryff, dio en España. Aunque la psicología positiva ha recibido muchas críticas desde entonces, algunas de forma injusta y otras quizá por algunas conclusiones precipitadas, lo cierto es que estimuló el interés científico sobre el asunto. En las últimas décadas, este interés ha ido creciendo hasta casi convertirse en industria. El curso más popular entre los graduados de Harvard (lo hace cerca del 20 por ciento) es el que imparte Tal Ben-Shahar sobre... la felicidad. Se ha hecho tan popular que Tal ha fundado la Happiness Studies Academy, la Academia de Estudios sobre la Felicidad.

Podría parecer que la sociedad contemporánea está obsesionada con la felicidad, pero, como he dicho, el fenómeno no es nuevo. Parece más bien ser una preocupación genuinamente humana, que toma el centro del escenario en diferentes momentos históricos. Sí que parece que para que la búsqueda de la felicidad (o las causas que conducen a la infelicidad) ocupen un lugar central en una sociedad determinada, esta debe haber alcanzado niveles mínimos de bienestar económico. Quizá ahora más personas que nunca antes están en una situación de relativo bienestar económico, lo cual nos hace plantearnos si somos felices o no. En general, cuando estamos en un estado carente, no dudamos de qué nos hace falta para ser feliz. Eso es simple: acabar con esa carencia. Así, si tengo hambre, lo que deseo es comer; si no tengo casa, lo que deseo es tenerla; si no tengo pareja, lo que ansío es una pareja. Pero cuando esos niveles están cubiertos, o al menos alguno de ellos se cubre, sin surtir el efecto esperado, sin que uno logre estar bien, quizá ahí empiecen las preguntas, las inquietudes y la insatisfacción. De hecho, las filosofías de vida griegas y las de liberación indostánicas se desarrollaron en la élite de sus respectivas civilizaciones, con un alto nivel de sofisticación. En la Grecia clásica, entre los ciudadanos, con un gran número de esclavos que se ocupaban de las tareas básicas. En el caso de la India, figuras como Gautama Buda o Mahavira, procedentes ambos de las élites nobles y acomodadas.

En nuestro tiempo capitalista, la felicidad además ha ganado importancia en relación con la productividad y la reducción de costes, por mal que esto suene. Vivimos en sociedades en las que todo, incluido nuestro estado anímico, se monetariza. Esto ha llevado a que la ciencia se haya ocupado, como dije, de la felicidad.

¿Y de qué depende la felicidad? De diferentes factores, claro, pero uno de los centrales, puede que el más importante, ya lo sabéis de memoria, son las relaciones. Las relaciones están conectadas con algunas de nuestras emociones más fuertes, tanto positivas como negativas. Pueden sacar lo mejor y lo peor de nosotros. Están conectadas, como visteis —recordad el estudio de Harvard—, con nuestro bienestar y nuestra salud, es decir, con nuestra felicidad.

Pero no persigáis la felicidad

Como predijo Bowlby, conectarse con otros es inherentemente gratificante. Pero la investigación nos dice que la relación es bidireccional: las personas con niveles más altos de felicidad subjetiva también tienden a ser más cooperativas, prosociales y generosas. Por otro lado, las personas con mayor nivel de relaciones sociales y, sobre todo, de vínculos más fuertes reportan niveles más altos de felicidad y menor riesgo de padecer problemas psicoemocionales. Una investigación realizada por Ed Diener, uno de los mayores investigadores sobre la felicidad, descubrió que la característica más saliente del 10 por ciento de los alumnos que menos problemas emocionales tenían era que mantenían vínculos fuertes con familiares y amigos. En definitiva, el número y la calidad de las relaciones que uno es capaz de mantener parecen tener efectos externos e internos. Ed Diener sentencia que mientras la felicidad no está muy correlacionada con los ingresos, sí que está altamente correlacionada con las relaciones. Este mismo autor, Diener, que prefiere hablar de bienestar subjetivo antes que de felicidad, dice que este bienestar es un estado caracterizado por tres componentes: afecto positivo frecuente, alta satisfacción vital y afecto negativo infrecuente. (En la página web de Ed Diener se pueden encontrar muchos artículos acerca de esto, así como escalas para medirlo: Diener and Happiness, pursuit-of-happiness.org).

A mí también me gusta más el término de bienestar que el de felicidad. Perseguir la felicidad es lo que el psicólogo Albert Ellis llamaba un «objetivo loco»: un objetivo que, cuanto más lo persigamos, más se nos escapa. Intentar alcanzar la felicidad es, seguramente, una de las maneras más eficaces de ser infeliz. En un trabajo de 2014, Brett Ford e Iris Mauss hallaron que perseguir la felicidad llevaba a la infelicidad por tres factores. En primer lugar, las personas que tienen como objetivo ser felices suelen tener unos estándares muy altos de felicidad, difíciles de alcanzar. Seguramente, porque es un mecanismo protector o defensivo contra estados negativos. Hablaremos algo más de esto en el apartado dedicado a la positividad tóxica. En segundo lugar, las personas que dicen que quieren ser felices, con frecuencia, no desarrollan acciones concretas y prácticas que las ayuden a estar mejor. Por último, estas personas suelen estar comparando la felicidad que sienten con su expectativa. Y estas expectativas interfieren con la felicidad. Decía el escritor y premio Nobel André Gide que, para ser feliz lo único que había que hacer era no comparar el momento presente con otros momentos del pasado, los cuales a menudo no se disfrutaron del todo porque uno andaba comparándolos con otros momentos del futuro. No creo que se pueda sintetizar mejor.

Por tanto, el objetivo no debe ser la felicidad. El objetivo más bien debe ser estar un poco menos a disgusto en el mundo, un poco menos a contrapelo con lo que va ocurriendo, sin sentir que los demás son personas hostiles de las que defenderme, aunque también tenga que aprender a hacerlo. Y, si las cosas van bien, poder disfrutar de etapas de serenidad y, de algún que otro momento, de auténtico bienestar, diversión o, por qué no, felicidad. Porque se trata más bien de no cerrarse a la vida, de (utilizando un término que me encanta del sociólogo Hartmut Rosa) resonar con ella y poder buscar pequeños momentos de disfrute y saborearlos. La filosofía estoica, epicúrea y las orientales han pretendido esto. Siguen siendo plenamente válidas. Cualquiera que se acerca a ellas encontrará consuelo, a pesar de los siglos transcurridos y las diferencias geográficas y culturales.

La positividad tóxica

Otro error en el que no podemos caer es imponernos, o imponer a los demás, ser felices. Es lo que llamamos «positividad tóxica», que no tiene en cuenta un hecho: no todo depende de nosotros. Hay poderosas fuerzas que operan al margen de nuestra voluntad, negarlo es absurdo. Desde la dotación genética con la que venimos al mundo hasta el lugar, el año y la familia en la que nacemos, nada depende de nosotros, nada lo hemos elegido. Las visiones del «tú puedes» me parecen muy peligrosas porque tienden a culpar a la persona que está mal por estarlo. De hecho, de poder elegir, cada uno elegiría lo mejor para sí. Parto de la idea de que nadie quiere sentirse mal, que ese es el motor de todo nuestro comportamiento, aunque a veces pueda parecer lo contrario. A lo largo de mis años como psicoterapeuta, he tenido la ocasión de ver muchos comportamientos autolesivos, como personas que consumían drogas, personas que hacían daño a sus seres queridos o que se hacían daño a sí mismas. Los propios familiares de estas personas consideraban que estas querían seguir estando mal. Ellos y ellas mismas muchas veces llegaban también a pensar esto. Pero todos esos comportamientos son intentos, a veces desesperados, a veces destructivos, de sentirse bien o, al menos, de dejar de sufrir. Esta idea, por cierto, es de Blaise Pascal.

Dicho esto, algo podemos hacer para cambiar nuestro estado, sobre todo si hemos tenido la suerte de no haber nacido rodeados de circunstancias especialmente desfavorables. Según un muy conocido artículo en psicología, publicado en el año 2005, la felicidad depende al 50 por ciento de factores genéticos y al 50 por ciento de factores ambientales. Aunque también ha recibido críticas y su visión bipolar herencia-ambiente está, como ya he explicado en el prólogo, un poco desfasada, lo que es incuestionable es que algo podemos hacer para mejorar nuestro estado de felicidad. Todos conocemos al menos a alguna persona que ha logrado cambiar en su vida su estado.

Volviendo a la positividad tóxica, Laura Sokal y su equipo, en 2020, la definieron como «un estado en el que se niega el estrés, la negatividad u otras experiencias negativas que existen». Lejos de ser algo que me lleve a acercarme al bienestar, son un conjunto de prácticas que, en realidad, son evitativas. Nacen de una intolerancia al afecto negativo que, muy habitualmente, encubre experiencias traumáticas que no han sido integradas. De hecho, solemos ver que estas personas que se afanan constantemente por estar bien lo hacen no desde un estado relajado, sino desde un estado de alta tensión, como una lucha contra emociones negativas. Si recordáis el capítulo 3, definimos el trauma como ese estado en el que la persona se desregula frecuentemente o está haciendo frecuentes esfuerzos por no desregularse.

La positividad tóxica supone que podemos y debemos estar siempre felices. Que nada debe alterarnos, que incluso la más mínima emoción negativa no es deseable. Cuando alguien nos impone esta positividad tóxica, genera irritación o enfado: nos sentimos incomprendidos o juzgados por tener emociones negativas. Recuerdo hace años estar en un funeral de un amigo que había perdido a su hermana adolescente. En un momento dado, se puso a llorar. Reacción perfectamente normal si tenemos en cuenta que su hermana acababa de fallecer. Pero uno de los integrantes del grupo, en menos de treinta segundos, le dijo: «Venga, ya está, hay que mirar lo positivo, ha dejado de sufrir, hay que tirar para adelante, ser fuerte». Esto estaba fuera de lugar. Había que dejar que ese hombre llorase en aquel momento la muerte de su hermana y acompañarlo en ese dolor. Pero esto, acompañar los estados emocionales de alguien, es algo que cuesta mucho trabajo. De hecho, el caso que acabo de poner del velatorio sería un ejemplo de lo que en psicología llamamos «intolerancia al afecto negativo» que es nuestra dificultad para tolerar estados emocionales negativos en nosotros y en los demás.

La positividad tóxica cumple dos funciones. La primera es evitar las emociones negativas, esta intolerancia al afecto negativo de la que acabamos de hablar. En segundo lugar, ilusión de control: en un caso extremo, me convenzo de que, si tengo pensamientos positivos, solo atraeré circunstancias positivas a mi vida. Es lo que se conoce como la «ley de atracción». Bueno, antes de criticarla, hay que reconocer que algo de razón lleva. Es incuestionable que nuestros estados emocionales influyen considerablemente sobre las relaciones y el comportamiento de los demás y, en cierta medida, sobre cómo me van a tratar a mí. Existe además el conocido efecto Pigmalión, que nos dice que nuestras expectativas condicionan el comportamiento de los demás. También sabemos que nuestros estados de ánimo influyen sobre nuestro estado de salud. Además, está el efecto placebo, del que hablaré en breve, nuevamente una expectativa positiva que puede tener una gran influencia en el resultado. Por último, está el que podríamos llamar el efecto placebo del rendimiento, que explicaré en el capítulo 9, pero que básicamente nos dice que nuestras propias expectativas sobre nosotros influyen sobre nuestro rendimiento. Además, he conocido a personas que, gracias a su creencia en la ley de la atracción, mantienen la calma ante la adversidad, lo cual no está mal. O sea, no es descabellado plantear que nuestra actitud pueda influir sobre distintos aspectos de nuestra vida, mejorándola. De hecho, de un poco de todo esto va también este libro. Pero lo que me parece contraproducente de esta ley de la atracción son dos aspectos. El primero es la «ilusión de control», esa idea de que hay algo mágico que yo puedo hacer que va a asegurarme que las cosas no me vayan mal. Esto, me temo, es contrafáctico. Como reza un célebre dicho anglosajón, lo malo, desagradable o desafortunado puede ocurrir sin previo aviso o razón. Bueno, dicho así pierde la gracia. Mejor en su versión un tanto grosera en inglés: *shit happens*. Sí, a veces, lo malo ocurre. Y es mejor que lo aceptemos y sepamos afrontarlo. El segundo aspecto por el que es perjudicial la ley de la atracción es que induce con frecuencia un estado de intolerancia al afecto negativo, una obsesión por alejar cualquier pensamiento o emoción negativa. Una vez más, esto no solo no es posible, sino que es contraproducente, como ya hemos visto.

Ausentarnos de nuestra vida

La frase de la canción *Beautiful Boy* de John Lennon «la vida solo es lo que te ocurre mientras estás ocupado haciendo otros planes», me parece magistral. Nos habla de prestar atención, de no distraernos con pequeños problemas y vivir la vida lo más plenamente posible. Una de las cosas que nos impide esto es ese estrés de bajo nivel, pero casi crónico del que hablamos en el capítulo 3. El mero hecho de hacer las cosas más rápido eleva mis pulsaciones, me hace entrar en un estado de mayor alerta. Basta ver cómo las personas conducen por la mañana o cómo van a coger el metro en cualquier ciudad media. Y no es un único día, hoy, porque llego tarde. Es casi la norma: vamos corriendo de unos sitios a otros. Esta prisa hace que estemos levemente hiperactivados todo el tiempo, lo que nos provoca ese estrés crónico. Ya vimos lo que esto significa: nos hace más propensos a reflexionar menos, a activar más estados emocionales y a reaccionar más que a responder. Pero esa misma activación me impide estar presente y reaccionar desde la irritabilidad o la agresividad.

Os propongo un sencillo ejercicio que consiste en bajar un poco el ritmo. Si vais en metro, salid unos minutos antes y pasead fijándoos en las personas, en las tiendas o en lo que queráis, pero estando presentes. Si vais en coche, probad a conducir a unos 10 km/h más lento de lo habitual, por el carril de la derecha, relajadamente, observando lo que tenéis alrededor, silbando si sabéis silbar y con la ventanilla bajada si hace buen tiempo… Veréis el cambio de estado de ánimo, y os sorprenderá que la mayoría de las veces no llegáis más tarde.

Paradójicamente, el ocio, que debería ser una actividad relajante y reguladora, también se ha acelerado: en un viaje, intentamos recorrer el mayor número de lugares posibles, visitar el mayor número de museos o monumentos. Es lo que se conoce como el «fenómeno del turista». Pero no solo en los viajes: acudimos a clase de yoga y meditación, pero vamos corriendo y salimos de allí corriendo; estamos con amigos, pero mirando todo el rato el reloj; entrenamos en el gimnasio, pero hemos tenido que dormir una hora menos para incluirlo en nuestra apretada agenda. Todo está acelerado, y nosotros también. Al hilo de esto, os cuento una anécdota real que me pasó hace unos años.

El curioso caso de la anhelada azada

Estaba en Vejer de la Frontera con el padre de un amigo, ahora ya fallecido, que entonces tendría cerca de ochenta años, ayudándole en su huerto. En ese momento nos hizo falta una azada. No teníamos y él recordó que su vecino tenía una. Así que fuimos a su casa, tocamos el timbre y, cuando este salió, ambos se pusieron a hablar amigablemente sobre distintos aspectos, como el tiempo, la familia, los conocidos comunes, etc. Iban pasando los minutos y el padre de mi amigo no le pedía la azada. Evidentemente, pensé, es un señor mayor, se le habrá olvidado la razón por la que habíamos venido. Empecé a impacientarme a medida que pasaba el tiempo, a medida que lo perdíamos. Quería intervenir y acabar con toda aquella cháchara innecesaria a mis ojos, pero, por pudor, no lo hice. El vecino nos invitó a entrar, nos puso una copa de vino dulce y un aperitivo, y seguían hablando y allí nadie mencionaba la azada. A esas alturas ya estaba convencido de que se había olvidado de ella, y me iba impacientando cada vez más cuando el vecino dijo, para mí sorpresa: «Bueno, ¿y qué os trae por aquí?». Entonces fue cuando el padre de mi amigo le contó que estábamos arreglando el huerto y lo que habíamos hecho y, finalmente, como unos quince minutos después de haber tocado el timbre, le pidió por fin la azada. En el camino de vuelta le comenté al padre de mi amigo lo que yo había pensado, al ver que no le pedía la azada. Él me contestó: «¿Cómo se me iba a olvidar si era por lo que habíamos venido?». Y añadió: «¿Cómo de maleducado hubiese sido pedirle la azada nada más llegar, a alguien que no veía desde el verano pasado? ¿No te das cuenta de que, desde el primer momento que nos vio, él sabía que veníamos a pedirle algo? ¿Para qué si no íbamos a ir sin invitación un día a la una del mediodía?». Y, por último, la frase que más me hizo pensar: «Además, tú ¿qué prisa tienes?». Para mí, con toda mi impaciencia urbana, que me había impedido hasta cierto punto disfrutar relajadamente de aquel momento, fue toda una lección. Durante todo el tiempo en la casa del vecino estuve impaciente por que le pidiera la azada. Y me pregunto, ¿qué prisa tenía? Yo estaba de vacaciones. Por otro lado, estuve todo el rato con un diálogo interno tipo «se le ha olvidado, ¿debería decir algo?, ¿y si se enfada?, qué pesado, no vamos a salir nunca de aquí con estos dos viejos», en lugar de simplemente disfrutar de la conversación de dos personas que casi seguro que tenían muchas cosas que enseñarme. Ellos no habían perdido el tiempo; el que lo había hecho era yo.

Fue toda una lección de antiestrés y de relaciones humanas educadas. Con ternura, sin prisa, primando lo relacional por encima de lo instrumental. Eran dos personas acostumbradas a vivir en el campo, donde supongo que lo relacional ha sido históricamente muy importante. Eran dos personas que pertenecen, creo, a un tiempo que ya pasó. No añoro ese pasado ni pienso que debamos importar directamente esos modos a nuestro día a día, pero sí alguno de los principios que eran, claramente, mucho más sanos y sensatos que los nuestros, que los míos al menos. Tenemos mucho que aprender de este tipo de personas y de esta clase de interacciones. Tenemos mucho que aprender de la pregunta que me hizo y que, desde entonces, yo me hago con frecuencia: ¿y tú, qué prisa tienes?

El estrés o la prisa, la mayoría de las veces injustificados, nos impiden disfrutar de los momentos y de las personas. En esta situación que os acabo de contar, ¿a qué se debía ese estado de impaciencia y de prisa? A nada objetivo del mundo externo; se debía a algo de mi mundo interno: un hábito heredado de mi día a día corriendo, como casi todos, me temo. Donde los contactos con personas que no sean del propio grupo son inexistentes o muy superficiales. Hemos naturalizado el contacto evitativo, el no contacto, con los demás. Y, sin embargo, nuestra naturaleza social nos pediría lo contrario. En una serie de nueve investigaciones, llevadas a cabo en 2014 por Nicholas Epley y Juliana Schroeder, encontraron que cuando se pedía a las personas que iniciaran una conversación con extraños en distintos contextos como el metro o las salas de espera, a pesar de que habían considerado *a priori* que la conversación sería incómoda, se sintieron más satisfechos que personas de los grupos que no tenían conversaciones. Estos resultados han sido replicados en 2021 con personas residentes en Londres, una de las ciudades en las que hay una norma no escrita prácticamente de ni siquiera mirar a la gente en el metro; nuevamente; cuando se pide a las personas que lo hagan, reportan niveles más altos de bienestar, a pesar de que, antes, habían considerado que sería muy incómoda esa conversación.

Dicho todo lo anterior, en el comportamiento humano no hay un siempre. Incluso el estrés y la prisa pueden no ser obstáculos para la felicidad en algunos casos. Mar, la mujer que nos ha ayudado a cuidar de mis hijas desde que nacieron, una de las personas más bellas que conozco, es un buen ejemplo de este tipo de actividad. Mar no para nunca, casi siempre tiene prisa y está haciendo cosas. Cuando le empecé a hablar (anécdota real de la mañana del 10 de febrero de 2022) sobre esto, y sobre la importancia de enlentecernos y la meditación como herramienta para parar, me contestó: «Ay, no tengo tiempo, Arun», y siguió haciendo cosas mientras tarareaba. Mar es una excepción, en el sentido de que está casi siempre de buen ánimo y feliz, aunque esté estresada y no pare. Pero para la mayoría de la gente que conozco, el estrés y la prisa son el principal impedimento para su bienestar.

El nivel de estrés ha aumentado

Parece haber un consenso sobre que el nivel de estrés es más alto en las sociedades actuales que en las precedentes. Aunque es sorprendente que esto sea así. Hace no mucho, se carecía de antibióticos, las probabilidades de morir de una enfermedad eran mucho mayores que ahora, la vida en general era mucho más dura, y el mundo, un lugar mucho más inseguro e inhóspito. Había muchas menos comodidades y el acceso a bienes básicos era mucho más escaso que el nuestro. Entonces, ¿por qué nosotros, mucho más acomodados en general que las generaciones precedentes, estamos tan estresados? Parece que hay varias razones que explican esto. La primera es que tenemos que tomar muchas más decisiones. Frente a un mundo más clásico en el que había muy pocas opciones, y muy poca libertad para elegir, en nuestro mundo estamos teniendo que tomar decisiones casi constantemente. Esto es una de las cosas que más cansa y estresa a nuestro cerebro. Primero porque es una actividad del área prefrontal, y ya vimos que este tipo de «trabajo» nos cansa. Pero, en segundo lugar, porque nunca estamos seguros de haber elegido bien, lo cual nos genera una ansiedad casi constante.

Algunas decisiones son sobre nimiedades, pero otras tienen que ver con lo que hemos llamado en el capítulo 1 el «proyecto personal», también conocido ahora como «marca personal». Ya vimos que esto nos hace tratarnos a nosotros mismos de forma instrumental, como un objeto a mejorar. Esta sensación de estar todo el rato compitiendo hace que cualquier decisión tenga aparentemente una gran relevancia. Porque estas decisiones, de alguna forma, nos definen. A la vez, aumenta la sensación de culpa si no logro alcanzar lo que otros, o yo mismo, espero. Esto nos conecta con otra sensación, la que tuve cuando estaba con lo de la azada: la pérdida de tiempo. Un mundo en el que hay tantas opciones, en el que hay tantas cosas por hacer, perder el tiempo es el mayor de los pecados posible. Esto nos genera mucha prisa. Esta aceleración es, en sí misma, como acabamos de ver, una fuente de estrés. Estamos todos un poco como Chaplin en *Tiempos modernos*. No es de extrañar que el estrés se haya convertido en una epidemia mundial. No sin razón, hay autores que llaman a nuestra época la «era de la angustia».

Además, el tener tantas opciones aparentemente, desde el tipo de queso hasta el modelo de teléfono móvil, parece haber incrementado lo que en la filosofía oriental se llama la «dinámica del deseo». Ahora que conocemos algo más del cerebro, sabemos que, una vez calmados los sistemas encargados del miedo, se activa el sistema que conocemos como de búsqueda/placer. Sin embargo, este sistema no sirve para hacernos felices, sino para motivarnos a la búsqueda. Su principal neurotransmisor, la dopamina, nos impulsa a buscar la satisfacción de un deseo, por lo que este sistema es el de la motivación. Lo que este sistema logra es hacernos sentir insatisfechos y motivarnos a salir de esa situación. Desear es un estado de carencia, puesto que no tengo aquello que deseo. O, dicho de otro modo, siempre deseo lo que no tengo, lo que me falta. El deseo, por tanto, nos provoca insatisfacción y, a la postre, infelicidad. A los interesados os remito a las enseñanzas de un tal Gautama Buda o a otro tal Mahavira, que hablaron de esto mucho antes de que supiéramos nada de la dopamina en el cerebro. También se puede recurrir a los siempre socorridos Epicteto o Epicuro si preferís no, salir del Mediterráneo.

Otro elemento que puede estar influyendo en el aumento de la infelicidad es el hecho de que nuestro cerebro percibe por contraste. Dije antes que, en escenarios habituales, el cerebro ni se para a ver. Solo lo hace cuando encuentra algo diferente. Así, noto calor o frío por el contraste con alguna temperatura. Pero no solo las variables físicas, las variables emocionales también funcionan igual: para conocer algo, necesitamos contrastarlo con alguna otra cosa. Con frecuencia contrastamos lo que está pasando con nuestra expectativa. Y estas expectativas suelen ser idealizaciones, poco conectadas con la realidad. En nuestro tiempo, en especial entre los jóvenes, y aún más entre las chicas jóvenes, este fenómeno se ha visto acentuado debido al uso de las redes sociales en las que todo el mundo exhibe, supuestamente, su vida, y todo el mundo compara la vida propia con la que ve de los demás. Hay numerosas investigaciones de los últimos años que relacionan de manera indiscutible el aumento de la patología mental en general entre jóvenes, sobre todo la ansiedad, con el número de horas dedicadas a estar en redes sociales, especialmente significativo, insisto, en el caso de las chicas adolescentes, que son las que más tiempo pasan en redes sociales. Pero yo diría que, aunque ellas claramente lo acusan más, el fenómeno no está circunscrito solo a esta población. Es un fenómeno bastante generalizado, en esta sociedad nuestra tan dada a ver la vida, idealizada, de los otros a través de cualquier pantalla.

Los seres humanos nos acostumbramos muy pronto a lo bueno, dándolo por descontado, y sin embargo nuestra mente suele quedarse y no parar de darle vueltas a lo no resuelto, a lo que está por resolver. Esto es porque la angustia es mucho más natural para nuestro cerebro que la alegría. Incluso si nos ocurre algo bueno, pero que es menos bueno de lo que esperábamos, nos sentimos mal. Me suelo duchar todas las mañanas, con agua limpia y caliente que llega hasta mi casa por tuberías y que luego es desechada por un sistema de desagües que saca toda el agua usada sin que yo deba mover ni un solo dedo. Este prodigio de la técnica, que me coloca en una situación muy minoritaria en la historia de la humanidad, no suele despertar en mí excesivo regocijo; no digo, aunque debería: «Qué maravilla de la técnica que me permite disfrutar esta ducha tan cerca de donde he dormido, sin el más mínimo esfuerzo, tener agua caliente y un sistema de desagües que hace que no tenga que desplazarme ni antes ni después de la ducha». Pero el día que falla el termo, juro en arameo: me enfado, no me he podido duchar, voy estresado al trabajo, de mal humor. Esto se debe, como vimos, a lo de nuestro cerebro angustias, que se enfoca mucho más en lo malo que en lo bueno. Se materializa por lo que conocemos como habituación dopaminérgica. Sabemos que la dopamina es un neurotransmisor que está mucho más relacionado con las emociones positivas que con las negativas. Pues bien, ante el mismo estímulo positivo, la dopamina que produce nuestro sistema nervioso se va reduciendo a pasos agigantados. Nos acostumbramos rápidamente a lo bueno. Reaccionamos muy pronto a lo malo. A veces, solo somos capaces de valorar lo bueno cuando lo hemos perdido o tenemos miedo de perderlo. De hecho, el cerebro secreta mucha más dopamina ante un refuerzo intermitente (puede ocurrir o no) que ante un refuerzo seguro. O sea, si cada mañana al ducharnos no supiésemos si ese día va a haber o no agua caliente, cuando la hubiese nuestro cerebro se inundaría de dopamina. Esto tiene muchas implicaciones para las relaciones, sobre todo las conflictivas en las que se da el refuerzo intermitente.

Todo ello explica por qué las sociedades contemporáneas, con mayores niveles de salud y bienestar que nunca antes, tienen también los mayores niveles de insatisfacción, ansiedad y depresión. La mayoría de los que vivimos en sociedades de países desarrollados tenemos unos niveles de salud y bienestar material muy muy por encima de faraones, califas o reyes de cualquier momento del pasado. Disfrutamos de comodidades que ellos no podían ni soñar. Sin embargo, somos infelices.

Los traumas pasados

Ya hemos hablado de qué es el trauma y cómo se llega a él desde el estrés. La cuestión es que el nivel de trauma es mucho más alto de lo que pensábamos. Durante gran parte del final del siglo XX, los psicólogos, psiquiatras y demás profesionales de la salud mental mantuvimos un vivo debate sobre hasta qué punto el trauma afectaba a este aspecto. Hacía ya años que sabíamos que las experiencias traumáticas estaban mucho más generalizadas en la infancia de lo que pensábamos. Por ejemplo, se sabía que la prevalencia de los abusos sexuales en la infancia, gracias a la pionera investigación de Diana Russell, era altísimo: en torno a una de cada cuatro niñas y uno de cada seis niños. Sin embargo, había muchos profesionales que defendían que los traumas eran casi irrelevantes para la salud mental. De hecho, hubo una fuerte corriente reduccionista que consideraba que lo único importante para la salud emocional y mental era la base biológica. Esta controversia quedó zanjada en 1995, cuando los médicos Vincent Felitti y Robert Anda empezaron a publicar sus primeros estudios, de los que ya os he comentado algo en el primer capítulo. Si recordáis, os dije que esos estudios se iniciaron casi por casualidad, ahora os explico por qué.

En 1985, Felitti, médico internista, llevaba cinco años siendo el jefe del Departamento de Medicina Preventiva del Centro Médico Kaiser en San Diego, California. Le llamó la atención la cantidad de personas que se daban de baja de su programa de pérdida de peso: casi la mitad de los participantes, un 50 por ciento, lo hacía. Dispuesto a indagar en ello, empezó a estudiar sus casos y encontró una serie de datos sorprendentes: los que abandonaban el programa era más probable que tuviesen problemas más severos de obesidad, y la mayoría lo dejaba cuando estaban perdiendo peso. ¿Por qué una persona que tiene cien kilos de sobrepeso abandona una intervención cuando ya ha perdido cerca de la mitad de ese peso? Decidió realizar entrevistas cara a cara con esas personas que habían abandonado el programa. Para ello, diseñó un cuestionario con preguntas como: ¿qué peso tenías cuándo naciste? o ¿qué peso tenías cuando entraste a primaria o cuando te casaste? Con una paciente a la que estaba entrevistando, en lugar de preguntarle sobre su peso cuando se casó, le dijo: «¿Cuánto pesabas cuando iniciaste la actividad sexual?». Y la paciente respondió que dieciocho kilos. Luego, llorando, añadió: «Tenía cuatro años y fue con mi padre». Felitti cuenta cómo en aquel momento pensó que ese era el segundo caso de incesto con el que se había topado en veintitrés años de experiencia profesional. Pero, poco a poco, fue modificando la entrevista para incluir ya explícitamente preguntas sobre los traumas, y encontró que lo que más correlacionaba con dejar el programa de pérdida de peso era la cantidad de trauma sufrido. A partir de estos datos, se inició la investigación ACE, que lleva estudiados los casos de más de diecisiete mil personas. Lo que este estudio ha revelado es que el trauma está relacionado con los principales problemas de salud, no solo con la obesidad. Patologías que van desde la depresión hasta el consumo de sustancias, pasando por enfermedades hepáticas, cardiacas o pulmonares, empeoran su pronóstico cuando la persona ha vivido experiencias traumáticas. La conclusión del estudio es inapelable: el trauma no solo está relacionado con la salud mental, que por supuesto; el trauma está relacionado con la salud en general.

El trauma, además, se propaga. Las personas dañadas tienen más probabilidad de dañar a otras personas; las personas que son infelices difícilmente pueden contribuir a la felicidad de aquellos con los que se relacionan. Este nivel tan alto de trauma es otra de las causas muy frecuentes de la pérdida de bienestar o de la infelicidad.

Todo lo anterior hace que sea necesario que abordemos la educación emocional de forma intencional. Esto puede parecer un poco contradictorio, puesto que he dicho que prácticamente todas nuestras habilidades emocionales y relacionales son implícitas. Es cierto, pero, aunque sean implícitas, podemos aprender, de forma explícita, otros modos de relacionarnos.

La educación emocional

Es llamativo que pensemos que las habilidades físicas sí que se pueden entrenar y las mentales no. Como si fuesen de una naturaleza distinta. Hace doscientos años prácticamente nadie se cepillaba los dientes. Hoy, espero, es una práctica habitual. Es posible que, de la misma manera, algunas de las prácticas de higiene emocional que empezamos a ensayar ahora estén generalizadas dentro de doscientos años. O también es posible que nos hayamos extinguido, claro, o nos haya eliminado una inteligencia artificial. Bueno, he dicho prácticas que estamos empezando ahora. Esto no es correcto. De hecho, la mayoría de las prácticas las estamos poniendo bajo escrutinio científico ahora, entendiendo mejor cómo funcionan y los beneficios que tienen, pero la mayoría son adaptaciones de técnicas que llevan cientos o miles de años realizándose.

Algunas personas se quejan de que esto de la educación emocional es una moda. Bueno, bendita moda. Incluso en el mundo de la empresa, se están empezando a popularizar los cursos de las llamadas *soft skills* (todo lo que se diga en inglés suena más moderno). Estos cursos son, básicamente, cursos diseñados para enseñarme habilidades para relacionarme mejor conmigo mismo y con los demás. Hace unos años, a mí me pidieron que impartiera uno de estos cursos desde una empresa informática estadounidense. La mayoría de los alumnos eran ingenieros y muy buenos con sus capacidades *hard*, o sea, sus capacidades técnicas, pero con serias dificultades con sus capacidades «blandas», o sea, las relacionales. Sin embargo, estas últimas influyen mucho sobre el clima de trabajo, sobre las relaciones laborales y la satisfacción. Estas variables de manejo emocional y relacional tienen un gran impacto en los resultados de las empresas a medio y largo plazo: si los compañeros de una compañía, por muy buenas capacidades técnicas que tengan, no cooperan unos con otros, no se ayudan o van a trabajar desganados, no hay que ser un lince para entender que la productividad de la empresa se verá resentida. El interés en el bienestar emocional y relacional de las personas, independientemente de la razón por la que se haga, es bienvenido.

La educación emocional debe incluir habilidades que me ayuden a mejorar mi relación conmigo mismo y habilidades que me ayuden a mejorar mi relación con los demás. Para poder incorporar estas nuevas habilidades, tendré que poder realizar un cambio de hábitos.

Cambio de hábitos

Cambiar conductas es más fácil que cambiar emociones, sí, pero eso no quiere decir que sea fácil. Efectivamente, si cambiar hábitos fuese fácil, no hubiese necesitado escribir este libro. Si veo que comer dulces me sienta mal, dejaría de comerlos; si veo que una relación no va bien, la dejaría y ya está. No, no es fácil, pero hay cosas que nos pueden ayudar.

Lo primero es que seamos modestos. Tendemos a plantearnos grandes cambios, grandes modificaciones que van a mejorar nuestra vida de golpe. Somos, en este sentido, revolucionarios. Pero, como sabemos, las revoluciones no siempre triunfan y, a veces, cuando lo hacen nos llevan a situaciones peores que las que teníamos antes. Así que mi sugerencia es que es mejor ir a muy pequeños pasos. Estos pequeños pasos son más fáciles de iniciar y más fáciles de mantener: comprar una manzana en lugar de patatas fritas o leer un libro en lugar de ver lo que pongan por la televisión.

Otra posibilidad es asociar un hábito con otro que ya teníamos instaurado. En estos casos, el hábito que ya tengo se convierte en un disparador para el que quiero instaurar. También se puede buscar un disparador ex profeso, por ejemplo, decir: «Mañana a las 10 haré...». Lo asociemos con un disparador o no, un hábito nuevo necesita un tiempo en el que realizarlo. Así, no se puede pretender seguir haciendo lo que se hacía y añadirle ir al gimnasio cada día. Esto lo único que hará es que me sature, me estrese y, finalmente, abandone el último hábito, el que menos incorporado tengo. Cambiar hábitos tiene que ver con cambiar prioridades. Tengo que priorizarme a mí y a mi salud, mental y emocional, por delante de otras consideraciones. Y esto no es colocarse en un punto egoísta; es colocarme en un punto sensato. Solo desde el estar bien yo puedo relacionarme con los demás bien. Si por hacer cosas por los demás acabo estando mal yo, ellos también lo van a acabar pagando de una forma u otra. Recuerdo ahora un cuento del gran Paul Watzlawick (y es, literalmente, «recuerdo»; no lo voy a buscar, así que si no es del todo fiel, me disculpáis): un hombre pasa al lado de un pozo y oye una voz. Se asoma y ve que una persona se ha caído y está ahogándose. A partir de aquí, el hombre tiene dos opciones: tirarse al pozo e intentar ayudar al que se está ahogando o buscar una cuerda y ayuda fuera para sacarlo. ¿Cuál es la decisión más inteligente? Evidentemente, tirarse al pozo es una estupidez: solo lograré que nos ahoguemos los dos. Para ayudar a otra persona, tengo que primero estar bien y estable yo. Por tanto, todo lo que invierta en mi propia estabilidad y bienestar redunda en beneficio propio y también ajeno. Para que no se nos olvide, nos lo recuerdan las compañías aéreas en cada vuelo: en caso de despresurización de la cabina, antes de colocar la máscara de oxígeno al menor que tenga al lado, colóquesela usted. Si no, a ambos les irá mal.

Volviendo a los experimentos clásicos del capítulo 3, ya vimos como nuestro cerebro funciona de forma inconsciente repitiendo y haciendo más aquello que se refuerza. Así que, cada vez que llevéis a cabo el nuevo hábito, reforzaros de algún modo. Te puede parecer una tontería, pero va a hacer más probable que lo lleves a cabo el próximo día. Y este refuerzo puede ser simbólico (apuntar en una cartulina los logros), verbal (decirte «muy bien») o económico (echar dinero a una hucha). A las personas que les parece mal esto cuando se lo digo en consulta, generalmente padecen una cosa que llamamos «intolerancia al afecto positivo». Hablaré de esto en el capítulo próximo, así que lo dejo por ahora.

Cuanto más difícil sea el aprendizaje, mayor será el cambio estructural en el cerebro. Sin embargo, el cerebro es un órgano costoso: es como un coche potente que consume mucho y se usa, pero lo menos posible. Así, la evolución ha favorecido la estrategia de un cerebro «vago», en el sentido de que, si aprende a hacer las cosas de una forma, mientras no se le obligue, lo hará de la misma manera. Eso es lo que hace que unos niños que crezcan en un ambiente bilingüe, si se les permite comunicarse en un único idioma, no aprenderán a hablar el segundo, aunque lo entiendan. Nuestro cerebro ha sido configurado por nuestro pasado: a partir de lo que hemos hecho y, también, de lo que no hemos hecho. Su tendencia es la inercia: tenderá a repetir lo mismo. Además, tiene un sentido evolutivo: si haciendo las cosas de esta manera he sobrevivido, ¿para qué cambiar? El que podamos cambiar un hábito e instaurar otro tiene que ver con la neuroplasticidad. Y aquí tengo una buena noticia: disponemos de un excelente mecanismo que mejora la neuroplasticidad. Como dice la neuróloga Lara Boyd, «la mejor droga para la neuroplasticidad es la práctica». Un poco antes, un tal Plutarco había escrito: «El carácter es simplemente el hábito continuado». Así que, cuando intentemos un cambio de hábito, debemos insistir y no abandonar a las primeras de cambio. Insistir en cambiar una costumbre es, por tanto, una neurointervención (hay que ver lo bien que suena casi cualquier palabra cuando le ponemos un «neuro-» delante, ¿verdad?). Pero, a la vez, si algo no funciona, debemos ser flexibles y cambiarlo. Si os habéis apuntado ya tres veces a ese gimnasio y no lo habéis mantenido, ¿qué tal si probáis otro?, ¿o quizá otro deporte? Sed compasivos, no os enfadéis con vosotros mismos, intentad ver qué os lo impide, probad otra cosa.

Muy relacionado con esto, con el hecho de que nuestro cerebro sea vago, es que, si logramos crear rituales, algo que se hace habitual y que tiene su espacio nos cuesta mucho menos trabajo hacerlo.

Usar el efecto placebo con uno mismo

El efecto placebo y el efecto nocebo, no sé cómo no he hablado de ellos hasta ahora, son muy interesantes. Ponen de manifiesto el hecho de que nuestra mente y nuestro cuerpo no son dos entidades separadas, sino la misma. El efecto placebo se consigue cuando alguna sustancia o actividad, que no tiene valor terapéutico en sí mismo, tiene un efecto positivo sobre la salud. El efecto nocebo sería el contrario: algo que tiene un efecto negativo sobre la salud sin que la sustancia o el procedimiento en sí lo tenga.

A nivel de calle se considera que el efecto placebo es imaginario, pero esto nuevamente es un error. El efecto placebo es psicológico, mental, pero no imaginario. De hecho, sería más correcto utilizar el término *psicógeno* en lugar de *psicológico*. Psicógeno quiere decir generado por la psique, por la mente, pero no imaginario. Lo que ocurre es que la mente, a partir de una creencia, provoca cambios fisiológicos reales, no imaginarios, en nuestro cuerpo. Hay una investigación muy interesante, llevada a cabo por Jon Levine, Newton Gordon y Howard Fields, con pacientes que sufrían dolor físico. A un grupo de personas les dieron morfina (un potente analgésico), y a otro grupo, una sustancia placebo (una pastilla que no tenía ningún efecto para el dolor). Todos pensaban que estaban tomando morfina. Encontraron, como suele pasar en todas las investigaciones con fármacos, que un porcentaje de los que tomaban el placebo también mejoraba del dolor. Hasta aquí lo habitual. El experimento se vuelve interesante porque a la mitad de ambos grupos les administraron además naloxona, un fármaco que bloquea los opiáceos (como la morfina o las endorfinas). La naloxona bloqueaba el efecto de la morfina, que perdía la capacidad de reducir el dolor: hasta aquí todo normal. Pero hallaron que la naloxona también bloqueaba el efecto analgésico de los placebos. Esto demuestra que los placebos liberan endorfinas endógenas reales, actuando de la misma manera que un fármaco como la morfina. Psicógeno sí, imaginario no.

A veces solemos pensar que este efecto existe, pero que es poco relevante. Pero la investigación nos dice que es un efecto que puede ser muy importante, si la persona cree que lo será. Un caso extremo que ilustra esto son las conocidas como «muertes vudú». Este fenómeno, que ha sido constatado entre nativos de Sudamérica, África, Australia, Nueva Zelanda o las islas del Pacífico, consiste en que el convencimiento de que uno va a morir lo lleva a la muerte. En una excelente revisión hecha por el antropólogo Walter Bradford en 2002, documentó muertes producidas por situaciones como, por ejemplo, ser maldecido por el hechicero de su tribu, comer alguna fruta de un sitio considerado tabú o ser señalados con el hueso de un difunto, que es equivalente a una maldición entre los aborígenes de Australia. Aunque no son frecuentes, estas muertes se dan. En todos los casos citados por Bradford se pudo constatar que no había una condición física previa que explicase las muertes en cuestión ni se trataba de casos de envenenamiento. Como explica Bradford, tampoco son, obviamente, muertes por causas sobrenaturales, sino que nacen de los cambios físicos que tienen lugar en el cuerpo debido a que las personas pertenecientes a estas tribus tienen la firme convicción de que la enfermedad y la muerte tienen que ver con factores espirituales y, por tanto, una situación de este tipo de hecho los puede matar. O sea, ellos no creen que sea un efecto nocebo, están convencidos de que es real, que es lo que les confiere su poder.

Salvando las distancias, en una investigación del 2012, encabezada por Abiola Keller, se planteó la pregunta de si la creencia de que el estrés afectaba a la salud también afectaba a la salud. Y lo que encontraron es que sí —si no, no hubiese incluido aquí esta investigación, claro—. Con un estado de estrés similar, las personas que opinaban que el estrés era muy malo para la salud tenían peores índices de salud física y mental. Este es el efecto nocebo. La investigación llevada a cabo por Jeremy Jamieson, Matthew Nock y Wendy Mendes halló algo similar: cuando las personas consideran que su estrés no es negativo, sino que es algo que las ayuda a funcionar mejor, tienen mejores índices de salud. En este caso, el efecto placebo.

Os traigo estas últimas dos investigaciones porque solemos pensar que esto funciona con esas personas «primitivas», pero no con nosotros, personas racionales y modernas. Pero seguramente nosotros, al igual que ellos, estemos sufriendo los efectos nocebo y placebo, de los que no somos conscientes en absoluto. Paraos aquí un momento y reflexionad sobre esto: ¿cuáles de nuestras creencias firmemente arraigadas nos pueden estar influyendo en un sentido u otro?, ¿quiénes son nuestros hechiceros? Mientras pensáis en todo esto, poned esto otro en Spotify o YouTube: «O Virtus Sapientie Alio Modo», de Hildegard von Bingen.

Sorprendentemente, ni la psicología ni la medicina se han ocupado mucho del efecto placebo hasta recientemente, a diferencia de las terapias alternativas, que tienen muy en cuenta este fenómeno. En los últimos años, que ha crecido el interés por estos fenómenos, se ha descubierto que el efecto placebo funciona con el tratamiento del dolor, las náuseas, el asma, la disfunción eréctil, la presión arterial, la velocidad, la fuerza, la resistencia, la depresión, la concentración y las fobias, e incluso la concentración o el rendimiento en tareas intelectuales. Es más, el efecto placebo es una parte importante del efecto terapéutico de las medicaciones que sí tienen efecto terapéutico en sí mismas. Por ejemplo, Luana Colloca y su equipo descubrieron que los pacientes a quienes se les administraban analgésicos sin su conocimiento necesitaban el doble de medicamento para lograr el mismo efecto. El hecho de que no supiesen que estaban tomando analgésicos reducía su efectividad porque perdían el efecto placebo.

Bueno, pues resulta que podemos utilizar el efecto placebo con nosotros mismos. Aquí os digo una serie de estrategias para ello.

Centraos en lo que funciona más que en recriminaros lo que no funciona. Si bien es importante afrontar nuestras emociones negativas, rumiar una vez y otra sobre lo que no funciona es perjudicial. Por ejemplo, Alia Crum y Ellen Langer encontraron que personas a las que se les decía que sus trabajos diarios les procuraban ejercicio quemaron más calorías y redujeron su tensión arterial sin realizar ninguna actividad extra. Así que, simplemente enfocando lo que va bien, se puede estimular este efecto placebo en nosotros. Podemos, además, prescribirnos algo que nos induzca a realizar alguna actividad. Por ejemplo, «si como fruta, me costará menos trabajo hacer deporte». Por loco que esto suene, tiene que ver con algo que sabemos del efecto placebo: funciona aunque yo sepa que es un mero placebo. Casi increíble, pero intentadlo.

Es importante que el cambio sea gradual y autocompasivo. Para esto es muy importante que haya un adecuado equilibrio entre nuestros distintos niveles de activación a la hora de realizar un comportamiento. Podemos, según el nivel de activación que nos provocan, dividir las actividades en estas cuatro zonas: de confort, de crecimiento, de reto y de desregulación.

Zonas de confort, de crecimiento, de reto y de desregulación

Según el nivel de reto que suponga, podemos dividir las situaciones a las que nos enfrentamos en estas cuatro grandes zonas.

Estamos en nuestra *zona de confort* cuando nos enfrentamos a situaciones que no suponen ningún reto para nosotros, situaciones cotidianas para las que disponemos de habilidades sobradas. Aquí, nuestro sistema nervioso está regulado y en calma. Es la zona idónea, por tanto, en la que se consolidan aprendizajes nuevos que hemos realizado fuera de esta zona. Cada persona varía en cuanto a las actividades que caen dentro de esa zona de confort. En ciertas patologías, lo que debería ser una zona de confort deja de serlo, por ejemplo, en la agorafobia: a las personas que sufren esta condición, actividades cotidianas como bajar a la calle o estar en un centro comercial pueden hacer que salgan de su zona de confort.

Estamos en nuestra *zona de crecimiento* cuando realizamos actividades que suponen un reto leve o moderado. Conllevan un cierto nivel de activación, pero la persona no se abruma y siente que tiene habilidades, o las puede aprender, para afrontar estas actividades. Por ejemplo, hablar en público ante unas cuantas personas puede ser un poco salir de la zona de confort, pero está dentro de mi zona de crecimiento. A diferencia de la anterior, en la zona de desarrollo no hay tanta calma; de hecho, hay algo de activación, pero esa activación es manejable. Por el contrario, en la zona de desarrollo se produce un crecimiento, una cierta superación, un aprendizaje de habilidades nuevas o comprobar que disponemos de dichas habilidades. Si la tensión aumenta algo más, entramos en nuestra *zona de reto*: son actividades que me llevan al límite de lo que puedo hacer. Siguen estando dentro de mi zona de crecimiento, pero me exigen mucho más. Serían situaciones de eustrés, del que hablamos casi al principio del libro, en las que puedo incluso llegar a rendir mejor. Por ejemplo, como ya he comentado más arriba, hablar ante cientos de personas. Las zonas de reto solo resultan exitosas si ha habido un gran entrenamiento previo y una aproximación gradual. Incluso aunque resulten exitosas, las zonas de reto suponen un gran desgaste físico y emocional para la persona. De manera que, aun con éxito, no es recomendable estar mucho tiempo en las zonas de reto.

Por último, entramos en nuestra *zona de desregulación* con actividades que me llevan a un nivel de reto máximo, en las que ya no dispongo de habilidades para afrontar con éxito esta situación. Son situaciones extremas en las que el desgaste es enorme, y el aprendizaje, poco. Son situaciones que debemos evitar.

Viendo lo anterior, podríamos plantearnos: ¿para qué salir de nuestra zona de confort? Bueno, cambiar, aprender, crecer es salir de nuestra zona de confort. Los cambios verdaderamente interesantes se producen fuera de ella, en nuestra zona de crecimiento. Pero el equilibrio entre ambas es crucial. Después de estar en una zona de crecimiento y desarrollo, es fundamental volver a la zona de confort para consolidar el aprendizaje. De hecho, si esto se hace de forma regular, nuestra zona de confort irá ampliándose, de manera que actividades o tareas que antes estaban fuera de mi zona de confort empiezan a estar dentro, al no exigirme ya tanto, al verme cada vez con más habilidades para afrontar esas situaciones. No es saludable estar todo el rato fuera de nuestra zona de confort, porque nos desregula, nos hace rendir a un nivel más alto, pero nos hace estar tensos. Hay personas que están todo el tiempo así, retándose, exigiéndose. Es lo que llamamos en psicología «actitud contrafóbica». Estas personas se acostumbran a funcionar en su zona de reto, muy cerca de su zona de desregulación, con lo que realizan grandes logros; pero el coste es muy alto y, además, no se consolidan los aprendizajes, con lo que no logran calmarse. Si sois de este tipo de personas, igual tenéis que plantearos no salir tanto de vuestra zona de confort. Por otro lado, hay quien nunca sale de su zona de confort, haciendo una y otra vez lo que ya sabe que hace bien. Si sois de estas personas, igual os vendría bien poneros algunos retos, salir un poco de vuestra zona de confort; sin caer en zona de desregulación, claro. Estar en mi zona de confort me da serenidad, pero el crecimiento también provoca felicidad. Igual que estar todo el rato fuera de la zona de confort genera tensión y malestar, el estar siempre en la zona de confort genera hastío y falta de motivación.

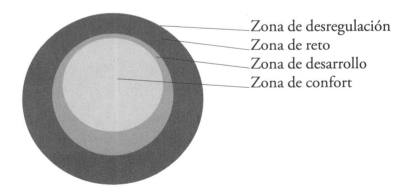

Zona de desregulación
Zona de reto
Zona de desarrollo
Zona de confort

A partir del próximo capítulo empezaré a dar distintas indicaciones para poder trabajar con uno mismo. Es importante recordar que este libro no es de ninguna forma un sustitutivo de una terapia. De hecho, la mayoría de las técnicas más complejas que usamos en terapia no están aquí ni tan siquiera citadas. Si tenéis problemas emocionales, estáis haciendo ya una terapia psicológica o tomando algún tipo de medicación relacionada con la salud mental, no sería recomendable que intentaseis ninguna de estas indicaciones sin antes consultar con el profesional que os está atendiendo. No existe la técnica que ayude y que, a la vez, esté exenta de riesgos.

8
La relación más íntima:
la relación con uno mismo

> Cuando me acepto a mí mismo como soy es cuando puedo cambiar.
>
> CARL ROGERS

Una paciente mía me dijo, en el transcurso de una de nuestras sesiones: «Mi necesidad afectiva me ha llevado a idealizar, a buscar el amor de mi vida; cuando el amor de mi vida tengo que ser yo misma. Y no es egoísmo, es que yo tengo que estar conmigo todos los días de mi vida, me tengo que llevar bien con la persona con la que más tiempo paso». De eso vamos a hablar en este capítulo, de cómo tener una relación sana con uno mismo. Porque, como dice el título de este libro, estamos condenados a entendernos, en primer lugar, con nosotros mismos.

La autoestima

Cuando hablamos de estar bien con nosotros mismos, la primera palabra que se nos viene a la cabeza es la autoestima. Este concepto ha ido ganando en popularidad en las últimas décadas. Todos tenemos que intentar tener una buena autoestima; los padres tenemos que cuidar la autoestima de nuestros hijos y los profesores tienen que cuidar la autoestima de los alumnos. Todo esto se inició, en los años setenta del siglo pasado, en California, con el conocido como *self-esteem movement*. La autoestima se ha relacionado con mayores tasas de felicidad, mejores habilidades sociales, más éxito académico y profesional, y un sinfín de otras variables.

Sin embargo, cuando nos ponemos serios e intentamos medir la autoestima y estudiarla, nos encontramos con que no es oro todo lo que reluce. En primer lugar, es un concepto difícil de definir. Pero, además, no siempre correlaciona con aspectos positivos. Uno de los mayores estudios que se ha hecho sobre la autoestima, el del equipo de Roy Baumeister, de la Universidad de Florida, descubrió que:

- Una mayor autoestima no conlleva necesariamente mejores resultados (por ejemplo, notas o éxito profesional). De hecho, la relación parecía ser la opuesta: cuando los resultados mejoran, también lo hace la autoestima de las personas.
- Las personas con alta autoestima no siempre tienen mejores relaciones sociales. Es más, las personas con alta autoestima a veces pueden caer mal. Pensad ahora mismo en ese compañero de trabajo con mucha seguridad en las reuniones. Empatizamos más con la vulnerabilidad de los demás.
- Tener alta autoestima no es necesariamente sinónimo de un mejor comportamiento. Durante mucho tiempo la baja autoestima se relacionó con los comportamientos agresivos. Aunque hay cierta lógica teórica, sobre todo en la agresividad desplazada, no parece que exista en términos generales esta correlación. Incluso hay estudios que han encontrado una relación (débil) entre un alto autoconcepto y comportamientos agresivos. Por ejemplo, sabemos que, entre delincuentes, los que cometen los peores delitos tienen una mayor autoestima que los que cometen delitos menores.

Todos podemos pensar en personajes públicos que parecen tener una gran autoestima (algún expresidente estadounidense, algún futbolista super en forma) y casi seguro que no son personas que nos caigan necesariamente bien o a quien nos gustaría parecernos. Una de las lecciones en este sentido me la dio la familiar de una paciente hace años. Vino a verme cuando yo llevaba tres meses de terapia con su allegada. Era una señora mayor, agradable y me preguntó si lo que estaba trabajando con su familiar era la autoestima. Yo le dije que sí, y ella contestó: «Se nota, de autoestima está muy bien; ahora, está insoportable con nosotros».

Quizá porque veníamos del extremo opuesto, la autoestima se puso de moda. Como toda moda, ha caído inevitablemente en excesos. Muchos de esos excesos tienen que ver con algo que ya hemos visto: «Tienes que creer en ti; si lo haces, todo es posible». La idea de que, si uno tiene una actitud positiva, todo es posible es profundamente errónea, injusta y suele llevar a dolorosas decepciones. Porque la autoestima está basada en destacar lo positivo, lo que va bien, lo que hacemos bien. Pero en la vida, como sabemos los que llevamos un tiempo viviendo, no solo me va a ir bien. Voy a tener que lidiar con aspectos negativos. Una relación sana conmigo no puede tener en cuenta solo aspectos positivos, no puede basarse en que todo me vaya bien. Esto puede ser necesario para personas que necesiten ser empoderadas, por ejemplo, personas que han sido victimizadas y que tienen una imagen muy negativa de sí mismas. Para ellas, puede ser importante empezar destacando todo lo positivo, para que ganen confianza en sí mismas y equilibren la visión que tienen de sí, incluyendo aspectos positivos, precisamente porque solo se veían aspectos negativos. Pero el empoderamiento suele ser una estrategia eficaz solo en algunos casos y, normalmente, a corto plazo. Si no se realiza de forma equilibrada, suele ser muy inestable, frágil y con frecuencia empeora las relaciones.

Por otro lado, la autoestima no parece ser unitaria. Mi autoestima puede variar de unos momentos a otros y suele cambiar de unas áreas a otras: cómo me veo como profesional, como padre, como amigo, como jugador de tenis. Además, no guarda una relación directa con el autoconcepto. En consulta, y fuera de ella, veo muchas personas que saben que son buenos profesionales o buenos padres, pero, a la vez, no se sienten bien consigo mismas. Recuerdo el caso de una paciente que me decía: «Sé que soy una buena profesional, sé que funciono razonablemente bien con mis hijos y los quiero, pero me siento como una farsante. En el fondo, siento que no valgo nada». Esta persona había crecido en una casa con un padre alcohólico y agresivo. El autoconcepto y la autoestima tienen una relación más compleja de lo que parecía hace unas décadas, básicamente porque el autoconcepto es una valoración basada en aspectos cognitivos y la autoestima es emocional.

Si mi alta autoestima está basada en que me vaya bien, en el éxito, va a ser frágil. Si me va bien, me siento muy bien. Si me va mal, me siento muy mal. Pero incluso si he conseguido un éxito laboral o por fin tengo los pechos más turgentes del gimnasio, esto será temporal. Porque él éxito es siempre relativo y efímero. Me puede incluso aumentar la ansiedad, por tener que obligarme a mantener el éxito alcanzado, volviendo mi comportamiento en casi uno «adictivo», no pudiendo parar de hacer aquello que me mantiene el ego. Por ejemplo, dedicar un tiempo excesivo al trabajo o al gimnasio, haciendo cada vez lo que ya se me da bien, descuidando quizá otros aspectos. Así, puedo ser una persona de éxito, pero tratar mal a los de mi alrededor. Recuerdo el caso de un paciente que era cirujano de éxito, con una gran autoestima asentada en su desempeño laboral. Por una serie de circunstancias, acabó perdiendo su trabajo en una clínica privada. Aunque tenía otras opciones, cayó en una espiral de autoinculpación que lo llevó a una depresión y a empezar a consumir alcohol en grandes cantidades. Cuando entrevisté a su mujer, me comentó que estaba preocupada por lo mal que él estaba y los problemas económicos, pero que, por otro lado, él estaba siendo «mucho más humano ahora con todos nosotros de lo que ha sido en todos estos años». Como dije cuando hablamos de los niños, no hay nada como que nos vaya un poco mal para activar nuestra empatía. Como vimos en el capítulo 1, nosotros extraemos del grupo nuestra fuerza. Así que, cuando nos sentimos mal, cuando sentimos que estamos en algún peligro, es más fácil que recurramos al grupo y busquemos conectarnos con el resto. La lección aquí creo que es evidente: no esperéis a que las cosas vayan mal para tratar bien a los de vuestro alrededor, a veces puede ser ya tarde.

Como acabamos de ver, una alta autoestima puede, paradójicamente, inducir dinámicas muy exigentes, conmigo mismo y con los demás. Puede haber personas con una aparentemente «buena autoestima», pero con dinámicas internas muy duras consigo mismas. Podemos llegar a sentir desprecio hacia los aspectos de nosotros que no están a la altura, llevándonos hacia dinámicas muy poco autocompasivas. Hay una escena en la película *American Beauty*, de Sam Mendes, en la que esto se refleja perfectamente. Es la escena en la que el personaje interpretado por Annette Bening no logra vender una casa. No os digo nada más y así os obligó a verla.

Cuando se da esta falta de autocompasión, es frecuente que estas personas sean también poco compasivas con quienes tienen alrededor; por lo que puede llevar a actitudes egocéntricas y poco empáticas e incluso narcisistas. Jean Twenge, de la Universidad de California, lleva más de quince años investigando cómo puede correlacionar la alta autoestima con actitudes narcisistas y egoístas. Ha encontrado que las personas con alta autoestima suelen encajar peor las críticas. Paul Piff, de la Universidad de Berkeley, también ha estudiado el estatus socioeconómico percibido con el comportamiento hacia los demás, y ha encontrado que cuanto más estatus socioeconómico, mayor autoestima y más actitudes egocéntricas, poco empáticas y menos generosas. Sabemos que las personas con rasgos egocéntricos y narcisistas suelen tener (no siempre) una muy alta opinión de sí mismas. Dolores Mosquera, de la que ya os he hablado, una especialista en trastorno de personalidad narcisista dice justamente esto: algunas personas con rasgos narcisistas tienen un narcisismo defensivo (o sea, baja autoestima), pero otras no: otras directamente tienen una alta autoestima. Si las personas con rasgos narcisistas presentan una alta autoestima, quizá esta pueda inducir a rasgos narcisistas, como me dijo la familiar de mi paciente. De hecho, si uno cría a un niño diciéndole que es el mejor, que lo merece todo, no tendrá a una persona sana; lo que tendrá muy probablemente es a un déspota, con una muy alta autoestima, pero intratable. No estará fomentando su capacidad de funcionar mejor en el mundo.

En el éxito, deberíamos recuperar la costumbre que tenían los romanos: cuando uno de sus generales volvía de una campaña militar especialmente exitosa, solía organizarse una procesión por la via Appia, donde el pueblo se congregaba para rendirle los honores y vitorearlo. Pero solía llevar en su carro a un esclavo (a veces el jefe militar vencido) que le iba diciendo: «Recuerda que eres solo un hombre».

Buena manera para no hinchar la autoestima y acabar produciendo un tirano.

Por todo eso, hace ya unas dos décadas, los profesionales de la salud mental empezamos a dejar de hablar de una alta autoestima para hablar de una autoestima sana. Una de las ideas que estaría a la base de una autoestima sana sería que la autoestima estuviese basada en un autoconcepto flexible y realista; es decir, que tuviese en cuenta aspectos positivos de mí, pero también los negativos. Así que, realmente, de lo que estamos hablando es de la capacidad de mantener una relación sana con uno mismo, de manera que podamos vernos, aceptarnos e incluso, por qué no, llegar a querernos.

Por ello, maticemos el concepto un poco. En lugar de alta autoestima hablaremos de la capacidad de mantener una relación sana con nosotros mismos. Para que esta relación sea sana, debe ser, de alguna forma, también horizontal, de igual a igual; no como un padre regañón que se regaña a sí mismo cuando hace las cosas mal. Esta relación sana está basada en cuatro aspectos interconectados: el autoconocimiento, la autoaceptación, la autocompasión y el autocuidado.

Autoconocimiento

Nadie es perfecto. Todos tenemos fallos, y esos fallos son también parte de nosotros. Empeñarnos en tener una buena autoestima, como hemos visto, puede llevarnos a rechazar esos aspectos de nosotros. Puede llevarnos a procesos de negación e idealización. Hay que aprender a verse, a conocerse, con lo que tenga uno de positivo, pero también de negativo. ¿Cómo hacerlo? La psicología nos ha proporcionado muchas teorías de personalidad que nos pueden ayudar en esto. A mí me gustan especialmente aquellas que no consideran la personalidad como algo unitario. Los profesionales solemos usar modelos más complejos, pero uno que utilizamos en mi centro cuando no hay problemas muy complejos está basado en un modelo que esbozó el psiquiatra Harry Stack Sullivan, hace ya setenta años. Según él, podríamos englobar nuestros rasgos y tendencias en tres grandes categorías: el yo bueno, el yo malo y el no yo.

El yo bueno está compuesto por todos aquellos aspectos de nosotros que nos gustan, de los que estamos orgullosos, el que presentamos en público, el que seguramente se ha visto reforzado en nuestra infancia y a lo largo de nuestra vida. Se corresponde con los aspectos que componen mi alta autoestima.

El yo malo lo forman todos aquellos aspectos de mí que no me gustan, de los que no estoy orgulloso, los que escondo y me provocan vergüenza, seguramente aspectos que se vieron castigados durante mi infancia o a lo largo de mi vida. Son los aspectos que tienen que ver con mi baja autoestima, aunque de manera habitual no piense en ellos precisamente para no sentirme mal. Cuando un amigo tiene éxito y yo me alegro; pero, también ahí en el fondo, aparece una cierta envidia. O cuando mi pareja está disfrutando y ahí surge también un cierto miedo.

El no yo está compuesto por aspectos de mí que no reconozco ni admito como propios. Aspectos rechazados de mí, que ni siquiera veo la mayoría de las veces. ¿Cómo identificarlos? Bueno, estas partes suelen aparecer en los roces con los demás, los conflictos con otras personas. Cuando me enfado mucho en una discusión y digo cosas hirientes, por ejemplo.

Recordad lo que decíamos en al capítulo 5 sobre los sujetos: lleva tiempo y esfuerzo conocerlos. Y nosotros somos sujetos: aunque llevemos toda la vida con nosotros mismos, lleva tiempo llegar a conocernos. Tengo además la sensación, por mi trabajo en consulta, de que hasta aproximadamente los cuarenta años las personas vamos en piloto automático haciendo lo que se supone, por nuestro entorno, que debemos hacer. Es a partir de esa edad cuando empezamos a pararnos un poco y a plantearnos nuestra vida. El tener hijos también ayuda muchas veces a detenernos y a pensar en la propia infancia de uno y cómo nos influyó, empezando a conocernos y entendernos un poco más. Vuelve a aparecer lo de la maduración tardía.

Puede ser útil ir elaborando una lista de estos tres aspectos a lo largo de los próximos días. Poco a poco, parándoos a reconocer cosas de vosotros que os gustan y otras que no. También podéis recordar los conflictos más importantes que habéis tenido o las últimas veces que os habéis sentido mal con personas a vuestro alrededor. Anota qué os dolió, enfadó o decepcionó de los demás, también cómo os comportasteis en cada una de esas situaciones. Todo esto también forma parte de vosotros. Recordad que se trata de, poco a poco, conocerse y reconocer aspectos que uno no quería admitir. Además, tenemos que poder integrar esas partes, no quedarnos solo con la alta o con la baja. Para ello tenemos que ir al siguiente punto.

Autoaceptación

Una vez conocido alguno de estos aspectos de mí que no me gustan, lo siguiente es la aceptación. La autoaceptación no es autocomplacencia ni autoindulgencia. No es ese «es que yo soy así» para justificar no modificar algo que nos hace daño o hace daño a otros. Porque la aceptación, aunque parezca contradictorio, es precisamente el primer paso hacia el cambio. Aceptar, en lugar de negar, es lo que me puede llevar a plantearme por qué me pasa esto que no me gusta, por qué me comporto así. En lugar de luchar contra un aspecto de mí que no me gusta, entenderlo para, poco a poco, cambiarlo. Por eso el primer paso del cambio es la aceptación. Si uno intenta el cambio desde la no aceptación, lo que suele ocurrir es que, muchas veces, el cambio no se inicia. Es tal el malestar que me genera que opto por llevar mi atención hacia otro lado, pero el problema persiste o se agrava. En otras ocasiones, el cambio no se mantiene, al primer «fracaso», lo dejo, alternando periodos de lograr hacer lo que quiero con otros de «recaída», épocas de deporte, de dieta estricta, con otras opuestas. Por último, puede generar dinámicas internas muy conflictivas. Estoy pensando en una paciente, con mucho sobrepeso, que me decía que no podía aceptarse, que detestaba su cuerpo y que, cuando se miraba en un espejo, se detestaba a sí misma. Iniciaba dietas, generalmente muy exigentes, que no era capaz de mantener y abandonaba. Cuando lo hacía volvía a despreciarse un poco más.

El enfado es una emoción defensiva, y en ocasiones es útil porque nos puede dar la fuerza y la motivación para cambiar una situación dañina para nosotros. Pero en la mayoría de las ocasiones es un impedimento, porque nos hiperactiva y nos hace hacer o decir cosas de forma impulsiva que luego lamentamos. Pero al margen de esto, el enfado también puede ser, curiosamente, un impedimento para el cambio: hay personas que están tan enfadadas con su situación actual que este enfado les impide tomar consciencia y cualquier posibilidad de cambio. En estos casos, el enfado puede funcionar como una verdadera adicción: si tomo consciencia de mi situación y me siento triste, me enfado. Esto hace que me sienta menos triste, pero me mantiene en la situación en la que estoy. He conocido a personas que llevan años enfadadas en su trabajo o con su pareja, pero que no cambian la situación. Recuerdo que, hablando con una paciente que llevaba años enfadada con su marido, llegamos a la conclusión de que realmente con su matrimonio había tres opciones: separarse, seguir con él estando mal o seguir con él y decidir empezar a estar mejor. Esto la ayudó a dejar de focalizarse en él y lo que hacía mal y que tanto la enfadaba, y empezar a enfocarse en sí misma y en lo que necesitaba para estar mejor, independientemente de que siguiese con él o no. Es frecuente que usemos este tipo de aproximación en terapia de parejas, una vez que hemos comprobado que no existen situaciones de maltrato. Lo cierto es que la relación que soy capaz de mantener con los demás tiene que ver con la relación que soy capaz de mantener conmigo mismo, tras conocer esos aspectos que no me gustan y aceptar que están.

Para que se dé un cambio gradual, el que permite incorporar hábitos que voy a mantener, debe darse primero una aceptación serena. Esa aceptación ha de incluir una mirada compasiva sobre mí. Esta autocompasión me permite poder verme, reconocerme. Ese verme, esa autoconsciencia, va a permitir que pueda romper la automaticidad de mi comportamiento.

Esta autoaceptación debe partir de que somos personas ambivalentes. Recordad lo que vimos en el capítulo 3. Somos personas con aspectos positivos y aspectos negativos, y muchas veces nos mostramos contradictorios. Queremos algo y lo contrario, admiramos a una persona y a la vez le podemos tener envidia, nos alegra el éxito y crecimiento de nuestra pareja, pero a la vez nos pueden dar algo de miedo. Uno de los mayores frenos a la autoaceptación es la dificultad para tolerar ambivalencias hacia los demás y hacia uno mismo. También tenemos dificultades para aceptar nuestras pequeñas mezquindades.

¿Qué dice de mí que haya hablado mal de un amigo? Dice que soy falible e imperfecto; en resumen, dice que soy humano y me equivoco y me queda mucho por mejorar, y lo acepto.

En ocasiones, las personas tienen una relación tan negativa consigo mismos que, en lugar del autoconocimiento y la autoaceptación, necesitan huir de sí mismos. Pensar, planear e imaginar situaciones futuras son, en principio, aliadas del cambio. Pero, si son demasiado exageradas y poco ancladas en la realidad, tienen paradójicamente el efecto contrario. En estos casos, la imaginación, más que como guía del comportamiento, está funcionando para compensar mis carencias. Como me siento mal, mi mente imagina una situación futura en la que todo me va bien, eso me hace sentirme bien aquí y ahora, pero a la vez impide el cambio, porque el camino que plantea es demasiado ideal. Estas ensoñaciones, además, me pueden hacer sentir peor, por compararlas con mi realidad actual. Es lo que históricamente en psicología se han denominado *fantasías compensatorias*, en las que me siento mal con algún aspecto de mí (por ejemplo, mi peso), y para paliar ese malestar me imagino a mí mismo con un peso ideal, el cuerpo de Brad Pitt, etc. Más recientemente, este tipo de procesos han sido rebautizados con el término *ensoñaciones desadaptativas* (del inglés *maladaptative daydreaming*), concepto acuñado por Eli Somer en 2002 y ampliado por Cynthia Schupack y Jesse Rosenthal en 2009. Muchas veces estas fantasías compensatorias van acompañadas de procrastinación, y no me llevan a la acción, sino a todo lo contrario. Además, esta oposición entre el corto plazo y el largo plazo las puede convertir en auténticamente adictivas, a veces incluso en pensamientos obsesivos, en los que la persona dedica un gran tiempo a estar soñando despierto con esas situaciones idílicas mientras no logra cambiar su situación real en lo más mínimo. En estas situaciones, cuanto más malestar siente la persona para huir de ese malestar, más necesita refugiarse en su fantasía. Pero estar refugiado en su fantasía hace que en realidad no lleve a cabo ningún cambio, lo cual aumenta su frustración y le hace refugiarse nuevamente en su fantasía. Recuerdo hace años a un paciente que tuve que se pasaba el día en la cama soñando con un futuro en el que estaba en forma, tenía habilidades sociales y socializaba. Costó mucho sacarlo de aquella cama. Entre adolescentes es bastante frecuente que se den estas fantasías y, si no son exageradas, podemos considerarlas casi normales. Durante unos años fui asesor de los centros de secundaria de la provincia de Málaga para temas de convivencia. La mayoría de los adolescentes que habían suspendido en la primera evaluación tenían unos planes ideales de cómo iban a aprobar todo sin problemas. Planes que, claro, no se cumplían. Cualquiera que haya tratado con estos adolescentes sabe que tienen un déficit de autorreconocimiento: no son conscientes de dónde fallan; y no lo son porque les cuesta mucho emocionalmente reconocer sus errores. Y sabemos que los adolescentes pueden tener casi cualquier edad cronológica.

Autocompasión

Compasión es el término que se utiliza en la literatura científica anglosajona para referirse al amor. En castellano, creo que en general en los países católicos, compasión tiene un sentido un poco peyorativo: uno se compadece de alguien que está peor. Pero realmente compasión, en el sentido anglosajón, equivale más a amor en español. Quizá sería más correcto llamarlo así: autoamor; porque consiste en aprender a querernos, de forma madura y adulta. Querer una versión realista de uno mismo, no una idealizada. Pero a mí autoamor me suena un poco como querer mucho a nuestro coche, así que me voy a quedar con el de autocompasión.

Para algunas personas, esto puede resultar muy difícil, según cómo hayan sido las experiencias de vida y su comportamiento en el pasado. Hay cosas de nosotros mismos, cosas que no queríamos ver o que no reconocíamos, que nos pueden resultar muy desagradables. A veces, entender de dónde vienen esas emociones o esos comportamientos puede ser muy útil. Muchos de los conceptos teóricos que hemos visto en los capítulos previos os pueden servir ahora. Podéis intentar pensar dónde surgieron por primera vez esas emociones y esas formas de reaccionar. Poner las cosas en contexto, entender de dónde vienen, suele ser profundamente regulador. Y ayuda a la aceptación. Si haciendo las listas anteriores notasteis mucho malestar o al pensar ahora en entender de dónde vienen sentís emociones muy intensas, puede ser una indicación de que necesitáis iniciar un proceso terapéutico y no seguir con el libro. Esas emociones intensas, ya lo vimos en el capítulo 3, son flashbacks, y seguramente se relacionan con vivencias traumáticas de vuestro pasado, y esto puede requerir ayuda profesional.

Autocompasión no es indulgencia, pero sí es reconocerse uno mismo con una mirada compasiva, con una mirada amorosa. La autocompasión se conecta con la anterior en que la autocompasión está cerca de la autoaceptación incondicional. Pero esta autoaceptación incondicional no es estar encantado de haberme conocido, sin reconocerme errores. Al contrario, es aceptarme como ser humano, y, por tanto, falible y lleno de fallos. Curiosamente, hasta que no logre mirarme con compasión, no lograré aceptarme, con mis virtudes y mis defectos. Mientras no logre aceptarme, no lograré conocerme porque negaré partes de mí que no quiero ver, porque no acepto ser así.

Si logramos la autocompasión, lograremos relacionarnos con nosotros mismos teniendo en cuenta que somos un sujeto, no un objeto que hay que mejorar para que sea útil y tenga valor. Ya lo vimos: los sujetos tenemos un valor inherente, nuestra valía no depende de nuestra utilidad. Cada uno de nosotros es único, con sus virtudes y sus defectos. Además, tenemos la capacidad de cambiar, de aprender. Tenemos que lograr relacionarnos con nosotros como dijimos que debían ser las relaciones con los sujetos: lograr tener un vínculo sano conmigo, en el que pueda abrirme y mostrarme mis defectos y mi vulnerabilidad. Solo desde ahí podré tener una relación horizontal conmigo, una relación auténticamente gratificante con quien soy y no una relación vertical.

Autocuidado

Decía Erich Fromm que la máxima expresión del amor es cuidar: cuando uno ama algo, incluso un objeto, o a alguien, lo cuida. Hay un dicho en Andalucía, no sé si se entiende fuera: «Mucho te quiero, perrito, pero pan poquito». Por mucho que uno diga que quieres algo o a alguien, si no lo cuida, no lo ama. El amor, más que palabras, es acción.

Si hemos llegado a la autocompasión, al querernos a nosotros mismos, el resultado será que nos cuidaremos. Sin embargo, ya sabemos que a veces lo más fácil de cambiar son las conductas. Por eso, en consulta a menudo empezamos al revés, por el autocuidado, ayudando a que las personas empiecen a tratarse un poco mejor cuando todavía no han logrado quererse, aceptarse o siquiera conocerse. Este cuidarse llevará, poco a poco, a que puedan ir haciendo el proceso en sentido inverso al que debería haber ocurrido de forma natural. Cuando trajimos a mi perrita Lana a casa, mi pareja, que no había tenido mascotas antes, la ignoraba y le resultaba un poco un fastidio. Poco a poco empezó a implicarse en el cuidado de la perrita. Este roce, este tener que cuidarla, fue haciendo que la quisiese más. Ahora ella también la considera una parte de la familia. O sea, cuidar nos puede llevar a querer. Y del autocuidado pueden ir surgiendo el resto de los elementos de una relación sana, en un orden inverso al que se habrían desarrollado de forma natural. Porque empezar a cuidarse, de forma sana, es empezar a quererse.

Herramientas para el autocuidado

Cuando hablamos de autocuidarnos hablamos de introducir, mantener y desarrollar hábitos saludables (conductuales y mentales) hacia uno mismo. Esto muchas veces implica cambiar patrones no saludables de comportamiento que veníamos ejerciendo. Porque nuestro comportamiento, estilos de vida y decisiones inciden en nuestra salud y nuestro bienestar. Las recomendaciones que siguen serán, inevitablemente, recomendaciones generales. No serán útiles para todo el mundo. Cada persona deberá, por tanto, decidir qué estrategias le ayudan y cuáles no. Por poner un ejemplo, hay un apartado en el que hablo de las bondades de la creación de rutinas. Si sois una persona perfeccionista, con rasgos obsesivillos o directamente obsesivos, es muy posible que no debáis crear más rutinas. Seguramente tenéis ya demasiadas; quizá sea mejor centraros en aumentar las actividades hedónicas. Y, al contrario, si no tenéis problemas con el hedonismo, pero soléis procrastinar, la creación de rutinas os puede ayudar.

Estas sugerencias, lo repito, no pueden sustituir a una verdadera terapia. De hecho, pueden ser perjudiciales para alguien que necesite ayuda profesional. Si este puede ser vuestro caso, buscad ayuda psicológica y no sigáis ninguna de las indicaciones que doy a continuación.

El cambio se puede iniciar, como vimos, desde lo conductual, lo emocional o lo cognitivo. Pero empecemos por lo más básico.

Autocuidado básico

El autocuidado básico tiene que ver con aspectos esenciales de nuestro bienestar que muchas veces pasamos por alto, como dormir y comer bien o hacer actividad física. Tendemos a minimizar el impacto que este tipo de actividades tienen sobre nuestro bienestar y nuestra salud. William James, hace ya un siglo enfatizaba que estas variables eran esenciales para nuestra salud mental. Sorprendentemente, cuando superviso a terapeutas, veo que no es infrecuente que les den poca importancia a estos aspectos. Quizá la psicoterapia, al ser una profesión asistencial, tenga una alta proporción de personas cuidadoras que se olvidan de sí mismas. Y si uno no es bueno autocuidándose, difícilmente podrá ayudar a otra persona a que lo haga. De hecho, nuestra capacidad de autocuidado está ligada también con las relaciones que tuvimos. Si yo no fui cuidado en mi infancia, o crecí al lado de personas que no sabían cuidarse, es más fácil que tenga dificultades con mi propio cuidado. Si no soy autocompasivo, si yo no me quiero, tampoco me cuidaré. Por otro lado, las personas con vivencias traumáticas o, en general, personas con niveles altos de desregulación, por ejemplo, personas muy ansiosas, no suelen tener buenos hábitos de autocuidado, porque suelen tener muchos comportamientos para sentirse bien a corto plazo. Como veremos en breve, este tipo de comportamientos es lo contrario al autocuidado. En todo caso, lo que vemos es que las personas que acuden a consulta fallan mucho en este tipo de habilidades básicas.

El sueño es el primero de estos aspectos. Dormir poco o mal es uno de estos problemas, especialmente en España. Aquí hemos hecho un *mix* con los horarios europeos y los peninsulares tradicionales. Así, empezamos a trabajar temprano, nuestros hijos entran al instituto generalmente a las ocho de la mañana, por lo que nos tenemos que levantar mínimo a las siete. Por otro lado, nuestras cenas suelen ser a las nueve o nueve y media, y solemos acostarnos no antes de las doce de la noche. Si nos quedamos viendo una película, o una serie de Netflix, incluso más tarde. Además, el que dispongamos de luz artificial o que tengamos pantallas interfiere aún más en nuestros hábitos de sueño. Por último, si tomamos tóxicos legales, como café, alcohol o tabaco, empeora todavía más la situación. ¿Y por qué doy la brasa con esto del sueño? Bueno, porque la falta de sueño no solo nos hace que estemos cansados y de peor humor, sino que además afecta profundamente nuestra salud. En concreto, en lo que tiene que ver con la salud mental, la falta de sueño está relacionada con procesos depresivos, obsesivos o bipolares. Por tanto, es importante que nos acostumbremos a dormir bien, alrededor de ocho horas.

Otro tema es el horario. Durante el 99,9 por ciento de nuestra historia evolutiva hemos carecido de luz artificial. Los humanos no controlamos el fuego hasta hace aproximadamente 750.000 años. Durante nuestro largo pasado hemos sido animales terrestres diurnos. Hay muchas investigaciones que establecen cronotipos, diferenciando entre los subtipos madrugadores o matutinos y los trasnochadores o vespertinos. Incluso se han encontrado diferencias genéticas que explicarían estas dos tendencias en la población, por lo que es muy probable que existan, en efecto, diferencias entre la hora del día a la que funcionamos mejor. Sin embargo, debido a la enorme presión artificial (luces, pantallas, alto nivel del estrés, consumo de café y otros excitantes y horarios laborales) que nos lleva a trasnochar, sería interesante que antes de calificaros definitivamente como vespertinos probéis a llevar unos horarios más matutinos: cena temprano, dejar de ver pantallas al menos una hora y media antes de iros a la cama y acostarse pronto. A ver qué tal os sienta. Yo conozco al menos dos investigaciones en las que, cuando las personas están en entornos naturales, sin electricidad ni luz artificial, a las pocas semanas sincronizan sus horarios de sueño con las horas de luz natural.

Un segundo aspecto de este autocuidado básico tiene que ver con la comida. Comida saludable, evidentemente, pero esto debéis consultarlo con un nutricionista. Nosotros vamos a hablar de cómo comemos. Yo suelo insistirles a mis pacientes en que coman con atención plena. Salvo que tengáis un trastorno de conducta alimentaria (en cuyo caso este apartado no es para vosotros, seguid con lo que os esté indicando vuestro terapeuta), comer con atención plena (también llamada *mindfulness*) es algo que puede ayudar mucho a corregir nuestros malos hábitos alimentarios. Muchos se ríen por lo que consideran una moda nueva. Este es un fenómeno curioso: comportamientos sanos, que llevan mucho tiempo formando parte de nuestras culturas, se han perdido en las últimas décadas y ahora son considerados algo nuevo. Nos hemos acostumbrado a comer deprisa, casi engullir, con la atención en la televisión o en las pantallas. De hecho, estamos ausentes de nuestra propia vida en demasiadas ocasiones, no solo a la hora de comer. Intentad reducir esto comiendo siempre sentados, sin televisión y otras distracciones, despacio, charlando, disfrutando del momento y apropiándoos de él.

El tercer elemento de este autocuidado básico es otro clásico: el deporte. En esta época, tan dada al sedentarismo frente a alguna pantalla, es especialmente importante mantener un patrón de actividad física. Aunque creo que ya todos somos conscientes del efecto del deporte sobre nuestra salud física, subestimamos el efecto que la actividad física y el deporte tienen sobre nuestro estado emocional y nuestra salud mental. La mayoría de los pacientes a los que les insisto en este aspecto suelen interpretarlo como un consejo bien intencionado, pero no es hasta que empiezan a mantener un patrón regular de actividad física cuando sienten cuánto los beneficia psicológicamente. Es más, la mejor inversión que podéis hacer para vuestra salud mental es practicar, de forma regular, alguna actividad deportiva. Dicho así puede sonar un poco loco, pero el deporte es un gran regulador del sistema nervioso. Por tanto, mejora nuestro estado anímico a través de la disminución de la ansiedad y el aumento de ánimo positivo, gracias a la liberación de las endorfinas y otros neurotransmisores. Además, sabemos que el deporte protege al cerebro. Ya desde un clásico estudio de 2011, sabemos que hacer deporte aeróbico aumenta el tamaño del hipocampo y mejora la memoria. Pero, al margen de áreas y estructuras concretas, la influencia positiva del deporte parece ser general sobre el cerebro. Marion Soto, al frente de un equipo, descubrió en

2015 que con la edad se hace más vulnerable la barrera hematoencefálica (la barrera que protege nuestro cerebro) y se facilitan los procesos de inflamación cerebral. Sin embargo, en individuos que corren a diario (eran ratones) se revierte este efecto. Otra función importante del deporte es que previene la atrofia cerebral normal que se da con la edad. Durante el ejercicio liberamos la neurotrofina BDNF, que es esencial para que las neuronas establezcan conexiones y se mantengan activas. Esto parece guardar relación con el hecho de que hacer deporte previene esa atrofia cerebral y la reduce. Hay muchos otros estudios que han encontrado cada vez más relación entre el deporte y tener un cerebro sano, haciendo verdad la máxima que Juvenal vertía en su poema satírico del siglo II: «De la vanidad de nuestros deseos»: que el mejor deseo que podemos pedir es tener una *mens sana in corpore sano*.

El deporte nos regula y nos puede ayudar a estar más tranquilos, menos reactivos, de mejor humor y con más capacidad para relacionarnos de forma saludable con los demás. Elegid el deporte que sea. Es importante que os guste, que disfrutéis practicándolo, si no lo dejaréis muy pronto. Si no os va el deporte, otra excelente opción es tomar clases de baile, nuevamente el que sea. El baile tiene casi los mismos beneficios que el deporte y alguno más. Así que, si os gusta bailar, es una excelente opción.

A la hora de empezar a hacer algún tipo de deporte o actividad física, sobre todo si hace mucho que no lo practicáis, es muy importante al principio quedarnos cortos. Frecuentemente, cuando las personas retoman el deporte a partir de cierta edad, lo hacen intentando hacer lo mismo que hacían años antes o intentan compensar el tiempo de inactividad. Evitar esto es una manera de asegurarnos de que no nos vamos a lesionar. Pero, además, sabemos que, si nos matamos corriendo un día, pese a que parece que nos sentimos realizados después por los kilómetros que hemos hecho, al día siguiente es menos probable que lo volvamos a hacer. Si recordáis los experimentos clásicos de los que os hablé en el capítulo 3, cuando algo nos resulta físicamente desagradable, aunque no nos demos cuenta, nuestro cerebro aprende a evitarlo. Si estáis empezando, lo más importante es que disfrutéis de lo que hacéis. Recordad que en esto del deporte la continuidad es esencial, no batir un récord un día y ya no volver a hacer deporte en todo el mes.

Las actividades placenteras

Realizar actividades placenteras es otra forma de cuidarnos. Nuevamente, en consulta vemos habitualmente que las personas con problemas psicológicos y emocionales tienen muchas dificultades para llevar a cabo actividades que les proporcionen placer. Algunas incluso se sienten culpables por disfrutar. Y disfrutar es también una manera de regularnos, de rebajar los niveles de ansiedad, de mejorar nuestro estado de ánimo y, a la postre, mejorar nuestra capacidad de relacionarnos.

En consulta solemos dividir las actividades placenteras en tres grandes grupos: actividades hedónicas, actividades eudaimónicas y actividades de objetivos cumplidos. Los nombres pueden sonar un poco raros. La primera vez que escuché una diferenciación así fue a la psicóloga estadounidense Carol Ryff en un curso en la década de los noventa, en la que nos habló de hedonismo y eudaimonismo.

El hedonismo consiste en actividades que generan un placer inmediato, el que no requiere realizar ningún esfuerzo previo por nuestra parte. Por ejemplo, tumbarme al sol en un día de primavera, tomar una bebida refrescante (a poder ser con amigos, siempre y cuando no sean desreguladores para mí) en un día caluroso, ver una buena película, echarme la siesta en una hamaca en sombra en un día de verano. Todo esto son muestras de disfrute hedónico.

Las actividades eudaimónicas son aquellas en las que tengo que hacer un esfuerzo inicial para incorporar alguna habilidad de la que acabaremos disfrutando. Aprender a tocar un instrumento, empezar a hacer un deporte, aprender un idioma, desarrollar habilidades nuevas en contextos nuevos, todo esto son ejemplos de eudaimonia: inicialmente requieren un esfuerzo, pero después proporcionan placer. Y nos hace crecer al hacernos salir de nuestra zona de regulación, como vimos en el capítulo pasado.

El tercer tipo de actividades placenteras son las que llamamos de objetivos cumplidos. Son actividades que no son placenteras en sí, incluso son desagradables. Lo que proporciona placer entonces es realizarlas, terminarlas. Ojalá no fuera así, pero muchas de las cosas que nos hemos comprometido de alguna manera a hacer no son agradables. Tener que limpiar la casa, tener que hacer un informe para el trabajo, terminar de hacer tareas pendientes, todo esto serían ejemplos de este tipo de actividades. Tenerlas pendientes nos genera malestar. Por eso, realizarlas puede ser una forma de autocuidado.

Hay personas más sintonizadas con un tipo de disfrute que otro: hay personas muy hedónicas, pero que les cuesta mucho cumplir objetivos; otras, más eudaimónicas, que se les da muy bien afrontar nuevos retos y aprendizajes y que no disfrutan mucho tiempo de las situaciones puramente hedónicas. Por último, hay personas que no disfrutan de nada hasta que no han terminado todas las obligaciones; y, cuando lo han hecho, generalmente aparece alguna obligación nueva. Son personas que funcionan mayoritariamente por objetivos cumplidos. Pueden tomar formas más adictivas (por ejemplo, personas que no pueden dejar de trabajar) y compulsivas (personas que no pueden disfrutar de nada mientras la casa no esté recogida y limpia). A estas personas hay que ayudarlas a entender que tener emociones positivas aquí y ahora, de disfrute, es una parte esencial del sentido que tiene la vida, y que constituye un objetivo válido aprender a disfrutar de este modo. La idea es que estos tres tipos de actividades están equilibrados en nuestra vida. Que seamos capaces de disfrutar hedónicamente, a la vez que eudaimónicamente y, también, que no seamos unos eternos procrastinadores: siempre aplazando las tareas desagradables, sino que también seamos capaces a veces de apartar las actividades placenteras para afrontar aquellas que no lo son, pero necesitan hacerse. Una persona que estuviese en un estado de hedonismo constante, seguramente se acabaría aburriendo y, además, sintiendo que su vida carece de sentido. Alguien que estuviese todo el rato en eudaimonia estaría constantemente poniéndose en situaciones de reto. Por último, alguien que solo funcionase desde los objetivos cumplidos estaría en un estado constante de tensión y mal humor, aplazando cualquier actividad placentera. Como es lógico, muchas veces estos desequilibrios tienen que ver con nuestra historia pasada.

Igual que el hedonismo tiene más que ver con la felicidad y el bienestar inmediatos, la eudaimonia tiene más que ver con dar sentido a nuestra vida, la sensación de crecer y estar plenos. Los objetivos cumplidos, por último, tienen el sentido de regularnos al no ir dejando asuntos pendientes, y tienen más que ver con la calma, con afrontar aquello que nos inquietaba, en lugar de obviarlo o aplazarlo.

Recuerdo a una paciente que era una persona muy perfeccionista, dedicada a su trabajo y a cuidar de su padre y sus dos hermanos (ya adultos), cosa que había hecho desde la muerte de su madre. Estaba todo el día realizando tareas de objetivo cumplido. También era capaz de hacer actividades de crecimiento, siempre y cuando tuviesen una utilidad: aprender un idioma nuevo para el trabajo, por ejemplo. Así que le pedí que hiciese una lista de posibles actividades hedónicas y eligiese la más fácil de hacer. Eligió ir a tomarse un café en un chiringuito en la playa de Málaga mientras leía una revista que le gustaba, pero que casi nunca solía leer. El día que finalmente lo hizo, solo fue capaz de estar cinco minutos, se tomó el café y volvió a hacer las tareas pendientes. Me comentó que tenía la sensación de estar perdiendo el tiempo sin hacer nada productivo, con todas las cosas que tenía que hacer. Literalmente, había perdido la capacidad de disfrutar de las actividades hedónicas. Relacionar este patrón suyo con su historia pasada la ayudó a empezar a entender la necesidad de equilibrar sus formas de sentirse bien.

Hemos hablado en capítulos previos de la autonomía y de la intimidad, y de cómo variábamos en estas capacidades. Así que, a la hora de elegir nuestras actividades, también es muy importante que pensemos hacia dónde queremos crecer. Si somos personas que disfrutamos estando solas, que no necesitamos estar conectadas todo el rato, está bien que hagamos ese tipo de actividades, pero quizá también que salgamos un poco de nuestra zona de confort. A las personas así os vendría bien hacer actividades de equipo, buscar tiempo para ir a visitar a personas queridas, conectar con ellas, hablar por teléfono con ellas, tener pequeños momentos de intimidad. Si por el contrario somos personas que estamos todo el día conectadas, quizá nos vendría bien lo contrario: deshacernos por unas horas del móvil, y salir a dar un paseo. O quedarnos un viernes por la tarde en casa, sin pantallas. O hacer yoga y meditación, que son actividades que fomentan la capacidad de estar con uno mismo.

Casi cualquier comportamiento o sustancia se puede convertir en una adicción si cumple dos requisitos. Primero, que haya un beneficio a corto plazo (CP) y un perjuicio a largo plazo (LP). El beneficio suele ser sentir placer o, al menos, una reducción del malestar, y es menor que el perjuicio a largo plazo, pero por su inmediatez (recordad que a medida que nos vamos activando, funcionamos cada vez más a corto plazo) predomina sobre el largo plazo. En segundo lugar, que, a pesar de las consecuencias negativas para mí, yo no sea capaz de dejar de realizar la conducta, que escape a mi control, lo que llamamos un comportamiento contravolitivo. Podemos casi expresarlo en una especie de algoritmo:

$$\text{Adicción} \quad = \quad \text{CP} > \text{LP} \quad + \quad \text{Repetición contravolitiva}$$

Si recordáis, algo que vimos en el capítulo 3, esta es un poco la batalla que se daba entre el córtex prefrontal y el sistema límbico. Por tanto, las personas que se encuentran desreguladas funcionan mucho más a corto plazo, lo cual las hace más proclives a tener comportamientos adictivos para regularse. Esto se debe a que las personas que han vivido situaciones traumáticas, como recordaréis, tenían una desregulación persistente del sistema nervioso, por lo que tienen que hacer muchas cosas para regularse, y muchas de ellas acaban siendo actividades adictivas: me regulan ahora, pero me traen problemas luego. En estos casos, se descompensa un sistema del que hemos hablado muy poco, el de búsqueda/recompensa. En los casos más graves de trauma que suelo ver en consulta, es raro que no haya algún tipo de adicción grave, desde consumir drogas hasta autolesionarse para sentirse mejor. Muchas de estas conductas tienen que ver con «anestesiarse», amortiguando las emociones negativas, eso que vimos que algunas personas lograban hacer sin necesidad de consumir ninguna sustancia. Pero ya sabemos que eso del trauma no es de todo o nada y, además, está mucho más extendido de lo que pensábamos. Por eso, no hace falta tener un nivel alto de trauma para que tengamos pequeñas adicciones. A estas pequeñas adicciones las llamamos microadicciones. Paraos a pensar un momento en cuántas cosas funcionan de forma adictiva en vuestra vida, siguiendo ese algoritmo que he dado arriba: quedarse en el salón viendo la televisión (en lugar de irse a la cama y leer) o comerse un paquete entero de pipas grande del Mercadona.

Somos a la vez seres con una gran plasticidad cerebral, como comenté en el capítulo dedicado al cerebro. Esa plasticidad cerebral nos hace ser muy plásticos también conductualmente. Esa plasticidad, que tantas ventajas nos ha aportado como especie, también ha traído inconvenientes. Uno de ellos es que nos podemos distanciar de nuestro cuerpo y adoptar conductas auténticamente dañinas, por ejemplo, trasnochar sistemáticamente. También somos seres muy adaptables, y nos adaptamos a lo malo con facilidad, por ejemplo, a los niveles altísimos de estrés de la mayoría de las personas que viven en ciudades contemporáneas.

Para solucionar las microadicciones, una clave es que no podemos «escuchar nuestro cuerpo» y acertar. Si soy un fumador o estoy adicto a la cafeína y escucho mi cuerpo, me pedirá un cigarrillo o un café más. De la misma forma, si estoy acostumbrado a trasnochar viendo series de Netflix, mi cuerpo me va a pedir eso. Así que, para vencer estas microadicciones, no escuchéis a vuestro cuerpo.

Las microadicciones, si bien nos hacen sentir bien a corto plazo, nos traen muchas consecuencias negativas a largo plazo. Además, nos restan mucha energía. Esta idea ya fue anticipada por un psicólogo hace muchísimos años: Pierre Janet. Este comportamiento adictivo a veces es muy evidente y otras, mucho menos. Vamos a hablar de dos tipos de adicciones no tan fáciles de ver.

La procrastinación y la adicción al trabajo

Procrastinación es un anglicanismo que se ha introducido recientemente en nuestra lengua. Se puede maltraducir (acabo de escuchar un disco de Rosalía) por aplazar algo dedicándonos a hacer alguna otra cosa que realmente no necesitamos hacer. Procrastinamos cuando tener que hacer algo me genera ansiedad y la otra actividad que hacemos tiene una sola virtud: evitar que afronte lo que me produce ansiedad. Por eso, cuando procrastinamos, actividades que en otro momento no nos interesarían, ahora nos parecen sumamente interesantes. Por ejemplo: tengo que entregar un trabajo y me engancho esa noche a ver un partido de tenis (que no me interesa nada) entre un checo número 50 del mundo y un lituano número 116. En otro momento, no hubiera visto ese partido, pero hoy, como me genera malestar ponerme con el trabajo, lo veo entero. O puede que solo el hecho de pensar en hacer el trabajo me genera ansiedad, y el partido me apantalla y me permite no tener que pensar en eso. O la serie *Juego de tronos*, que tiene no sé cuántas temporadas y me permite procrastinar bastante tiempo.

Como veis, la procrastinación cumple el algoritmo adictivo. Por eso, por su capacidad de hacerme sentir bien a corto plazo, pero mal a largo, procrastinar se suele volver una adicción en muchas personas. Cuando nuevamente me vuelvo a sentir mal (recordad el experimento de Eriksen y Kuethe del capítulo 3), mi cerebro volverá simplemente a hacer lo que le hizo sentirse bien antes: procrastinar de nuevo. Y ya tenemos montado el ciclo adictivo.

El trabajo también puede ser una adicción. Ya vimos que los sistemas se pueden compensar entre sí. De este modo, ganar mucho dinero o tener un alto estatus social me puede proporcionar una sensación de seguridad, reduciendo el miedo que siento, por ejemplo, a no ser querido. O quizá no gano mucho dinero, pero el trabajo me proporciona sensación de valía. Ni la seguridad ni la valía son negativas, pero puedo acabar convirtiendo el perseguirlas en una adicción: trabajo mucho, así no tengo que relacionarme a otro nivel con las personas. ¿Habéis conocido personas en las que es imposible separar a la persona del profesional? En ellas el personaje ha acabado sustituyendo a la persona. Desde el personaje no es posible mantener relaciones de intimidad. Posiblemente esto, evitar las relaciones de intimidad, es precisamente lo que estas personas están buscando.

No podemos cambiar nuestro estado emocional directamente, diciéndonos «me voy a poner alegre». Pero sí podemos hacer cosas que finalmente influyen sobre nuestro estado de ánimo, regulándonos. De hecho, todas las actividades previas tienen un efecto regulatorio del sistema nervioso. Pero ahora vamos a hablar de actividades que modifican casi directamente mi estado emocional. En primer lugar, explicaremos lo que llamamos «reguladores naturales». En general, estas actividades van a tener que ver con algo de lo que ya hemos hablado: la fatiga frontal. La mayor parte de nuestras actividades están relacionadas con actividades que ocupan nuestro córtex prefrontal, y esto hace que esta área del cerebro, costosa de mantener en funcionamiento, se canse. Por eso, actividades que no requieran taras cognitivas complejas son profundamente reguladoras, como hacer manualidades, cuidar de plantas o cualquier otra actividad manual. Así que, si tenéis hobbies que requieren atención y actividad manual, pero no exigen tener que pensar, tenéis un buen regulador del sistema nervioso.

Quizá el mejor regulador del sistema nervioso es la naturaleza, que ayuda a que volvamos a un estado de homeostasis. Por ejemplo, en 2015 Gregory Bratman, de la Universidad de Stanford, encontró que las actividades en la naturaleza no solo mejoraban el estado de ánimo (reduciendo la ansiedad y las rumiaciones), sino que también mejoraban el funcionamiento cognitivo a través de la mejora de la memoria de trabajo. En otro tipo de deportes que me encantan, como los acuáticos, es conocido el reflejo de inmersión que se produce al contacto con el agua, que procura una sensación de bienestar y calma debido a la reducción de entre un 10 y un 25 por ciento de la tasa cardiaca y la liberación de endorfinas. Esto, nuevamente, es muy regulador para el sistema nervioso. Casi cualquier actividad en la naturaleza, en el campo o en la playa, nos va a proporcionar beneficios similares. No es necesario subir al Himalaya: se pueden hacer pequeños paseos por un parque cercano o un bosque o cerca del mar. Si sois de los que necesitáis algo más de caña, Alastair Humphreys ha popularizado el concepto de «microaventuras». Podéis echar un vistazo a su página web en la que sugiere trucos para llevarlas a cabo. Se ha podido comprobar que estas pequeñas aventuras tienen también un efecto sobre el estado de ánimo y la salud mental. El mero hecho de apartar la vista durante un rato de las pantallas que nos inundan y mirar hacia un horizonte merece la pena.

También en este grupo entrarían las actividades que activan los sentidos, como el arte o la música. Visitar un museo pequeño, no concurrido, puede ser una experiencia muy relajante. Ya sabéis que se trata de disfrutar y no de estresarse. No vayáis a toda pastilla viendo mil obras. Las obras de arte, al igual que la poesía o el vino, se tienen que consumir en pequeñas dosis. Una amiga mía, historiadora del arte, me dijo que mirar más de diez cuadros en una mañana ya es una locura. Haced poco, pero disfrutándolo.

Todas estas actividades no son útiles si no somos capaces de disfrutar de ellas. Al margen de las actividades, lo verdaderamente regulador es cómo hacemos esas actividades. Es fundamental que sea sin prisa y prestando atención, algo de esto ya hablamos en el capítulo pasado. Incluso os di una pequeña tarea a la hora de conducir. ¿La habéis podido poner en práctica? En todo caso, el principio de esa tarea era bajar un poco el ritmo para ver lo que está ocurriendo alrededor, mirar el mundo y resonar con él. Esto mismo lo podemos hacer en casi cualquier momento. Una buena técnica consiste en ponernos recordatorios para pararnos y conectar. Uno muy tonto que utilizo y recomiendo en consulta es pararme unos instantes cada vez que voy a atravesar una puerta. Por ejemplo, si voy a entrar en casa, no entro sin más. Me paro unos instantes, respiro un poco y pienso en lo que me voy a encontrar cuando entre. Cuando lo hago, lo hago prestando atención a las personas que me voy a encontrar, les dedico atención, intento ver (no necesariamente preguntar) cómo están, cómo les ha ido el día. Lo mismo intento por las mañanas cuando voy a entrar al trabajo. Esta técnica la aprendí de Carol Crow hace muchos años en unos cursos en los que nos aconsejaba que nunca entrásemos mirando el móvil a nuestra casa, sino prestando atención a las personas que nos íbamos a encontrar.

Otra manera de enlentecer el ritmo es que, cada vez que os acordéis y podáis, hagáis la técnica de las tres respiraciones. Esta técnica me la enseñó mi abuelo materno en la India. Es muy simple: paraos, cerrad los ojos unos instantes, respirad una vez conectando con vuestro interior y con vosotros, respirad una segunda vez preparándoos para abrir los ojos y recibir al mundo, y respirad, una tercera vez, mientras abrís los ojos y miráis con curiosidad todo lo que hay alrededor. Sabemos que nuestro cerebro casi no mira lo que tiene alrededor, sobre todo cuando son escenarios habituales y conocidos. Se limita a hacer una comparación rápida y, si no hay algo que le llama la atención, casi ni procesa lo que ve. Es por eso por lo que le decimos a alguien del trabajo que vemos a diario: «Oye, te has cortado el pelo», y te responde: «Sí, hace tres semanas». Esta técnica supone un pequeño reseteo del cerebro y un recordatorio para que vuelva a mirar con atención lo que tiene delante. Es una manera de conectar con el aquí y el ahora. Probad a hacerlo unos cuantos días a ver cómo os va. Ensayadla, porque la vamos a volver a utilizar cuando hablemos en los próximos capítulos de las relaciones con los demás.

Este pequeño ejercicio, de hecho, lo podemos hacer en casi cualquier situación y nos puede permitir vivir las experiencias. Ya sabemos que estamos en la era de las experiencias: ya no nos venden objetos o actividades, nos venden experiencias. Ya no vas a comer, tienes una experiencia gastronómica; no te compras un coche, experimentas lo que se siente al conducir, etc. Aunque solemos mirar con desconfianza todo lo que venga del mundo de la venta, esta idea me parece muy interesante. Los objetos no existen mientras no interactúo con ellos; y, cuando lo hago, lo que tengo es una experiencia. Pero lo que es una locura es coleccionar experiencias, fotografiándolas todas: el desayuno que he comido, la puesta de sol que he visto o el viaje que he hecho. Este coleccionar experiencias nos impide, de hecho, vivirlas. Hacerlo teniendo el pensamiento en el futuro, en la foto que tengo que sacar para enseñarla o subirla a mis redes, me hace no estar en el presente. Intentad dejar el móvil y hacer lo de las tres respiraciones. Si veis que, sin fotografiar la experiencia, esta no os produce placer, igual tenéis que cambiar de experiencia o apuntaros a un grupo de meditación.

Aquí podríamos recordar el cerebro angustias, del que hablamos en el capítulo 3, ¿recordáis? Decíamos que nuestro cerebro estaba mucho más preparado para preocuparse, para angustiarse, para sentir miedo que para pararse en lo bueno y disfrutar. Aunque en las sociedades en las que no hay riesgo diario para nuestra integridad física, el miedo, este tipo de miedo al menos, nos sobra en el día a día. Como me confesó un paciente mío: «Vivo como si estuviese huyendo de un depredador en un paraje precioso. Así es mi mente, siempre tensa. Por muy bello que sea lo que me rodea, si estoy huyendo de un depredador, no puedo verlo, no puedo saborearlo, no puedo disfrutarlo». Después añadió: «Tengo que pararme y darme la vuelta, darme cuenta de que no me persigue ningún depredador y disfrutar». Este estrés está causado muchas veces por situaciones objetivas que nos tensan, pero, otras veces, está generado por un hábito, por el propio estrés que ya vimos que tiene mecanismos para perpetuarse a sí mismo. Hay que aprender a parar. Además, esta capacidad de pararse, de bajar la activación, va a ayudar a que uno sea más consciente de sus respuestas automáticas, las que hemos visto que surgen de estos protocolos automáticos. El hecho de que uno pueda empezar a tomar consciencia de sus respuestas automáticas es el primer paso para poder cambiarlas.

Para poder empezar a parar, para bajar el ritmo, para desactivar el «modo miedo» en nuestro cerebro, podemos utilizar las técnicas que llevamos vistas hasta ahora. O podemos ir un poco más allá.

Meditación

Tal y como vaticinó Alan Watts en 1961, la psicología no tendrá más remedio que abrevar en las filosofías orientales. Y esto es lo que ha ocurrido: no hay psicoterapia que se precie que no haya adoptado técnicas orientales de meditación. No solo el Mindfulness-Based Stress Reduction de Jon Kabat-Zinn o el método Hakomi de Ron Kurtz, también las terapias cognitivas de tercera generación, la terapia dialéctica conductual, la terapia de aceptación y compromiso y la terapia EMDR (desensibilización y reprocesamiento por movimientos oculares, por sus siglas en inglés) utilizan algunas prácticas inherentes a las meditativas orientales.

Además de los potenciales efectos sobre la salud en general y sobre la salud mental en particular, la meditación suele aportar también beneficios a la salud social: al reducir la ansiedad interpersonal, mejora las estrategias tanto ansiosas como evitativas.

La meditación sigue siendo, y esto es una sorpresa para mí, una cuestión muy controvertida aún en Occidente y que cuenta con muchos detractores. Creo que se debe a que determinados gurús mediáticos le han atribuido unas propiedades tan espectaculares que han hecho a muchas personas desconfiar de ella. Además, lleva años de moda. Y esto suele ser muy pernicioso porque polariza las opiniones al respecto: entre los defensores, que la consideran lo más maravilloso del mundo; y los detractores que creen que es absolutamente inservible o contraproducente. Yo creo que hay que tomarse las cosas con mucha más calma. Recomendaría a quienes tengan dudas que, siempre y cuando no tengan algún motivo para abstenerse (abajo enumero algunos de ellos), prueben a meditar unos tres meses. Lo peor que puede pasar es que, pasados unos meses, no os interese o no os aporte nada. Si os encanta, genial, seguid meditando. Si no os va esa forma de meditar, pues buscad otra. Y diréis: ¿cuál es la gracia?, ¿me estás diciendo que hay que meditar sí o sí? Son tantos los beneficios constatados que creo que merece la pena al menos intentarlo. A veces utilizo una frase un poco tramposa: la meditación es a la mente como el deporte al cuerpo.

Dicho eso, no esperéis nada mágico y fantástico. No es una panacea, simplemente algo que os va a aportar algo más de calma y a ayudar a que se vayan desacoplando poco a poco los automatismos de los que hemos hablado. Como me dijo uno de mis profesores de meditación, los cambios aparecen de forma sutil e imperceptible, como el crecimiento de una planta. Hay que hacer un aviso: si bien la meditación es generalmente beneficiosa, no lo es para todo el mundo y en todo momento. Cualquier actividad que aporte beneficios no está exenta de riesgos. Deberían abstenerse de meditar, salvo bajo supervisión de un profesional cualificado, personas que están atravesando procesos psicóticos activos o que los han atravesado, individuos que están en un proceso depresivo o maniaco-depresivo, aquellos con fuertes tendencias obsesivas, personas con trastornos disociativos, pacientes diagnosticados con trastorno por estrés postraumático, sujetos que sufren trastorno de pánico, personas que tienen amnesias y/o dolores de cabeza frecuentes, o personas que padezcan cualquier otra condición física que desaconseje meditar.

Además de estos casos anteriores, hay otras personas que no necesariamente se van a beneficiar de la meditación. El psicólogo Michael Poulin descubrió recientemente que los individuos con tendencias egocéntricas acentúan estas tendencias después de un periodo de práctica de *mindfulness*. O sea, que se hacen aún menos empáticos. No es de extrañar que las prácticas meditativas orientales siempre enfatizan actitudes como la compasión y la empatía en las meditaciones.

Hay muchos formatos para introducirse en la meditación, como las visiones ya clásicas de la meditación trascendental introducida en Occidente por Maharishi Mahesh Yogi, y popularizada gracias a los Beatles y, más recientemente, David Lynch. A mí me sigue gustando mucho este formato, pero también hay otros más recientes, incluyendo la última oleada del *mindfulness*. Escoged la que mejor os vaya. Todas se parecen, aunque también tengan diferencias entre ellas. Hay que recordar que la meditación se compone de una serie de prácticas que conducen a un estado de la consciencia. No se deben confundir los medios con el fin; las prácticas pueden ser distintas, pero nos tienen que llevar al mismo estado de consciencia. Ese estado actualmente lo llamamos consciencia o atención plena. Estas meditaciones suelen inducir un estado calmo o de contemplación, pero a veces; que no necesariamente tiene que ser de serena beatitud. De hecho, paradójicamente, pueden hacer que uno se altere más al interactuar con el mundo, debido a que el mundo (o los demás) lo sacan de ese estado de calma, esa conexión consigo mismo, provocando enfado. He visto esto ya varias veces, incluso con algunos meditadores avanzados, pero que se enojan y se irritan con facilidad. Nada es mágico.

A mí no me gustan mucho las meditaciones guiadas, básicamente porque es muy difícil que se puedan acoplar al ritmo de cada persona. Por otro lado, algunas de ellas no son meditaciones; son visualizaciones o tienen estructuras autohipnóticas. Además, a menudo pueden resultar una imposición de la positividad tóxica, aunque no sea su pretensión. Creo que siempre que se pueda es bueno aprender a meditar, al menos al principio, con alguna persona entrenada o con un grupo. Incluso prefiero los libros a las guiadas. En mi limitada experiencia, diría que la meditación es especialmente beneficiosa después de algún trabajo físico, aunque sea moderado, como caminar.

La meditación también puede ayudar a los cambios de hábitos, insertada en el día a día. La técnica de las tres respiraciones un poco pretende esto. Pero intentar estar presentes y atentos a lo que ocurre a nuestro alrededor es otra forma de lograr esto. Las dos personas de las que hablé con la azada serían un gran ejemplo de consciencia plena y lograr habitar el momento. Como decía el denostado Osho, es muy fácil meditar en el silencio de una cueva, pero hay que aprender a meditar en el centro de un ruidoso mercado.

Mantened un diario

Durante mucho tiempo fueron una norma en Europa. Marco Aurelio, el gran estoico, decía que al final del día se sentaba a reflexionar sobre su comportamiento y sobre lo que podía aprender para el día siguiente. Esa es una de las funciones que se puede cubrir con un diario: utilizarlo como espacio de reflexión. Pero no es la única. Mantener un diario ayuda a sosegarse y repasar los momentos del día. Ayuda a mejorar la memoria, fijando las cosas importantes que han pasado. Puede también ser útil con la motivación, por ejemplo, apuntando los progresos que estemos haciendo en algún deporte o cualquier otra actividad que hayamos iniciado. Además, cuando llevéis unas semanas, veréis que mejora vuestra atención en el día a día al registrar cosas que están pasando para anotarlas en el diario. Es una forma de apropiaros de vuestra vida. Al poner la fecha y rememorar cada noche lo que ha ocurrido, uno se hace más consciente poco a poco en el día siguiente y supone un buen antídoto al olvido diario.

Se puede utilizar el formato tradicional o alguno de los más novedosos, como los blogs o los más recientes *bullet journals*.

Aprender a identificar qué nos desregula

Hasta ahora hemos hablado de regularnos. Pero nosotros, afortunadamente, no estamos constantemente regulados o desregulados. Nuestro estado cambia en función de los acontecimientos externos o internos. Así que una buena estrategia suele ser empezar a darnos cuenta de qué nos regula y qué nos desregula. Para ello, suelo utilizar en consulta la misma gráfica que vimos en el capítulo 3 de los estados de activación, originaria del psiquiatra Daniel Siegel. Era esta:

Estado de hiperactivación	R
	E
	G
	U
Estado de activación óptima	L
	A
	C
	I
Estado de hipoactivación	ó
	N

Lo que suelo hacer es pedir que estén hasta la próxima sesión apuntando (y pueden usar su diario para ello) cada día cuál ha sido su estado de regulación y qué les ha hecho hiper- o hipoactivarse. Esto lo llamamos en psicología «salir de la ventana de tolerancia». Esta especie de registro nos va a permitir averiguar:

- Cuál es mi nivel basal: ¿estoy frecuentemente hiper- o hipoactivado? A esto lo llamamos «nuestro nivel de vulnerabilidad».
- Con qué tipo de estímulos, internos o externos, me desregulo y si suelo hipo- o hiperactivarme. Para esto, puede ser interesante que volváis al capítulo 3 y veáis cuáles eran los comportamien-

tos más frecuentes en cualquiera de los tres sistemas. Como sé que algunos vais a dejar esta tarea para después y, posiblemente, no la completéis nunca, os resumo de qué iba: la hiperactivación es lucha, huida, parálisis, dominancia, enfadarse, demandar, intentar dominar o ejercer el control, agradar; la hipoactivación es desactivarme, aburrirme, desconectarme de los demás, hacer que no me importan, sumisión.

- Cuánto tardo en volver a regularme y si hay actividades que me ayuden a ello. Esto nos permite ver si tendemos más a la auto- o a la corregulación.

Este tipo de trabajo nos permite, como veis, muchas cosas. Nos permite empezar a tomar consciencia de nuestros procesos emocionales, esos que son tan implícitos. Ver, además, qué influye sobre ellos, tanto positiva como negativamente. También nos permite ver qué tipo de actividades, de las que ya hacemos, podemos utilizar para regularnos y cuáles tenemos que incorporar. Así, si soy de los que frecuentemente me corregulo, sería bueno que empezase a buscar actividades de autorregulación que me puedan ayudar. Y al revés, si soy de los que frecuentemente me autorregulo, debería empezar a buscar actividades de contacto con los demás.

Si hacéis el ejercicio, el mero hecho de estar atentos a vuestros estados y analizar qué los altera os empezará a dar un mayor conocimiento sobre vosotros mismos. Dije en el capítulo de la emoción, citando al psicólogo Timothy Wilson, que éramos unos grandes desconocidos para nosotros mismos, y que una de las razones es que ignorábamos nuestros estados emocionales. Por eso, empezar a conocerlos y entenderlos nos ayuda a saber sobre nosotros mismos. Pero, además, el hecho de apuntar hará que, poco a poco, mientras ocurran situaciones que antes os desregulaban, ahora toméis una mayor distancia. Esto es porque, por el hecho de observar y analizar, activamos las estructuras corticales y esto, como vimos, nos empieza a regular, bajando la activación. Todo esto lo explicamos dando por hecho siempre que no tengáis una situación clínicamente relevante, en cuyo caso, ya sabéis: buscad ayuda profesional y no hagáis ninguno de estos ejercicios.

El juego

Todas las estrategias que hemos visto, salvo quizá las actividades placenteras, tenían que ver básicamente con la regulación. Pero si solo nos regulásemos, en el mejor de los casos, estaríamos en un estado de no malestar. Pero no queremos eso, queremos estar en un estado de bienestar. Como dijo una paciente mía, «quiero pasar del sobrevivir, que es lo que he estado haciendo hasta ahora, al vivir». Esto tiene que ver con reducir el miedo y poder entrar en ese otro modo, el de exploración. En algunas tradiciones orientales esto es lo que se llama «estar en la actitud de juego».

En algunas escuelas de pensamiento oriental, por ejemplo, las tántricas, el juego se situaba al mismo nivel que la meditación. Esto tiene que ver con la idea de que, en el juego, la persona dejaba de preocuparse por los resultados de su actividad y lo que hacía era disfrutar del momento, del instante. Este estado tiene un nombre en la India, se le llama *leela*. Según estas tradiciones, en este estado estábamos más cerca de la liberación y de unirnos con lo divino. En alguna tradición hinduista es una alternativa al desapego, y se recomienda vivir la vida como un juego más que distanciándonos. Al margen de consideraciones trascendentales, el juego (no el deporte profesional) es una actividad en la que nuestro sistema nervioso se regula y nos permite una conexión y el placer de relacionarnos con los demás. Además, implica habilidades como ponernos en el lugar del otro, competir, cooperar y un nivel de abstracción y distanciamiento suficiente para entender que un juego es solo un juego. El propio Konrad Lorenz defendía el juego como algo que era solo posible en las especies superiores porque requería la capacidad de mantener la pretensión de la actividad a la vez que distanciarse de ella. Es, hasta cierto punto, contrario a la presión de eficiencia y eficacia que presiden la mayoría de nuestras actividades. Bertrand Russell decía que el hombre contemporáneo no sabe jugar, limitado como está por el culto a la eficiencia. El filósofo Daniel Klein nos dice que, a pesar de que el juego es un universal cultural, en nuestros tiempos ha sido devaluado a la categoría de pérdida de tiempo. De hecho, muchas veces, cuando jugamos, nos movemos por la misma presión competitiva: la de ganar. El juego quizá es más una actitud que una actividad; como nos dice Klein, no tenemos que jugar ni siquiera para divertirnos, simplemente tenemos que divertirnos jugando, interactuar con el otro y con el mundo. Cualquier actividad que se puede hacer por el mero placer de hacerla se convierte en un juego. Cualquier actividad planteada así deja de ser un trabajo, una obligación, y se convierte en juego. Claro que, lamentablemente, esto es muy difícil de hacer. Pero podemos intentar acercarnos. Fijarnos en el proceso, disfrutar de él, más que obsesionarnos por el resultado. La risa, por otro lado, es una facultad exclusivamente humana: somos los únicos animales que nos reímos (las hienas no cuentan). Nuestros primos, los chimpancés y bonobos, tienen una especie de protorrisa cuando se les hacen cosquillas. Pero nada parecido a nuestra capacidad de reírnos a carcajadas. Fue nuevamente Robin Dunbar el que ha destacado el papel que puede tener la risa para mantener nuestras estructuras sociales al servir para destensar las situaciones. Merece la pena que saquemos tiempo de nuestras apretadas agendas para jugar y reírnos.

Pararse a ver lo bueno y agradecerlo

Todas las culturas tienen rituales asociados al agradecimiento. Desde la salutación al sol de los yoguis, que, entre otras cosas, está basada en un ritual más antiguo en el que se daba gracias al sol por volver a salir, pasando por el agradecimiento a la naturaleza por volver a brotar en cada primavera, en algunas zonas del norte de Europa, o la costumbre estadounidense del Día de Acción de Gracias. Agradecer es una forma de no tomar por sentado aquello que tenemos delante. Es una manera de no dar por hecho lo que tengo, sino de saber agradecerlo, tener la consciencia de que esto podría no tenerlo. Esto ayuda a contrarrestar la habituación dopaminérgica de la que hablamos y, además, me ayuda a enfocarme en lo bueno y no quedarme atrapado dándole vueltas a lo malo. Dar gracias es una buena forma de entrenar la alegría, de hacer que la mente se pare en lo bueno que tenemos delante. Como dice Jack Kornfield (entrenado como monje budista y uno de los grandes defensores de la meditación), igual que las glándulas salivares secretan constantemente saliva, la mente genera de forma continua pensamientos. Además, como ya hemos visto, la mente va constantemente a lo no resuelto y a lo que está funcionando mal. Intentar agradecer puede ser una manera de contrarrestar todo esto.

Pero sabemos, además, gracias a los estudios efectuados por el psicólogo Martin Seligman, que tener una actitud agradecida es un factor que se relaciona profundamente con la felicidad, un poco por debajo del tener relaciones saludables. Sin necesidad de rituales, es posible entrenarnos en pararnos, calmarnos y ser conscientes de lo afortunados que somos al menos en algunos aspectos. Tomarnos un tiempo para que el cerebro se detenga en lo bueno que tenemos, antes de irnos a lo que nos falta.

Ayudar

Las personas que son felices suelen ser más generosas. Pero ocurre también al revés, las personas más generosas suelen estar más felices y gozar de mejor salud. El psicólogo Michael Poulin encontró, en un estudio realizado en Míchigan, que las personas que más ayuda instrumental proporcionaban a otras sufrían menos de estrés que las que no lo hacían. Es más, su ratio de mortalidad era mejor que el de las personas que no ayudaban. Otro estudio llevado a cabo por Jorge Moll y sus colegas encontraron que las áreas de recompensa del cerebro se activaban más cuando las personas recibían una recompensa pero se desprendían de parte de ella para ayudar a otros, que cuando la recibían sin tener que compartir nada. El hecho de compartir funciona como una recompensa en nuestro cerebro. El Informe Mundial de la Felicidad, que estudia la felicidad en 156 países, encontró que ayudar era uno de los mejores predictores del bienestar y la felicidad. Además, sabemos que cuando ayudamos a los demás es mucho más fácil que nos ayuden ellos a nosotros.

Aceptar las emociones negativas

Ya vimos cuando hablamos de la positividad tóxica que uno de sus inconvenientes es que nos hacía fóbicos a las emociones negativas. Las emociones negativas son normales; es más, son habituales. Que nunca tengamos emociones negativas es una idealización, simplemente no va a pasar. El problema no es tener emociones negativas. El problema es que tengan una intensidad que no podamos manejar. Ya sabemos que, si ese es vuestro caso, debéis buscar ayuda profesional. Pero también sabemos que muchas personas tienen como único recurso evitar las emociones negativas cuando aparecen. Esto puede ser una buena táctica si, pasado un tiempo, puedo afrontar lo que sea que me produce esa emoción. Pero no es una buena idea si me lleva a convertirme en un fóbico emocional y no resolver las situaciones que me están generando esas emociones. Esta estrategia se suele venir abajo en cuanto las situaciones no ideales se acumulan.

No querer aceptar las emociones negativas es estar en un estado permanente de huida. Una cosa es distraer la mente en algunos momentos (ponerse a ver una serie como *Brooklyn 99* o hacer una actividad que me permita desconectar un poco) y otra bien distinta es estar todo el rato desconectando, mirando el móvil, por ejemplo. Esto tiene una facilidad enorme de convertirse en una actividad adictiva. De hecho, los jóvenes utilizan mucho el móvil para que no les afecten las cosas. Ya habréis notado como cuando se sienten mal por algo, se ponen a mirar el móvil. Es una manera excelente de evadirse. Pero, como decía, no podemos estar todo el día evadiéndonos. Así que, cuando aparezcan emociones negativas, acostumbraos a tolerarlas y aceptarlas. Veréis que, con frecuencia, pasado un poco de tiempo disminuye su intensidad por sí sola. Podéis también compartirlas, hablando con alguien cercano que sepa escuchar. A la vez, aprended a tolerar que otras personas expresen sus emociones negativas delante de vosotros sin sentir la necesidad de sacarlas rápidamente de ese estado o de darles una solución. Las emociones negativas son parte natural de la vida y, salvo que tengáis alguna situación clínica relevante, tolerarlas y aceptarlas ayudará a hacerlas más manejables y a no tener que huir de ellas.

También hay personas fóbicas a las emociones positivas. Pero esto lo vamos a tratar ya cuando hablemos de cómo mejorar nuestras relaciones con los demás.

9
El encuentro con el otro

Los vínculos humanos son más apasionantes que el dinero.

KYLIAN MBAPPÉ

Este libro trata de las relaciones en general y las íntimas en particular. La relación más íntima que mantenemos con algún extraño genético en nuestra vida es, generalmente, la relación de pareja. En estos dos últimos capítulos nos vamos a centrar más en estas relaciones, aunque la mayoría de los aspectos que veremos son aplicables también a otro tipo de relaciones.

El capítulo previo estuvo dedicado a aprender a relacionarnos con nosotros mismos de una forma saludable. Pero suele ocurrir que hay personas que logran más o menos esto estando solas, pero que, en el momento que empiezan a relacionarse de forma cercana con otra persona, vuelven a caer en los mismos roles y a tener los mismos conflictos, careciendo de las habilidades para resolverlos. Estas habilidades, si bien son procedimentales e inconscientes, fueron aprendidas en algún momento. Por tanto, se pueden volver a aprender.

Cuando hablo de aprender habilidades nuevas en consulta, es frecuente que algún paciente me diga que esto hará que la interacción resulte artificial, que ellos quieren ser naturales y espontáneos, o quieren que «les salga de dentro». Se les olvida que llamamos natural a aquello que nos es familiar, y espontáneo a lo que aprendimos de forma tácita en algún momento, aunque lo ejecutemos de manera casi automática y parezca que «sale de dentro». Por ello, tiene sentido aprender pautas nuevas, en lugar de seguir con las mismas si nos han llevado a tener conflictos en el pasado.

Los conflictos

La petición más frecuente de las parejas que acuden a nuestro centro en su primera cita suele ser: quiero dejar de tener conflictos. Su experiencia les ha enseñado que los conflictos son algo que rara vez resuelven algo y solo sirven para hacer que nos sintamos mal. Y esto es cierto para los conflictos destructivos, pero no para los constructivos. Pero esperar no tener conflictos es una idealización, no va a ocurrir, porque los conflictos son inevitables. La pareja es el proceso mediante el cual dos personas autónomas, con identidad y personalidad propia, conviven. Es inevitable que haya roces y discrepancias. Y no solo en las parejas, en cualquier relación, ya sea entre hermanos, amigos o compañeros de trabajo, surgirán desacuerdos. Es imposible que los demás estén de acuerdo conmigo en todo. El propio John Bowlby planteaba en una conferencia, allá por 1957, que el conflicto debía entenderse como la norma y no la excepción, tanto en humanos como en otras especies. Incluso entre un bebé recién nacido y su figura de apego se dan conflictos de intereses, como puso de manifiesto el trabajo del biólogo Robert Trivers en el siglo pasado. No existe relación íntima en la que no se den conflictos, por tanto, las relaciones que funcionan de forma saludable no se distinguen de las que no lo son porque no los tengan. La diferencia es que las personas que tienen relaciones sanas resuelven de forma constructiva sus conflictos. Como señala el psicólogo especializado en resolución de conflictos Peter Coleman, hay que aprovechar el potencial constructivo que tiene cualquier conflicto.

Para tener relaciones saludables es importante reconocer que todas las relaciones tienen un cierto grado de ambigüedad. Esto se debe a que ninguna relación cercana existe sin cierto nivel de conflicto y sentimientos contradictorios. Por ejemplo, puedo envidiar a mi mejor amigo en algún momento, aunque normalmente lo quiera mucho. Del mismo modo, alguien que ama mucho a su pareja también puede sentir resentimiento hacia ella. Y aunque mis hijas me hacen muy feliz, a veces puedo sentir que me impiden avanzar en mi carrera. Los conflictos, cuando se manejan de forma adecuada, pueden ayudarnos a expresar estas contradicciones o cosas que no nos gustan o con las que no estamos de acuerdo. Mahatma Gandhi decía que un desacuerdo honesto era una señal de progreso. Algo sabía este señor acerca de la resolución no violenta de conflictos.

Eso destaca un segundo aspecto de los conflictos: además de inevitables, son necesarios. A través de ellos podemos expresar nuestras diferencias, escuchar la opinión del otro y establecer límites que nos permitan tener una relación más satisfactoria. Todo esto, además, nos ayuda a conocer mejor al otro y a nosotros mismos. En realidad, si una pareja no tiene diferencias o discrepancias, es probable que su relación no sea horizontal y saludable, y que una de las partes esté imponiendo su criterio sobre la otra. Es importante entender que los conflictos seguirán existiendo. Sin embargo, el reto es aprender a manejarlos de manera constructiva, para que no se conviertan en situaciones tóxicas y dolorosas. Y esto es un aprendizaje implícito, que tiene que efectuarse a través de la práctica. Igual que a montar en bici se aprende montando, y a veces cayéndose, a tener conflictos sanos se aprende teniéndolos, y aprendiendo a resolverlos de forma constructiva. Sin embargo, hay pocas cosas para las que se nos eduque menos que para expresar y resolver conflictos de forma constructiva, tanto implícita como explícitamente.

Debido a que expone los puntos de fricción entre las personas, una relación progresa y se profundiza no a pesar de, sino gracias a los conflictos. Las discusiones tóxicas nos alejan emocionalmente unos de otros, pero las discrepancias resueltas de forma constructiva, sin que se aparquen o escalen, nos acercan, aumentan nuestro nivel de intimidad. Hay pocas cosas que hagan crecer más una relación cercana que un conflicto abordado y resuelto de forma constructiva.

Conflictos constructivos son aquellos que sirven para exponer las diferencias, los distintos puntos de vista y de opinión para, una vez escuchadas todas las partes, intentar llegar a una situación en la que todos deban ceder un poco y, a la vez, todos ganen algo. Así, todos hacen concesiones, pero todos ganan. Conflictos tóxicos son aquellos en los que ambas partes están convencidas de llevar la razón y que la otra parte está equivocada. Con frecuencia acaban en situaciones en las que ningún miembro de la pareja hace concesiones, y todos acaban perdiendo más que ganando. Es muy difícil que salga algo constructivo de ellos, y suelen progresar hacia la escalada o la evitación.

Aunque ambas partes están convencidas de llevar la razón, si no hay diferencias significativas de poder, los conflictos rara vez responden a esa situación en la que uno tiene el 90 por ciento de la razón y el otro, solo el 10 por ciento. Suelen estar mucho más cerca del 50/50. En tales escenarios, los conflictos se suelen deber mucho más a cuestiones de forma que de fondo. Esta expresión inadecuada puede ser de dos tipos: por exceso y por defecto. En el primer caso, la persona se suele hiperactivar, perder las formas, gritar, dejar de escuchar, etc. Genera lo que hemos llamado «dinámicas reactivas». Cuando el conflicto se da por defecto, o bien la persona se hipoactiva y tiende a no responder y a cortar la comunicación, o bien, en nombre de preservar las formas y el buen ambiente, se impide cualquier tipo de expresión. En estos casos se dan las dinámicas que hemos llamado en «la pareja de piloto automático». Pero esto no ocurre únicamente en las parejas, puede darse en cualquier otro ámbito de interacción. Yo, como hijo de una familia oriental, he tenido la ocasión de observar muchas veces cómo en nombre de la armonía, de no elevar la voz, del respeto exagerado a los mayores, se impedía cualquier debate o discrepancia. En estos casos, este exceso de celo en preservar las formas y evitar discrepancias es una manera sutil de control. En otras ocasiones, esta estrategia de impedir la comunicación abierta nace de la evitación. Me viene a la mente el caso de otra paciente cuyo padre no toleraba que se levantase la voz lo más mínimo. El padre de mi paciente había crecido, a su vez, con un padre muy autoritario y con fuerte desregulación emocional que generaba muchos conflictos en su casa. El resultado de aquello es que evitaba cualquier comunicación que tuviese el más mínimo aspecto de un conflicto. En cuanto oía la más mínima discusión, la paraba diciendo: «Bueno, ya está». Su hijo, mi paciente, definió esa actitud de su padre con una frase que yo he usado a partid de ahí mucho: «la ley del mínimo follón». Aunque pretendía evitar los conflictos, los generaba al impedir la comunicación abierta que hubiese permitido llegar a soluciones constructivas.

Sostener las emociones negativas del otro puede ser difícil, sobre todo si uno no ha aprendido a sostener las propias. Estas personas trasladan al exterior lo mismo que hacen en su interior: evitar, suprimir, cualquier atisbo de emoción negativa. Esto hace que los conflictos no se resuelvan, simplemente se aparquen. Si este tipo de situación se da en la pareja, con el tiempo sus miembros se hacen especialistas en no tocar temas espinosos para evitar ese malestar. Puede dar la sensación de que esa pareja, esa relación, no tiene problemas, cuando en realidad tiene uno grave: no son capaces de tener conflictos abiertos. Como he dicho, esto lleva a que nos sintamos cada vez un poco más lejos de la otra persona, y no permite crear una verdadera intimidad. Llevan a la pareja a dinámicas de evitación de la intimidad y/o piloto automático que vimos. También, en ocasiones, son formas sutiles de control, en las que se impide cualquier cambio imposibilitando la expresión abierta.

Hay que recordar que los conflictos tienen una fuerte influencia sobre nuestro bienestar y nuestra salud. Creo que esto lo hemos podido comprobar todos: tener un enfrentamiento con alguien del trabajo o con un familiar puede acabar generándonos mucho malestar emocional. Los conflictos producen picos de estrés y de cortisol. Como ya hemos hablado de la influencia del cortisol sobre la salud, no me extiendo. Sí que os voy a comentar dos investigaciones del psicólogo John Gottman que vienen muy al caso. En la primera de ellas, de la que ya os hablé en el primer capítulo, encontró que el nivel de conflictos destructivos en una pareja correlacionaba con el número de enfermedades infecciosas que tenían los miembros de la pareja durante el año. Por si aún quedaba alguna duda de la influencia directa del estrés sobre la salud y la importancia de cuidar nuestras relaciones. En el segundo, y quizá más importante, descubrió que el nivel de las hormonas del estrés en los niños y las niñas que crecían en casas en las que había relaciones conflictivas era mayor que el de los que crecían en entornos más sanos. Aunque los conflictos no estuviesen dirigidos contra ellos y se diesen solo entre los adultos. Bueno, creo que después de todo lo que vimos en el capítulo dedicado al apego, este dato no os debe de extrañar. Pero no está de más insistir ahora en que las relaciones conflictivas no solo dañan a las personas directamente implicadas en el conflicto, sino también a terceras personas que están presenciando esos conflictos, sobre todo si son niños. Pero no ocurre únicamente con los niños; si hay una situación conflictiva en nuestro trabajo, por ejemplo, aunque no tenga que ver directamente con nosotros, nos estará afectando, haciéndonos sentir peor y deteriorando nuestra salud. Por otro lado, resolver saludablemente conflictos puede tener exactamente el efecto opuesto, generando una sensación de calma, bienestar y mejorando nuestra salud. En este sentido, los conflictos son como el tabaco: no solo afectan a quien lo consume, también convierte en víctimas pasivas a los que están alrededor. Una razón más para esforzarnos todos en aprender a comunicarnos buscando soluciones en lugar del enconamiento y del «y tú más».

Los conflictos destructivos se caracterizan por una alta emocionalidad y una baja racionalidad, en las que aumenta el estrés haciéndonos funcionar, como vimos, menos a nivel cortical y más desde estructuras más emocionales del cerebro. Pensamos más rápido, pero de forma más simple y, además, favoreciendo las interpretaciones negativas. Por eso, las dinámicas tóxicas sacan lo peor de cada uno de nosotros. Y no tenemos que pensar en situaciones muy extremas. Una situación tan simple como una ruptura puede acabar siendo una dinámica muy tóxica, como sabe cualquier abogada o abogado que se dedique a temas matrimoniales. Estas dinámicas no permanecen estáticas, suelen ir en escalada, polarizándose cada vez más. A medida que aumenta el estrés, nuestra visión se estrecha, enfocándose en mayor medida en lo que puede ir mal. Dejamos de escuchar lo que contradice nuestra visión previa. Nuestro pensamiento y nuestro lenguaje se vuelven más pobres, más binarios y de blanco y negro: «Tú siempre...»

o «Tú nunca...». Es, como vimos, un pensamiento y un lenguaje que no cuestionan nuestras emociones, las refuerza. Empezamos a desposeer al otro de algunos de los atributos de los sujetos. En esto nos ayuda mucho el error fundamental de atribución: el otro es un ignorante o un enfermo o es malvado. Se genera una dinámica polarizante, y sabemos que estas dinámicas, cuando se dan entre grupos, hacen que los individuos más agresivos, los llamados «halcones», ganen poder con respecto a los más moderados. Si es una interacción diádica, entre dos personas, las dinámicas polarizantes sacan al halcón en nosotros: cada uno responde desde su peor parte y evoca la peor parte de la otra. Ser más agresivos, curiosamente, al hacernos pensar más en términos de blanco/negro, nos hace sentir que estamos más en posesión de la verdad, por lo cual redoblamos los esfuerzos en la batalla para «dejar clara la verdad». Ya no se trata de resolver un problema, se trata de que la verdad y la justicia resplandezcan sobre la oscuridad y la injusticia. Este relacionarnos desde la superioridad moral no hace más que escalar aún más la dinámica conflictiva.

Como ambas partes suelen estar en procesos similares, ambas viven realidades paralelas, difícilmente reconciliables. Si os ha pillado en medio alguna discusión entre dos amigos, habréis visto que, cuando escucháis una versión, os convence; luego escucháis la otra y también os convence. Ambos llevan razón en muchas cosas y, a la vez, ambos están equivocados en la misma: perciben al otro como un ser que actúa desde sus necesidades o deseos y se perciben a sí mismos como personas víctimas de la actuación del otro, que no han tenido más remedio que reaccionar ante lo que la otra persona les estaba haciendo. Nuevamente, el error fundamental de atribución. Ninguno de nosotros es nunca el agresor, siempre nos estamos defendiendo del ataque (imaginario) del otro.

Pensad en la cantidad de situaciones que siguen esta dinámica: desde discusiones con amigos, pasando por las parejas y acabando en los enfrentamientos políticos. Pensad en la última vez que os visteis en una de esas dinámicas, y en cómo os comportasteis en ellas.

He dicho antes que, en los conflictos, cuando no se da una diferencia de poder significativa, ambos suelen llevar una parte de la razón. Sin embargo, es incuestionable que algunas personas tienen mayor probabilidad de verse arrastradas a dinámicas tóxicas que otras. Ya vimos algo de esto en el capítulo de los patrones de vinculación patológica. Personas que han tenido historias de abandono, relaciones tempranas inseguras o que crecieron en familias muy dogmáticas o rígidas, en las que aprendieron a afrontar los conflictos teniendo que llevar la razón y sin ver el punto de vista del otro, tendrán mayor probabilidad de verse arrastradas y contribuir a mantener dinámicas tóxicas. La mayoría de estos individuos se beneficiarán mucho de entornos no competitivos y de personas que se relacionan con ellos desde la cercanía emocional y que no tienen problemas en ceder. Estos entornos los pueden ayudar a aprender habilidades que les permitan conseguir los fines que buscan, seguridad o sentirse queridos, por ejemplo, de maneras más constructivas. Como dije antes, esos fines son siempre deseables, aunque las estrategias no siempre lo sean.

Sin embargo, hay un conjunto de personas, con muy baja empatía, muy centradas en la satisfacción de sus propias necesidades y la consecución de sus propios fines, que parecen beneficiarse poco de estos entornos o que incluso los pueden aprovechar para perseguir fines aún más egoístas. En la calle reciben un nombre: psicópatas. En los últimos años, este término se ha popularizado y se ha extendido su uso. Hemos pasado de emplearlo para referirnos a sujetos como Charles Manson, Ted Bundy o Elizabeth Bathory a aplicárselo a nuestro jefe, nuestro vecino o nuestra expareja. La pregunta sería: ¿tantos psicópatas hay? Bueno, el porcentaje de psicópatas, en el sentido estricto del término, en la población general, oscila entre el 1 y el 4 por ciento. Esta variabilidad depende de la prueba que utilicemos para el diagnóstico. Independientemente de la prueba, el porcentaje es más alto en hombres que en mujeres. Pero si tenemos en cuenta que las cosas no suelen ser blancas o negras y pensamos en la psicopatía como un conjunto de rasgos que varían a lo largo de un espectro, una proporción mayor de la población cumpliría algunos de los criterios de la psicopatía. Sobre cuántas personas entran en este segundo grupo no hay un acuerdo, y diferentes estudios arrojan porcentajes muy distintos, en función de qué rasgos se incluyen o no, aunque la mayoría se sitúan en torno al 8 por ciento de la población. Otro elemento importante es que parece que, como nos dice la psicóloga y especialista en psicopatía Abigail Marsh, los rasgos psicopáticos se han constatado en todas las culturas, aunque los niveles de agresividad exhibidos varíen mucho: desde la persona más difícil del convento hasta los asesinos en serie que han popularizado las series y películas, pero que representan un porcentaje muy bajo de la población, afortunadamente. Como suele ser habitual, el propio término está sujeto a debate. De hecho, no está incluido en el *DSM V*, el manual por el que nos guiamos para diagnosticar en salud mental. Aunque estuvo incluido en el *DSM I* y el *II*, se retiró posteriormente por la dificultad en definir la condición y medirla, y, en parte, fue sustituido por el trastorno antisocial de la personalidad, a pesar de que el solapamiento entre ambos diagnósticos es bajo: aproximadamente poco más de un 30 por ciento de las personas que cumplen los criterios de un diagnóstico también cumplen los del otro.

En un intento de aclarar todo esto, Chris Patrick, de la Universidad de Florida, propuso en 2009 su modelo triárquico, que divide los rasgos psicopáticos en tres grandes bloques: desinhibición, maquiavelismo y atrevimiento. La desinhibición agrupa a rasgos como la impulsividad, la baja tolerancia a la frustración, la dificultad de planificar a largo plazo y de regular las emociones. El maquiavelismo englobaría rasgos tales como poca empatía, desconfianza de los demás, dificultades para formar vínculos afectivos y una tendencia a aprovecharse de los demás en las relaciones. El tercer bloque, el atrevimiento, haría referencia a rasgos como dominancia, seguridad en uno mismo y resiliencia. Estos tres bloques de rasgos se pueden combinar en cada persona de una manera distinta y en diferentes grados. Esta división recuerda a otra, propuesta poco antes, en 2002, y que se conoce como la «tríada oscura». Delroy Paulhus y Kevin Williams acuñaron este concepto para referirse a personas que tienen rasgos de personalidad psicopática, maquiavélica y/o narcisista, que se corresponden a grandes rasgos con los tres bloques de Chris Patrick.

Si os fijáis, muchos de los rasgos, como la dificultad de regulación o la desconfianza de los demás, han aparecido ya varias veces en este libro. De hecho, sabemos que los rasgos psicopáticos no son independientes de cómo nos haya ido en la vida, más bien todo lo contrario. Si solo estudiamos a personas que han sufrido situaciones traumáticas en la infancia, vemos que el porcentaje de individuos con rasgos psicopáticos es mayor. Haberlo pasado mal en la vida, sobre todo en la infancia, favorece la aparición de estos rasgos. Sería interesante estudiar hasta qué punto se solapan ambos constructos: la desorganización en las relaciones de apego en la infancia y los rasgos de la tríada oscura en la edad adulta. Pero no solo en la infancia, incluso en la edad adulta, si las condiciones sociales favorecen la psicopatía, muchas personas más exhibirán estos rasgos. Un buen ejemplo son las guerras, en las que un alto porcentaje de personas muestran comportamientos abiertamente psicopáticos. Y más allá de las guerras: si nos fijamos en organizaciones que funcionan por reglas muy competitivas, y esto puede incluir desde algunas empresas hasta partidos políticos, pasando incluso por asociaciones, vemos que, en los puestos altos, hay una mayor proporción de personas con rasgos psicopáticos que en los puestos bajos. Este es un dato revelador: nos dice que nuestra sociedad favorece la psicopatía. Aunque no nos guste reconocerlo, somos una sociedad competitiva y que valora mucho el éxito, casi a cualquier precio. Así que las personas más despiadadas, con rasgos psicopáticos pero adaptadas, muchas veces con lo que se conoce como encanto superficial, ascienden más en las organizaciones competitivas. Aunque la relación puede ser bidireccional: también sabemos, gracias a las controvertidas pero muy interesantes investigaciones de Paul Piff, que las personas con un estatus socioeconómico alto tienden a estar más centradas en ellas mismas (más autorreferenciales en su pensamiento y comportamiento), dedican menos tiempo a pensar en los demás, tienen menor empatía, desconfían más, ayudan menos y son menos generosas, altruistas y prosociales. Quizá esto es algo que sabíamos de forma intuitiva: cuando las cosas nos van bien, vamos mucho más a lo nuestro. Estos rasgos son versiones atenuadas de algunos de los rasgos que hemos visto en la tríada oscura. Básicamente, lo que vemos es que estas personas tienen menor empatía y, por tanto, tienden a relacionarse con los demás de forma instrumental, como si fuesen casi objetos.

Todo esto ha llevado a hablar de los psicópatas integrados, que son personas que tienen algunos rasgos de la tríada oscura, o los tienen atenuados, y son capaces de esconderlos mejor. De entre ellos, los que tienen más rasgos de desinhibición y son más impulsivos no esconden tanto sus rasgos. Igual pasa con las personas que tienen el sesgo más narcisista. Quizá entre los tres, el que es más difícil de detectar es el de las personas con rasgos maquiavélicos. Este constructo se da en personas que muestran poca empatía, desconfían de los demás, tienen dificultades para formar vínculos afectivos y tienen una tendencia a aprovecharse de otros en las relaciones, pero no son muy impulsivas. Incluso puede ocurrir lo contrario: son personas con un alto nivel de control la mayor parte del tiempo y, generalmente, tienen encanto superficial. Por otro lado, aunque tienen poca empatía emocional, pueden tener una muy alta empatía cognitiva (la capacidad de ponerse en el lugar del otro y ver las cosas desde su punto de vista). Esta combinación hace que tengan muy pocos remordimientos y sean muy buenos manipulando a los demás a su favor. Son muy conscientes de cómo actúan, pero piensan que, en el fondo, todo el mundo es así, pero que los demás, o bien esconden esos comportamientos, o bien no los llevan a cabo por cobardía. También piensan que las personas que no son así son ingenuas o tontas, y no se dan cuenta de cómo funciona realmente el mundo. A veces da la sensación de que dividen a la humanidad entre los «lobos» y los «corderos». Algunos de ellos disfrutan «corrompiendo» a los demás, sacando lo peor de ellos, y esto los suele tranquilizar, porque confirma su tesis de que, en el fondo, todo el mundo es egoísta y va a lo suyo. Pensad: ¿hay alguien en vuestro entorno que constantemente os invita a pensar mal de la gente a vuestro alrededor o que os hace desconfiar?, ¿alguien que siempre tiene una explicación maquiavélica de las intenciones ajenas?, ¿alguien que critica o destaca algo negativo de casi todo el mundo en vuestra presencia? Tener a alguien así en vuestra intimidad puede resultar muy dañino para vosotros y para vuestras relaciones. Os aleja de los demás y os hace comportaros de manera defensiva, lo cual facilita, como hemos visto, que se den las profecías autocumplidas. Obviamente, uno de los espacios en los que se exhibirán son los espacios íntimos, porque aquí es más difícil esconder estos rasgos y, además, la intimidad activa muchos de nuestros miedos.

Cuando estos rasgos de la tríada oscura se dan de manera elevada, ya no estamos ante personas que se dejan arrastrar por las dinámicas tóxicas, más bien son personas que deliberadamente generan situaciones conflictivas para obtener beneficios; siguen la máxima de «a río revuelto, ganancia de pescadores». No se sienten cómodos en situaciones de igualdad, por lo que no generan dinámicas cooperativas, aunque las situaciones sean favorables a ello. Puede haber casos muy extremos y otros mucho más sutiles.

Las personas con rasgos de la tríada oscura son maestras de lo suyo. No les podéis ganar, es como ponerse a pelear en un ring con Mike Tyson. Perdéis seguro. Lo mejor es, cuando os encontréis a alguien con estos rasgos, alejaros de ellos. La buena noticia es que, aunque hay una proporción de estas personas en la sociedad, siguen siendo minoritarias con respecto a una mayoría que no funciona así, o al menos no lo hace la mayor parte del tiempo.

En el extremo opuesto a la tríada oscura estarían las personas con baja probabilidad de tener conflictos. Personas con vínculos seguros en su infancia, que hayan crecido en ambientes en los que se fomentaba la expresión franca y en los que vieron a los adultos y aprendieron a resolver las discrepancias de forma dialogada. Estas personas tendrán menos probabilidad de verse arrastradas por conflictos destructivos. De adultos es más probable que sean personas con una mayor capacidad de adaptación, amistosas, que sepan ponerse en el lugar del otro, estables mentalmente y muy buenas trabajando y cooperando con otros. Suena a que sean extraterrestres, ¿verdad? Bueno, casi lo son, porque en teoría así son los astronautas que seleccionan agencias como la NASA. Una hipotética misión a Marte duraría casi dos años; esto es mucho tiempo para empezar a llevarse mal. Además, habría situaciones de mucho estrés y una larga y estrecha convivencia. Debido a esto, es muy importante para las distintas agencias aeroespaciales seleccionar a personas que puedan seguir cooperando y generando un buen ambiente en situaciones de muy alto estrés. O sea, si conocéis a un o una astronauta, casaos. Son majísimos y además pasan poco tiempo en casa, es difícil pelearse con ellos. Bueno, pensándolo mejor, tened cuidado: llegar a ser astronauta debe de ser muy competitivo, y sabemos que los ambientes competitivos favorecen rasgos «oscuros». Por otro lado, las personas maquiavélicas son especialmente buenas escondiendo sus rasgos y mostrando encanto superficial. Y además los eligen mediante psicotécnicos. Bueno, mejor tomaos vuestro tiempo antes de casaros, incluso con un astronauta.

El resto de los mortales

Entre esos dos extremos estaríamos el resto de los mortales. ¿Y qué somos?, ¿más psicópatas o más astronautas? Pues, depende. Nuevamente, tenemos que recordar que somos una especie con una gran plasticidad conductual. El resto de los animales no tienen ese abanico de posibilidades. Los leones, por ejemplo, no pueden elegir ser veganos, nosotros sí. A su vez, los leones no cazan a otros leones de melena negra porque los consideren de una raza inferior. Esta plasticidad nuestra es tan llamativa que hay un primatólogo, Frans de Waal, que llama a nuestra especie el «mono bipolar», capaz de lo peor y de lo mejor. Cualquiera de sus libros es muy recomendable y entretenido. Podemos ser carnívoros o vegetarianos, asesinos despiadados o sacrificarnos por desconocidos, estar dispuestos a la guerra o ser grandes pacifistas. Nuestro comportamiento varía desde los mayores actos de altruismo y amor, a veces con extraños genéticos, hasta los actos más crueles y despiadados, a veces con las personas más cercanas e íntimas.

¿A qué se debe esta enorme disparidad? Pues se debe a algo que ya hemos visto: debido a nuestra naturaleza social, necesitamos relacionarnos. Los demás son fundamentales para mi integridad física y emocional, pero, por esa misma razón, pueden ser un riesgo y potencialmente dañinos. Necesitamos confiar, pero también necesitamos desconfiar para protegernos. Somos capaces de cooperar, pero también de competir. Cooperar me debe llevar a elegir lo mejor para «nosotros», competir me lleva a elegir lo mejor para «mí». Y cooperar tiene que ver con la confianza, porque, si coopero ahora, ¿puedo confiar en que, llegado el momento, la otra persona hará lo mismo? La actitud cooperativa es la base de la confianza. Y la confianza es la base de casi toda la estructura social humana. Como nos dice Michael Kosfeld, de la Universidad de Zúrich, «es indispensable para la amistad, la pareja, las familias, las organizaciones e incluso para las transacciones económicas y políticas exitosas». Por esto la confianza es, junto a la empatía, la base de las relaciones de dependencia mutua a largo plazo. Distinguir al amigo del enemigo se convierte así en algo crucial para determinar si es mejor cooperar o, por el contrario, si hay que luchar y competir. Si ha habido y hay personas psicopáticas entre nosotros, habremos desarrollado maneras de detectarlas y, cuando lo hagamos, nuestro comportamiento con ellas cambiará: nos comportaremos de manera más egoísta, de manera más «psicopática». Como esto es muy importante para nosotros y es un riesgo, activa nuestros sistemas de defensa. ¿Y qué ocurre cuando se activan nuestros sistemas de defensa? Que es muy posible que estemos viendo más peligros, o sea, más psicópatas de los que hay. Pero ahí no termina la cosa, si vemos al otro como un psicópata y nos comportamos de forma defensiva, la otra persona también activará sus propios sistemas defensivos, comportándose, un poco sí, como un psicópata. Los que cooperan se convierten en los «nuestros»; los sospechosos de no hacerlo se convierten en los «otros».

Nuestro comportamiento va a variar mucho según consideremos al otro «uno de los nuestros» o «uno de ellos». Recordad que, con los «nosotros», la oxitocina nos hace ser generosos y cooperativos, favoreciendo a su vez esta respuesta en los demás. Con los «otros», la propia oxitocina nos hace comportarnos de forma menos egoísta o incluso agresiva, nuevamente haciendo más probable esta respuesta en ellos. O sea, podemos ser empáticos o un poco psicopáticos. Las personas tóxicas generan dinámicas tóxicas, pero las situaciones tóxicas hacen que nos comportemos de forma tóxica. Quizá sea más sensato, en muchos casos, pensar más en vínculos tóxicos que en personas tóxicas.

Si recordáis, en el capítulo 3 hablamos del concepto de la neurocepción, de Stephen Porges. Nos decía que nuestro cerebro está siempre escaneando el entorno en busca de potenciales peligros. Por eso, una persona que hemos considerado fiable, parte de ese «nosotros», puede pasar en un momento dado a ser parte del «ellos», de ese grupo de personas de las que no nos tenemos que fiar y de las que nos tenemos que proteger. A veces, a partir de un único acontecimiento que nos hace desconfiar. En función de nuestro pasado, de nuestro aprendizaje implícito, será más fácil que hagamos esto. Si tuve relaciones en las que me mostré y no se aprovecharon de mí o me hicieron daño, es más fácil que yo confíe. Si fue al revés, es más fácil que desconfíe. Las personas de las que hemos hablado hace un momento, las maquiavélicas, no confían prácticamente en nadie. Pero un cambio de circunstancias también puede hacernos pasar de la confianza a la desconfianza. Lo vemos mucho en las rupturas o los divorcios. Si, tras una separación, yo empiezo a desconfiar de la que fue mi pareja, puedo comenzar a cambiar de una manera drástica mi comportamiento, pasando de ser alguien empático, que pensaba en el bien común, a alguien con comportamientos más egoístas, que solo piensa ya en sí mismo. Generalmente, además, esto no ocurre de manera simétrica: suele empezar a hacerlo la parte que tenía más clara la ruptura, la que tenía claro que no hay ya ese «nosotros». La otra parte muchas veces sigue confiando, no del todo conscientemente, en que haya una vuelta atrás. Mantiene comportamientos cooperativos que suelen cambiar cuando se da cuenta de que la otra parte no está en eso o cuando descubre que hay una tercera persona de por medio. En estos casos, esta parte que había sido cooperativa se puede volver muy agresiva o incluso cruel, por lo que considera un engaño o una traición. Esto, como me temo que sabéis por experiencia propia o cercana, deriva en una dinámica conflictiva y tóxica en la que «cuanto peor, mejor». De hecho, tenemos parejas que se separan con un nivel de conflicto muy alto, pero también tenemos casos en los que la separación se produjo con un nivel no muy alto de conflicto, pero, a medida que pasaba el tiempo, se van volviendo más y más conflictivas. Si hay niños por medio, hay que recordar que, aunque ya no seamos pareja, la otra persona es la madre o el padre de mis hijos, e intentar funcionar desde ese «nosotros».

Volviendo al tema de si somos más maquiavélicos o astronautas o, como lo plantea Frans de Waal, si somos más chimpancés o bonobos, tengo una buena noticia: parece que somos más astronautas, somos más bonobos. Dice el antropólogo James K. Rilling que, gracias a nuestra historia evolutiva, «tenemos un sesgo emocional hacia la cooperación»; aunque añade que esto es cierto para la mayoría, pero no para los que tienen marcados rasgos psicopáticos. Si tenemos este sesgo de forma innata, debe ser casi universal y de aparición temprana. Hasta hace poco se solía pensar que la aparición de los comportamientos cooperativos no ocurría hasta el segundo año de vida. Pero dos investigaciones más recientes, una de la Universidad de Yale y otra de la de Kioto, han bajado esta edad a los seis meses. El procedimiento usado era simple: se les mostraban imágenes a los bebés en las que un muñeco con forma de gato intentaba abrir una caja y no lo lograba. Llegaba entonces un conejo, con la camiseta de un color, y le ayudaba a abrirla. Luego llegaba otro conejo, de un color distinto, y no solo no ayudaba, sino que cerraba la tapa con fuerza. Cuando luego se les presentaban ambos conejos a los bebés, el 87 por ciento elegía al conejo ayudador. En el estudio que se hizo en la Universidad de Kioto había dos ayudadores: uno que ayudaba accidentalmente y otro que ayudaba conscientemente. A partir de los diez meses, los bebés elegían al que ayudó intencionadamente sobre el que lo hizo accidentalmente. Hay pronto idea de intencionalidad, de teoría de mente. Tenemos este sesgo a la cooperación, somos muy buenos detectándola en otros y preferimos, en la inmensa mayoría de los casos, rodearnos de personas cooperativas. No todo está perdido.

O sea, la mayoría de las personas no son tóxicas y, como especie, de hecho, tendemos más hacia la cooperación, aunque la mayoría de la gente (y esto nos incluye a mí y a vosotros, que estáis leyendo este libro) se puede comportar de manera tóxica en las circunstancias adecuadas. Es interesante cómo los héroes y los dioses de las mitologías clásicas (al menos las dos que yo conozco algo, la india y la griega) son casi todos personajes ambivalentes. Son capaces de comportarse de forma generosa o de forma egoísta, o incluso maquiavélica y cruel. Pensad en Ulises en la *Odisea* o en Arjuna en el *Mahabharata*; ambos utilizaron todas las trampas y engaños que necesitaban para acabar con sus enemigos. Por oposición, nuestras mitologías contemporáneas suelen ser más binarias, de personajes buenos/malos. Esto no favorece el pensamiento complejo.

Pero ¿qué puede hacer que personas que no tienen de entrada rasgos psicopáticos se comporten de una forma tóxica y dañina? ¿Por qué personas que antes se llevaban bien, que incluso se querían, acaban llevándose fatal, haciéndose cosas que hubiesen sido inimaginables meses antes? Bueno, ya hemos visto que cualquier cosa que nos conecte con el miedo nos vuelve reactivos y nos pone a la defensiva. Recordad que los riesgos no son solo físicos, también son emocionales y relacionados con nuestra valía. Cuando se activan esos estados, somos muy poco conscientes de lo que nosotros estamos haciendo mal, y somos muy conscientes de cualquier ataque o desprecio por parte de la otra persona. Y aquí reside una clave: sentirme atacado. La mayoría de las veces, no tengo ni tan siquiera que sentirme atacado; basta con que tema ser atacado en un futuro. Si me han atacado o voy a ser atacado, soy una víctima, estoy en mi derecho de defenderme, de protegerme. Para ello, cualquier acción que lo logre será lícita, estará justificada. Esto añade un último elemento al cóctel tóxico: la legítima defensa.

La legítima defensa: del Dr. Jekyll a Mr. Hyde

Si os dicen que le he pegado con una barra de metal en la cabeza a una persona y que esto le ha provocado un grave traumatismo craneoencefálico, pensaréis que no hay justificación alguna para que haya hecho eso, que debo de tener algún problema psicológico grave o quizá incluso que soy un sociópata agresivo y peligroso. Sin embargo, si os cuentan que un día, estando en mi casa solo con mis dos hijas pequeñas, a las tres de la mañana entró sigilosamente un hombre con un pasamontañas y yo le pegué con una barra en la cabeza, lo que le provocó ese mismo traumatismo, seguramente habrá muchas más personas que crean que mi «reacción» fue comprensible o normal. Hasta algunos puede que opinen que actué como un héroe para protegerme a mí y a mis hijas. El mismo comportamiento, diferentes contextos interpretativos. ¿Cuál es la diferencia? La legítima defensa. Si estoy en posición de legítima defensa, si soy una víctima defendiéndome de una potencial agresión, casi todo está justificado. No soy un agresor, soy una víctima empoderada defendiéndose. En la mayoría de los conflictos relacionales, cuando no hay diferencias de poder, quién es la víctima y quién el agresor no suele estar tan claro. Y, ojo, no estoy diciendo que no haya personas peligrosas y dañinas, ya hemos hablado de ellas. Ni tampoco, lamentablemente, situaciones en las que con claridad hay un agresor y una víctima, a la que hay que empoderar y ayudar a defenderse. Solo digo que, en escenarios que no responden a ese esquema, podemos sentirnos atacados y víctimas, adoptando comportamientos defensivos. Esto, como hemos visto, es más proclive que ocurra con personas que de alguna manera fueron víctimas en el pasado, porque será más fácil que activen las sensaciones de entonces con disparadores del presente, lo que hemos llamado flashbacks. Las víctimas tienen derecho a estar indignadas, a estar enfadadas. Y, sobre todo, las víctimas tienen derecho a defenderse, de la forma que les sea posible. Desde la ira y la indignación no se piensa, no se busca el consenso (el otro está equivocado), no se empatiza (el otro es malo). No se piensa en qué tengo que corregir. ¡Yo no tengo nada que corregir, soy una víctima! Esto nos puede llevar a legitimar actuaciones propias que de otra manera no aceptaríamos. Como con frecuencia ambos miembros se sienten así, este tipo de interacciones suelen ir *in crescendo*, generando en los implicados en el conflicto comportamientos cada vez más defensivo-agresivos, donde ambos se sienten agredidos y legitimados a defenderse, agrediendo bajo la premisa de que la otra persona «lo hizo primero». Creo que todos hemos sido testigos, o puede que incluso lamentablemente participado, en situaciones que se empiezan a torcer y en las que todo el mundo desconfía y se defiende. Antiguos amigos o compañeros que se separan, organizaciones que se dividen, parejas que, tras quince años de convivencia pacífica, tienen una ruptura durísima y dolorosa. Con frecuencia, todo ello viene acompañado de frases como «No me di cuenta durante diez años de cómo era» o «Ahora está mostrando su verdadera naturaleza».

La inevitable escalada

A partir de esa dinámica de legítima defensa, tenemos servida la escalada tóxica. Esta escalada se produce debido a que entramos en un ciclo de acción-reacción, en el que cada parte considera que está reaccionando, en legítima defensa, al ataque de la otra. A medida que escala el conflicto, nos ciega más. Ya no vemos nada bueno en la otra persona o directamente nos parece alguien amenazante o sin escrúpulos. He tenido la ocasión, por desgracia, de comprobar como personas inteligentes, adultas, con doctorados, caían ante este tipo de dinámicas. Lo cual nos confirma algo que ya hemos visto: las habilidades cognitivas y el cociente intelectual no tienen por qué guardar relación con las habilidades emocionales. Las dinámicas del conflicto binario nosotros-ellos tienen un poder que nos atrapa. Si alguna de las partes, además, tiene algún daño previo, es mucho más fácil que comience el conflicto. Pero da igual quién lo inicie, una vez prendida la llama del conflicto destructivo, todas las partes suelen colaborar para que el incendio siga vivo. Y esta comparación con el fuego es pertinente. Porque a lo mejor tuvimos algo que ver en el comienzo, pero una vez que el conflicto escala, el conflicto es lo que toma el control, como suele ocurrir en los incendios.

Cuanto más tiempo dure una escalada, cuanto más se «invierta» en dicha escalada, más difícil será cambiar de opinión. Porque cambiar de opinión significará reconocer que me equivoqué y yo también he hecho cosas que no están nada bien. Como vimos en el capítulo anterior, este tipo de reconocimientos no es nada fácil. Cuantos más errores haya cometido, más me costará, por lo general, reconocerlo y más difícil resultará sanar el conflicto. Si además esa inversión ha sido pública, o sea, he hablado mal de esa persona, he actuado en contra de ella, necesitaré justificar en mayor medida esas acciones mías como reacciones a las suyas, y será más difícil cambiar de opinión. Por tanto, hay que intentar desescalar lo antes posible.

La periodista Amanda Ripley escribe que «las dinámicas tóxicas son como un estado de trance». Creo que esta definición describe muy bien este estado, en el que he perdido parcialmente mi capacidad de razonar y estoy en un modo defensivo. Además, esta alta intensidad hace que estos conflictos puedan llegar a ser adictivos. El primero en postular esta hipótesis fue Jaak Panksepp. Según él, estar en conexión nos hace liberar sustancias como la oxitocina o las endorfinas, que son opiáceos endógenos; por ello la separación o la pérdida, o el conflicto que surja con ellas, podría generar una sensación de abstinencia a estas sustancias. Por otro lado, el reencuentro o la reconciliación tendrían un efecto sedante, de forma que nuestro cerebro vuelve a producir las hormonas. Es muy posible que ciertas personas se hagan adictas a este ciclo de conflicto-reconciliación, lo que será más probable en quienes les cuesta la intimidad en situaciones «normales». Este vuelve a ser un efecto más de eso que hemos llamado, siguiendo a una paciente mía, «el pegamento tóxico». Además, sabemos, lo vimos en el capítulo 3, que hay individuos que al haber pasado por situaciones traumáticas pueden adormecer o amortiguar sus sistemas propioceptivos, de manera que, literalmente, sienten menos. Estas personas necesitan emociones intensas para sentir. Para ellas, muchas veces, los conflictos son precisamente esas situaciones en las que sienten. Y sentirse mal puede ser mejor que no sentir nada, porque, aunque me sienta mal, al menos me siento vivo.

En este punto del libro, por fin, podemos reunir todos los distintos elementos que pueden contribuir a eso que hemos llamado el «pegamento tóxico»:

- Las relaciones que nos resultan familiares y las dinámicas que nos hacen sentir queridos y valorados tienen que ver con las dinámicas vividas en la infancia. Si estas fueron de tipo conflictivo, será más fácil que nos enredemos en relaciones conflictivas. Incluso podemos sentirnos no queridos en relaciones donde no hay muchas emociones fuertes o conflictos intensos. Si tuvimos vivencias de apego difíciles, es probable que en la edad adulta conectemos más fácilmente con personas que actúan de manera reactiva y complementaria a nuestra forma de vincularnos.
- Las personas que han pasado situaciones traumáticas suelen «amortiguar» o «apagar» sus emociones. En esos casos, sentir emociones intensas, aunque sean negativas, puede hacerles «sentir vivos», y por este motivo prefieren sentir algo aunque sea negativo que no sentir nada.
- La dinámica de conflicto-reconciliación los hace secretar sustancias que los hacen sentirse bien y esto puede generar una adicción a estas sustancias endógenas que les generan calma tras la reconciliación. El ciclo así funciona como un refuerzo inter-

mitente, liberando nuestro cerebro dopamina en cantidades mayores que cuando el refuerzo es continuado, es decir, cuando la pareja se lleva bien. Por ejemplo, la dinámica de la persona con celos que se enfada, pero luego pide perdón y se arrepiente mucho, genera un ciclo que es fácil que se vuelva adictivo.

- Son personas que no tienen otra manera de regularse salvo en una discusión; utilizan la estrategia de la agresividad desplazada para bajar su malestar.

He utilizado en diferentes ocasiones a lo largo del libro el término «agresividad desplazada» y no lo he explicado. Es el momento. Hay muchas formas de comportamiento agresivo y violento. Pero, basándome parcialmente en Robert Sapolsky, voy a dividirlas en dos grandes bloques. Para que no os perdáis con las explicaciones, os incluyo un esquema:

EN CALIENTE	• Violencia emocional • Violencia desplazada
EN FRÍO	• Violencia instrumental • Violencia psicopática

Podemos hablar de dos grandes tipos: la que se da «en caliente», con mucha activación emocional, y la que se da «en frío», sin que haya una activación por parte del agresor. A la «caliente» la podemos dividir en emocional cuando no va dirigida contra nadie. Serían esos comportamientos en los que la persona da una patada a una pelota o un manotazo a algo, sin intención de amenazar, simplemente como una descarga, como una (mala) forma de regulación. El siguiente tipo es la desplazada, la que nos interesa más aquí. Al igual que la anterior, cumple una función regulatoria, pero en este caso va intencionalmente dirigida contra otra persona. Sabemos que, al ser agresivo con un tercero, se consigue que disminuyan las propias hormonas del estrés.

Esto se documentó en primer lugar en otras especies animales. El propio Sapolsky nos dice que trabajando con babuinos pudieron comprobar que, cuando un macho perdía un combate con otro macho, en las siguientes horas pegaba a otro macho o violaba a una hembra para regular sus propios niveles de hormonas del estrés. En humanos, el trabajo de Roland Weierstall y sus colegas, con niños soldado en Ruanda y Uganda, ha encontrado evidencias de que ejercer violencia contra terceros puede reducir la incidencia del estrés postraumático en esta población. Los autores postulan que esto sería una de las causas por la que las personas a veces no quedan traumatizadas por las propias atrocidades que cometen.

Sin llegar a casos tan extremos, lo que esto nos dice es que puede haber personas que se estén regulando con este mecanismo de ejercer agresión. Por tanto, es otro elemento más que forma parte del pegamento tóxico. Incluso podría ser parcialmente el mecanismo que hace que haya personas que ejerzan la agresividad contra sí mismas (por ejemplo, personas que se autolesionan) para regularse.

Aunque los ejemplos que he puesto, procedentes de la investigación, son muy extremos, este mismo principio puede estar operando a niveles más cotidianos, como en parejas que tienen conflictos frecuentes en los que se gritan o insulta. Incluso tengo la sensación de que algunas parejas que veo no conocen otro modo de regularse sino a través de una pelea, y quedan atrapadas en este ciclo de pelea-reconciliación.

Por último, los otros dos tipos de agresividad, que guardan menos relación con el contenido de este libro, pero que no quiero dejar de citar: la violencia instrumental es aquella que se ejerce en frío con el fin de obtener algún tipo de control o beneficio. Por último, la agresividad psicopática es la que se ejerce porque la persona obtiene placer del hecho de hacer daño a un tercero.

Bueno, y ahora, tras analizar en profundidad los conflictos y su potencial adictivo, veamos qué podemos hacer para sanarlos y convertirlos en constructivos.

Sanando la dinámica íntima

Hemos hablado mucho de las dinámicas tóxicas. Hablemos ahora un poco de lo contrario, las «detox». Como vimos, para ello, en primer lugar, será muy importante hablar de la comunicación y de las formas.

Comunicación

Vimos en el primer capítulo como el lenguaje cumple en nosotros, los seres humanos, una función central: nos ayuda a vincularnos. Pero el lenguaje no solo es un medio para vincularnos, sino que también es útil para resolver conflictos. Cuando en los conflictos entre países fallan las «conversaciones de paz», suele ser inevitable la guerra. Aquí se ve claramente que una función del lenguaje es rebajar las tensiones y generar relaciones cooperativas. Pasa exactamente igual en los espacios íntimos: cuando una pareja deja de hablar, deja de resolver sus conflictos, la alternativa suele ser la guerra.

Con frecuencia en consulta, trabajando con parejas, cuando estamos analizando la última discusión que tuvieron hace unos días y les pregunto por qué empezó esa discusión, les cuesta recordar cuál fue la causa que lo disparó todo. Esto tiene que ver con un hecho conocido para los terapeutas de pareja: a menudo, las discusiones se vuelven destructivas no por el contenido, no por lo que se ha dicho, sino por *cómo* se ha dicho. La propia forma que tenemos de comunicarnos es responsable, en la mayoría de las discusiones, de la discusión en sí. Esto se debe a que, como hemos visto, a medida que empezamos a activarnos vamos entrando en un modo de funcionamiento más emocional y reactivo en lugar de uno reflexivo y responsivo. La clave para pasar de un modo responsivo a uno reactivo es el nivel de activación. Esa activación emocional hace que empecemos a responder desde esos patrones relacionales semiautomáticos que hemos visto. Uno de los profesionales que más ha investigado las discusiones de las parejas es el psicólogo John Gottman. En una investigación suya, llevó a parejas conflictivas a su laboratorio en Seattle (al que llama el Love Lab) y les pidió que hablasen de un tema conflictivo mientras medía algunas de sus constantes psicofisiológicas. Encontró que cuando las pulsaciones de los discutidores subían de un cierto umbral, entre 108 y 115 pulsaciones por minuto, era ya virtualmente imposible que llegasen a acuerdo alguno, derivando la discusión en un conflictivo destructivo. Este estudio no nos dice nada que no sepamos ya a estas alturas del libro, pero sí refuerza todo lo que vimos en el capítulo 3 sobre cómo la hiperactivación nos hace funcionar a un nivel más automático y defensivo. Gottman ha llamado a este estado el de «activación fisiológica difusa». No se puede intentar hablar cuando uno está con una activación emocional muy alta. Por tanto, el primer paso para cualquier buena comunicación es estar emocionalmente regulado y calmado. Sobre cómo hacerlo ya hemos hablado en el capítulo anterior. Esas mismas estrategias son las que usamos también con las parejas en consulta. Por ejemplo, con la gráfica de la ventana de tolerancias de Dan Siegel, les pedimos a los pacientes que estén un tiempo, que puede variar de una a varias semanas, anotando sus niveles de activación. Esto, como vimos, nos permite establecer el nivel de activación base (vulnerabilidad), los estímulos internos o externos que los desregulan, y cuánto tardan y cómo vuelven a regularse. Esta información es muy valiosa para las relaciones de pareja en las cuales, comparando esas gráficas, podemos también valorar cómo es la interacción y qué desregula a cada uno de ellos en relación con el otro. Esto, como podéis imaginar, es un poco más complejo de lo que esbozo aquí, pero creo que nos puede dar una idea bastante aproximada.

Además de eso, les enseñamos que, si notan que se empiezan a desregular, que sus pulsaciones suben, como las parejas en el experimento de Gottman, deben hacer lo que llamamos un «tiempo fuera»: dejar de hablar de lo que los desregula y darse un tiempo cada uno por su cuenta para regularse. Es importante que el tiempo que necesiten se pacte entre ellos, en función de sus características, pero no debe ser menor a veinte minutos ni mayor a un día, siempre y cuando no estemos hablando de situaciones altamente conflictivas. Todo lo que dure más allá de veinticuatro horas se considera una estrategia evitativa o, peor, una estrategia reactiva, la que definimos en el capítulo de los patrones de vinculación como «muro de piedra».

Además de la regulación, trabajamos sobre los modos en los que se comunican. El modelo de comunicación más conocido seguramente sea el que describió hace años Claude Shannon. Lo conocemos todos porque en algún momento de nuestra vida académica lo hemos tenido que estudiar. Es el conocido de emisor-canal-mensaje-receptor-etc. Goza de un gran prestigio y popularidad. Pero Shannon era matemático y criptógrafo, y no estaba pensando necesariamente en las parejas cuando desarrolló su modelo. De hecho, para él, el gran enemigo de la comunicación era el «ruido», que impedía que se transmitiese el contenido del mensaje. Por eso, había que eliminarlo o reducirlo al máximo. Pero en la comunicación más íntima esta depende fundamentalmente de ese «ruido emocional». No solo no tenemos que eliminarlo, sino que debemos prestar atención a ese ruido inconsciente y hacerlo consciente.

Somos malos comunicándonos porque somos malos manejando nuestros estados emocionales. De hecho, el «mensaje» no tiene que ver tanto con el contenido como con el estado emocional en el que estoy cuando lo emito. Si os digo que le he dicho a alguien cercano «sí, cariño, claro que te quiero», no sabréis si ha sido una comunicación afectiva o no. Porque ese contenido, dependiendo de mi estado emocional, puede significar desde «realmente te quiero mucho» hasta «estoy harto de ti». Imaginad a una madre diciéndoselo a su hija, en un tono cálido y cercano. Ahora imaginad a una persona diciéndoselo a su pareja, en un tono casi monocorde y cansado. Otro ejemplo sería decir «eres un hijo de p». Esta frase puede ser desde un grave insulto a un sincero elogio. La clave para descifrar el significado del mensaje es la emoción que acompaña al contenido, no el contenido literal en sí mismo. Esto es tan importante que hemos tenido que inventar un lenguaje gráfico que represente los estados emocionales, el emoji, para acompañar nuestros mensajes de texto. Me acabo de acordar de una paciente que me dijo de una persona a la que acababa de conocer por las redes: «Es muy frío, ¡no usa ni un solo emoticono en sus mensajes!». Este «mensaje emocional», por tanto, es la parte más importante de la comunicación, mucho más que el contenido. Este mensaje, como todo lo emocional, se emite de forma tácita y con poco control, y se recibe igual. Si recordáis el ejemplo que os puse en el capítulo 2 del profesor de Historia que hacía que a sus alumnos les gustase la asignatura, sabréis a qué me refiero. La mayor parte de lo que transmitía tenía que ver con sus estados emocionales y con su capacidad para «contagiar» esos estados emocionales a sus alumnos. Y todo esto ocurre a un nivel no verbal, implícito. Y estas emociones, como ya vimos, se contagian «más que un virus o una bacteria».

Y esto es otra cosa que intentamos ver con las parejas con las que trabajamos: qué emociones se han contagiado el uno al otro y cómo lo han hecho. Esto, nuevamente, nos permite ir tomando consciencia sobre un proceso que ha sido, hasta ahora, mayoritariamente implícito. El primer efecto es que esta implicación consciente les permite que se distancien y que empiecen a pensar. Y esto implica corticalizar y responder, en lugar de reaccionar. Este modelo de comunicación emocional que usamos en mi centro está basado en el trabajo de autores como los polímatas Michael Polanyi y Gregory Bateson o el gran psicólogo Paul Watzlawick. Estos autores han enfatizado que la mayor parte de la comunicación ocurre a un nivel no verbal y no consciente. No es lo que se dice; es cómo se dice. Y esto solo podemos empezar a cambiarlo cuando bajamos la activación y tomamos consciencia de nuestros patrones relacionales y de nuestro estado emocional.

Saber escuchar

Una vez que hemos podido desarrollar nuestras estrategias de regulación, posiblemente la habilidad interpersonal más importante es saber escuchar, y la más rara. Pensamos que todos sabemos, pero un rápido vistazo por los heurísticos del capítulo 2 os recordará lo malos que somos recibiendo e interpretando la información. Nos llega podada y sesgada, para que encaje la mayoría de las veces con nuestro juicio previo. Además, nos cuesta prestar atención, rápidamente sabemos ya lo que nos quieren decir, nos impacientamos o interrumpimos. Con frecuencia veo en consulta que cuando una de las partes está hablando, mucho antes de que pueda terminar, la otra ya está diciendo que no con la cabeza. Esta realmente no está escuchando, ya ha hecho un juicio, un prejuicio, por tanto, y tiene claro lo que va a decir en cuanto la dejen hablar, en cuanto este tío se calle y deje de decir todas estas tonterías o mentiras que está soltando.

Para escuchar bien, pedimos que cada miembro siga una serie de pasos mientras esté escuchando. El primero de ellos es que no se puede interrumpir, hay que dejar que la otra persona termine de hablar. Les pedimos que, mientras que la otra persona habla, minimicen su propio diálogo interno y hagan un esfuerzo por intentar escuchar con interés y entender el contenido de lo que la otra persona está diciendo. No se trata de llevar la razón, se trata de entender lo que me quieren decir, sin juzgar a las primeras de cambio. Es bueno recordar en estos momentos que la otra persona no es malvada o está diciendo esto para dañarme. Lo hace por alguna razón. ¿Cuál es?, ¿qué hace que vea las cosas de este modo? Este proceso de esforzarnos en escuchar y entender, además, es cortical y ayuda a que no nos vayamos a los modos más reactivos.

Cuando la persona ha terminado, tiene que repetir lo que cree que ha dicho, la idea central de su mensaje, y preguntarle si eso era lo que quería decir. Esta repetición de la idea central de la otra persona no debe ser de pensamiento concreto. O sea, no puede ser: «Vamos, que estás harto de mí» o «Lo que te pasa es que ya no me quieres». Tampoco debe ser irónica del tipo: «Lo que quieres decir es que te gusta que yo sufra». Debe ser de pensamiento complejo, evitando categorizaciones, el todo-siempre-nunca-nada, y los heurísticos que hemos visto. Esto hace que quien ha hablado se sienta escuchado, y suele parar esa escalada en la que ambos están intentando pisarse para hablar, sin escuchar al otro. Además, al sentirse escuchado, salvo que sea una persona con altos rasgos de la tríada oscura, estará mucho más dispuesto a escuchar al otro. Mientras no logramos escuchar, sufrimos lo que llamamos «la ilusión de la comunicación». El dramaturgo George Bernard Shaw escribió que «el mayor problema de la comunicación es tener la ilusión de que la comunicación ha tenido lugar». Esto se debe a que sobreestimamos lo bien que hemos entendido y lo bien que hemos comunicado nuestras propias ideas. Cuando mis niñas eran un poco más pequeñas, jugábamos a un juego: uno pensaba una canción y la tamborileaba, y los demás teníamos que acertarla. No sé si habéis jugado alguna vez a esto, imagino que sí. Habréis comprobado que es prácticamente imposible acertar la canción, a pesar de que la persona que tamborilea después dice: «Pero si estaba muy claro, era esta». Unos años después, leí una investigación llevada a cabo por Elizabeth Newton, en la Universidad de Stanford, en la que se pedía a un grupo de estudiantes que tamborileasen una entre veinticinco canciones muy conocidas para que otros averiguasen de cuál se trataba, exactamente el juego que yo hacía con mis niñas. Los que tamborileaban esperaban que los oyentes acertasen en un 50 por ciento, pero la realidad es que el porcentaje de aciertos fue del 3 por ciento. Nosotros tenemos una melodía en nuestra cabeza, pero los demás seguramente tienen otra. Y los datos (el tamborileo) encaja con ambas. Esto es una perfecta metáfora de cómo los mismos datos pueden encajar bien con dos explicaciones distintas, en dos mentes diferentes. Así que, después de escuchar, preguntad: «¿Has querido decir que...?». Os sorprenderá lo poco que acertamos.

Pero, si la comunicación es fundamentalmente emocional, escuchar es también *oír* lo que el otro siente. Aunque aquí hay una pequeña trampa: os voy a pedir que intentéis escuchar las emociones blandas (también llamadas «primarias»), no las duras (también llamadas «secundarias»). El término de emociones primarias y secundarias es de Leslie Greenberg y Susan Johnson, y el de emociones blandas y duras es del médico y especialista en *mindfulness* Vicente Simón. Esta distinción se basa en que, como sabéis porque leísteis el capítulo 2, hay emociones que son incompatibles y se anulan una a la otra. También sabéis ya que tendemos a repetir inconscientemente lo que nos hace sentir mejor. Por tanto, si una emoción anula otra que me hace sentir peor, inconscientemente activaré esa primera cada vez que se active la emoción que más me cuesta. Y esa emoción que me hace sentir mejor, o al menos me hace sentir menos mal, será cada vez más frecuente. La emoción que me hace sentir peor es a la que llamamos primaria o blanda; la que activo para anularla es la secundaria o dura. El caso más fácil de ver es el del enfado y la tristeza, que son emociones que se anulan la una a la otra. Por eso cuando alguien a quien queremos decide, por ejemplo, dejar la relación, sentimos tristeza, pero a la que podemos buscamos razones para enfadarnos con esa persona: si me llama, es que no me deja seguir con mi vida; si no lo hace, es que le da exactamente igual cómo me sienta y va a lo suyo. Necesitamos tener razones para enfadarnos, porque el enfado me empodera, me lleva a la acción; mientras que la tristeza me lleva a la inacción. El enfado es hiperactivación, la tristeza es hipoactivación; si puede, nuestro cerebro elige la hiperactivación. En este ejemplo, el enfado sería la emoción dura, y la tristeza, la emoción blanda. También a veces llamamos a la emoción blanda la herida, y a la emoción dura, la coraza. En las discusiones no constructivas, básicamente lo que tenemos es a dos personas atacándose desde sus respectivas corazas. Si al escuchar nos quedamos con la emoción dura, es muy difícil no reaccionar al enfado de la otra persona. Pero si, en lugar de eso, intentamos *oír* la emoción blanda que hay debajo, nos va a ayudar a no desregularnos y a empatizar. ¿Cuál es la emoción blanda que le hace reaccionar así?, ¿siente tristeza ante la situación o miedo a que la relación se acabe?

También nos puede ayudar en este proceso intentar ver qué emoción siento yo. Y, nuevamente, no quedarme con la emoción dura que estoy sintiendo, sino intentar conectar con la propia emoción blanda que hay debajo. ¿Qué siento, miedo, tristeza?, ¿quizá me siento dolido o no tenido en cuenta?, ¿me mueve algún miedo como quedarme solo o ser ridiculizado? Si logramos tener una mirada curiosa, de querer averiguar qué está pasando, tanto en mí como en la otra persona, será mucho más probable que no nos dejemos arrastrar hacia la escalada. He visto a muchas parejas en las que un miembro empieza de buen humor, pero a los muy pocos minutos se enfada con afirmaciones como: «Contigo no se puede, yo te estaba tratando bien y tú me hablas mal», y etc. Hay que intentar mantener el estado de ánimo propio. Además, nuestra mirada curiosa puede estimular también la curiosidad en el otro.

Cuando hemos terminado de escuchar, tenemos que validar a la otra persona. Validar no significa estar de acuerdo en todo lo que nos ha dicho. Validar es comprender y aceptar que el otro piense y se siente como lo hace. Y que tiene derecho a hacerlo. Validar al otro tampoco es invalidarme a mí, igual que reconocer errores no es culparse de todo. Tenemos que tener una mirada compasiva, como vimos, con nosotros y con los demás. No se trata de quién lleva la razón, porque no estamos en un combate. Se trata de aceptar que podemos estar en desacuerdo, que podemos ver las cosas de maneras distintas y que, si lo sabemos gestionar bien, eso puede ser una riqueza.

Esto, escuchar y aceptar al otro, es mucho más difícil de lo que parece. La mayoría de nosotros no hemos sido educados así y no disponemos, en general, de buenos modelos para hacerlo. Un vistazo a algunos programas de televisión o de tertulias de radio nos llevará a darnos cuenta de que este tipo de escucha no es lo que más se estila.

Sé que ahora mismo algunos estaréis pensando: «Sí, hombre, me voy a poner a hacer todo esto cada vez que...». Pues sí, hacedlo. Si no cada vez, al menos en los momentos en los que habléis de temas o con personas con las que soléis discutir. Es trabajoso, sobre todo cuando uno empieza a incorporar los hábitos, pero las discusiones sientan mucho peor. Es cuestión de hábito. Recordad que la calidad de nuestras relaciones es la base de nuestro bienestar y nuestra salud. Merece la pena el esfuerzo.

Una vez tenemos un conflicto con alguien, hacemos una profunda narrativa de por qué ha tenido lugar ese conflicto. Como sabemos, esta narrativa parte de una percepción sesgada y no suele corregirse a sí misma. Esa narrativa nos impide escuchar: el sesgo de coherencia está silenciando todos los argumentos que van contra mi narrativa oficial ya formada. El desarrollar en nosotros la habilidad de escuchar tiene que ver con empezar a cuestionar esas narrativas. Intentad descubriros usando cualquiera de los heurísticos o las frases eslogan de las que hablamos en el capítulo 2. Cada vez que penséis desde ahí, estáis en el pensamiento simple. Sobre todo, tenéis que estar atentos al error fundamental de atribución, para no tener que ir a buscarlo: era aquel en el que yo explicaba el comportamiento de la otra persona porque era tonta, tenía mala intención o la cabeza no le funcionaba del todo bien. Intentad no caer en él; el otro no es malvado o idiota, el otro habla de las cosas desde donde las ve. El otro, al igual que yo, quiere lo mejor, para sí mismo y para todos. Este pensamiento más complejo va a evitar que entremos en las dinámicas dañinas en las conversaciones como culpar al otro o victimizarse («yo lo hago todo mal») o alejarse poniendo un muro de piedra entre los dos.

La expresión en caliente y desde el pensamiento simple lleva a la escalada. Si en su lugar hacemos lo que acabamos de ver en los apartados previos, nuestra forma de expresar también será más compleja, realista y conciliadora. Cuando explicamos algo, tenemos mucha más información en nuestra cabeza de la que logramos transmitir. Por eso sentimos que el otro nos tiene que entender. Aquí funciona otra vez la «ilusión de la comunicación» de la que acabamos de hablar. Para evitarlo, hay una serie de cosas que podemos hacer.

Lo primero es tener claro qué queremos decir. Para eso, necesitamos pensar con claridad. Sabéis ya cómo hacer esto: tenéis que estar calmados, no pensar en heurísticos, no utilizar frases eslogan, etc. Pero, como muchas veces se trata de pedir algo, también tenemos que saber pedir. Cuanto más nos cuesta pedir, más nos alteramos al hacerlo, y hay personas que, en lugar de hacerlo directamente, esperan que los demás acierten lo que quieren, quizá como una manera de resolver un pasado en el que no fueron vistos o valorados. Mala idea: ilusión de la comunicación.

Lo segundo es elegir un buen momento para hablar. Si nosotros somos los que queremos sacar un tema importante, es esencial no abordarlo en cualquier momento. Nuevamente, esto suele guardar relación con la dificultad para hablar de ese tema. Si nos cuesta mucho, es probable que acabe eligiendo un momento inoportuno. En algunos casos podemos también utilizar la técnica de la cita, decirle a la otra persona: «Oye, tengo que hablar contigo en algún momento sobre…», y ver cuándo podéis.

Si recordáis el capítulo 3, definimos el estado de activación óptima como aquel estado en el que era compatible sentir y pensar. Por tanto, tan importante es poder pensar como poder estar en conexión con mis propias emociones. ¿Y cómo hago para que no me desregulen, para llegar a esa activación fisiológica difusa de más de 108 pulsaciones? Pues intentando conectar con nuestros sentimientos blandos. Además, salvo en el caso de que estéis en un proceso depresivo o hayáis tenido situaciones traumáticas graves, os ayudará a regularos, a conectar más con vosotros mismos y a entenderos mejor. Por otro lado, expresar desde aquí facilita que la otra persona empatice con nosotros. Realmente, comunicar tiene que ver con explicar algo sobre mí y cómo me siento, más que acusar al otro de nada.

También a la hora de expresar, tenemos que intentar dejar fuera todas las expresiones de los heurísticos y las frases eslogan. Puede ocurrir que una conversación que empieza bien descarrile a partir del uso de algunas de estas frases. Además, cuanto más binario sea el lenguaje, más probable es que no recoja la realidad y que, además, genere conflicto. Intentaremos no utilizar un lenguaje general, negativo y referido al pasado. Tipo: «Tú siempre estás haciendo X». En su lugar, intentaremos utilizar un lenguaje concreto, a ser posible positivo (qué hay que cambiar, en lugar de qué va mal) y referido al futuro (soluciones, más que centrarnos en los problemas). Esto del lenguaje concreto me preocupa cada día más. Escucho diariamente cómo las personas nos comunicamos desde este pensamiento simple, binario, que nos impide profundizar en casi ningún tema e imposibilita la comunicación constructiva. El lenguaje «nosotros», en lugar del lenguaje «tú-yo», también ayuda. Asimismo, es importante evitar las expresiones dogmáticas. Las frases tipo «yo creo», «yo opino», son más constructivas y, lo que es más importante, se acercan más a la realidad. Conviene no confundir mi visión del mundo con el mundo, como en la historia india de los sabios y el elefante. Me dice el editor que no la conocéis. Pero eso será antes de leer el libro, porque en el segundo capítulo hice una referencia a ella y os sugerí que la buscaseis. Seguro que ya lo habéis hecho, porque ahora no hay que ir a una biblioteca, sino que con preguntarle a Google basta. Por si no lo hicisteis, es una leyenda jainista que tiene que ver con una de las ideas básicas de esta secta-filosofía, el *anekāntavāda*, que nos dice que la realidad es demasiado amplia para que la podamos conocer. Solo conocemos fragmentos de ella, y nuestras discusiones y discrepancias con los demás se deben a que pensamos que nuestra visión es la única correcta y los demás están en un error. Si ponéis esa palabra en Google, os saldrá una entrada de la Wikipedia donde os lo explican todo. Si queréis ya algo más serio, hay muchos libros sobre filosofía india. Oye, igual nos vendría bien escribirnos la palabra esa en grande y ponérnosla en el espejo o en algún sitio que la veamos todos los días, ¿no?

La pérdida de control

En consulta es relativamente frecuente que haya personas que, para explicar determinadas frases que han dicho o actitudes que han adoptado en el concurso de una pelea, me dicen que «perdieron el control». Os pongo un ejemplo: hace unos meses, estaba con una pareja que había tenido una discusión especialmente desagradable, en la que él la había insultado a ella. Cuando empezamos a hablar de qué había pasado, él, que se avergonzaba mucho de lo que había hecho, me dijo: «Es que perdí el control». Como sabía que no era una persona físicamente agresiva y que no había ningún riesgo de ese tipo, le pregunté que, si había perdido el control, ¿por qué no había empujado o golpeado a su pareja? Él me contestó que cómo iba a hacer eso, que ni se le habría pasado por la cabeza, que ese tipo de cosas eran inadmisibles. Yo le pregunté entonces que, si golpearla le parecía inadmisible, ¿por qué era admisible para él insultarla?, ¿dónde había aprendido que cuando uno se enfada es inadmisible agredir, pero es admisible insultar de esa forma a la pareja? Es importante que nos demos cuenta de que las pérdidas de control son, salvo rarísimas excepciones muy patológicas, una falacia. En la inmensa mayoría de las ocasiones, realmente no perdemos el control, no dejamos de ser nosotros mismos y nos posee un espíritu maligno ajeno. Es más bien que dejamos que otra parte más emocional de nosotros tome el control y haga o diga cosas que, en algún momento de nuestra vida, aprendimos que eran admisibles. Bien porque lo hicieron con nosotros, bien porque se lo vimos hacer a otra persona, o quizá porque lo hicimos y nadie nos corrigió. Este aspecto de nosotros sería parte de lo que hemos llamado el «no yo». Como nos resulta doloroso, no queremos admitir que somos capaces de hacer o decir determinadas cosas. Pero, la falacia de la pérdida de control impide que tomemos responsabilidad sobre nuestros actos. Si todo había sido una pérdida de control, la única solución que me queda es no volver a perderlo. Me afanaré en hacer meditación, en utilizar técnicas de regulación, incluso aprenderé a hacer el «Om» completo con sus tres fases, pero nada de eso será suficiente. Porque, tarde o temprano, volveremos a discutir y volveremos a desregularnos. Pero, si empezamos a aceptar que eso que llamamos pérdida de control es realmente una toma de control de otro estado emocional mío, de otra parte de mí que no me gusta y que no reconozco como propia, podremos empezar a cambiar algo. Si recordáis, en el capítulo pasado vimos que la aceptación es el primer paso hacia el cambio. Tenemos que asumir la responsabilidad de lo que hacemos, aunque sea bajo un modo reactivo. Ese estado reactivo *también* somos nosotros. Qué es lícito hacer en esos estados es algo aprendido. Y ya sabemos que cuando hemos aprendido algo de una manera, podemos aprender a responder de otra forma distinta. Para ello, lo primero es que aceptemos esa parte «no yo» que rechazamos.

La desescalada

Si en la escalada tóxica nos fijamos en lo peor que la otra persona ha dicho y le damos la más negativa de las interpretaciones, en la desescalada debemos hacer lo contrario: fijarnos en lo mejor que la otra persona dice y darle la mejor interpretación y responder a ella. Cuando esto se hace intencionadamente, se la llama la «estrategia Trollope», por el escritor Anthony Trollope, que la utilizó en una novela. Para ejemplificar esta estrategia se suele utilizar una anécdota histórica. Estamos en el año 1962, durante la famosa crisis de los misiles de Cuba. El mundo está al borde de una guerra nuclear entre Estados Unidos y la Unión Soviética. El tono de las conversaciones entre John F. Kennedy y Nikita Kruschev, los más altos mandatarios de cada país, se va volviendo cada vez más agresivo y bélico. La guerra parece casi inevitable cuando Estados Unidos recibe un mensaje conciliador de Moscú. Pero, con pocas horas de diferencia, se recibe otro mensaje, otra vez retomando el tono bélico y en escalada de los mensajes anteriores. Si Kennedy hubiese respondido a este segundo mensaje, seguramente hubiese llevado a un paso más en la escalada y, quizá, a la Tercera Guerra Mundial. Pero, en lugar de eso, y siguiendo la sugerencia de su asesor McGeorge Bundy y de su hermano Robert Kennedy, el presidente estadounidense respondió públicamente aceptando la primera oferta, conciliadora, sin prácticamente hacer referencia a la segunda. Es un maravilloso ejemplo de desescalada: dentro de las reacciones de su contraparte rusa, se quedó con la mejor, con la que le permitía dar una respuesta positiva e ignoró la peor. Viéndolo en retrospectiva, dentro del bando ruso, al igual que en el estadounidense, había una serie de «halcones» partidarios de una respuesta dura; mientras que otro bloque era partidario de una respuesta más conciliadora. Kennedy eligió responder a los conciliadores e ignorar a los halcones. Si hubiese hecho lo que la mayoría de las personas hacemos en una discusión, posiblemente se habría desencadenado una guerra nuclear y vosotros no estaríais leyendo estas líneas, que, además, no se hubiesen escrito.

Esta misma técnica la podemos utilizar para desescalar los conflictos más cercanos. Contestad a la parte conciliadora de vuestro adversario, no a la bélica. Ayudadlo a que su lobo bueno gane. En las discusiones, habitualmente hacemos justo lo contrario: fijarnos en lo peor de todo lo que la otra persona ha dicho: «¡Estás diciendo que soy un egoísta! Pues anda que tú»; qué os voy a contar que no sepáis. Este tipo de reacción sube un peldaño más en la escalada tóxica. En su lugar, si intento buscar en qué podemos estar de acuerdo, en qué puedo reconocer que lleva razón, qué puedo validar, seguramente irá mejor. En primer lugar, me estoy esforzando en fijarme en lo bueno de la otra parte, eso que tanto nos cuesta. En segundo lugar, un comportamiento competitivo o coercitivo mío generará, con casi toda probabilidad, una respuesta idéntica, mientras que un comportamiento conciliador hará lo propio. Esto funcionará en la mayoría de los casos, salvo cuando, como vimos, la otra persona no tenga ningún interés por llegar a una solución conciliadora. Siguiendo con los ejemplos políticos, sería como cuando Neville Chamberlain, primer ministro británico, se mostró conciliador con Adolf Hitler. De hecho, alguien con rasgos muy dominantes, o alguno de los que hemos descrito en la tríada oscura, no bajará la intensidad cuando nosotros la bajemos. Incluso es posible que la aumente o crezcan sus exigencias por vernos como alguien débil. Y esto mismo, si nosotros hemos hecho las cosas más o menos bien, puede llevarnos a distinguir si la relación con esa persona merece la pena. En este sentido, me gustaría recordar que, aunque tengamos una tendencia innata a cooperar cuando la otra persona coopera, esto no va a funcionar con determinadas personas, como aquellas muy dañadas emocionalmente, tanto que a pesar de una dinámica positiva actual siguen reaccionando desde su parte defensiva. Estos individuos necesitan ayuda profesional especializada para mejorar; y algunas veces ni siquiera eso será suficiente. Tampoco funcionará con personas que formen parte de grupos con dinámicas muy beligerantes de nosotros-ellos, ni, por último, en sujetos que tienen rasgos marcados de la tríada oscura, que ya hemos visto. Cualquiera de estas personas intentará generar o mantener un conflicto. Porque, además, como ya hemos visto, una vez que se ha establecido la escalada tóxica es muy difícil saber quién empezó. Y este tipo de personas nos las podemos encontrar en los diferentes niveles de grupos que hemos descrito: íntimas, cercanas, habituales y sociales.

Aunque ya lo he dicho varias veces, esto me parece tan importante que lo vuelvo a repetir. Cuando haya diferencias de poder, cuando alguna parte esté en riesgo, bajo ningún concepto se debe intentar enfocar las cosas desde esta perspectiva en la que «ambos contribuimos al problema». Estaríamos enfocando las cosas desde una equidistancia que no es real. En estos casos no es ético distribuir la responsabilidad y, además, las posturas conciliadoras no suelen ayudar, simplemente mantienen o incluso empeoran la diferencia de poder. Lo digo por los terapeutas y también, quizá, por las personas que puedan tener alrededor a alguien en esta situación. Hay que recordar que la mayor parte de los agresores físicos o emocionales se escudan en comportamientos de la otra persona para excusar su propio comportamiento. En esos casos, el foco debe ponerse en la conducta agresiva y en todas las medidas que sean necesarias para impedirla y frenarla, haciendo ver que, al margen de los posibles problemas de fondo, que seguro que existen, se ha instalado una dinámica en la que hay un agresor y un agredido. Recuerdo a una paciente mayor que durante años había sido agredida por su marido, ahora fallecido. En un momento buscó ayuda con un ministro de su confesión religiosa. Él le dijo que siguiese aguantando la situación por ella y los niños, y que intentase, con su amor, sanarlo a él. Le preguntó qué podía hacer ella para que él estuviese más tranquilo. Este tipo de intervenciones, aunque bienintencionadas, son las que quiero dejar claro que se deben evitar. Creo que esta situación extrema ejemplifica bien lo que quiero decir. En todo caso, aunque no haya situaciones de riesgo para la persona, esta clase de análisis e intervenciones conciliadoras no se deben utilizar para seguir aguantando escenarios de desequilibrio de poder en los que, además, la persona agredida suele culparse de antemano. Sin embargo, en las situaciones en las que no hay ese desequilibrio de poder, es fundamental que cada uno asuma su parte de responsabilidad en la discusión. Ya vimos que las partes «no yo» salen en la interacción/conflicto con los demás.

Visto así, todo junto, seguramente parece algo imposible de hacer. Pero, no os desaniméis; Roma no se construyó en un día. Además, no se trata de alcanzar la imperturbabilidad. Eso para los rapados que viven en el Tíbet. Pero nosotros sí que podemos utilizar estas características como utopía, e ir intentando incorporarlas poco a poco a nuestra forma de hablar y de discutir. Tenemos que recordar además que no es algo que, una vez alcanzado ya, se quede así para siempre. Ojalá. Pero nada funciona así. Que yo fuese un verano entero al gimnasio y mejorase mi estado físico no quiere decir que ya me pueda relajar y no volver a hacer deporte nunca más. Hay que ir incorporando las habilidades, hacerlas parte de nuestro repertorio conductual. Poco a poco, con calma.

Instaurar y reforzar los aspectos positivos de la relación

Cuando una relación se deteriora, se dan dos procesos de forma paralela: aumenta su número de interacciones negativas, de conflictos que no se resuelven; y disminuyen sus interacciones positivas. En algunos casos, esta ausencia de intercambios positivos puede ser el mayor problema. Por ejemplo, en las dinámicas de piloto automático, los conflictos no se dan de forma abierta y explosiva, pero ha desaparecido casi todo el funcionamiento íntimo. Por tanto, el camino hacia una mejoría debe contemplar no solo reducir los aspectos negativos, sino aumentar las interacciones positivas, que sirven para acercar a las personas, reducir las tensiones y son un gran amortiguador de los conflictos.

Tolerancia al afecto positivo

Cuando empecé a trabajar en terapia de parejas y resolución de conflictos, hace unos cuantos años, utilizábamos una técnica en la que las personas tenían que decirse cosas positivas unas a otras. Esto funcionaba en muchas parejas, pero en otras, sorprendentemente para mí, provocaba el efecto contrario: el que empezasen a decirse cosas buenas el uno al otro derivaba en peleas y discusiones, haciendo en algunos casos que se alejasen aún más. Yo no entendía lo que estaba pasando. Afortunadamente, gracias a Andrew Leeds, psicólogo del que tengo la suerte de haber aprendido mucho, entendí por qué. Se llama «intolerancia al afecto positivo».

Como nos dice Leeds, hay personas que, debido a su historia pasada, no toleran que otras personas les den afecto positivo. Esta intolerancia puede deberse a diferentes causas. Entre ellas están no haber recibido afecto positivo en la infancia y, por eso, el recibirlo ahora les conecta con el dolor de no haberlo recibido, como un auténtico flashback emocional. Como sabemos que las relaciones de la infancia determinan en gran medida nuestra valía, el afecto positivo también los puede conectar con la sensación de no merecerlo. También en algunas personas, esta sensación de no merecer que los traten bien les puede disparar una gran autocrítica cuando reciben un elogio. Por otro lado, en personas con niveles altos de desconfianza, puede conectar con miedo a ser ridiculizada o dañada o con flashbacks de esas sensaciones del pasado. Por último, quienes hayan sufrido mucho daño emocional pueden temer que las cosas vayan bien porque les da esperanza. La esperanza en estos casos puede generar miedo, porque me hace abrirme y, cuando en el pasado me he abierto, he sufrido. Afortunadamente, Andrew Leeds, además de describir la intolerancia al afecto positivo, nos ha proporcionado un protocolo para trabajar con él a nivel emocional. Así que personas que hayan sufrido mucho daño de este tipo, con fuertes reacciones emocionales ante el afecto positivo de los demás, harían bien en buscar terapia.

Como suele ocurrir cuando describimos esta clase de situaciones, sobre todo en las versiones más graves, es frecuente que pensemos que esto de la intolerancia al afecto positivo no tiene nada que ver con nosotros. Pero este tipo de dificultad para las emociones positivas está más extendido de lo que creemos. Un caso típico es cuando alguien nos hace un cumplido y, en lugar de agradecerlo, sentimos vergüenza y decimos algo así como «Sí, estoy guapísimo, vaya». Esto es intolerancia al afecto positivo. El cumplido puede que nos guste, pero también está evocando alguna otra emoción, como vergüenza o sensación de que uno no lo merece, lo que nos hace rechazarlo. En lugar de rechazar el cumplido, tenemos que dejar que nos llegue, y luego agradecerlo. Practicad esto siempre que podáis: cuando alguien os haga un cumplido, en lugar de fruncir el ceño o minimizar vuestro mérito, simplemente dad las gracias. Otro fenómeno que vemos, que se debe a la intolerancia al afecto positivo, es que las personas no recuerdan las cosas positivas que les han dicho y sí recuerdan cada cosa negativa que oyeron. Esto les hace tener la sensación de que reciben mucho más negativo que positivo, y condiciona su visión de sí mismas. El obligarse a fijarse en los elogios que reciben puede ayudar a contrarrestar esto.

Destacar lo positivo: la técnica del boli verde

Una vez que somos capaces de recibir afecto positivo, empieza la segunda parte: ser capaces de darlo. Esto también nos cuesta mucho. Venimos de una cultura en la que lo bueno, con nuestros hijos, por ejemplo, se dice de ellos a su espalda. La idea es aquello de «la crítica te hará más fuerte». Bueno, la crítica nos hará realmente sentinos criticados y, por tanto, disminuirá nuestra sensación de valía. Además, las críticas, sobre todo las repetidas, se interiorizan y se convierten en autocríticas.

Los psicólogos Julie y John Gottman llevan años investigando parejas en su Love Lab en Seattle. El equipo de Peter T. Coleman lleva también mucho tiempo investigando los conflictos destructivos en su «laboratorio de conversaciones difíciles», en este caso conflictos que no guardan relación con la pareja, sino con situaciones sociales y políticas. Ambos equipos han llegado a la misma conclusión: las parejas y personas que resuelven de manera constructiva sus diferencias destacan más cosas positivas de la persona que tienen enfrente que negativas. En el caso de los Gottman incluso nos dan la ratio: cinco a uno. Las parejas que funcionan bien tienen, al menos, cinco verbalizaciones positivas hacia el otro por cada verbalización negativa. Él lo llama la «ratio mágica». ¿La cumplís en vuestras relaciones de intimidad? Si la respuesta es no, buen momento para empezar. Y, ya puestos, ¿la cumplís con vosotros mismos?

Es importante que estas verbalizaciones positivas sean realistas. Los seres humanos somos muy buenos detectando la insinceridad, y nos sienta muy mal. Por eso es importante que, antes de decirle cosas positivas a la otra persona, aprendamos a verlas. Ya sabemos que nuestro cerebro es mucho mejor detectando lo negativo que lo positivo, por lo que no es inusual que nos cueste ver cosas positivas en los demás. Muchas veces, cuando en consulta pregunto sobre cosas positivas de las parejas, me dicen: «Pero si tiene muchas»; sin embargo, les cuesta mucho nombrar una. Por esto, pedimos a nuestros pacientes que cada día se esfuercen en pensar qué cosas positivas ven de su pareja y que las vayan anotando. Esto les permite empezar a fijarse en lo positivo, y es lo que utilizarán después en sus verbalizaciones.

Por cierto, la técnica de decir cosas positivas funciona incluso para hacer críticas. Es lo que en el ámbito educativo se conoce como la «técnica del boli verde» (o lápiz verde). Imaginaos que tenéis que corregir a un niño de primaria cómo escribe las aes. Un profesor (imaginario) rodea en rojo todas las aes que el niño ha escrito mal y pone: «Estas están mal, tienes que mejorarlas». Otra profesora (también imaginaria) hace justo lo contrario: rodea con un boli verde todas las aes que el niño ha escrito bien y le escribe: «Muy bien estas, así tienes que hacerlas». ¿Cuál creéis que ayudará más al niño? Pues ya sabéis, destacad lo que la otra persona hace bien o lo que os gusta, no lo que hace mal u os disgusta. Creo que ya comenté el caso de la madre que me dijo: «Mi hija es un completo desastre», cuando la hija había bajado las notas (que no suspendido) en algunas asignaturas. Por lo demás, la hija no le faltaba al respeto, no consumía drogas ni tenía ningún otro problema especial, a pesar de lo cual la madre soltó esa frase. Este tipo de afirmaciones deriva en varios problemas. En primer lugar, es una frase eslogan y, como tal, no se ajusta a la realidad. Pero la propia madre se la cree y deja de valorar los aspectos positivos de su hija. En segundo lugar, no ayuda a la hija en nada, le hace sentir un «completo desastre». Sería un buen ejemplo de lo que antes llamé hablar en general, en negativo y en pasado. En su lugar, la madre podría haber usado un lenguaje concreto: has bajado las notas de sobresaliente a aprobado en Matemáticas y Física, ¿qué está pasando? Podría incluso haber utilizado la técnica del boli verde con una frase del tipo: «Oye, en la primaria e incluso durante los dos primeros cursos de secundaria, has sacado muy buenas notas en Matemáticas y Física. ¿Qué hiciste entonces para lograrlo?».

Esta técnica de destacar aspectos positivos en lugar de los negativos tiene otra virtud poco esperada: las expectativas que los demás tienen acerca de nosotros condicionan realmente cómo nos comportamos. Para explicaros esto bien, os cuento el trabajo de una psicóloga social, lamentablemente fallecida de manera prematura, Naliny Ambady, y de su equipo. Existe un estereotipo según el cual las mujeres puntúan peor en pruebas de matemáticas que los hombres. Por otro lado, sobre todo en Estados Unidos, hay otro según el cual las personas de ascendencia asiática son mejores en este tipo de tareas. Lo que Ambady se planteó fue cómo influirían estos dos estereotipos en una persona que estuviese incluida en ambos grupos, o sea, una chica con ascendencia asiática. El experimento que diseñaron era sencillo y lo llevaron a cabo con niñas de origen asiático de diez años en adelante. A todas las niñas se les pasaba una prueba de matemáticas. Pero las niñas estaban divididas en tres grupos. Al primero de ellos se les «recordaba» (técnicamente llamamos a esto «primaba») que eran asiáticas. A un segundo grupo se les «recordaba» que eran mujeres. A un tercer grupo no se les hacía ninguna intervención en este sentido. Lo que su investigación arrojó es que cuando a las niñas se les primaba que eran de origen asiático, puntuaban mejor en las pruebas de matemáticas y que, cuando se les primaba su identidad femenina, puntuaban peor, de forma significativa en ambos casos. Esta investigación es fascinante porque nos da una prueba de que las expectativas que los demás tienen sobre nosotros se convierten en nuestras propias expectativas y condicionan nuestro rendimiento, en una prueba en principio tan cognitiva como una de matemáticas. Además, ocurría a una edad tan temprana como diez años, edad a la que las niñas ya habían interiorizado claramente los estereotipos de la sociedad en la que vivían. Esta no es la única investigación de este tipo. Sabemos, por ejemplo, por el trabajo anterior de Claude Steele, que solo tener que señalar nuestro grupo étnico en una prueba de inteligencia, si uno es afroamericano, hace que este puntúe peor que si no lo tienes que marcar. La explicación que da el psicólogo John Bargh de este fenómeno es que, cuando creemos que vamos a hacer una tarea bien, nos esforzamos más, mientras que cuando los demás, y nosotros mismos, esperamos lo contrario, nos esforzamos inconscientemente menos. Todo ello nos alerta del tremendo poder que tienen los estereotipos, tanto negativos como positivos. ¿Qué nos dice esto que podamos aplicar a nuestra vida diaria? Que destacar constantemente los aspectos negativos a los demás va a hacer más probable que su respuesta se ajuste a ese estereotipo negativo y que rindan peor. Por otro lado, recordarles lo que hacen bien hace que sea más probable que lo hagan bien. Si vais a tener estereotipos, tenedlos positivos, no negativos. No sé si he logrado transmitir en estas pocas líneas la importancia de la investigación de Ambady y, sobre todo, la importancia de recordarles a los demás lo que hacen bien, no lo que hacen mal. Espero que sí.

«Intentos de interacción» y «rituales de conexión»

Con respecto a la comunicación, es muy interesante también la idea de Denver y Gottman de los «intentos de interacción». Llaman así a las situaciones en las que una de las partes da una muestra de querer tener algún tipo de interacción con la otra para recibir atención o afecto. Lo que Denver y Gottman encontraron es que, nuevamente, las parejas con dinámicas constructivas respondían espontáneamente a este tipo de interacciones casi un 80 por ciento de las veces, mientras que las parejas con dinámicas conflictivas solían hacerlo en torno al 33 por ciento. Que no se responda a los intentos de interacción genera mucho malestar. Por eso, cuando estos intentos de interacción positiva no funcionan, las personas hacen más intentos de interacción negativa o bien enfadándose, o bien distanciándose. Aprender a ver y responder a los intentos de interacción positiva de nuestra pareja puede ser importante. Veo en muchas personas que el nivel de estrés y de prisa en el que nos movemos hace que perdamos la capacidad de detectar este tipo de situaciones. Como dije, el estrés y la prisa nos hacen estar ajenos a nuestra propia vida. Para contrarrestar esto, se pueden buscar momentos específicos para que tengan lugar estas interacciones positivas. Es lo que llamamos «rituales de conexión», y están basados en el trabajo del psicólogo William Doherty. Estos rituales se observan en todas las especies sociales, pero, sorprendentemente, los humanos muchas veces los hemos perdido. Un ejemplo sería el caso de la azada que conté en el capítulo 7. Esas dos personas tenían un ritual de conexión elaborado y que ambos conocían. Uno no llama a la puerta de un vecino y le pide algo sin más, sin conectar antes con él. Pero también observamos que estos rituales de conexión son frecuentes al principio de las relaciones, pero se van perdiendo con el tiempo. Cuando entraba a mi casa hace años y mis niñas eran pequeñas, estas venían corriendo a darme un abrazo y a contarme todo lo que les había pasado en el cole o con sus amigos. Esto era un ritual de conexión. Cuando entro ahora en mi casa, la única de mis hijas que viene a recibirme y está detrás de mí hasta que le presto atención es mi perra Lana. Esto es un ritual de conexión. Aunque es un ejemplo tramposo, porque el cambio en mis niñas se debe a que son adolescentes y tienden a estar refugiadas en su guarida, o sea, sus respectivos cuartos. Pero yo también podría caer en esto en lugar de ir a sus habitaciones, llamar a la puerta y preguntarles qué tal (muy brevemente, por favor, los rituales de conexión, sobre todo con los adolescentes, deben ser muy breves).

Como decía, los humanos sorprendentemente perdemos muchos de estos rituales con el tiempo. Y son muy importantes. Uno puede buscarlos conscientemente, como prestar atención y preguntar a todo el mundo en casa, o en el trabajo, cómo están y cómo les ha ido. Antes de entrar en cualquier sitio en el que os vayáis a encontrar con gente conocida, haced la técnica de las tres respiraciones que vimos hace unos capítulos y entrad preparados para dedicar tiempo y atención a las personas que vais a ver. O acostumbrarnos a despedirnos y darnos un beso antes de irnos. Es importante recuperar estos rituales de conexión. Por supuesto, también se pueden hacer más elaborados, como salir y realizar alguna actividad conjunta, ver una película, etc.

Hay en las últimas décadas una evolución hacia un mayor distanciamiento social y estos rituales se están debilitando. Ya de entrada, se dan menos en sociedades individualistas que colectivistas. Tradicionalmente se considera que las culturas orientales son más colectivistas, y las occidentales, más individualistas. También sabemos que tiene que ver con el estatus socioeconómico: mientras más alto, en general, menor orientación hacia los demás y menor conexión con ellos. Además, las relaciones virtuales imponen un distanciamiento, una inmediatez y una velocidad que han llevado a que se pierdan aún más los rituales de conexión. Todo esto es para convenceros de que tenemos que cuidar especialmente estos rituales, adaptándolos a nuestro tiempo, pero no perdiéndolos. Si es más difícil en los espacios sociales, al menos deberíamos esforzarnos por conservarlos en los espacios de intimidad.

Buscar espacios de intimidad

La intimidad, según el sociólogo Lynn Jamieson, es la cualidad de tener una conexión profunda con otra persona y también el proceso mediante el cual esa relación se construye. Esa intimidad puede ser emocional y/o cognitiva, y suele conllevar la sensación de ser especial de algún modo para el otro.

Sabemos que la necesidad de mantener relaciones de intimidad es tan fuerte y poco controlable que se da incluso en escenarios en los que inicialmente no se eligió a la persona con la que se desarrolla. Así, puede surgir una auténtica intimidad entre personas que tienen que trabajar juntas o incluso presos que se ven obligados a compartir una celda. Esto nos dice que para que se den relaciones de intimidad deben darse prácticas de intimidad, que generan y mantienen esa sensación de cercanía y relación especial. Muchas parejas no han sabido construir esa intimidad. Otras tuvieron intimidad, pero con el paso de los años la han ido perdiendo, funcionando, como vimos, en un modo de piloto automático. Mantener la intimidad, en parejas de larga duración, puede ser un reto. Hay una serie de prácticas que pueden ayudarnos en ello.

Actividades conjuntas

Como sabemos, nuestro cerebro tiene la capacidad de sincronizarse. Realizar actividades conjuntas favorece este proceso que genera esa sensación de cercanía e intimidad. Pasear, hacer algún deporte, bailar, ir juntos a algún evento cultural, planear un viaje y hacerlo, todo esto son actividades conjuntas. En consulta, tenemos una lista de actividades que damos a las parejas y les pedimos que realicen una actividad de este tipo al menos una vez a la semana.

Además de mediante las actividades, la intimidad se profundiza con la conversación y con el revelado de aspectos íntimos de cada uno. Nuevamente, esto es algo que puede costar a muchas personas o puede ocurrir que hayan dejado de hacerlo. Incluso tenemos parejas que solo hablan entre ellas cuando surge un problema, pero no se comunican experiencias positivas. Otras, debido al alto nivel de conflictos, se han ido cerrando y no comparten apenas nada de su mundo interno. Estas parejas pueden llegar a sentir que ya no conocen a su pareja o que su pareja no sabe nada de ellos. Para contrarrestar todo esto, pedimos a las parejas que compartan aspectos personales, que mantengan conversaciones sobre algún tema de actualidad, alguien a quien admiran, una canción nueva que acaban de escuchar, etc. Todo esto ayuda a volver a conocer, a intimar de nuevo con nuestra pareja. Si no lo hacéis habitualmente, reservad un tiempo cada semana para comentar aspectos personales juntos. La mayoría de las parejas consideran que saben todo, lo que tienen que saber del otro. Este tipo de conversaciones ayudan a volver a sentir curiosidad por la persona que uno tiene al lado y saber qué siente o qué opina sobre distintos temas. Como sois gente despierta, habréis observado sin duda que yo mismo he utilizado este recurso, lamentablemente de forma unilateral, y os he hablado en diversos momentos de personas, libros, películas o temas musicales que me gustan. Todo ello, para ir creando un pequeño espacio de intimidad entre nosotros. Venga, ahí va otra: mientras seguís leyendo, escuchad *On the Nature of Daylight*, de Max Richter.

La creación de estos espacios de intimidad no es útil si estas actividades no se hacen de una forma en la que uno está plenamente presente. En el capítulo pasado hemos hablado mucho de esto, de nuestra dificultad de estar presentes. Esto es especialmente importante de cara al punto del que estamos hablando porque, si uno hace actividades con los demás, pero no está presente, se siente incluso más aislado. Como reza el dicho, uno se puede sentir muy solo rodeado de gente. Así que, a la hora de realizar cualquiera de estas actividades o mantener estas conversaciones, es fundamental que nos esforcemos en estar presentes, en escuchar, en mantener contacto ocular. Hay un ejercicio que utilizamos que se llama «Conozca a su pareja de nuevo», en el que ayudamos a las personas a que presten atención a su pareja mientras hace diversas actividades.

Por último, como pasa con casi todos los aspectos emocionales, no hemos recibido por lo general una buena educación que nos ayude a compartir nuestra intimidad con otros. Como vimos en el capítulo 6 cuando hablamos de la alexitimia normativa masculina, estas dificultades parecen ser mayores para los hombres. Estas diferencias de género también tienen una gran relevancia para un tipo especial de intimidad, que vamos a ver a continuación.

La intimidad sexual

Uno de los aspectos que distingue las relaciones de pareja de las relaciones de amistad es que, en las de pareja, además de una intimidad emocional, debe haber una intimidad sexual. Sin relaciones sexuales, la pareja se acaba transformando en un par de amigos o en una unidad funcional, como vimos. Este tipo de deriva, nada infrecuente, suele resultar insatisfactoria. Además, la intimidad sexual cumple funciones afectivas. Para la pareja, el bienestar emocional incluye no solo una vida afectiva satisfactoria, sino también una vida sexual plena.

Cuando las relaciones sexuales van bien, estamos conectados con nuestras experiencias emocionales y sensitivas, y también abiertos a las de la otra persona. Esto representa un nivel muy alto de intimidad, que, además, se da a dos niveles: física y emocional. Si hemos visto que la intimidad emocional resulta difícil, no es extraño que con la intimidad sexual pase algo parecido. Las personas que tienen estas dificultades desplegarán toda una serie de estrategias para afrontarlas, estrategias que, como veréis, no resultan nuevas, puesto que tienen que ver con muchas de las que ya hemos visto.

Algunas personas se muestran ansiosas en las relaciones sexuales. Son personas que se hiperactivan y suelen estar muy focalizadas en el otro y su placer. En hombres, es posible (esto es un dato clínico, a partir de muy pocos casos, no un dato científico) que se dé junto a la eyaculación precoz. Otras personas, ante estas dificultades, despliegan estrategias evitativas, en las que las relaciones sexuales se evitan y ocurren una vez cada semestre. Esto nos indica claramente que las relaciones íntimas no están siendo gratificantes para esta pareja. También hay que recordar que los hijos son muchas veces una barrera para las prácticas sexuales. Puede ocurrir que parejas que tuvieron una buena sexualidad dejen de tenerla a raíz de criar niños. Estas parejas tendrán que buscar formas de revitalizar su vida sexual si no quieren que su pareja quede absorbida por su familia.

Pero la evitación de la intimidad sexual puede darse también de formas más sutiles, como relacionarnos desde el rol. Así, vemos que hay personas o parejas que tienen lo que llamamos una «interacción estereotipada», dando siempre los mismos pasos en las relaciones. Esta interacción estereotipada no siempre es mala, a veces surge porque la pareja se conoce muy bien y disfruta con lo previsible. Así que, si siempre hacéis lo mismo, pero disfrutáis, no hace falta que cambiéis. Pero si, por el contrario, los encuentros sexuales os parecen monótonos, quizá podríais intentar saliros de esa interacción estereotipada.

Además, igual que ocurría a otros niveles, hay individuos que se enfocan en la técnica, en la maestría. Este enfoque en la técnica puede llevar a una reducción de la conexión con la otra persona. De alguna manera, la técnica es la misma, independientemente de con quién estoy. Esto lleva a que el otro sea un poco irrelevante: podría ser este o cualquier otro, lo importante es la técnica. Recuerdo a una paciente que me decía de una pareja sexual con la que estuvo: «Bueno, es el típico posturitas, muy guapo, pero es como estar con un robot». Esto, como hemos visto, convierte a la otra persona un poco en objeto. De hecho, las relaciones sexuales son un ámbito en el que se da este equilibrio entre el sujeto y el objeto. La otra persona es un sujeto, pero también un objeto de mi deseo. Si recordáis, en el capítulo 5 comenté que había dos vías neurales que se podían distinguir en función de si lo que veíamos era un sujeto o un objeto. Varios estudios realizados con hombres, citados en un trabajo por el psicólogo Piercarlo Valdesolo, parecen confirmar que, cuando los hombres ven fotos de mujeres con un alto contenido erótico, activan menos las áreas que se relacionan con la atribución de mente. O sea, las ven más como objetos que como sujetos. Esta misma diferencia se ha encontrado cuando se muestran cuerpos enteros en lugar de únicamente rostros. Este equilibrio entre el objeto de deseo y el sujeto es crucial para que las relaciones sexuales sean sanas.

Ya que hablamos de objetos de deseo, no me resisto a recomendaros la película, del gran Luis Buñuel, *Ese oscuro objeto del deseo*, aunque de él podéis ver casi cualquier otra. Mi preferida creo que sigue siendo *Viridiana*. Volviendo al sexo, poder mantener un equilibrio entre los aspectos de sujeto y objeto es importante para que las relaciones sexuales sean satisfactorias. Las personas con dificultades para la intimidad tenderán a irse hacia la relación «objetal», y quizá sean buenas técnicamente, pero se pierdan los aspectos de conexión con un sujeto. Como vimos, irnos hacia relaciones de sujeto-objeto no solo resulta insatisfactorio; en algunos casos estas pueden acabar resultando dañinas para las personas. Las implicaciones para las agresiones sexuales son claras, pero esto requiere ser tratado extensamente en otro espacio.

Y aquí no podemos olvidar un fenómeno que ha crecido de forma exponencial desde que tenemos internet: la pornografía. El nivel de exposición al porno es muy alto en comparación con tiempos previos. Esto es un problema enorme para nuestros hijos e hijas, que ven porno por primera vez a una edad media de doce años. Y el problema es que la mayor parte del porno que se consume es de tipo «objetal», además de muy poco real. Esto es un problema grave, porque intentar entender cómo son las relaciones sexuales viendo porno es como querer entender qué es una guerra viendo una película de Rambo. Cualquier parecido con la realidad es puramente accidental. Y aunque el asunto es especialmente grave con nuestros hijos e hijas, esta enorme exposición a la pornografía es un problema para todos.

Si venimos de épocas en las que ha habido una represión de lo sexual, ahora estamos en una época en la que hay una presión hacia lo sexual, pero hacia un único tipo de relaciones poco reales y que tienen muy poco que ver con la intimidad. Hemos pasado de la represión del sexo a la presión por el sexo; el encuentro sexual como un área más en la que hay que rendir y producir resultados. Haciendo una frase fácil, hemos pasado del sexo reproductivo al sexo productivo, con una alta estandarización de cómo han de ser las relaciones sexuales. No solo en el porno, incluso en el cine convencional la inmensa mayoría de las relaciones sexuales que se ven son arrebatadas y altamente pasionales. Las relaciones más lúdicas, de exploración mutua, de jugar en lugar de rendir, casi no se ven en la pantalla. Se acaba así con la fluidez que deberían tener las relaciones sexuales. Se impone un molde: alta pasión y arrebato sexual. Esto genera lo que llamamos «dinámicas de rendimiento sexual».

En estas dinámicas, los hombres quieren tener una erección sólida, mantenerla y proporcionar un gran placer a la pareja gracias a su maestría sexual. El objetivo es el rendimiento: la capacidad mecánica de producir un gran proceso con un espectacular resultado. Las mujeres, por otro lado, desde este modelo pornográfico, tienen que ser muy jadeantes, ruidosas y tener orgasmos intensos. Además, se les tiene que activar el deseo simplemente con la contemplación del miembro viril (me encanta este eufemismo) en su estado de «máximo llenado». Son como un objeto que hay que activar, encender. Es decir, se trata de la relación entre un sujeto y un objeto. Fantástico comienzo.

Para un hombre, el fracaso puede ser de dos tipos: no «rendir» a un nivel óptimo o no lograr activar el deseo de la mujer. No poder tener una sexualidad de, perdonadme el palabro, empotrador, que hace que la mujer arda en deseo se convierte en un fracaso de la masculinidad. Pero, como en toda competición, un éxito puede ser siempre el último. Por tanto, se mantiene la angustia por el propio rendimiento. Como dijo hace ya décadas la investigadora Evelyn P. Stevens, hay hombres que viven su sexualidad como un escritor entre dos libros o un actor entre dos obras: nunca están seguros de poder producir nuevamente un éxito. Además, ya que la sexualidad es una medida de la masculinidad, lo que se pone en juego no es el rendimiento sexual únicamente; lo que se pone en juego es la masculinidad, mi valía como hombre, como persona. Vista así, se puede entender que la ratio de «fracasos» (disfunciones sexuales masculinas) sea tan alta. Además, el hombre abandonará o directamente temerá explorar cualquier aspecto de la sexualidad en la que no esté seguro de triunfar desde este modelo máquina. El sexo se convierte en un trabajo, en un examen, más que en un juego, más que en diversión. Se cae bajo la tiranía de la estadística. El mero hecho de conceptualizar el sexo como un acto: con sus partes y un modo correcto de realizarlo, en lugar de como un proceso, de estar en intimidad física, y como un juego placentero.

Esto hace de la mujer un objeto, como he dicho, pero no solo: convierte también al propio hombre en un objeto, una máquina que tiene que rendir. La sexualidad, vista así, me distancia del otro, pero me distancia también de mí mismo: no es relevante cómo me siento; lo relevante es cómo funciono. Las máquinas pueden además ser comparadas. No es extraño que, cuando trabajo con chicos jóvenes, la mayoría se ha medido el pene para compararlo con las medias nacionales e internacionales. Estamos en los juegos olímpicos del sexo. Además, como cualquier máquina, cuando «no funciona» hay que repararla. La prueba de hasta qué punto hemos asumido esta visión está en el propio término que utilizamos los profesionales para referirnos a algunas dificultades: las «disfunciones sexuales». Esto tiene que ver sobre todo con el pene. Pero el pene es una parte del cuerpo; el cuerpo que refleja y reacciona a las emociones, que forma parte de una persona, de un sujeto, no de una máquina. Casi todas las mujeres con las que he hablado saben que su respuesta sexual depende del momento en el que estén y de cómo se sienten con respecto a su pareja, y que esto condiciona mucho la relación. Muchos de los hombres con los que he podido hablar no son muy conscientes de esto, no se dan este derecho a estar un día de una forma y otro de otra. Han olvidado que su cuerpo también refleja sus emociones.

Esta presión de los hombres, aunque es mayor en las relaciones heterosexuales, no se circunscribe solo a ellas: no son pocos los hombres que tienen similares problemas en las relaciones homosexuales.

Para las mujeres, se convierte en un problema si su deseo no se activa rápidamente con este tipo de encuentros. Además, en las mujeres se focaliza la mayor presión por el cuerpo. Su cuerpo debe elicitar el deseo de su pareja masculina. Según la conocida e intelectualmente provocativa frase de la socióloga Fátima Mernissi, «el harén (o el hiyab) de las mujeres de Occidente es la talla 38». La sexualidad tiene que ver con sentir deseo por el otro, así como sentir como se provoca deseo en el otro. Se han escrito ríos de tinta sobre cómo el deseo femenino está muy condicionado por la mirada del hombre. Está claro que esta presión sigue afectando más a mujeres en relaciones heterosexuales que a hombres, aunque la investigación nos dice que en los últimos años se ha empezado a reducir esta brecha para mal: en lugar de disminuir la presión hacia el cuerpo de las mujeres, ha aumentado la presión hacia el aspecto físico de los hombres. He tenido numerosas pacientes que han decidido no tener relaciones sexuales, o tenerlas a oscuras, por considerar que su cuerpo no corresponde a los cánones de belleza, incluso en el seno de parejas estables. La lógica del consumo se ha colado hasta nuestras alcobas. La afectación en el caso de los hombres homosexuales parece que también es muy alta, aunque han desarrollado toda una serie de estereotipos variados para que el modelo de imposición no sea único (osos, lobos, etc.). Por otro lado, basándome en mi experiencia clínica, diría que las menos afectadas por esto son mujeres que están en relaciones homosexuales. Incluso pacientes que han alternado entre relaciones homosexuales y heterosexuales me han confirmado que en las primeras se han sentido mucho más liberadas de su aspecto físico y las relaciones sexuales se han centrado mucho más en el placer y el juego que en el resultado.

Este modelo sexual dificulta la intimidad. Pero, además, es un modelo que parte ya de la dificultad en establecer una verdadera intimidad. Es un modelo que me aleja de mí. Con estas estrategias, convierto el acto en algo mecánico, con fases; y al otro, en un objeto de deseo. Se pierde con ello toda fluidez, toda capacidad de apertura al otro, con el otro, en un ámbito lúdico y placentero.

Otra estrategia de distanciamiento emocional puede ser, paradójicamente, el deseo. Vimos como los sistemas afectivos tienen la capacidad de anularse unos a otros. Esto se ve mucho en las primeras relaciones que tiene uno con una persona a la que no conoce demasiado. Una forma de superar la incomodidad de esa primera intimidad es convertir el encuentro en algo muy morboso, con mucho deseo, que de alguna manera supla las dificultades de la intimidad. Hay parejas que, a pesar de llevar mucho tiempo juntas, no saben relacionarse de otra forma. Y, ojo, no estoy diciendo que ese tipo de sexualidad arrebatada y altamente pasional sea negativa en sí misma. El problema es cuando se convierte en la única forma de relación. Además, es muy improbable que se dé en relaciones a largo plazo. Si estoy esperando que mi pareja, por el mero hecho de verme por los pasillos de casa sin la camiseta, arda en deseos de tener un encuentro altamente pasional allí mismo, bueno, mejor espero sentado. «No hay mayor enemigo del sexo en pareja que el mito del deseo espontáneo», nos dice la psicóloga Glenda Corvin. En las parejas de larga duración el sexo va a nacer la mayoría de las veces de una situación de intimidad relajada. Esta idea fue propuesta por la sexóloga canadiense Rosemary Basson en su teoría circular de la respuesta sexual, en la que nos decía que, en las relaciones a largo plazo, era esencial que hubiese un buen nivel de intimidad emocional y que se buscasen situaciones de intimidad física, para que las relaciones sexuales fuesen gratificantes.

Y aquí se ve la diferencia crucial entre las dinámicas de rendimiento y las dinámicas de conexión. Las de rendimiento nos devuelven a lo que en el capítulo 6 llamé «interacciones instrumentales». Estas relaciones no están tan enfocadas a que nos divirtamos juntos, disfrutemos, juguemos, nos conozcamos, aprendamos sobre nuestro cuerpo y el del otro. De lo que se trata es de sacarle el mayor partido instrumental a la relación. Pero este placer instrumental, lo vimos, es repetitivo, nos habituamos pronto a él, y genera hastío. La única manera de mantenerlo es cambiando de juguete. Quizá en ningún otro espacio quedan tan patentes nuestras dificultades para la intimidad y para abandonarnos al juego y al placer como en la sexualidad.

En estas circunstancias, no es de extrañar que el placer desaparezca, para el hombre y para su pareja. Aun si se responde, con la inestimable ayuda de las pastillitas azules, es muy fácil que el sexo sea algo mecánico y no un placer nacido de la conexión íntima. Quizá esta sea una de las funciones de esta sexualidad estandarizada: alejarnos del riesgo de la intimidad con la otra persona.

Aunque no me voy a detener en el efecto de este tipo de sexualidad en los adolescentes, sí que creo que hay algo que es importante destacar. Si la educación emocional ha brillado por su ausencia, la educación sexual ha sido aún más marginada. El precio que pagamos por esto lo vemos a diario en las noticias. El que sigamos sin asumir una educación sexual no solo enfocada en los métodos anticonceptivos y las infecciones de transmisión sexual, sino una en la que se hable del placer, de la conexión y del disfrute seguirá teniendo este precio tan alto en cuanto a sufrimiento humano. A ver si somos capaces de entender que la sexualidad es una necesidad y que, como todo lo humano, necesita ser educada. Tomando una frase prestada del periodista Manuel Jabois, que él dijo en otro contexto pero que uso porque me parece genial, en esta área los datos hacen innecesaria cualquier opinión. Espero que no te importe la apropiación, Manuel.

Por último, como veremos con algo más de detenimiento en el próximo capítulo, hay una cierta incompatibilidad entre la función sexual y la afectiva. Hay que aclarar que esto no siempre es así. Para algunas parejas (no muchas) la intimidad resulta ser un disparador del deseo. Sentirse seguros y aceptados les permite expresar y vivir su deseo sin miedo al rechazo o la comparación. Si tenéis una pareja de este tipo, no tendréis ningún problema en este aspecto al menos. Pero a algunas personas la seguridad y la familiaridad les generan precisamente el efecto contrario: las hace perder el deseo. Lo familiar deserotiza y desexualiza. Muchas parejas sacrifican su vida sexual a cambio de tener una vida familiar, pero el precio que pagar, en cuanto a placer, disfrute e intimidad es alto.

En estas últimas, precisamente, el reto consiste en reconciliar las necesidades de relaciones afectivas, seguras y predecibles, con mantener el deseo sexual, que se ve favorecido por la novedad, lo impredecible y lo misterioso. Algunas personas lo hacen, como vimos, recurriendo a modelos nuevos de pareja que no incluyen la monogamia sexual. Pero esto no es una opción válida para otras muchas. El riesgo que les supone tener este tipo de relaciones no les compensa la inseguridad, el miedo o los celos que les provocan. Su solución consiste en ser capaz de erotizar y sentir deseo por una pareja que les genera confianza y familiaridad.

La solución a ambos problemas, tanto la sexualidad centrada en el rendimiento como la disminución del deseo por la cercanía, consiste en lo mismo. Convertir el encuentro sexual en un juego, una situación relajada, placentera, de conexión con el otro. Para ello, como sabemos ya, hay que buscar un espacio para la intimidad, en este caso sexual. Recomiendo a las parejas que están en consulta que busquen un espacio y un tiempo para tener estos encuentros. Se trata de añadir el sexo a nuestra lista de actividades placenteras y buscarle un espacio. Igual que hemos visto para cualquier actividad placentera, no depende tanto de la actividad como de la actitud con la que la encaremos. Estar presentes, estar relajados, aprender a ir sin prisa, aprender a disfrutar sin obsesionarse con el orgasmo, conocer el cuerpo del otro y el propio cuerpo ayudan a que estos encuentros salgan de la esfera del rendimiento y caigan en la esfera del juego y la intimidad. Intentadlo, sin miedo, es solo un juego.

Para ello, cultivad el proceso más que el objetivo y el logro. El placer de estar juntos físicamente, sin tener necesariamente que llegar a una conclusión. De una manera no dirigida, sin un objetivo sexual específico, sin un estándar al que llegar.

Ver al otro como una persona con la que compartir, no un objeto para mis necesidades ni alguien a quien hay que complacer. Cultivar la capacidad de escucharse uno a sí mismo y responderse, en función de lo que le apetece, no en función de la compulsividad o el rendimiento. La sexualidad como un aspecto más de la intimidad con la pareja.

10
Amor y pareja

No hablamos de lo difícil que es y lo mucho que
cuesta unir dos vidas más allá del amor.

MICHELLE OBAMA

Serás amado el día en que puedas mostrar tu debilidad sin que el otro se sirva de esto para afirmar su
fuerza.

CESARE PAVESE

Soy psicólogo clínico. Es inevitable que, durante la mayor parte del
libro, haya enfatizado los aspectos individuales, psicológicos, que
condicionan las relaciones. Pero esos aspectos no se dan en el vacío.
Hay otros, que van más allá del individuo, y tienen que ver con nuestra historia evolutiva y el entorno sociocultural en el que nos hemos
desarrollado, que condicionan profundamente nuestras relaciones.
Como dice el sociólogo Hartmut Rosa, «nuestra manera de relacionarnos con el mundo no está simplemente definida por nuestra condición humana, sino que depende de las condiciones sociales y culturales en las que estamos socializados». Echemos un vistazo a algunas
de estas condiciones que nos han traído hasta donde estamos. Porque,
como dice el biólogo Paul Myers, «si quieres entender cómo funciona
algo, tienes primero que comprender cómo llegó a ser así».

La pareja

Cuando hablamos de pareja, la mayoría de las personas piensan en la pareja monógama. Este tipo de pareja, idealizada y denostada a partes iguales, no es un invento actual. Es difícil saber si ha sido la monogamia o la poligamia la opción más frecuente en la historia de la humanidad. En Europa, la India y algunas culturas clásicas, como la griega o la egipcia, la monogamia social fue frecuentemente la norma. De hecho, aunque han existido y existen distintas formas de unión, según la *Enciclopedia Británica*, la monogamia social ha sido históricamente «la forma más común de matrimonio». Es, además de la unidad económica más habitual a lo largo de nuestra historia, la base de la familia nuclear, la más frecuente en nuestro entorno, siempre según la *Enciclopedia Británica* (para los jóvenes: una enciclopedia prestigiosa en papel que consultábamos antes del advenimiento de la Wikipedia. Yo la sigo teniendo en casa y luce muy bien en la estantería).

Es posible que la pareja ofrezca algo único: un delicado equilibrio entre la cooperatividad y la competitividad, y que ahí resida su éxito. O es posible que ya no ofrezca ventaja alguna y su hegemonía como forma asociativa esté acabando. En todo caso, este éxito histórico no nos dice que sea la única forma de asociación posible, ni que sea la mejor. A lo largo de la historia han existido otros modelos de unión, igual que en el presente. Viendo que la contribución de la pareja a la felicidad humana ha sido, cuando menos, agridulce, cualquier investigación sobre alternativas es muy bienvenida. La pareja tradicional, hay que recordar, tiene más que ver con la seguridad, nuestra y de nuestra prole, que con la felicidad. Dicho esto, sigue siendo, a día de hoy, hegemónica en cuanto a la forma de relación entre adultos, aunque sea en el formato de parejas monógamas secuenciales. La pareja cumple tres funciones esenciales: las sexuales-reproductivas, las afectivas y las sociales o de recurso. Pero, siendo animales como somos, empecemos por el principio.

Parejas animales

Una característica esencial de los seres vivos es que nos reproducimos; y hay dos formas de hacerlo: la asexual y la sexual. En la asexual, básicamente, un organismo crea un clon de sí mismo. Pero nosotros somos animales de reproducción sexual. Por tanto, para reproducirnos tenemos que encontrar a alguien de la misma especie, de sexo opuesto y, a través de un acto llamado cópula, lograr la fecundación, donde se combinarán nuestras células sexuales para dar lugar a un nuevo individuo de la especie, que tendrá el 50 por ciento de la dotación genética de cada uno de sus progenitores. Para ello, tenemos que hacer un esfuerzo. Al esfuerzo que cada individuo tiene que hacer para «ligar» con alguien lo llamamos «inversión sexual». Al que hay que hacer para tener y criar a la descendencia lo llamamos «inversión parental». Ambas juntas forman la «inversión reproductiva». Cualquier persona perspicaz habrá observado que, aunque la cría tiene el 50 por ciento de su carga genética procedente de cada uno de sus progenitores, con frecuencia la inversión parental que ambos hacen no es la misma. O sea, la «inversión» es distinta, pero ambos «ganan» lo mismo: una cría que portará sus genes. De hecho, la misma existencia de dos sexos, en lugar de uno o varios, tiene que ver con esta asimetría de la inversión. Pero esto sería muy largo de explicar, en alguna conferencia futura lo cuento.

En general, en el reino animal, las hembras realizan una mayor inversión parental que los machos. Esta asimetría se ve aumentada aún más en los mamíferos por la gestación interna y la inmadurez de las crías. El esfuerzo reproductivo comienza con la producción de las células sexuales. En el caso de la especie humana, las de la mujer (los óvulos) son grandes y costosos de producir: madura uno al mes a partir de los ovocitos. Una mujer liberará a lo largo de su vida unos quinientos óvulos maduros. Si embargo, las células sexuales del hombre (los espermatozoides) son bastante más fáciles de producir: un varón fértil es capaz de emitir aproximadamente ciento cincuenta millones en cada eyaculación. Otro elemento de desequilibrio es la gestación interna, el embarazo, que, en nuestra especie, dura nueve meses y lo realiza siempre la hembra. Además, después de nacer la cría está totalmente indefensa y, como mamífero, necesita a la mamá para alimentarse. Una mujer puede dar a luz cada diez meses y, en entornos naturales, podría tener un hijo cada tres años, más o menos, mientras que un hombre es capaz, potencialmente, de tener numerosos hijos en ese tiempo. Desde un punto de vista estrictamente biológico, mientras uno invierte unos pocos minutos, la otra dedica mucho más tiempo y esfuerzo. A pesar de esa diferencia, el futuro bebé tendrá el 50 por ciento de los genes de cada uno. Si fuese un negocio, sería un chollo para una de las partes y ruinoso para la otra. De hecho, desde el punto de vista de la reproducción, casi se podría considerar que los machos son parásitos de la hembra, pues se benefician de su alta inversión biológica. Si sois mujeres heterosexual y alguna vez habéis sentido que vuestra pareja es un parásito, bueno, quizá tengáis razón.

Pero aquí es donde nos viene a salvar el genetista Angus John Bateman. Este planteó en 1948 que, en las especies en las que hay una gran diferencia de inversión parental, el sexo que más invierte será más selectivo a la hora de elegir pareja sexual. Porque, si la hembra invierte mucho tiempo y el macho poco, un solo macho podrá fecundar a más de una hembra. Eso prácticamente asegura que todas las hembras de un grupo serán fecundadas, mientras que no todos los machos se reproducirán. Es decir, las hembras eligen al macho mientras los machos compiten entre sí. Esto es lo que conocemos como selección por «torneo sexual». Esta competencia se suele organizar en torno a dos modelos que Robert Trivers distinguió en 1972 como estrategias sexuales a corto plazo y a largo plazo. Ambas tienen la finalidad de asegurar el máximo éxito reproductivo, aunque suponen apuestas distintas.

Las estrategias sexuales a corto y largo plazo

La asimetría en la inversión parental hace que, en la mayoría de las especies, sean las hembras las que eligen. Pero esta elección la pueden hacer basándose en dos tipos de estrategias: las variables a corto plazo o variables a largo plazo. En la estrategia de elección a corto plazo, la hembra elige al portador de los «mejores genes». Un ejemplo serían los ciervos, en el que el más grande y con la mejor cornamenta, señal de salud y calidad genética, es el que suele reproducirse más. En estos casos el aspecto físico suele ser un índice para determinar esta calidad genética. Si yo estuviese en un grupo con Brad Pitt o George Clooney y una mujer tuviese que elegir al papá de sus futuros bebés, ya sabemos todos quién tendría menos papeletas (disculpad los jóvenes si no sabéis quiénes son; vosotros pensad en, no sé, ¿Timothée Chalamet?). En estas especies, generalmente los machos no ayudan a criar a la futura progenie o ayudan muy poco. Así, los leones macho, que suelen utilizar un tipo de torneo sexual en grupo, casi no cazan (lo hacen ellas) ni cuidan de las crías. ¿Qué hacen? Proteger, pero como los leones prácticamente no tienen depredadores, protegen a su grupo de ¡otros leones macho! Más o menos como la mafia, vamos. Estas estrategias están más asociadas a la poligamia, y casi todos los mamíferos lo son: se estima que entre el 85 y el 95 por ciento de las especies de mamíferos son polígamas en alguna forma. La poligamia puede tomar varias formas, incluyendo la poliginia (un macho se apareará con múltiples hembras), la poliandria (una hembra se apareará con múltiples machos) y la promiscuidad (donde ambos sexos tienen múltiples parejas y no hay formación de parejas a largo plazo). La excepción a la poligamia en los mamíferos la representan varias especies de murciélagos; algunos cánidos, como los zorros; unas cuantas especies de roedores, como los castores y los topos de montaña; animales como la mara y la nutria gigante de Sudamérica; algunas focas; antílopes pequeños africanos, y algunos primates, como los gibones o los titíes.

En las estrategias a largo plazo, por otro lado, además de al macho con mejores genes, la hembra elige al que dé más señales de que va a realizar una mayor inversión parental. Es decir, el que demuestre que está dispuesto a coparticipar en la crianza. Para ello, los machos están obligados a una gran «inversión sexual» para compensar la mayor inversión parental de la hembra. Os pongo de ejemplo las especies de aves cantoras, algunas de las cuales tienen que aprender durante años a cantar antes de poder conquistar a una hembra. Otras aves tienen que demostrar que son buenas procurando comida para las futuras crías o haciendo nidos. Hay muchas aves, de hecho, que se tienen que dedicar a hacer más de un nido, como el mirlo dorado o el martín pescador, aunque luego no los utilicen. Ambas especies son monógamas. De hecho, las especies que utilizan las estrategias de selección a largo plazo generalmente lo son. Se estima que en torno al 90 por ciento de las especies de aves optan por la monogamia, al menos socialmente.

Por supuesto, esta variable no es binaria (o «monogamia» o «poligamia»), y puede variar en grado, lo que significa que incluso los animales considerados «mayoritariamente no monógamos» pueden tener alguna forma de monogamia social o emparejamiento a largo plazo y viceversa, como veremos en breve. Otra consideración que creo que es importante es que no constituyen elecciones conscientes; son estrategias que se han ido afinando a lo largo de la evolución. En unos casos se ha visto favorecida la estrategia de elegir a corto plazo: el que tenga mejor dotación genética; y en otros se ha visto favorecida una estrategia más a largo plazo: la cocrianza de la prole. Y aquí llega la pregunta, claro: nosotros también somos una especie animal más, por lo que... ¿qué modelo utilizamos los seres humanos? Bueno, os la contestaré en breve. Pero antes veamos una particularidad de nuestro sexo, que es importante para responder a esta cuestión.

El curioso caso de la sexualidad humana

La primera función de la sexualidad es la reproducción. Por eso, en la mayoría de las especies las hembras no son receptivas sexualmente, salvo cuando están en un periodo fértil. En ese periodo, llamado época de celo o estro, los cuerpos de las hembras hacen de todo para indicar que están en una fase fértil y que son receptivas: secretan feromonas que atraen a los machos o sus órganos sexuales aumentan de tamaño o intensifican su color. Pero en el caso de la especie humana, esto no ocurre u ocurre muy poco. De hecho, este ha sido uno de los quebraderos de cabeza de la humanidad durante siglos, hasta que llegaron los métodos anticonceptivos: el calcular si la mujer estaba en periodo fértil o no para evitar tener hijos, o a veces para tenerlos. Casi parecería que en nosotros el celo está oculto. Además, salvo en los bonobos, las hembras del resto de las especies no se muestran receptivas a los acercamientos sexuales de los machos fuera de ese periodo. En nuestro caso, las mujeres pueden tener deseo y mantener relaciones sexuales en cualquier momento de su ciclo, siempre y cuando les apetezca con la persona en cuestión, claro. Su deseo no depende de su ciclo; o al menos no del todo. Bueno, ¿y qué nos dice esto? Nos dice que, en el ser humano, la sexualidad cumple alguna otra función además de la estrictamente reproductiva.

Si la única función de la sexualidad fuese la reproducción, el estro femenino no se habría «ocultado», y el deseo sexual de la mujer no se habría extendido fuera del periodo fértil. Ambas evoluciones nos dicen que el sexo no solo sirve para fines reproductivos. O sea, en los humanos, desde un punto de vista biológico, sexualidad y reproducción no van siempre unidas. La sexualidad cumple en nosotros alguna otra función, además de la reproducción. Esto es lo que se llama «sexo no reproductivo», y se ha observado en otras especies, como delfines, orcas, pingüinos o cisnes. Pero en las dos especies en las que es algo frecuente y prácticamente la norma es en los bonobos y en los seres humanos.

Mientras hago la última corrección de este libro, a principios de 2023, leo que el régimen talibán en Afganistán acaba de prohibir los métodos anticonceptivos. Lo siento por las confesiones religiosas y las personas que siguen defendiendo una realidad contra natura: que el único fin de la sexualidad es la reproducción. Desde luego, no en nosotros. No os sintáis mal por usar métodos anticonceptivos o tener relaciones sexuales no reproductivas: está en nuestra naturaleza, es parte de lo que nos hace humanos.

Pero ¿cuál es esa otra función que cumple la sexualidad en nuestra especie? No hay un consenso científico sobre ello, pero hay una hipótesis. Se estima que las hembras dejaron de exhibir su estro hace dos millones de años. Es decir, que esto ocurrió a medida que nuestras crías se iban haciendo más inmaduras al nacer y más indefensas. Seguramente, una hembra ya no podía ocuparse de la crianza ella sola. Por tanto, es posible que el sexo sea una forma más de que las parejas permanezcan durante más tiempo juntas, y que el macho colabore en la crianza. Incluso hay autores que defienden que el enamoramiento (una fase que suele durar como máximo en torno a dos años y en la que el deseo sexual se encuentra elevado) tendría esta misma función evolutiva: mantener a las parejas juntas hasta que las crías se hiciesen un poco más autónomas. Como hemos visto, esto hizo que las relaciones en general, y las de pareja en particular, pasasen a ser una parte muy importante de lo que nos hace sentir bien o mal. Esos vínculos afectivos que se generan constituyen la base de la función afectiva de la pareja. Y como la pareja que se mantiene unida comparte sus recursos, entra aquí la tercera función: la pareja social o de recursos. Así, la pareja se constituye en una unidad que debe satisfacer mis necesidades sexuales, afectivas y sociales o de recursos.

Volviendo a la pregunta que dejé sin responder

¿Cuál es nuestra estrategia reproductiva? ¿Somos de corto plazo y polígamos o somos de largo plazo y monógamos? Antes que nada, los más perspicaces habréis notado que cada vez que he hablado de monogamia he añadido «al menos social». Según David Buss, uno de los mayores especialistas en el tema, podemos hablar de tres tipos de monogamia: la sexual, la afectiva y la social o de recursos. En el resto de los animales, en general, hablamos solo de dos tipos: la sexual y la social. Así, la mayoría de las especies de aves son monógamas *sociales*, pero no necesariamente monógamas *sexuales*. Crían a sus polluelos en parejas, que se unen por un largo tiempo, a veces durante toda la vida, dependiendo de las especies. Esto es monogamia social o de recursos. Pero eso no excluye la infidelidad sexual. En muchas especies, tanto machos como hembras, si pueden, aprovechan para tener relaciones sexuales al margen de su «pareja oficial», como han confirmado muchos estudios del ADN de los polluelos. Dependiendo de las especies, el porcentaje de polluelos cuyo ADN no se corresponde con el papá «oficial» oscila entre un 0 y un 60 por ciento. Por ejemplo, entre los cisnes y las águilas calvas, este porcentaje es cercano al cero. Pero en especies como los gorriones, las palomas o los mirlos, este porcentaje puede variar entre un 30 y un 50 por ciento. Aunque nunca volveréis a mirar a esos bonitos pajarillos igual, tiene todo el sentido evolutivo del mundo. Cuanto más mezcle mis genes, mayor diversidad genética tendrán mis crías y más probabilidades de supervivencia. Así que, cuando hablamos de especies monógamas, estamos hablando de especies monógamas sociales, no necesariamente sexuales.

Pero, volviendo a la pregunta de qué estrategia utilizamos nosotros como especie, la respuesta es que depende. Los seres humanos somos una especie dotada de una gran plasticidad conductual. Eso quiere decir que, en función de factores del entorno, culturales o económicos, nuestros comportamientos pueden variar. Empecé este apartado diciendo que hemos tenido sociedades preferentemente monógamas y otras polígamas. En general, sí parece que, cuanto más difíciles sean las condiciones económicas, más fácil es que vayamos a un modelo monógamo. Si pensamos en la España de 1950, por ejemplo, nuestro comportamiento se parecía mucho al de algunos pájaros: había largos cortejos y el novio tenía que demostrar que tenía buenas intenciones y que no iba a abandonar el nido a las primeras de cambio. En la actualidad la situación no parece la misma.

También sabemos que, en las especies que utilizan las estrategias a corto plazo, se da una mayor diferencia en el tamaño del cuerpo y la fuerza entre machos y hembras, es lo que se conoce como el «dimorfismo sexual». Pues en nuestra especie, el dimorfismo sexual es bajo: aunque hay una cierta diferencia en tamaño, musculatura y distribución de grasa entre hombres y mujeres, el solapamiento es grande. También se ha reducido el tamaño de los caninos de los hombres con respecto a otras especies de primates; otra característica que parecería indicar que no tenemos que luchar entre nosotros, por tanto, menos torneo sexual. Los chimpancés macho, por ejemplo, tienen los caninos un 30 por ciento más grandes que las hembras, lo cual es un indicador de la competencia de los machos entre sí.

Casi da la sensación de que hayamos evolucionado de una especie menos monógama, como ocurre con otros mamíferos, a una más monógama. El tener crías inmaduras pudo haber favorecido evolutivamente esto. Si de verdad hemos hecho esta transición, el sexo y el afecto pueden ser piezas claves que nos han ayudado a realizarla.

Las tres funciones de la pareja

Ya hemos visto que la pareja humana cumple tres funciones básicas: la sexual, la afectiva y la social o de obtención de recursos. Y esto no solo tiene que ver con nuestro pasado evolutivo, la pareja humana actual gira en torno a la satisfacción de estas tres necesidades. Decidir si vamos a ser monógamos o de pareja abierta, si queremos tener niños o no, qué tipo de afectividad podemos tener con terceras personas o si llevamos las cuentas juntos o cada uno gana y se gasta su dinero son algunas de las cuestiones que definen el contrato, explícito o implícito, de cada pareja. También estas son las razones de fondo de muchos de los conflictos. Porque estas tres funciones tienen un problema: no siempre van de la mano, incluso hay ocasiones en las que resultan contradictorias entre sí.

Lo afectivo es, por definición, un dominio limitado a muy pocas personas, las relaciones de intimidad, que requiere que se establezcan relaciones de confianza mutua y, por tanto, relaciones de larga duración y cooperativas. Lo sexual, por otro lado, no solo no está limitado a pocas personas, sino que mejora con la novedad y el cambio, no requiere relaciones de larga duración y está basada en variables competitivas. La función social y de recursos, nuevamente, exige planificación a largo plazo y que haya una reciprocidad en lo que cada uno invierte en la pareja. Como se ve, estos dos sistemas plantean de entrada una cierta oposición y contradicción entre ellos. Parte de los problemas de las parejas contemporáneas consiste en resolver la contradicción entre estos dominios.

Si estas son las tres funciones de la pareja, siguiendo nuevamente a David Buss, podemos hablar de tres tipos de infidelidad: la sexual, la afectiva y la de recursos. La infidelidad consiste en incumplir algunos de los acuerdos implícitos de la pareja. La infidelidad sexual ya la conocéis todos, no la voy a explicar. La afectiva sería cuando vuestra pareja prodiga hacia otra persona comportamientos de cercanía y afecto que, según vuestro acuerdo más o menos tácito, deberían ser propios de la pareja. Por último, la infidelidad de recursos es lo que sienten muchas parejas cuando su compañero o compañera distribuye los recursos, como el tiempo o el dinero, también con otras personas, como con su anterior pareja o los hijos de esta. O cuando vuestra pareja se gasta tres mil euros sin avisaros en una bicicleta nueva.

Aunque hoy casi lo damos por hecho, en otros momentos históricos la persona que cubría mayoritariamente estas tres funciones no tenía por qué ser la misma. En las tribus, por ejemplo, al igual que en las familias extensas, los recursos no dependían tanto de la pareja como de todo el grupo. También el afecto se podía distribuir entre el resto de los miembros del clan o de la familia. Instituciones como la comunidad o los grupos religiosos asumían del mismo modo parte de esta función de «sostén emocional». Asimismo, ha habido muchas culturas en las que la pareja social —la oficial, digamos— no ha sido la que ha cubierto las necesidades sexuales, salvo con fines reproductivos. Pero, a partir del siglo XIX, con la generalización de la clase media y la familia basada en la pareja monógama, estas tres funciones fueron recayendo cada vez más sobre la misma persona: nuestra pareja. Así, en la actualidad, la mayoría de las personas esperan que su pareja sea su pareja afectiva (esté disponible para ella, la escuche, la comprenda, etc.), su pareja sexual exclusiva y la principal persona con la que comparte los recursos. Las expectativas que se tienen y el peso que recae sobre la pareja contemporánea, por tanto, es enorme. Prácticamente todos los modelos alternativos a la pareja monógama, como las parejas abiertas y el poliamor, tienen que ver con intentar compatibilizar esta incompatibilidad entre las distintas necesidades.

Evolución de las parejas

Durante aproximadamente el 95 por ciento de nuestra historia como especie, hemos subsistido en grupos de cazadores-recolectores. En estas sociedades, para empezar, la poligamia o la monogamia no necesariamente serían una norma fija.

No sabemos cómo se organizaban las parejas y la vida familiar en estos grupos; la información que tenemos es muy limitada. Si nos guiamos por las pocas tribus de cazadores-recolectores que los antropólogos han tenido la ocasión de estudiar en tiempos históricos, habría de todo. Algunas serían de formato harén o poligínicas: un hombre con varias mujeres. Otras posiblemente funcionasen más como grupos de fisión-fusión promiscuos, como los chimpancés o bonobos, nuestros primos más cercanos. Incluso otras serían poliándricas, donde una mujer se casa con varios hombres. En el norte de la India y el Tíbet, por ejemplo, hay documentadas dos sociedades poliándricas de este tipo aún en tiempos históricos, en las que generalmente la mujer se casaba con varios hermanos. Una de las dos epopeyas más importantes del hinduismo, el «Mahabharata», que tiene algunos paralelismos con la *Ilíada*, está protagonizada por una mujer, Sita, casada con cinco hermanos. Así que es razonable asumir que ha podido haber de todo en nuestro pasado remoto. También, seguramente, muchos de esos grupos se organizaban con un formato más cercano a la pareja monógama. Hay autores que defienden que esta fue la clase de pareja más frecuente en tiempos preagrícolas, basándose, como ya os he contado, en que somos una especie relativamente poco dismórfica en el largo periodo de crianza de nuestras crías. También es razonable asumir que, aunque había diferencias entre los distintos grupos, en general, se trataba de sociedades mucho más igualitarias que las que vendrían después. Y no porque los antiguos humanos fuesen moralmente mejores que nosotros, simplemente tenían menos por lo que pelearse. Las sociedades cazadoras-recolectoras no acumulan muchos excedentes y viven casi al día. Al no haber excedentes, hay pocas posesiones, hay pocos poseedores y se da una menor estratificación social. Este hecho también tendría su relevancia sobre las relaciones de género. Es bastante razonable asumir que las relaciones sexuales y de pareja serían menos formalizadas que en las sociedades posteriores. Es más fácil que en estas sociedades la elección de pareja fuese un proceso más flexible, basado en aspectos como la atracción mutua o la capacidad de trabajar juntos. También, seguramente, se alternarían situaciones de monogamia y poligamia. En este sentido, es posible que nosotros nos parezcamos más a estas sociedades que a las que vendrían después.

Esta situación cambiaría radicalmente con lo que conocemos como la revolución neolítica. Ese es el nombre que le dio el arqueólogo Vere Gordon Childe a la domesticación de plantas y animales, y la aparición de la vida sedentaria, ocurrida ahora hace aproximadamente doce mil años, al finalizar el último periodo glacial. Bueno, el cambio no tuvo lugar a la vez en todas partes; parece, además, que se dio de forma independiente en el Creciente Fértil, desde Egipto hasta Mesopotamia, y poco después, hace unos once mil años, en la India, Extremo Oriente, Mesoamérica y los Andes. El término revolución está muy bien usado, porque supuso una transformación radical para los seres humanos, que protagonizaron grandes cambios económicos, demográficos y organizativos. A partir de la agricultura y la ganadería se podía dar de comer a muchas más personas, nacían y sobrevivían más niños. Las sociedades humanas se hicieron sedentarias cerca de las zonas de cultivo, lo cual supuso el comienzo de las grandes agrupaciones de humanos. Nacieron las primeras ciudades y, con el tiempo, las grandes civilizaciones alrededor de los grandes ríos, que todos hemos estudiado en bachillerato, y unas cuantas más que no hemos estudiado. El hecho de que las palabras «cultura» y «cultivo» tengan la misma raíz quizá atestigua esta antigua relación entre la agricultura y la civilización. La religión parece que también desempeñó un papel crucial en esto de agruparnos: ya hemos hablado de Göbekli Tepe, una de las construcciones más antiguas de las que tenemos noticia, y que casi con toda probabilidad se trate de un santuario que se usó con fines religiosos. Se construyó aproximadamente hace once mil años, en el sur de Turquía, por tribus de cazadores-recolectores, y tuvo que requerir la cooperación de un número muy alto de personas.

Pero, como suele ocurrir en las revoluciones, no todo fue bueno. Durante mucho tiempo se ha tenido una visión lineal del ser humano, que progresa y mejora sus condiciones, visión, por cierto, muy deudora de la cosmovisión cristiana. Pero el geógrafo y biólogo Jared Diamond fue el primero en señalar que la revolución neolítica tuvo muchos inconvenientes, no solo para el planeta y la mayoría del resto de los animales, a los que les ha ido bastante mal desde entonces, sino también para nosotros. En su influyente artículo «El peor error de la historia de la humanidad», Diamond nos brinda muchos datos acerca del empeoramiento de las condiciones de vida y la salud de los humanos desde el momento en que adoptaron la agricultura y la ganadería. Aumentaron los problemas asociados a una mala nutrición y disminuyó la esperanza de vida. Diamond concluye que «con la agricultura vinieron las graves desigualdades sociales y sexuales, la enfermedad y el despotismo, que maldicen nuestra existencia [...] Con el advenimiento de la agricultura una élite llegó a estar mejor, pero para la mayoría de la gente fue peor».

A pesar de ello, la agricultura y la ganadería se acabarían imponiendo porque ofrecían una ventaja competitiva: poder alimentar a más bocas, aunque a la larga se las alimentase peor. Si estáis interesados en esto, os recomiendo, además de los libros de Jared Diamond, el último de Oded Galor, *El viaje de la humanidad*. Y esa ventaja competitiva, os lo imagináis ya, tenía que ver con la interdependencia, con la capacidad de poner a cooperar a grandes grupos de personas, asegurando mayores niveles de supervivencia y reproducción. Pero lo que nos interesa ahora es que esos grandes cambios económicos, demográficos y organizativos trajeron consigo, como no podía ser de otro modo, un profundo cambio en la forma en que los seres humanos nos relacionamos unos con otros, tanto socialmente como en la intimidad.

Con el cambio de los medios de producción, aparecieron por primera vez en la historia de la humanidad excedentes: bienes que no se consumen en el momento y se pueden almacenar. Si hay excedentes, alguien los posee. Fue el inicio de la estratificación social. La mayoría de las sociedades y culturas clásicas que conocemos estaban profundamente estratificadas, con alguna honrosa excepción (no suficientemente documentada para citarla aquí; eso os lo cuento en alguna charla en la que coincidamos). Estratificación es lo mismo que decir desigual reparto del poder y los recursos. Por tanto, relaciones verticales. El rey tenía más poder que los nobles; estos, más que los vasallos; estos, más que los hombres de a pie; estos, más que los esclavos, que, de hecho, no poseían nada, ya que ellos mismos eran una posesión, casi un objeto.

A su vez, el tener excedentes obligaba a su custodia y protección: las sociedades se fueron haciendo más violentas y guerreras. Esto también tuvo un efecto sobre la desigualdad de género. Esta hipótesis fue avanzada por J. J. Bachofen en el siglo XIX y recogida por numerosos autores posteriores, como Marija Gimbutas. Cuando una sociedad guerrea, la fuerza física se hace un valor importante, y esto redunda en una mayor importancia de los hombres, generalmente dotados (desde luego no es mi caso) de mayor fuerza física que las mujeres. Obviamente, la consecuencia es una mayor desigualdad de género.

Con todo esto, el panorama que empezó a dibujarse es el de sociedades fuertemente estratificadas, con diferencias sociales, donde los hombres tenían mayor poder y eran, por tanto, poseedores de los excedentes y las tierras. Al haber posesiones, estas podían ser a su vez heredades. Como ya se comprendía el papel del hombre en la procreación gracias a la ganadería, si yo era un hombre poderoso, con muchas posesiones, quería que mis herederos fuesen mis hijos biológicos y no los del otro. Podemos llamar a esto el «síndrome del cuco»: el temor a criar o que hereden unos hijos que no son míos. Esto también marcó los mayores niveles de control de las mujeres y su sexualidad. Los hijos nacidos de una mujer se saben que son suyos, pero el padre podría ser cualquiera. La manera de asegurarme de que mis descendientes eran míos, si yo era un hombre poderoso, era controlar a la mujer y a su sexualidad. Este control, que priva a la mujer de su capacidad de decisión, de su agencia, la convierte en cierto sentido en un objeto, una posesión. En el código de Hammurabi, uno de los compendios de leyes más antiguos que se conservan, la mujer aparece como una posesión del varón, en el mismo apartado que la casa y el caballo, las otras dos posesiones más preciadas. Algo muy parecido ocurre en *Las leyes de Manu*, de la India, hace más de dos mil años. Por otro lado, en los diez mandamientos del Antiguo Testamento aparece el de «no desearás a la mujer del prójimo». Nada se dice de no desear al hombre de la prójima. Podríamos deducir de esto que al dios del Antiguo Testamento no le importaba que las mujeres tuviesen deseo hacia hombres que no fuesen su pareja o que los varones homosexuales fuesen promiscuos. Pero la realidad es que ese mandamiento aparece porque la mujer se considera una posesión del hombre, no al revés. Es más, este mandamiento aparece junto con otro: «No codiciarás los bienes ajenos». Y, como todo objeto, su valor se lo daba su utilidad: su virtud. Si la mujer era virtuosa, o sea, si era virgen y no mostraba inclinaciones hacia tener relaciones sexuales con nadie, aumentaba su valor de mercado porque era menos probable que fuese infiel y se garantizaba mejor la descendencia legítima. Suena fatal, pero de eso venimos.

Esa idea de virtud, como veremos en breve, se extendió al amor romántico.

Este carácter de posesión de la mujer las rebajaba a la categoría de cuasi objetos, dificultando mucho que se pudiesen dar relaciones de horizontalidad, cosa que, por otro lado, nadie pretendía. Las mujeres tenían una enorme dependencia instrumental y era muy fácil que se ejerciera sobre ellas una fuerte coerción. Han sido muy pocas las mujeres que han podido mantener su autonomía y, por tanto, tener una relación íntima de sujeto a sujeto en sociedades de este tipo. Esto ha condicionado seriamente la relación entre miembros de ambos géneros, y las relaciones íntimas y de pareja y, lamentablemente, lo sigue haciendo aún hoy.

Aunque claramente las mujeres han salido mucho más perjudicadas en este tipo de culturas, muchos hombres también han sufrido en estos regímenes machistas. Estoy totalmente de acuerdo con la psicoanalista Heather Formani cuando afirma que «sea lo que fuere la masculinidad, es muy dañina para los hombres». Los cambios de las relaciones de género tienen, por tanto, como se ha dicho hasta la saciedad, un potencial liberador para la mujer, por supuesto, pero también para el hombre, salvo que a alguien le guste tener esclavos, claro.

A partir del Renacimiento, las cosas empezaron lentamente a cambiar en Europa y se dio el salto definitivo a partir de la Primera Revolución Industrial. Si en las estructuras sociopolíticas tradicionales el poder estaba concentrado y estratificado, en las contemporáneas, aunque quede muchísimo camino por recorrer, el poder se fue repartiendo. Durante gran parte de la historia de la humanidad nuestra vida y lo que podíamos aspirar a ser estaba totalmente condicionado por la clase social, el género, la familia, el clan, la casta o cualquier otra división a la que pertenecíamos. Hace quinientos años, casi no se podía elegir nada: si uno era hijo del que limpiaba las caballerizas, sabía que no podía elegir profesión (o intentar llegar a ser jefe o un dirigente político) y seguramente tampoco esposa. Sabía lo que seguramente iba a ser durante el resto de su vida. Pero las estructuras sociales que mantenían este *statu quo*, como la nobleza y el clero, fueron debilitándose en favor del individuo. Es lo que Erich Fromm llamó en su maravilloso libro *El arte de amar* la «disolución de las estructuras preindustriales».

Por cierto, si no lo habéis leído o lo leísteis hace mucho, es un excelente momento para releerlo. Al acabar este, claro. El ser humano —bueno, el hombre, porque las mujeres tardarían bastante más— empieza a querer poder elegir racionalmente lo que le conviene sin ser presionado por la Iglesia, su familia u otros estamentos sociales. Empezando por los reyes (quiero decir, los dirigentes políticos), esta idea de la libertad de elección fue calando. Si puedo elegir al rey, ¿por qué no puedo elegir lo demás? La libertad, la capacidad de poder escoger se fue convirtiendo en un valor central y arrastró a otros valores. Así, pasamos de valorar aspectos como el carácter, la autoridad, la palabra dada o el honor a valorar otros como la autenticidad, la espontaneidad, la libertad o la igualdad. Por supuesto, estoy haciendo trazo grueso. Estos cambios no han sido iguales en todo el planeta ni, en un mismo espacio geográfico, iguales entre unas clases sociales y otras. Como es lógico, las personas que se encontraban desfavorecidas han presionado más y se han sumado antes a los cambios que las personas que se veían favorecidas por el antiguo sistema. Aunque en general el poder se ha ido repartiendo progresivamente, es evidente que persisten grandes desigualdades en nuestras sociedades, casi siempre asociadas al factor económico. Cambiamos, pero muy poco a poco.

A su vez, las estructuras familiares también fueron modificándose. A partir de los siglos XVI y XVII empezamos a ver cada vez más familias extensas o familias corporativas, como las denomina el historiador Steven Ruggles. Estas familias ofrecían un soporte económico, pero también un soporte socioemocional. Antes de la mecanización, cualquier negocio necesitaba mucha mano de obra, y una familia extensa podía ser de gran ayuda. La familia extensa tuvo su cénit en Occidente en los siglos XVII a XIX, empezando a decaer a partir de ahí. Alrededor de 1800, aproximadamente el 90 por ciento de las familias estadounidenses eran familias de este tipo. En otros países, como la India, las familias extensas siguen siendo la norma, al menos en las zonas rurales. Yo mismo he vivido, supongo que como algunos que leáis estas líneas, la transición de una familia extensa, compuesta por padres, hermanos, pero también tíos, abuelos y primos, que residían con nosotros, a un modelo de familia mucho más nuclear. Estas familias eran especialmente útiles en entornos rurales y de economía agrícola. Pero a medida que empezó a declinar la economía agrícola en los distintos países y las personas se trasladaron a las ciudades para vivir, las familias extensas fueron dando lugar, cada vez con más frecuencia, a la familia nuclear, compuesta por los progenitores y sus hijos. Asimismo, fue crucial la aparición de los métodos anticonceptivos, porque permitieron reducir el tamaño de las familias. La transformación fue gradual, primero de la familia extensa a lo que conocemos como la familia nuclear extendida, en la que distintas familias nucleares viven cerca y se relaciona frecuentemente (con tíos, abuelos, primos, etc.), pero ya no forman parte de una única empresa económica conjunta. De hecho, este tipo de familias siguen siendo muy frecuentes, sobre todo en núcleos urbanos más pequeños. Pero, poco a poco, la familia nuclear fue ganando prominencia desde la segunda mitad del siglo XX. Es el *occidental way of life*. Ahora, la mayoría de las veces que hablamos de familia estamos pensando en una unidad familiar compuesta, básicamente, por progenitores e hijos, aunque en las últimas décadas los modelos de familia se han vuelto a diversificar bastante.

La pareja como la entendemos hoy en día empezó a cristalizar desde mediados del siglo XIX. Se había producido ya el ascenso de la burguesía y la incipiente clase media, la libertad individual había ido ganando terreno a las instituciones para controlar la vida íntima, la vida marital (de pareja) se había ido separando poco a poco de la vida familiar extensa, los métodos anticonceptivos permitían la planificación del número de hijos y, al cambiar las personas de lugar de residencia y establecerse en ciudades, el peso de la comunidad para controlar la vida íntima también fue progresivamente disminuyendo.

La pareja se fue convirtiendo poco a poco en un tema de elección personal, no tanto de un acuerdo entre familias. Esto dio mayor libertad, pero, a la vez, colocó un mayor peso sobre la pareja, que se convirtió en la principal institución de apoyo emocional. El matrimonio ya no era tanto un instrumento para crear alianzas familiares y económicas como uno que me asegurase el apoyo emocional desde el cual afrontar las dificultades de la vida. Si las familias extensas estaban estructuradas alrededor del trabajo, la familia moderna —donde la profesión se ejercía fuera de casa— empezó a ocupar un lugar antagónico con respecto al trabajo. El hogar: ese refugio al que volver después de una jornada de trabajo y en el que se podía encontrar el apoyo emocional, no solo el instrumental. Los miembros de la pareja como colaboradores en una construcción emocional conjunta. Si la pareja se elegía ya desde la libertad y según la autenticidad emocional, era inevitable que lo que nos hace tomar esa decisión, el amor, fuese ganando cada vez más importancia. El amor había hecho su aparición y pasó a ocupar el centro de la escena.

Y llegó el amor

El amor se ha convertido definitivamente en la base de la elección de pareja. Como cantaban los Beatles, *All You Need is Love*. Esta evolución empezó en Europa, pero como en los últimos siglos se ha producido una «occidentalización» de todo el planeta, a medida que Occidente ha ido exportando sus valores al resto del mundo, el binomio amor-pareja se extendido por todo el planeta, con la inestimable ayuda de Hollywood.

Si dije en el capítulo 3 que las emociones eran difíciles de definir, el amor no lo es menos. En relación con la pareja actual, podemos hablar de tres tipos distintos de amor: el amor pasional o enamoramiento, el amor romántico y el amor confluente.

Amor pasional: el enamoramiento

El amor pasional forma parte de la experiencia básica vinculatoria humana. Hay referencias al amor pasional en todas las culturas y desde hace miles de años. De hecho, en un excelente artículo de 1992, William Jankowiak y Helen Fischer señalaban que, de 166 culturas históricas estudiadas, hay referencias al amor en el 88,5 por ciento de ellas. Esto es prácticamente lo que llamamos un universal cultural. El amor es parte de nuestra historia como especie. Como escribía en 2016 el metodólogo y divulgador de la ciencia Javier Jiménez, los seres humanos somos animales que se enamoran.

El amor pasional es descrito desde siempre como un estado de secuestro emocional, que nace del deseo sexual. Ha sido visto por casi todas las culturas como algo potencialmente sanador y rejuvenecedor, pero también, y sobre todo, como algo peligroso. Ahí están los filtros de amor y los afrodisíacos como formas de nublarnos el juicio, engañarnos y controlarnos. ¿Y por qué podría ser peligroso algo tan bonito como el amor? Pues, en primer lugar, porque nos hace sufrir. Pero también porque anula nuestro juicio, nuestra voluntad, y esto nos puede llevar a considerarlo uno de los mayores errores para las culturas tradicionales: basar una relación a largo plazo en el enamoramiento. Muchas culturas disponen de un mito o un cuento donde se previene a las jóvenes precisamente de esto. En Occidente, el relato más conocido es el de Romeo y Julieta. Ya conocéis la historia de los dos jóvenes incautos que se enamoran y quieren formar pareja, y el resultado —ojo, spoiler—: muere hasta el apuntador. Hay muchas versiones del mismo mito. En Málaga son conocidos los amantes de Antequera, un amor trágico entre un cristiano y una musulmana. En la India me crie con la historia de Laila y Majnu, de origen persa, un amor imposible que también acaba en catástrofe. El mensaje es claro: el amor pasional es una cosa, y la pareja, otra, bastante más seria, y no pueden confundirse. Equivocarnos en esto nos llevará a la infelicidad y, según estos relatos, incluso a la muerte.

Este amor-fobia de las sociedades tradicionales tiene que ver con que el amor pasional no atiende a las clases sociales ni al interés económico; es, en ese sentido, revolucionario. Formar pareja por amor representa la libertad de elección, seguramente el valor más atesorado por las sociedades contemporáneas. Además, depende del ámbito exclusivo de la decisión personal: yo soy el que decido, en función de lo que me apetece. Aunque sea desde las pasiones, anulando la razón y el cálculo. Quizá esto explique la gran fascinación que, como sociedad, tenemos por el amor pasional, pues se considera algo auténtico, otro elemento esencial para la tardomodernidad, algo que depende solamente de la sintonía entre dos personas, al margen de sus respectivos orígenes, algo puro, algo libre. Muy contemporáneo todo esto, claro. También nos ayuda a entender cómo personas de otras culturas, para las que la familia, la sociedad, el honor o la palabra son más importantes que la libertad, no comparten esta fascinación nuestra por el amor.

Amor romántico

La segunda acepción del amor, cuando hablamos de parejas, es el amor romántico. Aunque haya habido antecedentes en distintas culturas, el amor romántico, al menos tal y como lo conocemos, sí que parece un invento relativamente reciente. Tiene su inicio, en su formato actual, a finales del siglo XVIII. Incorpora elementos del amor pasional, pero de alguna manera lo trasciende. Si en el amor pasional se daba una idealización del otro, en el amor romántico está presente ese elemento, pero también otro: una expectativa de futuro, una narrativa acerca de cómo espera uno que vayan las cosas. La idea es que, si encuentro a la persona adecuada, si encuentro a mi media naranja, todo lo demás irá sobre ruedas. Porque el amor todo lo puede.

Siendo esta la idea central del amor romántico, su concepción ha ido evolucionando a lo largo del tiempo. De hecho, podemos hablar de distintas fases del amor romántico. En la Edad Media tomó el formato del amor de caballería; este tenía menos que ver con el amor pasional y más con la responsabilidad, la rectitud y hacer lo debido. Tanto el caballero como la dama debían cumplir su rol. En los mitos del amor caballeresco él es un valiente y noble caballero que tiene que matar a un dragón o algo similar, y ella ha de ser candorosa y de buena familia. Eso es lo que abría la puerta del enamoramiento. Es interesante la evolución tanto de la mujer como del hombre en estos mitos. El hombre, en el Medievo, no es un tipo frío que no puede expresar sus emociones; al contrario, las expresa sin problemas y casi de forma exagerada. La mujer tiene que ser pura y virtuosa. El *Quijote*, libro maravilloso por tantas cosas, es también genial al exponer la falacia del amor romántico contraponiendo las figuras de Dulcinea del Toboso y Aldonza Lorenzo.

A la segunda etapa del amor romántico la podemos llamar la del alma gemela o la media naranja. La persona que es mi media naranja es aquella con la que soy compatible de forma natural, casi sin esfuerzo. En esta segunda etapa del amor romántico, las emociones sustituyen a la virtud: ya no se trata de encontrar a una pareja virtuosa, que también, sino a que los sentimientos que tenemos el uno por el otro sean profundos, capaces de sustentar una relación para toda la vida. Se basa en la idea del amor platónico: dos mitades de un todo, el andrógino, que viven separadas infelices hasta que se vuelven a unir. Por tanto, el esfuerzo debe ser acertar y hallar a mi media naranja. Una vez encontrada, obviamente, el amor durará siempre, porque es verdadero y está basado en esa compatibilidad natural. Basta echar un vistazo a muchas de las comedias románticas para ver que este ideal sigue estando vigente, y es un producto de consumo del gusto de la mayoría. La clave es darse cuenta de quién es esa media naranja, que a veces puede ser alguien que está cerca de mí desde siempre, pero no lo he sabido ver. Otras veces, puedo descubrir a mi media naranja en un encuentro fugaz. Por ejemplo, la Cenicienta, cuyo mito sigue muy en boga: la búsqueda de la media naranja que uno descubre en un efímero baile, pero que es la garante de toda la felicidad futura. En este relato ya se ve que el amor está por encima del resto de los factores, incluida la posición social, porque, además, desde esta visión «garantiza» todo lo demás: compatibilidad, virtud, fidelidad, etc. Hay pocas cosas que hayan hecho tanto daño que esta idea de «encontrar» a mi media naranja. Puede sonar como algo muy desfasado, pero permanece en nuestro inconsciente colectivo.

A la tercera etapa del amor romántico me gusta llamarla «salvar al soldado Ryan», y es, resumidamente, el cuento de la Bella y la Bestia. Uno de los miembros de la futura pareja, generalmente él, tiene serios problemas para conectar y mostrar sus emociones (ya se sabe que los hombres no lloran), pero es, en el fondo, un gran tipo, que necesita ser rescatado. En el momento en que ella (casi siempre es ella), a través de su amor incuestionable, le haga ver lo que son el uno para el otro, él sanará de sus profundas taras emocionales y aprenderá a querer, cosa que dejó de hacer por algún trauma de su pasado. Es el tema central de centenares de películas, como *Pretty Woman* (que es un poco la Cenicienta y un poco el tipo que no sabe amar), *Noviembre dulce*, *50 sombras de Grey* (nuevamente la Cenicienta, mito que parece inagotable) y un largo etcétera. Se puede ver el cambio operado en los roles de ambos en estos ejemplos. Si en las primeras formulaciones del amor romántico las mujeres desempeñaban más bien un rol pasivo, con el paso del tiempo el papel de las mujeres en el amor romántico se fue haciendo más activo: pasaron a ser «agentes» del amor. El amor romántico como transformador. La mujer, a través de su amor, transforma a un hombre que hasta entonces era incapaz de amar. Además, ella recibe su recompensa, que es ser correspondida por él, porque fue capaz de ver lo que otras no vieron, al ser vulnerable y frágil bajo la apariencia de un ser hosco, desagradable o indiferente. Ella no desistió a pesar de las apariencias, fue capaz de dar amor a la bestia hasta que lo volvió a transformar en príncipe. Ella produce amor porque su amor es verdadero, puro y desinteresado. Se me saltan las lágrimas, disculpadme. Al margen de esta pequeña broma final, este mito está relacionado con permanecer en relaciones en las que me tratan mal, pero en las que sigo convencido de que el amor lo acabará resolviendo todo. La pervivencia de estos mitos no da lugar, muchas veces, a situaciones graciosas, sino todo lo contrario.

Como podemos ver, los ideales del amor romántico han hecho casi tanto daño a la pareja como a la poesía. En ambos casos generan una falsa ilusión: basta con estar enamorado para tener una buena relación de pareja o para escribir poemas. Además, si estar enamorado es suficiente, cualquier fallo en la relación se debe a un déficit de amor. Hay que lograr estar más enamorado, querer más, en lugar de prestar atención a las prácticas relacionales poco sanas que se estén dando. Como dice mi compañera Fani Ramos, habría que poner el foco, en lugar de querer más, en *saber querer mejor*.

Y os estaréis preguntando por qué os cuento todo esto ahora. Bueno, porque el amor romántico, compañeras y compañeros, no ha muerto: sigue vivo y coleando.

Los restos del naufragio del amor romántico

Teóricamente, la mayoría de los adultos somos conscientes de que el amor romántico es una idealización que no se corresponde con la realidad. En la práctica, vivimos entre los restos del naufragio del amor romántico, igual que Rose tras hundirse el Titanic, otra película más que es una oda al amor romántico. Si queréis ver filmes de amor y barcos, mejor *El triángulo de tristeza*, de Ruben Östlund, que no está nada mal, aunque prefiero sus trabajos anteriores. Los fragmentos de ese ideal pululan por nuestro subconsciente, que es casi lo mismo que decir memoria tácita. Y ya sabéis lo que esto significa: generan estados emocionales, patrones de respuesta y expectativas. Esta idealización del amor romántico, además, ha maridado perfectamente con otras idealizaciones: la de la familia anhelada o la de la maternidad. Todo esto se convierte en presión procedente del relato social construido de lo que es deseable. Para que no se nos olviden estos mitos, nos hemos dotado de todo un género de películas, las comedias románticas. Y no solo se dan en Hollywood; muchas películas de Bollywood que aún veo de vez en cuando con mi madre, son auténticas odas al amor romántico.

Uno de los mitos que más pujanza tiene es el de encontrar a mi media naranja. Estoy incompleto y no puedo ser feliz hasta que halle a esa persona que me complementa a la perfección. Además, cuando la encuentre el amor durará siempre de forma natural. Esto hará que mi deseo por otras personas desaparezca milagrosamente, vencido por el poder del amor verdadero. Si todo esto no ocurre, es una prueba de que no era amor verdadero: él o ella no es la persona adecuada. Todos hemos visto decenas de películas donde el o la protagonista va a casarse con un tipo o una tipa ideal, con belleza, que les encanta a sus padres, buena persona, de la misma clase socioeconómico o incluso superior, alguien que le conviene. Y aparece un tercero, de un nivel económico menor, incluso un poco grosero o borde, que obviamente no le conviene, con el que, por supuesto, se acaba casando. El público mayoritariamente se pone del lado de esta unión, no de la otra. Si elijo lo que me conviene, estoy bajo sospecha: sospecha de no haber elegido con el corazón. Este tipo de razonamiento no está limitado al mundo de la pareja, también está presente a la hora de elegir un trabajo o la ropa que ponerme. Ya no puedo decidir lo que me conviene o lo que me viene mejor: hay que elegir lo que me apetece. Viva la autenticidad emocional. Otro subgénero frecuente en las películas románticas es el que he llamado «salvar al soldado Ryan», pero ya hemos hablado antes de él. A ver, no tengo nada en contra de las comedias románticas, algunas son hasta divertidas. Pero, si consumimos todo el rato ultraprocesados, nuestro cuerpo enferma y nos ponemos obesos, ¿verdad? ¿Y si lo que consumimos la mayor parte del tiempo son ultraprocesados mentales?

Además, nuestros roles de género están muy marcados por esta evolución de la sociedad que he descrito, las parejas y los ideales románticos. Las relaciones sexuales que mantienen mujeres y hombres, por ejemplo, tienen reminiscencias de la idea de la «virtud» femenina. Recordad que dicha virtud se puede resumir en que la mujer no haya tenido relaciones sexuales o, en tiempos más actuales, al menos no muchas y siempre en el contexto de una relación afectiva. Las mujeres que disfrutan del sexo por el sexo son vistas bajo sospecha, y ya sabemos por qué. Curiosamente, en la Edad Media las mujeres no eran consideradas, de manera generalizada al menos, como sexualmente menos activas que los hombres. Es más, se consideraba que tenían un mayor apetito sexual que los varones. Algo parecido ocurre en la cultura tántrica de la India. Esa idea de la mujer sin deseo parece que es algo que se impone en la primera modernidad, cuando la virtud ocupa un lugar central. A partir de entonces, las mujeres quedarán divididas en mujeres de dos tipos: mujeres virtuosas, de carácter fuerte —para resistir las tentaciones—, a la vez que dulces; y las mujeres lascivas y peligrosas. Si había dos tipos de mujeres, es fundamental saber distinguirlas porque una, la viciosa, se puede usar, pero no amar; la otra, la virtuosa, no se la puede usar y sí amar. Otra vez la distinción sujeto/objeto. En la película *Drácula*, de Coppola, se ve perfectamente esto en la distinción entre Mina, la virtuosa, y su prima la lasciva; a Mina Drácula la ama; a su prima la convierte en su sierva. ¿Y cómo se distingue una de otra? Pues, la virtuosa se resistirá a todos los intentos del hombre por tener relaciones sexuales con ella; la lasciva no. Su negativa a practicar sexo es lo que distingue a la virtuosa. Como se podrá ver, hay ecos de esto aún en nuestro sistema judicial, y en la mentalidad de muchos hombres y también muchas mujeres. Una parte de las controversias que rodean a las agresiones sexuales, cometidas mayoritariamente por hombres hacia mujeres, guarda relación con esta visión profundamente errónea.

En defensa del amor romántico habría que decir que tiene que ver también con aspectos que consideramos muy importantes, como la libre elección de pareja y el potencial liberador que tiene, sobre todo para las mujeres, las que menos pueden elegir en estructuras más «tradicionales». Asimismo, ha tenido un papel en considerar que las personas somos iguales: uno se puede enamorar de quien sea, da igual su condición económica. Aunque hemos visto que contribuyó a la desigualdad de géneros, el hecho de que la otra persona sea un igual del que enamorarme también ha desempeñado su papel en el incremento de la igualdad y una mayor simetría en las relaciones de género. De alguna forma, el amor ha sido una de las fuerzas que ha ido progresivamente socavando el patriarcado desde dentro, como señala Anthony Giddens. En cualquier caso, en la inmensa mayoría de nuestro entorno la pareja se inicia con esta fase de enamoramiento.

Así que, en la actualidad, la pareja tiene que enfrentar todas estas circunstancias que la hacen difícil. En primer lugar, haciendo recaer sobre la pareja y la familia nuclear muchas de las funciones que antes cumplían otras estructuras sociales. Esperamos que nuestras parejas nos proporcionen aquello que nos daban las familias tradicionales, como seguridad y apoyo emocional. Pero, en segundo lugar, queremos que mantenga los niveles de amor y deseo. Además, ya hemos visto que algunas de estas funciones tienen una incompatibilidad entre sí. Todo esto incrementa los niveles de estrés a los que se ve sometida la pareja. A esto hay que añadir el relativo aislamiento de la pareja contemporánea. Liberarse ha supuesto también perder apoyos. De hecho, las parejas que tienen el poder adquisitivo suficiente recurren a «comprar» su familia extensa, contratando a personas que cuidan a los niños, cocinan o se ocupan de las labores de la casa. Este aumento del estrés al que se ve sometida la pareja puede generar que esta, en lugar de proporcionar el anhelado apoyo emocional, provoque todo lo contrario, y se convierta en sí misma en la principal fuente de estrés emocional. No podemos olvidar los —a pesar de lo que muchas personas piensan— aún no resueltos problemas de género, que dificultan una relación horizontal. Queremos una relación que tenga elementos verticales y a la vez horizontales, y esto, bueno, simplemente no es posible. Por último, tampoco hay que olvidar los mitos del amor romántico, ese que me hace plenamente feliz y que elimina cualquier deseo por terceras personas. Además, este dura eternamente, sin tener que esforzarnos para ello; es pura magia. No debe resultarnos sorprendente que las relaciones de pareja sean la sede de muchos de los conflictos más dolorosos que tienen lugar en las sociedades desarrolladas. Leo en un informe de suicidio de la Organización Mundial de la Salud que el 58 por ciento de las veces que un soldado estadounidense, hombre o mujer, intenta suicidarse lo hace después de tener una discusión con su pareja. Aunque yo haya preferido darle un tono más ligero, todo esto de lo que estamos hablando no es ninguna broma.

El tener que cubrir funciones tan distintas hace que las relaciones íntimas sean, como escribió el sociólogo Zygmunt Bauman, «las encarnaciones más comunes, íntimas y profundas de la ambivalencia. Se debaten entre los placeres de la unión y los temores del encierro». Estos son, como vimos, los temores ante la intimidad. La posibilidad de tener una intimidad sana estribará en poder armonizar fuerzas de signo opuesto. Si tenemos en cuenta que, en trazo grueso, las estrategias ansiosas anhelan los placeres de la unión y las estrategias evitativas temen el encierro, las estrategias vinculatorias seguras parecen ser la respuesta. Igual que no hay relación cercana sin un cierto nivel de conflicto, no la hay sin sentimientos ambivalentes y contradictorios. Una de las claves de las relaciones sanas es reconocer que toda relación tiene un cierto grado de ambivalencia.

A esto hay que añadir que vivimos en sociedades en las que las relaciones parecen funcionar desde los dos modelos que vimos para las parejas animales: el del torneo sexual y el de la pareja estable. Siempre está la tentación, como nos dice Eva Illouz, de «comenzar la partida con una baraja nueva». Y esto no guarda solo relación con cómo es la persona con la que estoy, sino con cómo soy yo. Existe la fantasía de que es más fácil ser diferente con una persona distinta. Sin embargo, esto entra en contradicción con lo que hemos definido del crecimiento de las relaciones a largo plazo: se inician con una decepción; progresan a través de los conflictos resueltos. Cada conflicto bien resuelto es un acercamiento a la auténtica intimidad. Aunque, como escribió Bauman, «siempre existe la sospecha [...] de que se está viviendo una mentira o un error; que algo crucialmente importante ha sido pasado por alto, descuidado, dejado sin probar o inexplorado [...] o que algunas posibilidades de felicidad desconocida completamente diferente de cualquier felicidad experimentada antes no se han asumido a tiempo y están destinadas a perderse para siempre». Esto nos habla de algo inherente a cualquier opción que se toma: la nostalgia por las vidas no vividas, las identidades inexploradas y los caminos no recorridos. ¿Cómo podría ser o haber sido mi historia con otras decisiones vitales? A veces las infidelidades pueden ser el intento de vivir algunas de estas otras vidas. Esto explicaría por qué muchas infidelidades se cometen con antiguos amores del instituto...; las vidas no vividas con las que se ha fantaseado largo tiempo.

Gestionar estas tensiones de una manera sana, honesta, no es fácil. Es una de las razones de que las parejas sean inherentemente conflictivas: mientras cubrimos unas necesidades, descuidamos otras. Pero darse cuenta de esto, conocerse, por tanto, conocer nuestros deseos de seguridad y libertad, lo contradictorios que pueden llegar a ser, es esencial para poder empezar a entender lo que pasa en mi pareja.

El primer paso es conocerse. Si sois de las personas que prefieren tener relaciones de larga duración, que anteponen la seguridad a la aventura, no os sintáis mal por ello. Sed francos con vosotros mismos y adelante. Lo mismo si os ocurre lo contrario. Recordad que estamos condenados a entendernos, en primer lugar, con nosotros mismos.

La pareja tardomoderna sana: el amor confluente

El término «amor confluente» fue acuñado por el sociólogo Anthony Giddens. En su muy recomendable libro *La transformación de la intimidad*, defiende que este tipo de amor es el que ha venido a sustituir, en las parejas actuales, las tardomodernas, al amor romántico, con el que plantea una serie de diferencias. Mientras que en el amor romántico se parte de la idea de que uno está incompleto sin su pareja, en el confluente las personas estamos completas y las relaciones se mantienen porque nos proporcionan satisfacción y crecimiento, no por una carencia. En el caso de las parejas, parte muy importante de esta satisfacción tiene que ver con la satisfacción por la intimidad afectiva y sexual. Además, si en el amor romántico se buscaba una pareja para toda la vida, en el confluente la relación, al ser voluntariamente elegida, solo debe durar mientras lo sigan deseando los involucrados. El amor confluente, además, se basa en la igualdad, que incluye las relaciones igualitarias de género, en el caso de las parejas heterosexuales. La monogamia, a diferencia del amor romántico, no es un requisito para este tipo de amor, aunque tampoco es un impedimento: cada pareja, nos dice Giddens, debe acordar internamente cuál es el modelo que quiere seguir. Llegados a este punto, podemos definir, según esta idea, cuáles son las características que debe tener una dinámica relacional sana de una pareja en el siglo XXI:

1. Es una relación libremente elegida, tanto por su inicio como, sobre todo, por su mantenimiento. Esto es algo que los integrantes no pierden de vista.

2. Toda pareja es un acuerdo, más o menos explícito. Las parejas de funcionamiento saludable suelen tener un acuerdo bastante explícito y equilibrado; esto es, no desean ni aguardan cosas muy distintas de la relación y cada uno sabe lo que el otro espera, y está de acuerdo con ello.

3. El poder está equitativamente repartido, así como las funciones. Se van alternando los roles de cuidador y cuidado, del que apoya y es apoyado. Esto no quiere decir que la pareja se reparta al 50 por ciento todas las tareas en cada momento. Se trata más bien de la sensación, al final del día, por decirlo de algún modo, de que se encuentra en una relación en la que no se está dando más ni menos de lo que se recibe.

4. Ambos miembros saben dar, saben pedir y saben recibir. Como hemos visto, muchas veces no recibir lo que uno espera tiene más que ver con la incapacidad propia que con la de la persona de la que esperamos ese comportamiento.

5. No son parejas competitivas, sino colaborativas. Uno no siente que el crecimiento propio o el de su pareja sea una amenaza para la relación. También existe facilidad al exponerse y expre-

sarse, a mostrar la propia vulnerabilidad, sin temor a que la otra parte se aproveche de esa vulnerabilidad en beneficio propio. Esto hace que sea posible darse a conocer y conocer al otro. Se fomenta la sensación de tener una verdadera intimidad, en la que la otra persona conoce no solo a mi «yo bueno», sino también esas características de mí que me gustan menos y me cuesta aceptar.

6. No tienen una visión idealizada de las parejas. Saben que tener conflictos es algo normal, que la clave es saber resolverlos, transformándolos en conflictos positivos y de crecimiento en lugar de tener conflictos destructivos. No se está con el otro esperando a que cambie, enfadado o enfadada porque no lo hace. No funcionan desde el control y desde el asegurarse constantemente de que el otro no falta a los acuerdos, sino desde el ver al otro con curiosidad, interactuando con él o ella en el aquí y el ahora.

7. Tienen buenas capacidades de comunicación. Esto se debe, en primer lugar, a que son personas que tienen buenas capacidades de auto- y de corregulación: ambos miembros están, la mayor parte del tiempo, en bienestar y calma, sin sentirse juzgados o censurados. En segundo lugar, tienen capacidad para expresarse de forma honesta y franca. No hay que confundir expresarse de forma honesta y franca con decir lo primero que se me pasa por la cabeza, sin filtros. Hay personas que tienen este tipo de comunicación impulsiva y se justifican diciendo: «Yo es que no me lo puedo callar, tengo que decirlo». Si no se lo puede callar, es una persona impulsiva y tiene un problema de inhibición; o sea, tiene déficits regulatorios. Se trata de ser franco con el otro, de no traicionar los acuerdos explícitos y tácitos que como pareja tenemos. Esta franqueza exige primero una franqueza consigo mismo de cada miembro de la pareja.

8. Son capaces de detectar cuándo su pareja no está bien o está más estresada, haciendo un esfuerzo extra para no tener conflictos en esos momentos. Saben enfocarse en lo positivo y reforzarlo en sus parejas. Conocen sus patrones relacionales y sus tendencias en la interacción. Son conscientes si tienen

patrones más evitativos o ansiosos. También conocen los de su pareja.

9. La interacción no es forzada, es relajada. Mantienen la capacidad de juego, de reírse juntos, de disfrutar. El juego exige una falta de defensividad; es lo contrario del control. La interacción basada en el juego es espontánea, fluida, ligera, en el presente y motivada intrínsecamente. A la vez, las actividades no son solo importantes en sí mismas, sino también por con quién se hacen. Conservan buenos niveles de intimidad emocional e intimidad sexual.

10. Pasan tiempo juntos, tanto de forma *activa*, haciendo cosas el uno con el otro, como *pasiva*, estando juntos sin tener necesariamente que interactuar. Esta idea tiene que ver con la «calidez no responsiva» de la que hablamos en el capítulo del apego. Es la capacidad de estar ambos una tarde en casa, dedicados cada uno a actividades propias, sin necesariamente estar interactuando, y que, sin embargo, la presencia del otro no sea una molestia, sino una presencia agradable.

11. Y pasan tiempo separados. Mantienen su identidad personal. En las relaciones se trata de compartir. Para ello, es necesario que yo tenga un mundo propio que comparta contigo. Si no tengo nada mío, nada puedo compartir. No fusionan sus mundos y lo hacen todo juntos, arrastrando a la pareja a hacer cosas en las que se siente incómoda. Apoyan a su pareja en sus actividades de crecimiento.

12. Ambos sienten que la otra persona ve, conoce y acepta los aspectos que no le gustan. Los dos se sienten queridos y valorados por lo que son, sin necesidad de tener una visión idealizada de sí mismos, de su pareja o de su relación.

Si después de leer esta lista habéis decidido dar por finalizada de forma inmediata vuestra relación de pareja, esperad: ninguna pareja está a la altura. Esta es la descripción de una relación ideal. Y no hay nada peor que perseguir un ideal porque, en comparación, nuestra realidad siempre palidece. Pero, como todo ideal, se convierte en una buena guía para intentar detectar en qué pueden estar fallando nuestras relaciones más cercanas, sin olvidar que la pareja perfecta no existe. Cada pareja es un mundo, y qué hace que cada una funcione es distinto.

Habréis observado que no digo nada de la duración de las relaciones. Sería un error grave confundir la duración de una relación con que sea sana. De hecho, casi todos conocemos alguna relación de años de duración, pero que no es en absoluto saludable. Ya vimos en el capítulo 6 como algunas dinámicas no sanas son muy duraderas porque son complementarias. Por tanto, que una relación se mantenga no es un indicativo válido de su salud.

Aunque a primera vista pueda parecer un poco contradictorio, una relación puede continuar de forma sana o patológica, y una relación se puede romper de forma sana o patológica. Una teoría que nos puede ayudar a ver qué rupturas son sanas y cuáles no es, nuevamente, la teoría del apego. Si recordáis lo que dijimos en el capítulo 4, Bowlby empezó estudiando las pérdidas. Así, definió una serie de fases que se daban en las pérdidas: una primera fase de protesta (ansiosa), una segunda fase de abatimiento y pérdida de esperanza (evitativa) y, finalmente, una fase en la que la persona se desapega, supera la ruptura y puede volver a formar vínculos con otras personas significativas. A grandes rasgos, quizá la mayoría de las rupturas pasan por estas fases. Se vuelven patológicas cuando una persona exhibe comportamientos muy extremos en algunas de ellas o se queda «atascada» en una de esas fases. Según en la fase en la que se quede atascada la persona, podríamos hablar de rupturas seguras, ansiosas, evitativas y/o desorganizadas. Las seguras serían aquellas en las que las personas rompen de una manera razonablemente sana, sin demonizar al otro y sin cargarle toda la culpa, y tienen un periodo de duelo antes de poder iniciar una nueva relación. No es que no pasen por las otras fases, pero no se quedan atascadas en ninguna de ellas y, mientras duran, no se desregulan hasta un nivel que lleve a tener comportamientos dañinos para ellas mismas o su expareja. Las rupturas ansiosas serían aquellas en las que la persona se queda angustiada o enfadada durante un largo tiempo, sin lograr superar la ruptura y culpando al ex. Las evitativas, por el contrario, serían aquellas en las que las persona evita sus sentimientos y el contacto con el otro. Por ejemplo, aquellas rupturas en las que prácticamente no se habla, y la otra persona desaparece casi sin dejar rastro o nos pide un tiempo, pero que en realidad es una manera de romper sin tener que decirlo. También podríamos incluir aquí las rupturas por mensajes, cuando la relación ha sido medianamente significativa. Si recordáis cuando hablamos del sistema de apego, la respuesta evitativa era posterior a la ansiosa. Por tanto, puede haber personas que primero reaccionen a las rupturas de forma evitativa para, pasado un tiempo, ir hacia posiciones más ansiosas. Tanto en las rupturas ansiosas como en las evitativas, la persona puede volver a formar pareja rápidamente antes de terminar el duelo de la relación previa, en ambos casos por su dificultad a quedarse sola. Pero esto no quiere decir que la anterior ruptura se haya resuelto, porque la persona sigue atascada en una de las fases. La consecuencia suele ser que interfiere con la siguiente relación, al condicionar mi capacidad de abrirme a ella e intimar. Recuerdo el caso de una paciente que me dijo: «Me doy cuenta ahora de que nuestra pareja era realmente un trío: él, yo y su ex». Y no era porque él se estuviese viendo con su ex, sino porque mentalmente continuaba «atascado» en una de las fases de la ruptura. Por último, en las rupturas desorganizadas una parte o ambas amenazan, acosan, persiguen, difaman sin parar, meten a los niños en medio de las peleas entre los adultos, etc. Son las que suelen traer consecuencias más negativas. Otro dato: las rupturas en parejas que no tenían una dinámica sana suelen durar más y ser más difíciles, con más probabilidad de quedarse atascadas en una fase, que las rupturas de parejas que tenían una dinámica sana. Aunque también he conocido casos de relaciones que fueron bastante sanas, pero que, en la ruptura, se volvieron muy patológicas.

Superar el enamoramiento. El comienzo de la pareja

¿Y cómo se puede llegar a este amor confluente? Bueno, si la pareja moderna se creó sobre el ideal del amor romántico, y hemos dicho que este ideal no ha desaparecido, sino que sigue activo en nuestra cultura y en nuestra mente inconsciente, quizá lo primero sea superar ese ideal.

Ortega y Gasset llamaba al enamoramiento «la imbecilidad mental transitoria», y Freud se refería a él como «neurosis transferencial». Autores más recientes lo han relacionado con estados obsesivos o delusionales. Todas estas definiciones comparten la idea de que el enamoramiento nos nubla el juicio. Y, seguramente, por la alta intensidad emocional que conlleva, todas llevan algo de razón. Sabemos ahora, además, que durante el enamoramiento se inhiben ciertas áreas cerebrales responsables del pensamiento crítico. O sea, eso que tenemos claro todos cuando vemos a otras personas enamoradas: nos volvemos tontos.

Pero el enamoramiento es también responsable de algunos de los momentos más intensos y bellos que seguramente hemos vivido. Proporciona momentos de gran conexión con otra persona y con el mundo, no atiende a los cálculos y es muy democrático. Es también lo que permite que formemos parejas cuando aún no tenemos la intimidad suficiente para ello, según Jankowiak y Fischer, los autores del estudio del amor en las distintas culturas que cité antes.

El problema no es tanto el enamoramiento, sino cuando el enamoramiento se da junto a graves carencias previas o cuando se tiene una visión idealizada de la pareja y nos creemos a pies juntillas los mitos del amor romántico. Normalmente, ambos aspectos suelen coincidir. Las personas que han crecido en entornos con relaciones saludables tienen un conocimiento real de lo que son esas relaciones, de las ambivalencias que encierran y de cómo hay que cuidar las formas y cultivar la intimidad. Todo esto lo han ido aprendiendo, implícita y explícitamente. Quienes no tuvieron esa suerte, precisamente por las carencias emocionales que les generaron, tienden a idealizar más el amor y lo viven como una solución a su malestar personal. Como la idealización es una defensa contra el dolor, cuanto más dolor del pasado, mayor la idealización. Esto, como sabemos ya de sobra es un muy mal comienzo. Nos lleva a tener relaciones nada sanas, y no reconocemos con facilidad las prácticas no sanas cuando aparecen, confundiéndolas a veces con una muestra de «amor verdadero».

Pero, si tenéis un razonable equilibrio emocional, porque tuvisteis la suerte de crecer en una familia medianamente sana, o porque os lo habéis currado después, o porque sois de esas personas resilientes a las que el entorno no le afecta demasiado, disfrutad del enamoramiento. Bien resuelto, puede dar entrada a relaciones de una profundidad que difícilmente se logran desde otro estado. De hecho, en las parejas sanas y de larga duración que he tenido la ocasión de conocer, el enamoramiento reaparece más o menos de forma episódica, aunque menos intensa que al principio. Incluso las relaciones de amistad no sexual, o las que se tienen con los hijos, se inician a veces con una fase de «enamoramiento». Pero en estas relaciones, de forma sana, se progresa hacia otro tipo de relaciones, otro tipo de amor, más realista, que aparece cuando la fase del enamoramiento acaba. Por eso, una frase que usamos mucho en nuestro equipo y que conviene no olvidar es que la pareja empieza cuando el enamoramiento acaba.

Acabo de utilizar la expresión, refiriéndome al enamoramiento, de «bien resuelto». ¿Qué quiere decir esto? Lo primero que tenemos que recordar es que enamorarse tiene más que ver con el que se enamora que con la persona de la que nos enamoramos, a la que realmente no conocemos aún. No nos enamoramos de una realidad, sino de un espejismo, de una ilusión, de una idealización. Cuando estamos enamorados, vemos a la otra persona colmada de virtudes; sabemos que las áreas relacionadas con el juicio crítico están inhibidas. Pero, además, el otro nos ofrece la mejor versión de sí mismo. Si a mí me empieza a gustar alguien que conozco mañana y hablamos de nuestras aficiones, yo le diré que me encanta el senderismo y la acampada, aunque haga veinte años que no haya salido al campo y la última tienda de campaña que vi era una canadiense, en lugar de decirle que me gusta tirarme en la cama a disfrutar de los clásicos. Y no me refiero a Cicerón y Séneca, me refiero a los Madrid-Barça. Pero no solo ofrecemos lo mejor, realmente mejoramos, temporalmente. Recordad a ese amigo aburrido que teníais y que parecía la alegría de la huerta cuando se enamoró. O sea, el enamoramiento no es un momento en el que estamos viendo la realidad; es un momento de engaño y autoengaño, en el que yo no veo realmente a la persona que tengo delante ni esa persona me ve a mí. Pero lo segundo que debemos recordar es que el enamoramiento tiene una duración limitada. Aunque todavía no conocemos bien toda su neurotransmisión, sabemos que las sustancias que provocan este estado dejan de producirse a esos niveles pasado un tiempo. Ahí puedo empezar a ver de verdad a la persona con la que estoy, a conocerla con sus virtudes, pero también sus defectos. Tras la idealización, va emergiendo la persona real. Para llegar a ella, para llegar a la intimidad real, tenemos que superar esa fase de enamoramiento.

El psicólogo Robert Sternberg fue uno de los primeros en hablar de este fin del enamoramiento y el comienzo de otro tipo de amor, al que él llamaba el «amor de compañeros». Y este requiere tiempo porque, muy al contrario de lo que nos susurran al oído de nuestro inconsciente los mitos del amor romántico, lleva tiempo conocer a otra persona y puede, o puede que no, que progresemos desde el enamoramiento a ese otro tipo de amor.

Cuando empieza a acabarse la fase del enamoramiento, pueden ocurrir varias cosas: que la pareja acabe o que la pareja siga. Hay personas que siguen persiguiendo el ideal romántico y pasan de una relación a otra cuando el enamoramiento acaba. Incluso es posible que haya personas enganchadas, adictas, a esa sensación de enamoramiento. Nada que objetar, si la persona está bien y si no anda engañando a los demás. Pero también hay parejas que siguen juntas cuando acaba esa fase de enamoramiento. Incluso algunas, a pesar de todo lo que nos cuenta la biología, la neurología y la psicología, son felices. Pero hay que recordar que, en este caso, la pareja se inicia inevitablemente con una desilusión; la pareja es, hasta cierto punto, la gestión de esa desilusión, de ese caerse del guindo romántico e idealista. Si seguimos esperando que la pareja que empieza funcione por el ideal del amor romántico, el chasco va a ser monumental. Eso hace que muchas personas opten por una tercera opción que es no romper la relación ni seguir, sino un mal maridaje entre ambas: seguir en la relación, pero amargados, convencidos de que deberíamos haberla terminado, pero sin hacerlo porque eso conlleva un esfuerzo o un riesgo que no queremos asumir. Es claramente la peor de las tres opciones. Suele tener que ver con esperar que esa fase de idealización se mantenga o lo haga con dificultades para gestionar las relaciones reales e imperfectas, como lo son todas. De hecho, en estos casos se suele pasar de una idealización positiva a una negativa: antes él o ella era lo más maravilloso del mundo, ahora es la causa de todos mis males. Posiblemente son personas que tienen dificultades para afrontar y solventar problemas, que esperaban que el amor romántico continuase sin fin y no hubiese que hacer mucho más.

Dice el filósofo André Comte-Sponville que «también puede ocurrir que el amor sobreviva a la desilusión, que cada uno aprenda la verdad del otro, tal como es». Esta idea me parece muy interesante. Esa desilusión del final del enamoramiento no es una desgracia, realmente es una oportunidad. En primer lugar, porque el ideal romántico puede parecer muy bonito, pero es muy asfixiante. En segundo lugar, porque tras esa desilusión podemos empezar a «ver». Mientras no se produzca esa desilusión, seguimos manteniendo nuestra idealización, filtrando los datos que nos deberían hacer darnos cuenta de que no es real. El otro es meramente un agente para mantener esa fantasía. Cuando este nos decepciona, cuando deja de cubrir nuestras expectativas, cuando surgen los conflictos, ahí es cuando se está mostrando como un ser real, que persigue sus propias necesidades o frustraciones, como un ser falible. Ahí es cuando realmente lo vemos. Pero en esa desilusión no solo está la posibilidad de ver al otro, también se abre la posibilidad de verme a mí mismo, porque puedo descubrir aspectos de mí que no vería de otro modo. La idealización de la relación tiene tanto que ver con crear una imagen irreal de la otra persona como otra imagen, igualmente irreal, de mí mismo.

Ya observaba Aristóteles que «no podemos vernos partiendo de nosotros mismos». Solo cuando surgen las tensiones y los conflictos de las parejas reales podemos empezar a ver y a venos. Para ello es esencial no engañarse en ese momento, no volver a desviar la mirada de mí hacia el otro y culparlo de mi decepción. No quedarse en el desenmascarar y desidealizar al otro, que ocurre la mayoría de las veces de forma espontánea, sino desenmascararse uno a sí mismo, conocerse. Es más, creo que en el desenmascaramiento, en el ver aspectos de uno que no queríamos ver, en el autoconocerse, está la clave para realmente conocer al otro. Y solo conociendo de verdad al otro lo puedo amar. Mientras no lo conozca, no amo una realidad. Amar, por tanto, se aleja del enamoramiento, como ya hemos visto. Pero se aleja también del amor total, del amor platónico, de esa idea de la media naranja que me completa y con la que alcanzaré la dicha absoluta. En cierto sentido, si le quitamos el halo romántico, el mito de la Bella y la Bestia va de esto, de conocernos a través de la mirada del otro. Ya que me he metido tanto con este mito, alabemos también lo que tiene de interesante. Podéis ver si queréis la película de Jean Cocteau *La bella y la bestia*. Todo lo anterior no quiere decir que uno tenga que mantener el vínculo y permanecer en pareja a toda costa, puesto que todas las parejas son iguales y al final el enamoramiento siempre acaba, con lo que ¿para qué cambiar? Nada más lejos de la vinculación sana de la que hablaba. De lo que se trata más bien es de entender que, si vuestra opción es tener pareja a largo plazo, debéis saber que el enamoramiento necesariamente va a acabar; y la pareja que creéis después dependerá en gran medida de la intimidad que podáis generar con una persona real, con sus fallos y sus virtudes.

Pero para esa construcción de la intimidad, como hemos visto, debe darse una construcción y un mantenimiento en paralelo de la autonomía. La autonomía se construye a lo largo de toda la vida, cierto, pero se termina de edificar en la edad adulta. Para muchas generaciones, salir de la casa de los padres, para entrar en el mundo adulto, suponía casarse. Esto implica pasar de la dependencia de los padres a la dependencia de la pareja. En teoría, las cosas han cambiado mucho, pero en la práctica seguimos viendo que se pasa de una situación a la otra, con un breve periodo intermedio de vida autónoma. Este salto es muy peligroso porque un bajo grado de autonomía me va a hacer buscar relaciones en las que me siento protegido. Solemos pensar que esta situación es más propia de las mujeres que de los hombres, pero yo veo ejemplos a diario en ambos sexos: personas cuya identidad adulta se desvanece cuando una relación se rompe. Personas que se sienten perdidas o completamente vacías.

Por otro lado, otro elemento de desequilibrio lo constituyen las carreras profesionales y la dificultad en la mayoría de los casos de armonizarlas con nuestra vida familiar. Aquí también suele ocurrir que uno de los miembros, en las parejas heterosexuales frecuentemente la mujer, renuncia a su crecimiento personal por invertir tiempo en la familia. Aunque en menor medida, este fenómeno también ocurre en las parejas homosexuales. Cada uno puede tomar las decisiones que quiera, pero es importante tomarlas en función de lo que es importante para uno, no desde una visión de sacrificio en la que, además, se suele esperar una recompensa posterior. Esa recompensa posterior no acostumbra a llegar y, cuando la pareja se rompe, lo cual frecuentemente ocurre —solo tenéis que mirar las estadísticas—, la parte que invirtió más suele quedarse con una gran sensación de amargura y tiempo perdido. Sin embargo, sería erróneo pensar que tener una carrera profesional es, por sí mismo, una garantía de autonomía, aunque sin duda puede ayudar.

Viendo todo esto, viniendo de dónde venimos, sabiendo que el amor romántico es un mito, queda claro que, si queremos tener una relación a largo plazo, no nos va a venir dada sin más. Hay que cultivarla.

El amor-acción

Aquí termina la pasión y empieza el curro. O como dice de forma más elegante Comte-Sponville, de quien he tomado prestado el término, acaba el amor-pasión y empieza el amor-acción. Y nadie está obligado a trabajar, pero el que pretenda tener una pareja a largo plazo debe tener en cuenta que querer a personas reales es difícil, porque las personas reales tienen defectos, arrugas, hacen cosas que no nos gustan, son seres autónomos a los que no podemos controlar, nos pueden dejar, nos pueden engañar. Como nadie es perfecto, a largo plazo, todo el mundo nos decepciona, es inevitable. Y nosotros decepciomos en algún momento a todo el mundo. Somos seres reales, ambivalentes, imperfectos. No puede existir la relación en la que no se dé alguna decepción. Pero esa decepción puede ser la puerta de entrada a una relación más real.

Y ver esa decepción y seguir implica aceptar ese aspecto de la persona que no me gusta. Y aquí cada uno debe decidir qué decepciones considera que son aceptables y cuáles no. Mi colega y amiga María José González de la Rosa, en una conversación informal, me dijo una vez que había que elegir parejas y amigos no en función de sus virtudes, sino en función de sus defectos. Las virtudes serían algo así, decía ella, como la sal o las especias: hacen que la vida sea más apetitosa, pero no son esenciales. Los defectos sí lo son: hay defectos que puedo soportar y otros que me resultan absolutamente insoportables. Bueno, no sé si la idea es correcta, pero desde luego acierta en un punto claramente: asume que todo el mundo tiene defectos y que la decepción con los demás es inevitable. Y muchas parejas siguen, pero sin acabar de ver o aceptar estos aspectos de sus parejas que no les gustan. Esto irremediablemente conlleva un alejamiento emocional, aunque sea en alguna de esas mil formas sutiles que tenemos los seres humanos de alejarnos emocionalmente sin reconocer, ni reconocernos, que algo está pasando.

Esa decepción o, quizá mejor, decepciones pueden ocurrir de muchas formas. Pero a veces pueden suceder por algún acontecimiento, como que una de las personas empiece a tener sentimientos por otra persona o una infidelidad. Estas situaciones, que suelen ser dolorosas, pueden estar indicando que la relación ha llegado a un final. Pero a veces pueden suponer la decepción a partir de la cual generamos una relación más real. Acudo al caso de un paciente a quien su mujer le había sido infiel. Trabajamos con esto en terapia, con ambos, y pasado un tiempo decidieron seguir en la relación. Recuerdo cuando me dijo: «Ahora veo muchas cosas que no había visto. Antes tenía una visión idílica de la relación. Lo que ha pasado me ha hecho darme cuenta de que no era real. Ni para ella ni para mí».

Las parejas, por la seguridad que nos proporcionan cuando funcionan bien, como base segura, nos permiten crecer, pero también nos limitan. Porque cualquier modelo de pareja implica un compromiso. Y todo compromiso implica una pérdida de libertad, implica renunciar. Y no estoy hablando de casarse o de tener una pareja monógama. El compromiso puede ser la pareja abierta, o la poliamorosa o cualquier otro formato que actualmente agrupamos bajo el nombre de parejas no monógamas consensuadas. En esta época nuestra, cada uno puede elegir. Pero, nuevamente, no elijáis desde la idealización. Elegid teniendo a uno mismo en cuenta, conociéndoos. Vivir es también bascular entre nuestra zona de crecimiento y nuestra zona de confort. Cada cual debe elegir, en la medida de lo posible, cuánto está dispuesto a retarse. Sería de nuevo un error pensar que estos nuevos modelos de pareja van a asegurar la felicidad. Eso no va a pasar: las relaciones entre dos individuos autónomos son inherentemente conflictivas y tendrán que soportar tensiones, sean de un tipo o sean de otro. Elegid qué tipo de tensiones queréis soportar y cuáles no. Y sed francos con los demás y respetuosos. Viene aquí como anillo al dedo la frase del poeta Paul Éluard: «Hay otros mundos, pero están en este».

Elegid también dándoos a conocer. Porque es importante, para vosotros y para los demás, saber el compromiso que habéis adquirido con vuestra relación. Es lo que en terapia de pareja llamamos el «contrato implícito». Todas las parejas tienen uno, que de alguna manera regula qué es lo que se puede y no se puede hacer, qué se espera. En las relaciones largas, es importante que este contrato implícito se haga lo más explícito posible. Ese compromiso conocido es lo que me permite arriesgarme, intimar. No paro de ver a personas en consulta en las que una de las partes tiene un «contrato oficial», aunque se guía por normas distintas para él y para su pareja. Esto, además de constituir un engaño, nos aleja de la intimidad de la que hablábamos. Pero, a la vez, no podemos olvidar que el primer punto de cualquier relación horizontal es que las personas mantienen esa relación mientras ambos voluntariamente quieren. Quiero decir que el contrato que se establece en un momento no implica que se haya de mantener eternamente.

Para lograr esto, tenemos que aprender a ver y a vernos. Nuestra visión de las personas, y en especial de las personas cercanas, está condicionada por nuestras expectativas, ya sean esperanzas o temores. Hay que poder ver al otro más allá de eso. Para ello es también necesario dejar de intervenir y condicionar el comportamiento del otro. Y esto lo hacemos de forma muy sutil a veces: los seres humanos estamos todo el rato corrigiéndonos unos a otros, juzgando lo que el otro hace y cómo lo hace, poniendo límites a su expresión con nuestras propias expectativas. Para ver, por tanto, hay que dejar de juzgar y comentar sobre la otra persona. Casi hay que suspender el juicio sobre el otro y ver qué hace. Esto es muy útil hacerlo también con los hijos de vez en cuando.

Tenemos que lograr no guiarnos por las idealizaciones. Ya sabéis que no vemos la realidad, sino un modelo de esta que ha fabricado nuestra mente. Y este modelo puede ser muy incorrecto, sobre todo cuando ha surgido como un modelo idealizado para ayudarnos a sobrellevar carencias en el pasado. Tenemos que ser francos y decirnos la verdad acerca de lo que realmente queremos. Es como la gente que vive en la ciudad y nunca lo ha hecho en el campo, pero fantasea con vivir en una granja. Cuando lo hacen descubren lo que sabe cualquier persona de campo: los animales huelen mal y hay que limpiar sus cacas, el campo verde está lleno de insectos y hay que trabajar mucho. Pero el campo es así. Si no os gusta, no pasa nada.

Bueno, ¿y para qué este curro?, me podría preguntar alguien. Os voy a dar no una, sino tres razones, y todas, como las buenas razones, son egoístas. La primera razón es que no hay nada más gratificante que cuando uno aprende a querer al otro de verdad, viendo sus fallos, sus imperfecciones, sus debilidades. Suelo poner en mis cursos el ejemplo de una madre o un padre al que le dijésemos que tenemos un niño igual que el suyo, pero un poco más alto, guapo, inteligente y cariñoso: ¿querría que se lo cambiáramos? La respuesta suele ser, como os podéis imaginar, unas risas. Porque no queremos al otro niño, queremos a nuestro hijo, alguien para mí incomparable con los demás. Lo mismo podríamos decir, salvando las distancias, de personas que mantienen amistades a largo plazo. Lograr establecer una conexión similar, horizontal, de sujeto a sujeto, es la clave de las relaciones a largo plazo en pareja. Solemos desear lo que no tenemos, y aprender a desear lo que uno tiene es difícil. Pero amar en una pareja a largo plazo es aprender a desear lo que uno ya tiene.

La segunda razón es porque no hay nada que nos haga descansar más que poder mostrarnos a otros. Nuestras virtudes, pero también nuestra debilidad y nuestros defectos, nuestra vulnerabilidad, y no sentirnos rechazados por ello.

La tercera razón es porque aprender a querer a los demás es también aprender a quererse uno a sí mismo, de verdad, viendo nuestros propios fallos, imperfecciones y debilidades. Como vimos, esto no es la autoestima, es la mirada compasiva con uno mismo, el autoamor, aunque esa palabra siga sin sonarme del todo bien. Y para eso necesitamos al otro. Porque solo en el roce con el otro nos vemos, percibimos aquellas partes de nosotros mismos que no nos gustan y aprendemos a quererlas, porque vemos que la otra persona las ve y nos quiere.

La pregunta lógica tras leer esto sería: ¿es esencial tener pareja a largo plazo? La respuesta es rotundamente no. Ni siquiera lo es tener pareja. Este libro no pretende eso. Si tuviese que resumir la tesis central de este libro, sería que somos seres interdependientes y que solo nos podemos entender desde esa necesidad nuestra y de las personas que nos rodean. Aunque aprendamos a gestionar esta necesidad desde donde queramos, tendremos que gestionarla de un modo u otro si no queremos dañarnos y dañar a las personas que tenemos alrededor. Sea teniendo pareja o no teniéndola; o incluso, como dije, renunciando a tener relaciones a largo plazo.

Epílogo

El futuro no se puede predecir, pero los futuros se pueden inventar.

DENNIS GABOR

Me habían dicho que escribir un libro es como tener un hijo. Nada que ver. A mis hijas las veo listísimas, preciosas y colmadas de virtudes. Sin embargo, este libro es un libro bienintencionado, creo que no hay duda de eso, pero ¡cuántas correcciones le faltarían para que fuese un libro bueno! Soy incapaz de leerlo sin querer cambiar, añadir, quitar. Pero Oriol ya no me deja. Quizá sea mejor así; un libro incompleto obliga a que adoptes, lector, lectora, una postura activa, creativa, ante él.

Mientras estoy aquí sentado, releyendo por última vez este manuscrito y resistiendo la tentación de echarlo al fuego, pienso inevitablemente en la cantidad de temas que se me han quedado fuera y de los que me hubiese gustado hablar. Tienen que ver sobre todo con algo de lo que ya dije en el prólogo: el inevitable sesgo *psicologicista* de este libro. A lo largo de él, me he centrado la mayoría de las veces en aspectos psicológicos y emocionales, individuales, del comportamiento. Pero, como dije, uno puede intentar aislarse de su entorno, pero nunca se logra ser independiente de él. El entorno nos ha influido para ser lo que somos hoy, y nos sigue influyendo día a día. A la vez, nosotros influimos sobre todo y todos los que nos rodean. Como decía Eva Illouz, nuestra vida emocional se ve moldeada por ciertos órdenes institucionales; pero, también, en palabras del historiador Richard Firth-Godbehere, «las emociones son poderosas; han dado forma al mundo tanto como cualquier tecnología, movimiento político o intelectual. Han sido la base de las religiones, las investigaciones filosóficas y la búsqueda del conocimiento y la riqueza. Sin embargo, también pueden ser una fuerza oscura capaz de destruir mundos a través de la guerra, la codicia y la desconfianza».

Los resultados de esto los vemos en todos los frentes, los niveles inadmisibles de violencia interpersonal y violencia de género o los datos pandémicos (y no es una exageración) de agresiones sexuales, sobre todo a mujeres, y abusos sexuales a menores. Como nos generan tanto malestar, es frecuente que ignoremos estos datos, haciendo como si no existiesen. Son parte de esas pandemias silenciosas de las que no nos gusta hablar porque nos estropean una buena velada. Pero, como he defendido, para poder cambiar algo, primero hay que reconocerlo, aceptar que existe. Y tolerar las emociones negativas que nos genera esa aceptación.

Los números nos dicen que somos ahora mismo una especie menos letal que en ningún momento anterior de nuestra historia. Como dije, las tasas por muertes violentas (incluyo aquí asesinatos y muertes por guerra y terrorismo) suelen estar por debajo del 1 por ciento a nivel mundial. De hecho, según la Organización Mundial de la Salud, en 2021, este porcentaje fue del 0,8 por ciento. Por comparar, el porcentaje de suicidios en el mundo estuvo en el 1,5 por ciento, casi el doble. De las muertes violentas, casi el 80 por ciento suelen ser cometidas por hombres. Sin embargo, de las mujeres que fallecen por violencia interpersonal, seis de cada diez lo hacen a manos de su pareja o un miembro de la familia. Por tanto, como destaca el informe de la Oficina de Naciones Unidas contra la Droga y el Delito (UN-ODC) de 2019, «el hogar sigue siendo el lugar más peligroso para las mujeres». Es en los espacios íntimos donde más está costando que se reduzcan los comportamientos agresivos.

En cuanto a la violencia sexual, sabemos, según datos de la Organización Mundial de la Salud, que aproximadamente una de cada tres mujeres ha sufrido algún tipo de agresión sexual en su vida. Por otro lado, una de cada cuatro niñas y uno de cada seis niños han sufrido algún tipo de situación abusiva sexual antes de hacerse adulto, la mayor parte perpetrados por alguien de su entorno cercano. En ambos casos, es posible que los datos sean aún peores, porque sabemos que muchas formas de violencia sexual no son reconocidas como tales por las propias víctimas.

Viendo estos datos, la verdad es que dan ganas de que nos extingamos. Para quitarse esa sensación, hay que pararse y pensar en los millones de personas que no solo no hacen daño, sino que cooperan con y ayudan a los demás, intentando que el mundo sea cada día un poco mejor. Como vimos en el capítulo 9, hay muchos más astronautas que psicópatas, más bonobos que chimpancés. Y es crucial para ello que no olvidemos que la diferencia entre unos y otros se debe, fundamentalmente, a la educación, esa necesidad básica de nuestro cerebro. Y no a la educación reglada e institucional, sino a esa otra, informal, tácita, transmitida de forma inconsciente y que las niñas y los niños van absorbiendo, también de forma no consciente, del medio que los rodea. Por eso, y porque, como ya sabemos, la mayoría de las personas, aunque hagan daño, no son intrínsecamente malvadas, estamos obligados a intentar mejorar nuestro entorno lo máximo posible para evitar el dolor. El dolor genera más dolor; las personas dañadas son las que con más frecuencia dañan.

Asimismo, que no estemos impartiendo en los centros educativos una educación emocional, relacional o sexual me parece imperdonable. Y, en el caso de la sexual, no me refiero solo a hablar de enfermedades y métodos anticonceptivos, sino a hablar del placer, del disfrute, del juego, del respeto, de aprender a estar en intimidad física con otra persona, de reconocer a los demás como sujetos, con sus propias necesidades y deseos, y no como meros objetos que usar. Esta educación es muy necesaria y, ateniéndonos a los datos, especialmente importante para los varones.

Mientras, también estamos obligados a proteger a los que están en situación de vulnerabilidad con respecto a otras personas que los pueden dañar. No hay que mirar para otro lado o «normalizar» comportamientos. A veces hacemos esto inintencionadamente, como cuando decimos frases del tipo «en todas partes cuecen habas», «todas las familias se pelean», «quien bien te quiere te hará llorar» o «amor reñido, amor querido». Frases eslogan, sin malicia alguna, pero que a veces pueden impedir a personas que están atravesando situaciones difíciles darse cuenta de ello y comunicarlo.

Pero los problemas no se dan solo a este nivel íntimo. En el ámbito social también toleramos con frecuencia situaciones de violencia que no deberían ser admisibles. Son muchos los frentes que se podrían analizar, pero me interesa hablar de un tema que cada día me preocupa más, será que me estoy haciendo mayor: la polarización política. Este fenómeno creciente en todos los países, no solo en España, por el que cada día se divide más el mundo entre «nosotros» y «ellos», configurando estas nuevas tribus de millones de personas, todas indignadas, todas víctimas del otro bando, que actúan en defensa propia y, por tanto, legitiman casi cualquier acción. Si repasáis la parte en la que hablaba de heurísticos en el capítulo 2, veréis que es casi un manual de cómo funciona esta polarización.

Las ideologías se basan en un conjunto de creencias e ideas que vertebran y nos ayudan a entender el mundo, pero tienen que ver también con una toma de postura. A partir de ahí, las ideologías y las ideas se vuelven algo que me define, que nos define a quienes las compartimos (el endogrupo) y nos diferencia de «los otros» (el exogrupo). Nuestra vieja mente binaria y tribal de la que ya hemos hablado. Casi en cualquier tema hay grupos a favor y en contra, atrincherados. Pero dentro de cada trinchera tampoco reina la paz y la armonía. Todo lo contrario, hay una guerra para ver quién representa fielmente las ideas, quién es un buen representante de la tribu. Los que osan discrepar un poco son tildados, más o menos explícitamente, de traidores. Las ideas se acaban usando más como armas para dividir y enfrentar que como un medio para entendernos. Como se ve, no hay mucho debate aquí, hay mucha emoción. Y sobre todo hay mucha división y mucho definirme como moralmente superior. Como nos avisaba Thomas Hobbes, aceptar o no las ideas tiene más que ver con cómo me hace sentir a mí que con su veracidad.

Esto hace que el debate se haya trasladado de lo cognitivo a lo emocional, activando zonas primitivas de nuestro cerebro que nos impiden pensar basándonos en los hechos. Y como vimos, no guarda relación con la inteligencia de las personas: he visto y oído a catedráticos, doctores, profesores de universidad y personas en general con grandes conocimientos que caen en este tipo de discursos donde ellos mismos hipoactivan sus estructuras corticales, incendiando sus circuitos emocionales, lo que les impide pensar. Yo, lamentablemente, tampoco soy distinto: me descubro cayendo en este tipo de razonamientos con mucha más frecuencia de la que me gustaría. Pensar bien no tiene que ver con la cantidad de información que tengamos; tiene que ver con que seamos capaces de regularnos y calmarnos, de escuchar al otro, para poder llegar a lo que Edgar Morin llamaba el «pensamiento complejo». Como magistralmente escribió Antonio Machado, «de diez cabezas, nueve embisten y una piensa». A ver si entre todos podemos mejorar un poco esa ratio.

Volved a buscar el papelito con la palabra esa en sánscrito, el *anekāntavāda*, y recordad que, debajo de toda esa aparente polaridad, hay grandes acuerdos. La mayoría de las personas coincidimos en que es inadmisible la violencia contra las mujeres, o contra cualquier otro colectivo. La mayoría consideramos intolerable cualquier forma de agresión sexual y de abusos a menores. Casi todos estamos de acuerdo en que debe darse una igualdad de derechos y de oportunidades, independientemente de la etnia, género, orientación sexual o cualquier otra condición. Quedémonos con este acuerdo mayoritario, la consciencia de que es mucho más lo que nos une que lo que nos separa. Como decía hace unos años el anuncio de una conocida aerolínea, «al final, estamos todos juntos en esto».

Le escucho en una entrevista a la premio Nobel de la Paz de 2021, María Ressa, que estamos en un momento crucial para saber si la democracia, tal y como la conocemos, va a sobrevivir o no. Tenemos que hacer que sobreviva; cualquier otra opción conocida sabemos que ha resultado mucho peor. Pero no una democracia desde el griterío, el victimismo y el desprecio de posiciones distintas a la propia. Una democracia desde la escucha atenta y respetuosa del otro. Y no me estoy refiriendo a los políticos elegidos o militantes. Me estoy refiriendo aquí a todos y cada uno de nosotros.

Dicho lo anterior, tampoco podemos caer en equidistancias cuando estas no son reales. He comentado que la historia de la modernidad es, en parte, la historia del progresivo reparto del poder, pero sería absurdo pensar que hemos acabado con las desigualdades. Ya sea por razones étnicas, de género, económicas o por cualquier otra cuestión, las desigualdades siguen existiendo. De hecho, como sabemos por el trabajo del economista Thomas Piketty, la desigualdad económica, que se había ido reduciendo durante el siglo pasado, a partir de la década de los ochenta ha vuelto a aumentar, al menos en los países occidentales. Cuanto mayor desigualdad haya, menor será la libertad y menor la probabilidad de que las relaciones sean horizontales. Si esta desigualdad económica se mantiene o, peor aún, si sigue aumentado, arrastrará, acentuará y hará reaparecer otros tipos de desigualdades. Ya hemos comprobado que lo que ocurre en la sociedad tiene su reflejo en el espacio más íntimo. Esto será una pérdida para todos. Nadie gana con las relaciones verticales, todos perdemos.

Por último, querría no olvidar nuestra relación con el entorno que nos rodea, con el planeta. La cultura global que se va construyendo tiene un gran peso en ideas desarrolladas en Occidente y en Europa. Igual que he defendido que algunas han sido muy beneficiosas, en este caso el peso de las ideas europeas ha sido perjudicial. Como nos dice el académico británico Graham Harvey, «la mayoría de las perspectivas no occidentales han visto el mundo como animado, sintiente y consciente». Sin embargo, la perspectiva históricamente imperante en Occidente de que el ser humano es algo distinto del resto de los animales, algo distinto de la propia naturaleza, que está para su uso y disfrute, ha hecho mucho daño. Todo esto ha ido tomando forma —a medida que todo el mundo se ha ido «occidentalizando», para bien y para mal— en la visión miope del crecimiento sin límites, de modo que el progreso lineal infinito hacia la abundancia prometida ha alejado a la humanidad del resto de la naturaleza, de la que, no lo olvidemos, somos totalmente dependientes. Recordad que la interdependencia no es la excepción, es la norma. Y en esto la ley de la interdependencia es tajante e inequívoca: o ganamos todos o perdemos todos. Las estrategias de dominio no tienen ni un camino ni un final feliz. Se den al nivel que se den.

He hablado del *Homo sapiens* como una especie con mucho éxito. Ya somos más de ocho mil millones de seres humanos en el planeta, mientras que nuestros primos los chimpancés están en torno a los veinte mil individuos. Eso quiere decir que por cada chimpancé del planeta hay aproximadamente cuarenta mil seres humanos. Pero el que hayamos sido tan exitosos desde un punto de vista evolutivo no nos debe confundir: cuanto más éxito tiene una especie, cuanto más adaptada está a unas determinadas condiciones del planeta, más frágil es. Nuestro éxito puede ser también la causa de nuestra destrucción. Como decía José Luis Pinillos, nos hemos adaptado a casi cualquier hábitat, pero no estamos en equilibrio con él.

El hecho de que vivamos en un universo bioamigable que ha permitido el desarrollo de estructuras complejas antientrópicas, de diferentes formas de vida —y algunas de ellas dotadas de autoconsciencia—, no nos debe confundir. Creernos los más listos de la clase, dar rienda suelta a la soberbia humana, pensar que podemos coger cualquier cosa sin permiso, usarlo sin agradecerlo, sin tener que cuidar nada, nos está acercando cada vez más al desastre ecológico. El que no cuida algo, no lo quiere y, sin duda, no lo merece. Como recoge la cita de Darwin al principio del libro, estamos todos enredados. Estamos condenados a entendernos.

El que no lo hagamos, el que no nos entendamos, depende, como he dicho a lo largo de estas páginas, a la vez de nuestra doble naturaleza cooperativa y competitiva. Como especie competitiva —destructiva, muchas veces—, siendo «nuestros peores depredadores», tenemos un largo historial. Como especie cooperativa, a gran escala, aún estamos en la infancia. Espero que no nos hagamos mayores demasiado tarde. A pesar de nuestros errores, la naturaleza humana encierra promesas de futuro. Un futuro que no se puede predecir, pero que se puede inventar. El escritor Aldous Huxley, en su lecho de muerte, expresó su deseo de que todos deberíamos ser «más amables unos con otros»; y el psiquiatra Marcelo Pakman afirmó que «el mundo se moverá en una dirección ética solo si queremos ir en esa dirección». Ambos propósitos merecen todo nuestro esfuerzo.

En estos días, mientras hacía la última revisión de este libro, no sé por qué razón no paraban de sonar en mi mente las notas de la melodía de un tema que no escuchaba desde hacía muchos años; creo que desde aquella época universitaria de las conversaciones. El tema en cuestión es *Maximizing the Audience*, de Wim Mertens. Por aquello de que el mundo es un misterio y todos estamos interconectados, seguro que de más formas de las que somos conscientes, si tenéis once minutos y os apetece, escuchadlo. Nuestro último momento de intimidad relacional, por ahora.

Muchas gracias por la atención prestada.

Málaga, febrero de 2023

Agradecimientos

En primer lugar, tengo que dar las gracias a Oriol Masià Bertran, mi editor, por su confianza e infinita paciencia desde el principio y, sobre todo, hacia el final. No sé si este era el libro que esperaba cuando se puso en contacto conmigo por primera vez, pero así son las relaciones, Oriol: se sabe cómo empiezan, pero no cómo acaban.

Además de Oriol, de Miguel Ángel López Millán, de Sara Fernández Balagué y del resto del equipo de Penguin, a este libro han aportado correcciones e ideas muchas otras personas. En este aspecto, los miembros de mi equipo de trabajo: Fani Ramos Perea, Lucía Vegas Márquez, Sandra Serrano Gila y Carlos Barea Navas, han sido fundamentales en su desarrollo. Muchas veces no sé qué ideas han partido de mí y cuáles de ellos en esas largas sesiones clínicas que tenemos siempre que podemos.

Pero, además, estoy especialmente en deuda con Pablo Blas García, Sergio del Pino Fernández, Luis Gómez Jacinto, María José González de la Rosa, Sebastián Escámez Navas, Kaajal Mansukhani, Amanda Martín Pajares, Rubén Oloriz Natoli, Miriam Ramos Morrison y Luisa Ruiz Jaime. Todos ellos han leído partes del texto y han aportado ideas y sentido común, sin las cuales este libro hubiese sido otro mucho peor. Les estoy enormemente agradecido por el tiempo dedicado y el esfuerzo invertido de forma absolutamente generosa y desinteresada. A la vez, quedan exonerados de toda responsabilidad por cualquiera de los errores o incongruencias que este libro pueda contener, que son exclusivamente responsabilidad mía. Sé que la deuda contraída no se salda con una de esas cena + charla, pero no parece un mal comienzo.

Reservo mi agradecimiento final para mi familia más cercana, mi madre, Kavita; mis preciosas hijas, Aradna y Maya, y, por supuesto, Teresa, sin cuyo apoyo emocional e instrumental este libro no hubiese visto nunca la luz.

Este libro es una obra verdaderamente interdependiente, gracias a todas ellas y ellos.